词典战争

美国英语语言之战

[英] 彼得·马丁 —— 著

白文革 马丽莉 —— 译

Peter Martin

The Dictionary Wars

Copyright © 2019 By Peter Martin
This edition arranged with Peter Martin
through Big Apple Agency, Inc. , Labuan, Malaysia.
Translation copyright © 2024 CENTRAL COMPILATION and TRANSLATION PRESS
All rights reserved.

著作权合同登记号：01-2024-0491

图书在版编目 (CIP) 数据

词典战争 / (英) 彼得·马丁著；白文革，马丽莉译 . -- 北京：中央编译出版社，2024.7
书名原文：THE DICTIONARY WARS
ISBN 978-7-5117-4774-7

Ⅰ. ①词… Ⅱ. ①彼… ②白… ③马… Ⅲ. ①英语—词典—研究—美国 Ⅳ. ①H316

中国国家版本馆 CIP 数据核字 (2024) 第 111719 号

词典战争

选题策划	张远航
责任编辑	张　科　孙百迎
责任印制	李　颖
出版发行	中央编译出版社
地　　址	北京市海淀区北四环西路 69 号（100080）
网　　址	www.cctpcm.com
电　　话	（010）55627391（总编室）　（010）55627362（编辑室）
	（010）55627320（发行部）　（010）55627377（新技术部）
经　　销	全国新华书店
印　　刷	佳兴达印刷（天津）有限公司
开　　本	787 毫米 × 1092 毫米　1/16
字　　数	358 千字
印　　张	27.75
版　　次	2024 年 7 月第 1 版
印　　次	2024 年 7 月第 1 次印刷
定　　价	128.00 元

新浪微博：@中央编译出版社　　微信：中央编译出版社（ID：cctphome）
淘宝店铺：中央编译出版社直销店（http://shop108367160.taobao.com）（010）55627331
───
本社常年法律顾问：北京市吴栾赵阎律师事务所律师　闫军　梁勤
凡有印装质量问题，本社负责调换，电话：（010）55627320

献给莫琳

在比较本国与他国作家的时候，我们鲜能听到公正的评判；我认为，虽然不能一概而论地指责所有国家都被这种文学爱国主义蒙蔽了双眼，但没有一个国家不以亲和之情看待本国的作家，既尊重他们的知识或智慧，也尊重他们的出生地。

——塞缪尔·约翰逊，《漫步者》第93期，1751年2月

我们几乎无法想象，对于一个国家的文学而言，还有什么比一部优秀的词典更有价值的贡献。编写这样一部作品的人，……是为了保护语言的优美和活力，使其作为思想的正确载体代代相传。

——《新英格兰人》，1848年1月

《词典战争》有可能像乔纳森·斯威夫特的著名作品《书的战争》一样，成为文学争论史上的名篇。

——《纽约时报》，1860年5月26日

前　言

本书讲述了美国语言和美国词典诞生之初的艰辛与动荡。书名中的"战争"突显了美国英语发展过程中斗争的残酷性：一方面十九世纪美国词典编纂者之间为争夺词典霸主展开激烈博弈，另一方面美国建国初期英美关于英语使用方面的激烈国际竞争，令两国关系蒙尘。

"词典战争"的战场主要在美国。美国独立战争后，英语语言在美国的辛酸之战令英国几乎无法想象和理解。这些战争不仅使词典编纂者相互竞争，而且引发了美国最早的国际知名作家、院校、州立法机构、报纸、出版商、图书馆，以及个体公民间的冲突，遍及这个迅速扩张的国家的方方面面。这是一场关于文字的内战，它照亮了美国探索自我认识和自我认同之路。这是对语言知识及语言使用的强烈渴望，是对英语语言学的传承与发展，以及美国人处理这种传承与发展的方式及从其阴影中走出时的不安。这也是一场美国改革者与美国传统主义者之间的交锋，是民粹主义民主发展与传统价值观和优雅礼仪的捍卫者之间的干戈。这也是一场私人战争，即美国词典界偶像诺亚·韦伯斯特与自己展开的较量，他时而信心满满，时而灰心丧气，以一种明知可能对自己有害的方式攻击他人，对自己在这个新国家中的使命和角色始终缺乏安全感。美国在英语语言方面的挣扎和进步，夹杂在美国国内持续的词典纷争之中，构成了一种相互冲突、唇枪舌剑的传统，这种传统有助于理解和诠释今天的美国。

关于语言的宣言和新词典或词典新版本的出版，成了全国性的新闻，并引发了对每个细节都深究权衡的权威专家的兴趣。似乎所有人——男女老幼，经济与社会各层各界人士，学者和顶级作家、教育工作者、图书馆管理员和记者，都在思考是否应该对语言进行管理，或者以不同的方式看待应该如何管理语言。词典的规则不断被改变。笼罩在这之上的是一个永恒存在的主题，即爱国主义应该如何发挥其作用。

此书也是关于个性和激情在辩论中的争鸣，渴望自身就英语语言的发声被听到。而处于这些争议中心的则是词典编纂者和编辑，他们大多独自工作，长年孜孜不倦，在语言斗争的喧嚣中挣扎着推出自己的作品。他们的绝望和痛苦，胜利和失败，受到的赞美或嘲弄，这一切都使他们担心有时在研究上耗费生命似乎并不值得。文学巨擘塞缪尔·约翰逊道："因失败而颜面扫地，或因疏忽而受到惩罚，成功却换不来掌声，勤奋得不到回报。"这是他们的宿命。

敬告读者：本书从头到尾都保留了引述资料中的原始拼写。为了表述清楚起见，在某些情况下，在括号中提供了对应的现代拼写。本书中经常提到图书开本等出版方面的相关知识，读者可通过查阅附录C中的出版术语词汇表找到相关解释。对于十九世纪初至今的美元货币等值问题，本人使用了美国劳工统计局（United States Bureau of Labor Statistics）提供的居民消费价格指数（CPI）：以此为基础进行换算，该时期的1美元相当于今天的25美元左右。

目录

上篇　诺亚·韦伯斯特的战争

第一章　英国人的嘲讽与美国人的蔑视 / 2

第二章　诺亚·韦伯斯特："最狂放的创新者" / 22

第三章　韦伯斯特的首部词典 / 45

第四章　取代大利拉 / 59

第五章　词典编纂者的第五纵队 / 92

第六章　品茶议版权：古德里奇接手 / 112

第七章　拼写战争：莱曼·科布的崛起 / 123

第八章　"国民公贼" / 134

第九章　韦伯斯特的衰落 / 161

下篇　梅里亚姆兄弟参战

第十章　去除韦伯斯特的韦伯斯特词典：从家族仇怨到梅里亚姆兄弟 / 178

第十一章　等待伍斯特 / 196

第十二章　博恩事件 / 217

第十三章　康弗斯的抱怨 / 236

第十四章　儿童、金钱、"垃圾" / 246

第十五章　战况升级:"我们有国家语言标准吗?" / 258

第十六章　"可怕的对手":伍斯特之东山再起 / 276

第十七章　梅里亚姆兄弟大捷:"伍斯特到了!伍斯特到了!接下来换乘前往韦伯斯特!" / 301

结论

附录A:"韦伯斯特"品牌 / 318

附录B:四个世纪英语词典精选 / 321

附录C:出版术语 / 335

附录D:《天使酒吧的拼字游戏》(由诚实的詹姆斯叙述) / 338

致谢 / 343

缩略语说明 / 345

注释 / 346

参考书目 / 413

上篇

诺亚·韦伯斯特的战争

第一章
英国人的嘲讽与美国人的蔑视

1

"我们不再用自己的眼睛、耳朵和大脑,而是看他人所看,听他人所听,想他人所想。"著有《常识》(1791年)和《人权论》(或译为《人的权利》,1792年)的托马斯·潘恩(Thomas Paine)曾如此写道。作为对美国独立最具说服力的发言人之一,他力主肃清美国社会中残留的英国"蛛丝、毒害、尘埃"。他称,如若不然,美国永远不可能实现彻底的独立。

许多美国人也持有同样的观点:美国在政治独立后,除经济稳定繁荣之外,最需要的或许就是思想与文化的独立,就是要摆脱令人窒息的英国艺术、文学和礼仪方面的影响。他们对自己的文化奴性深恶痛绝,憎恨这种即使在《独立宣言》签署后也不曾消失的文化屈从。然而,在美国独立战争一百多年后,美国大多数文人和有识之士仍无意背弃英国文化,他们视之为"古老的遗产",特别是英国文学和语言的历史传统。在潘恩言论发表七十多年后,英国著名小说家安东尼·特罗洛普(Anthony Trollope)用优美的笔触描述了这种强大、持久且显然牢不可破的联系:"美国人可能不会视自己为英国人,就像他们不会视自己为法国人一样。但他们可以通过自己的母语阅读莎士比亚，而要读懂莫里哀就不得不在外语上下一番苦功。他们可以从政治上，也许还可以从情感上与英国撇清干系，但无法在精神文化方面与英国剥离。"美国人就像雅努斯一样，往往是在未完全意识到的情况下，他们知道，无论自己喜欢与否，美国的精神文化都与英国的精神文化紧密相连，而且也无意将其割舍。[1]

2

美国对英国文学和语言有着挥之不去的依恋，最为明显的莫过于整个国家对塞缪尔·约翰逊（Samuel Johnson）及其1755年出版的被众人称为第一部英语大词典的《约翰逊词典》的普遍矛盾心理。塞缪尔·约翰逊是英国文学的伟大圣人，杰出的散文家、道德家、诗人、词典编纂者和传记作家，是十八世纪下半叶英国的文学巨擘和文坛领袖，是英国风格的典型代表人物。在其整个创作生涯中，约翰逊都在宣扬他对美国及美国人多层而复杂的厌恶之情。1756年，也就是约翰逊出版著名词典的次年，他创造了"American dialect"（美国话）来意指："对于每一种广泛传播的语言，其腐朽的痕迹都必须暴露出来。"他心目中所想的是一种没有章法、野蛮粗俗的说话方式。在谈及美国人时，他所用的言辞极其夸张，他曾说："我愿意爱全人类，但美国人除外……一群无赖、劫匪、海盗。"[2]

然而，美国人却与他难舍难分。图书馆中堆满了他的书籍，人们如饥似渴地阅读他的作品。他对美国思想和语言的影响巨大而深远。托马斯·杰斐逊意识到了问题的严重性：他想让美国人摆脱约翰逊的影响。1813年，在其给友人语法学家约翰·沃尔多（John Waldo）的信中，他特别提到《约翰逊词典》是阻碍美国文化发展的具体因素："利用《约翰逊词典》（自身的）素材"，美国可以在文学和语言上占据卓越地位，但"不必一味地紧抓《约翰逊词典》不放，不必对约翰逊未曾列出的每个词疾言厉色；而要鼓励和欢迎词汇元素的新组合"。然而，正如一位历史学家所写："事实证明，摆脱约翰逊宣布独立要比摈弃乔治三世困难得多。"约翰逊在美国文化上的权重是一种兼有正反两面的遗产，他对美国精神的深远影响一直持续到十九世纪。当时美国的几位顶尖作家，并没有试图抑制人们对约翰逊的兴趣，实际上反而满足了人们痴迷于了解约翰的心理需求。[3]

纳撒尼尔·霍桑（Nathaniel Hawthorne）就是对约翰逊顶礼膜拜的其中一位。尽管他在《古屋青苔》（*Mosses from an Old Manse*，1845年）一书中抱怨道："我们（自己的）文学成长得多么缓慢啊！"但对他来说，约翰逊是放之四海而皆准的。十九世纪五十年代，他因政府公务来到了伦敦，在《英国笔记》（*English Note-Books*）一书中，他记录了自己是如何追随约翰逊的脚步的：在约翰逊最钟爱的伦敦米特酒馆（Mitre）用餐；前往这位伟人的出生地斯塔福德郡利奇菲尔德朝拜；在伦敦内殿巷1号探索约翰逊的房间，身临其境后，他的想象力愈发丰满："我不仅参观了约翰逊的居所，还登上了宽大而破旧的楼梯的第一层台阶，抚摸了那古老笨重而破败的扶手，无疑，约翰逊曾时常把手搭在那上面休息。……午饭前，我还去了他的辞世之地博尔特庭院（Bolt Court）。"[4]至于詹姆斯·费尼莫尔·库珀（James Fenimore Cooper），即使在诺亚·韦伯斯特出版了美国第一部大型足本词典之后，他依然公开地把《约翰逊词典》奉为英语研究的权威。

美国人对约翰逊的这种追捧一直持续到十九世纪下半叶。赫尔曼·梅尔维尔（Herman Melville）在献给霍桑的小说《白鲸》（*Moby-Dick*，1851年）中，借叙述者以实玛利（Ishmael）之口说道，在故事讲述中，他"始终如一地使用特意为此购买的大型四开本版《约翰逊词典》，因为这位拥有非凡硕大的身躯的著名词典编纂者更适合编纂一部供我这样一个写鲸鱼的作家使用的词典"。路易莎·梅·奥尔科特（Louisa May Alcott）在其美国经典著作《小妇人》（*Little Women*，1868—1869年）中，以一两个令人难忘的场景描述了约翰逊的《拉塞拉斯》（*Rasselas*）和散文集《漫步者》（*The Rambler*）。然而，马克·吐温（原名萨缪尔·兰亨·克莱门）对约翰逊的看法并不那么乐观，甚至在他揭穿约翰逊狂热真相之时还见证了这种痴迷。就在第一次世界大战爆发前几年，马克·吐温游历了伦敦，在旅途中，他以约翰逊美国爱好者的身份向约翰逊开炮。约翰逊曾住在柴郡奶酪酒馆（Cheshire Cheese），据说他在那里度过了很长一段时间。一天，在这个酒馆附近，马克·吐温在"约翰逊博士的房间"与《德古拉》（*Dracula*）的作者布拉姆·斯托克（Bram Stoker）和美国记者尤金·菲尔德（Eugene Field）一起品茶时，他脱口而出："看看那些为约翰逊而发狂的傻瓜——他们自称美国人，却对那老迂腐低三下四。那老头子只不过是一个从厌恶美国人、试图通过鞭挞让我们屈从、称乔治·华盛顿是叛徒和恶棍的德裔英王那里讨得恩俸的马屁精。"他接着说道："英国人对约翰逊的膜拜尚可理解，但是，对于来拜谒柴郡奶酪酒馆的美国人，九成九以上的人这样做是因为他们不了解此人，而另外一些人则是因为纪念一位大约一百五十年前亡故而腐朽的作家会带来满足感。"马克·吐温在酒馆中逗留时，为了替美国同胞表达抗议，不断"对约翰逊进行声讨"。至于他自己，他夸口说他从未读过约翰逊的作品，"哪怕只言片语"。[5]

3

文化上的举棋不定是一回事，而以语言和民族文学为核心的持续性的文化自卑则是另外一回事。美国早期历史的节奏，让人无暇、无意、也没有信心转向用文学和语言表达国家地位的"新境况"并赋予其意义。杰斐逊对此深有感触。作为美国语言改革的激进倡导者，他认为"词汇与正字法创新"是一种增强民族认同和信心的理智而自然的方式，他对当时美国在这一方面的不足表示遗憾。他在给约翰·沃尔多的信中写道，美国国内文学活动如一潭死水，而且也没有突破口，"我国没有明显的文人阶层。人人都在搞实业。……因此，即便是有资格的人，也鲜有暇写作。"这实属憾事，但与此同时，为了弥补美国文坛的荒芜，也为了揭示自己对英美文化失衡的矛盾心理，他倡导研习英国作家，研习"优秀作家的经典之作，文人墨客的称许之作"，以及"高明评论家的意见"，以此来完善美国英语。6

1787年，杰斐逊因其用美国英语所写的唯一一本书《弗吉尼亚纪事》(*Notes on Virginia*)而遭到了英国人的批评。他所用的belittle（轻视）这个字眼，虽然在当今是个完美的措辞，但在当时的《欧洲杂志与伦敦评论》(*European Magazine and London Review*)上却引发了下面的奚落：

> *Belittle*！好一个措辞！它在弗吉尼亚可能是一个优美的词语，甚至意思也完全说得过去；但在我们这边，就只能揣测其含义。丢人啊，杰斐逊先生！在践踏了我们国家之荣誉，并将其视作比野蛮之地好不到哪儿去的地方之后——说说看，为什么还要永远践踏我们语言本身的文法呢？……尊敬的先生，我们可以慷慨地原谅您对我们民族性格的所有攻击，尽管这些攻击苍白而偏狭；但以后，我恳求您——请饶了我们的母语吧！7

顺便提一句，值得注意的是，《牛津英语词典》(*Oxford English Dictionary*)中收录了约110个杰斐逊所造词汇，并提供了400条左右有关特定单词含义的最早记录的引文。杰斐逊称他敏锐地感受到将美国英语从英国的限制和惯例中解放出来的重要性，这一点就像美国独立战争的钟声一样清晰。他对约翰·沃尔多说，美国人不一样，"我们所处的新环境需要新单词、新短语，需要将旧单词转变为新表达，从而形成一种美国语言"，所以大可不必为此感到羞耻。

杰斐逊告诫沃尔多警惕这些英国编辑的谩骂，尤其是颇具影响力的《爱丁堡评论》（*Edinburgh Review*）。在杰斐逊看来，"这个时代最有才干的批评家"关于美国人如何滥用英语的看法是倒行逆施的荒谬之言。对美国人来说，最好的事情就是滋养自由，并"在名义和权力上把它（美国英语）从母语中分离出来"。杰斐逊梦想着未来美国语言将拥有"力量、美感、多样性以及一切使语言臻于完美的条件——如果它可以自由地从所有合法来源中汲取灵感"。这意味着毫不尴尬地使用在美国大地上涌现出来的新词——杰弗逊创造了neologize（创造新词）来描述它们，即使"在这个语音新词化的过程中，大西洋彼岸的同胞将舍我们而去，我们也可以效仿爱奥尼亚人，成为殖民地方言在其原语言基础上改进的第二个榜样"。[8]

至于词典，杰斐逊恳求约翰·亚当斯（John Adams），无论做什么，都不要回头去查《约翰逊词典》——尽管他在其他场合选中《约翰逊词典》作为美国人必备读物，他说那本书将"确定我们（美国人）美德的原则和实践"。在那篇评论中，他所谈的是《约翰逊词典》的道德价值，而不是把它看作美国人应该如何使用英语的指南。他无须借助任何词典的权威性来确认美国新词的合法性：词典只不过是"已经通过使用而合法化的词库。……当某人使用一个新词时，如果不规范，就会被社会拒绝，如果规范，就会被社会采纳，到一定时间后，它就会被列入词典的词库中"。在另外一封写给威廉·S. 卡德尔（William S. Cardell）的信中，杰斐逊强调了这个问题的极端重要性："改进和扩大我们的语言范畴是重中之重。……只有明智的新造词才能赋予语言力量和多样性，使之成为新思想的载体。"[9]

在谈到美国语言时,约翰·亚当斯比杰斐逊听起来更咄咄逼人,也更有远见。尽管受到英国评论家的强烈谴责,但他在1780年写给埃德蒙·杰宁斯(Edmund Jenings)的一封信中颇具预言性地写道:"我并不完全是在开玩笑。在法国、西班牙和荷兰,我看到一种越来越倾向于学习英语的大趋势,这种趋势可能会蔓延到整个欧洲。美国的人口和商业将促使其语言被广泛使用。"他后来补充道:"英语将会是世界上最值得尊敬的语言。"[10]

然而,与杰斐逊同时代,有一位杰出人物与杰斐逊和亚当斯的看法不同,并对所看到的美国语言现状颇感不安。此人就是苏格兰牧师约翰·威瑟斯庞(John Witherspoon),美国《独立宣言》签署人之一、国会议员兼新泽西学院(1896年更名为普林斯顿大学)的校长(从1768年就任直到1794年去世),他对美国和美国人都非常钦佩,却尴尬地成为被卷入英美语言之战中的美国重要的政治人物和知识分子之一。威瑟斯庞理解、欣赏杰斐逊的观点,认为新词和其他类型词汇的扩充是语言发展的自然组成部分,但他对美国国内各行各业出现的极端语言形式并不喜欢。他谴责美国俚语,以及受过良好教育的人,包括国会议员、律师和牧师,不分青红皂白、毫无章法的散漫措辞:"粗话""因无知而出现的常见(语法)错误""黑话""人称错误"和"无谓的重复"。他在1781年写道:"我在全国上下,从参议院、法庭到讲道坛都能听到,每天从新闻界的论文中也能看到语法错误、错别字和粗话,而在大不列颠,几乎任何一个具有同等地位和文学水平的人都不会犯这种错误。"在他所说的任何地方都可听到的美国话中——他声称他是第一个用 Americanisms(美国英语)一词来描述英国英语和美国英语区别的人——有如下现象:用 every 替代 every one,用 contrive it 替代 carry it,用 mad 替代 angry,用 I thinks 替代 I think,用 he had fell down 而不是 he had fallen down,用 I had wrote 而不是 I had written,用 had spoke 而不是 had spoken，用 drownded 而非 drowned。威瑟斯庞还留意到了大量的缩略形式，比如 an't, can't, could'nt, don't, han't, should'nt, would'nt。他尤其厌恶 this here 或 that there 的说法。他承认，在美国上流社会中，许多人对英国英语的背离并非源于无知或"不雅"，因此他们使用的语言是真正的、合法的美国英语；但这丝毫没有令他感到欣慰。词语误用就是词语误用，人称错误无论出现在哪个国家都是错误，尽管他说他在美国听到这类错误的次数比在英国要多。[11]

4

十九世纪初，英国人对整个美国社会和文化，特别是语言和文学的狂轰滥炸，并未提高美国人的自信心。英国人的这种攻击并非孤立存在，而是源于当时更大的政治事件导致的两国之间的敌对，这最终点燃了1812年的战火，但这种更大的背景并不能为英国作家侮辱美国生活和礼仪的严酷性和频繁性开脱。许多英国游客在书籍及英国报纸上的攻击都是无稽之谈、低级趣味，是消息不灵通或根本不知情的表现，目的是哗众取宠，取悦一小撮对美国一无所知、把美国想得极坏，或将这些攻击视为异国情调和离奇冒险故事的英国读者。

小说家安东尼·特罗洛普的母亲范妮·特罗洛普（Fanny Trollope）根据她数月在美国各地的旅行写了一本引起轰动的畅销书《美国人的家庭风俗》（*Domestic Manners of the Americans*，1832年）。这是一本引人入胜但也令人受伤的书，颇有洞察力，有时还充满赞赏之情，却被反复出现的反美情绪破坏。在她看来，英语滥用是美国人缺乏章法、志趣低级和举止欠佳的一个重要表现。她对自己所见所闻的美国人粗俗的举止和语言感到不寒而栗，对他们"笨拙的措辞和发音"感到惊愕。她并未列出多少实例，但该书出版七年后，1839年的第五版中添加了一个附录，记载了美国某地区的家庭对话。其中包含一个例子，体现了一位父亲对家里用来招待客人的鸡肉的自豪感："Bean't they little beauties? Hardly bigger than humming birds; a dollar seventy five for they. Three fips for the hominy, a levy for the squash, and a quarter for the limes; inyons a fip, carolines a levy, green cobs ditto."（妥妥的雏鸡美人，不是吗？就比蜂鸟大一点点，总共才1.75美金。玉米片15便士，南瓜11便士，酸柠檬25美分；洋葱5便士，胡萝卜11便士，鲜玉米棒也差不多这个价。）。她把听到的话语与妇女因地位低下而普遍缺乏修养相联系。她表明，如果美国要从这种令人厌恶的社会痼疾中拯救自己，就必须提高文艺修养，"美国需要多多关注点缀生活的文学艺术和优雅格调，我会再次造访美国，并撰写另一本与此书完全不同的书。"[12]

在美国建国初期，美国人鲜有抗议。如果你没有安全感，你就不会大胆地回击批评你的人。现已被遗忘的费城学者、外交官，曾被杰斐逊称为"美国最优秀的两位作家之一"的罗伯特·沃尔什（Robert Walsh），曾在《就大不列颠对美利坚合众国判决的上诉》（*An Appeal from the Judgements of Great Britain Respecting the United States of America*，1818年）中提出抗议，但他只是设法强化了英国人一贯的信念，即美国人虚荣，对批评极其敏感，"珍视想象中的错误"。然而，这些英国旅行者、评论员、评论家和作家对美国人信心和自尊的冲击，终于让华盛顿·欧文（Washington Irving）忍无可忍，从而写了一篇长达9页的散文《英国作家论美国》（*English Writers on America*，1819年），旨在激发美国人的自信心：

> 我不会……沉湎于这个令人厌烦的陈腐的话题；我们对此也本不该在意，但是由于我的同胞显然对它产生了过度的兴趣，我担心它可能对民族感情产生某些有害影响。我们对这些攻击过于小题大做了，它们不会给我们造成任何实质性的伤害。试图在我们周围编织的虚假陈述薄得就像交织在

初生的巨人四肢上的蜘蛛网。我国会持续冲破它们而壮大。一个接一个的谎言会自行消失。我们别无选择，只能生存下去，存活的每一天都是有力的反驳。

如果英国人坚持他们的"偏见性叙述"，他们只会成功地"向一个年轻民族的胸怀里灌输愤怒和怨恨"。[13]

回顾一个世纪以来这种英国式的嘲讽，历史学家艾伦·内文斯（Allan Nevins）在1923年表达了十九世纪初期英国无情的嘲弄对美国人心智威胁的严重性，以及在这个年轻国度所引起的焦虑："长期以来，美国大众对欧洲游客印象所形成的紧张感，特别是对英国批评的敏感，被认为是一种显著的民族特征。"马萨诸塞州的联邦参议员亨利·卡博特·洛奇（Henry Cabot Lodge）对美国作家所受到的影响感到震惊："美国人一旦步入文坛，首先就是假装成英国人来赢得认可——不是英国人的认可，而是自己同胞的认可。"美国诗人、记者和评论员H. L. 门肯（H. L. Mencken）在其语言学爱国著作《美国语言》（*The American Language*，1919年首版）中，用题为"英国的攻击"和"美国的非规范语言"的两个章节做出了回顾。他形容这种冲突"令人毛骨悚然"，是一场文字的"邪恶战争"。苏格兰人托马斯·汉密尔顿（Thomas Hamilton）上尉提到了一些普遍存在的非规范语言现象：does一词被分成两个音节，读作do-es；出于某种不可思议的原因，where被转化成了whare，there成了thare。我记得，当我向一位熟人提到我拜访了一位有艺术品位的绅士时，他问："他是否给你展示［shew（showed）］了他的画作？"像oratory（雄辩）和dilatory（拖拉的）这样的词倒数第二个音节都被发成了长音和重音；missionary（传教士）变成了missionairy，angel（天使）成了ângel, danger（危险）成了dânger, 等等。[14]

5

此外，英国人还带着极大的热情把对美国价值观、习俗和成就的攻击转向了对美国文学现状的批判。1810年，《爱丁堡评论》的攻击非常刻薄："在这个国家，自由和竞争对激发文学才能未能起到任何作用。……简言之，无论是在扩大、充实人类知识领域还是使其多样化方面，美国都无所作为。"《爱丁堡评论》创办人兼第一任编辑悉尼·史密斯（Sydney Smith）精彩诙谐的散文和评论深深地刺伤了美国人的自尊，1820年，在该杂志中他不怀好意地问道："美国人何必著书立说呢？只需六周的旅程就会将他们相继带入我们的语言，以及我们的见识、科学和精髓。"哈丽雅特·马蒂诺（Harriet Martineau）1836年曾游历美国，她虽然对美国没有"贵族式的傲慢"颇为满意，但她在《美国社会》（Society in America）中的文笔却相当犀利："从立法角度判断，美国国民的思想很有高度"，但是"如果从文学角度判断，可以说美国国民毫无思想"。[15]

美国文学界极力地附和。受教于哈佛大学的外交官、美国法学家和语言学家约翰·皮克林（John Pickering）（稍后会有更多关于他的介绍），1816年承认："很难说国内有任何职业作家。"著名的一位论牧师和早期超验主义大师威廉·埃勒里·钱宁（William Ellery Channing）在其著作《民族文学的重要性与途径》（The Importance and Means of a National Literature，1830年）中宣称他所说的民族文学是"一个民族的思想的书面表达"，并呼吁美国文学思想的觉醒。美国需要一种更注重精神而非物质积累的"高智力文化"："我们中间有太多的一知半解。……在任何地方都没有……文学氛围的积累。"独立五六十年后，美国仍然依靠"外国人的思想，寻求智力上的刺激和享受，而外国人却感受不到我们的思想"。[16]

然而，美国文学真的崛起了，它崛起的速度可能比杰斐逊和亚当斯预想的要快。仅以几位作家为例：詹姆斯·费尼莫尔·库珀、华盛顿·欧文、威廉·卡伦·布莱恩特（William Cullen Bryant）、纳撒尼尔·霍桑、奥利弗·温德尔·霍姆斯（Oliver Wendell Holmes）和拉尔夫·沃尔多·爱默生（Ralph Waldo Emerson），他们都在十九世纪四五十年代以创造性艺术家的名声崛起，不仅在美国本土，而且在英国和整个欧洲大陆享有盛誉。[17]先知诗人爱默生力争"从美国的身体中清除欧洲的绦虫"，深知美国"文艺复兴"的曙光已经来临。爱默生在其小册子《美国学者》（*The American Scholar*，1837年）中宣称："我们沉迷于欧洲宫廷文化艺术太久了。"该册子首次发表和出版时题为《1837年8月31日于坎布里奇面对美国大学优等生荣誉学会之演讲》（*An Oration, Delivered before the Phi Beta Kappa Society, at Cambridge, August 31, 1837*）。在散文《论自然》（*Nature*，1836年）中，他写道："我们的先辈直视上帝和自然；而我们，却是透过他们的眼睛来看。为什么我们就不该同样享有与宇宙的原始关系呢？为什么我们就不该拥有一种具有洞察力而非趋于传统的诗歌和哲学，以及一种启示我们的宗教，而非要延续他们的历史呢？"该言论令爱默生名声大噪。[18]

6

英国人不仅对美国文学和精神生活蓄意攻击，而且在报纸上群起讨伐美国语言。整个十九世纪，正是英国人在这一领域的攻击，比其他任何事件都更加剧了美国人对英国文化的不安全感。英国沃尔特·萨维奇·兰多（Walter Savage Landor）曾将英国新闻界的"评论家和杂志人"描述为"持火炬的少年和文学拾荒者"，他们对美国作家使用语言的方式毫不留情。美式写作为他们提供了成熟的时机来施展自己的才智，迎合其读者的偏见。耶鲁大学校长蒂莫西·德怀特（Timothy Dwight）嘲讽道："他们的笔杆子浸染了苦涩，夹杂着恶意与谎言。"究其根源，是对美国人如何自以为是地"支配"古英语的偏见。在英国人看来,美国人将古英语摧毁到如此程度,以至于它要么粗俗无礼,要么常常令人无法理解,让古老的英国文学传统蒙羞。批评家们警告说,如果这种摧毁继续下去,某一天英国人将需要一个词汇表来理解美式写作,美国人也将不再能读懂英国文学的名篇巨著。[19]

"可怜的约翰逊博士",苏格兰古董学家兼工程师约翰·麦塔加特(John Mactaggart)是这样写的。十九世纪二十年代,他曾在加拿大旅居三年并按常规游历了美国。如果约翰逊知道美国人会怎么对待这种语言,他肯定会在词典中带头反对美国英语的入侵:"伟大的约翰逊博士在编纂他那高贵的国家词典时,似乎没有意识到他的死敌已经盈门。……此时此刻,我们经典英语语言的ruination(毁灭)已现端倪。想象我们的作家将在他们的故乡不朽地生活下去,简直是无稽之谈。"[20]

在马里兰州和弗吉尼亚州生活了几十年的英国牧师乔纳森·布歇(Jonathan Boucher)是当时最雄辩也最有争议的传教士之一。虽然他对英国忠心耿耿,但他也是乔治·华盛顿的朋友。在《古语和地方语词汇表》(Glossary of Archaic and Provincial Words)中他对美国语言满怀敌意。作为一名杰出的历史学家和语言学家,布歇只是十八世纪末英国众多悲观预言家中的一员,他们想象有一天英国人将无法理解美国人,这就是世界末日:"美国人的语言将像他们自己一样独立于英国之外;他们的语言完全不像英语,就像荷兰语或佛兰芒语不像德语,挪威语不像丹麦语,葡萄牙语不像西班牙语一样。"到十九世纪三十年代,这种情绪在英国已司空见惯。汉密尔顿上尉写道,如果这就是美国语言的命运,那就随它去吧,"除非目前的变革进程因受教育程度更高的阶层品位和判断力的提高而受阻,否则毫无疑问,再过一个世纪,英国人将完全听不懂美国人的方言,而美国也将失去参与英国文学所带来的好处。"诺亚·韦伯斯特当时已经因其"美国英语"词典而闻名,他预测结果将"像最爱国的美国语言学家所希望的那样新颖和奇特"。[21]

二十世纪早期美国英语历史学家艾伦·沃克·里德（Allen Walker Read）在其关于早期美国语言的许多富有启发性的文章中，试图解释清楚他所描述的从十八世纪末一直到门肯之后的美国语言的误导性概念。他认为，应该对美国语言加深了解的是美国书籍的英国评论家，而不是易受影响的英国旅行者。尽管许多旅行者在听到美国口音、新造词、粗话和（在他们看来）误用得非常好的英语单词时，或者注意到很久以前在英国已经过时的单词和短语仍被继续使用时，肯定会惶恐不安，但总的来说，他们比专业的评论员和评论家更大度，也更愿给予认可。例如他们至少能够发现并承认，美国地区方言相对较少。哈丽雅特·马蒂诺有听力障碍，因此需要使用助听器，她原本是很挑剔的，但是回忆起1834年在美国的旅行时，她表示美国人说话的清晰度（没有口音）很令她高兴，她说："我不会在英国讲关于美国人说话的特点的坏话；因为事实上，对于像我这样一个听力上有诸多不便的人来说，在这个伟大的国家到处都能听到通俗易懂的英语，这是一件非常愉快的事——因为在英国旅行的时候，人们经常会被方言所困扰。"[22]

7

是哪些肆无忌惮的美国英语和冒犯行为让众多的英国和美国评论家感到剑拔弩张？其中一个屡见不鲜的例子是泛滥的名词当动词用现象，如beat（敲）、dump（丢弃）、interview（面试）、notice（注意）、process（处理）、progress（进展）、scalp（剥头皮），等等。另外，缩略形式和含含糊糊的发音变得很普遍，其他"粗俗"的语言也是如此。还有，夫妻间非正式的、亲昵的私密语本该用在闺中秘阁，却出现在了公共场合。污言秽语和下流表达的滥用也是令人痛心的。对许多人来说，这类用法是侮辱性的、随意的、无章法的、不准确的、不合逻辑的、无礼的。

还有很多被英国观察家归类为"退化"和"降级"的例子。首先，报道总是提到美国人那让人难以忍受的口才，他们为自己是"天生的演说家"而感到自豪，但他们讲的话却充满粗俗的词汇、不敬的言语、离谱的"创新"、松松垮垮的不准确和不严密之处、高谈阔论、夸夸其谈，以及含糊的发音或吞音。有人指出十七世纪七十年代早期来自德比郡的游客尼古拉斯·克雷斯韦尔（Nicholas Cresswell）发现新英格兰地区的美国人的"拿腔作调"和鼻音令他无法形容，尽管在美国其他地方他没有发现任何方言。即便如此，克雷斯韦尔还是希望从德比郡搬到美国，他完全接受美国人的讲话方式，以至于他开始像美国人一样说话，盛气凌人。一天早上，他差点与一个"扬言要剥掉我的头皮并用战斧砍死我"的人发生枪战。[23]

成千上万的流行词汇和短语，可以被称为美国方言，也可以被称为美国英语，它们甚至渗透到了受教育程度最高的美国人的言谈中，虽然他们在写作时并不常使用这些表达方式。用1855年耶鲁大学毕业生的话来说，这些人"在五六句话中所使用的词汇会让初次听到它们的英国人不免震惊"。"不免震惊"只是无力地描述了英国人对美国英语的厌恶。随着怨恨的加深，英国人将其贬低为粗俗和难理解的表达。另一方面，丹尼尔·J. 布尔斯廷（Daniel J. Boorstin，历史学家和美国国会图书馆馆长）坚守门肯的防线，为迅速发展的"高谈阔论"和浮夸的美国语言的"豪放活力"喝彩。他用自己的例子说明了美国语言中出现的"大量生动的、前所未有的词语和短语"：to affiliate（加入）、to Americanize（美国化）、down-and-out（贫困潦倒的）、down-town（城市中心）、to engineer（策划）、to enthuse（使热心）、flat-footed（笨拙的）、to funeralize（举行葬礼）、highfalutin（夸张的）、to hornswoggle（哄骗）、hunkydory（非常满意的）、to itemize（逐条列记）、to lynch（处以私刑）、non-committal（含糊的）、on-the-fence（持观望态度）、plumb crazy（疯狂至极）、rambunctious（喧闹的）、to resurrect（复活）、scalawag（无赖）、scrumptious（美味的）、shebang（住所）、to skedaddle（仓皇逃散）、slambang（轰然巨响），splendiferous（浮华的）、true-blue（忠贞不渝的）、under-the-weather（身体不适）。布尔斯廷写道："美国语言的新元素，并非来自美国文豪的字里行间，而是出自西部的船夫、城镇开发推动者、毛皮商人、探险家、印第安斗士和农夫之口。虽然英国英语的伟大之处可以在图书馆阅览，但美国英语的伟大之处须倾听才能欣赏。美国没有强大的文学贵族，没有特定的文化之都，没有伦敦。这个新的国家把语言还给了人民，没有比这更独特或更不可预测的美国成就了。"[24]

8

许多有文化的美国人，除了其中保守的"传统主义者"，其他人都不愿意默默忍受英国人的这种不尊重。举国上下的美国人都认为，不必感谢英国人，美国人想要的是英语书面语和口语的明确和统一，更不用说优雅，而且他们确信自己已经达成所愿。拥有雄才大略的爱德华·埃弗里特（Edward Everett）是抗议英国人批评美国人使用英语的方式的最具洞察力和影响力的美国声音之一。埃弗里特出身名门望族，年仅21岁就成为杰出的哈佛大学希腊文学教授。他是举世闻名的演说家，颇具影响力的《北美评论》（North American Review）杂志的编辑，美国国务卿，驻英国大使，哈佛大学校长（1846年至1849年，他不喜欢这份工作），美国文化思想领域备受推崇的权威和领袖。他在讲述词典历史的篇章中扮演着一个不甚起眼却举足轻重的角色。有位评论家写道："我不知道在美国谁还有这样的笔杆子。他是美国的朱尼厄斯（Junius）。"在哈佛大学任教及此后的许多年里，埃弗里特都被爱默生奉为英雄楷模，爱默生曾在坎布里奇的布拉特尔大街教堂听他作为一位论牧师的布道，并总结他的声音"抑扬顿挫，发音如此准确和完美，不过带点鼻音……是当时所有声乐中最圆润、最美丽、最合适的"。1863年11月19日，在亚伯拉罕·林肯（Abraham Lincoln）抵达葛底斯堡国家公墓发表那短小精悍、意味深长、富有传奇色彩的演讲之前，埃弗里特有幸在典礼上发表了近两个小时的演说，并在次日大方得体地向林肯致函："如果我能奉承一下我自己，我会高兴地说，我用了两个小时才接近您用两分钟阐述的中心思想。"[25]

在访问英国数次后，埃弗里特觉得他能够以"理性的爱国主义"和权威的口吻讲出英国英语和美国英语的对比情况："我们不畏惧让任何人来对比英国英语和美国英语，只要他具备对比的方法和资格，就算他宁愿认为美国不是该语言的母语国家，而只是使用其变体的偏远的英国殖民地；而在英国，各地百姓肆意说着土话，对数十种土里土气的乡村行话进行歪曲，导致它们不配被称为方言。"英国批评家没有什么正当的理由给所有美国新词都"打上语言变体的烙印"。他声称，无论以什么为权威依据，是词典，还是"正派的群众"，抑或是"优秀的作家"，"地方土语、望文生义的合理表达、自造新词"都会出现在可敬的英国作家的创作中，这比同样可敬的美国作家和社会中出现得更多。[26]

1818年，埃弗里特在前往英国剑桥的途中，震惊地发现自己所乘长途汽车上的另外五个英国人"比自己所熟悉的美国任何一个地方随便挑出的五个衣着讲究的人英语说得都差。"事实上，埃弗里特在旅英期间，震惊地发现英国人对美国英语的无知和武断："因为自身环境的特殊性，我们有权创造新词，而不应该为此接受审查，也不应该被逼相信，在新词方面，我们的口语和书面语更为不当。"与其"对'美国英语'进行无谓的改革，与禁欲的基督徒作家互相角力，对不规范（从未被认可，已被美国宣称无效）的语言现象展开不切实际的斗争"，英国人不如集中精力拯救自己的语言于腐朽。[27]

乔治·蒂克诺（George Ticknor）是埃弗里特的密友，他来自波士顿贵族阶层，家境富裕，学识渊博，是哈佛大学才华横溢的西班牙语和法语学者，著有三卷本的宏伟大作《西班牙文学史》（*History of Spanish Literature*，1849年）。他从未想过除了说最好的英语他还能说什么。因此，当1815年有位英国客人"惊讶于我英语讲得非常地道，而且不带口音，以至于他会把我当作英国人"时，他简直啼笑皆非。蒂克诺在他的日记中写道："愚昧至此，我还是第一次遇到。而他自己却带着满口的伦敦腔。"在十九世纪末，还有另一个美国人的反击令人拍案叫绝。有位英国军官对新英格兰上流社会一位年轻开朗的女士说她的英语棒极了，并问她作为美国女性，在这方面是否有非同寻常的天分，她并没有感到忘乎所以，而是回答说："没错，不过我还有其他非同寻常的优势。有一位英国传教士就驻扎在我们部落附近。"1839年，有英国人问另一位美国女士："你为什么要那样拉长音说话？"这位女士可没那么好的脾气，而是不耐烦地说，她会把音"从缅因州一直拉长到佐治亚州，而不从中间掐断①，像你们英国人所做的那样"。1839年伦敦的《文学公报》（*Literary Gazette*）用一系列其他的例子来取悦读者，在他们看来，这些例子像是来自美国下层社会图谋反抗英国贵族语言的闲聊。英国人认为方言的习惯和对词义的"曲解"困扰着美国，下面两个例子足以说明这一点。在东部各州，谚语"strain at a gnat, and swallow a camel"（捡了芝麻，丢了西瓜），变成了"strain at a gate, and swallow a saw-mill"；另一个例子涉及nasty（丑陋）和nice（漂亮），"最莫名其妙的曲解词义的例子莫过于我在肯塔基州听到人们有时会用nasty代替nice。例如在肯塔基州的一次乡村舞会上，我的同伴跟一个当地人打听

---

① 原文为clip，在这里一语双关，一层意思是打断、截断，另一层意思是吞音或省音。——译者注

一位美女的芳名,那人说:'外地佬,那是我的妹妹。我很高兴她露出了最美的(nastiest)脚踝,整个肯塔基无人堪比。'"[28]

詹姆斯·费尼莫尔·库珀大胆地尝试两面讨好。他认为美国人的改革虽然有些过火,却仍然宣称他们对英语拥有"平等的权利"。他预言,不久之后美国文学将"以一种前所未有的力量感、率直感和实际使用中的常识蓬勃发展","两千万人不仅可以造词,如果需要的话,还可以创造语言",他在他的小说《萨坦斯托》(Satanstoe,1845年)中为美国英语辩护的脚注末尾写道。他在《美国民主主义者》(The American Democrat)中不惜笔墨地大胆预言美国英语的光明未来,但恐怕英国人的态度不会很快缓和:

> 总之,作为一个国家,我们比其他任何国家讲自己的语言都讲得好。考虑到我国辽阔的国土,我们在发音和用词方面的普遍准确性是相当惊人的。……我们确实在修正英语,而且每年都会为我国引入更好、更纯正的英语。……不出一两代人,美国会使用比现在更合理的英语。至于我们对英语的改进或净化会对英语母语国产生多大的影响,则是另外一个问题。二十年也许太短,但终有一天,英国会欣然自得地直接接受来自美国的意见或潮流。[29]

9

1895年,苏格兰批评家和民俗学家安德鲁·朗(Andrew Lang)在回顾一个世纪以来英美在语言问题上的争论后,采取了隔岸观火的态度。他主张美国人有权按照自己的意愿使用英语,但他不能忍受像库珀那样展望美国英语对英国英语的影响:"本人一直无法理解为什么美国人不能使用美国英语。美国是个自由的国度,有权以自己的方式发展自己的语言。……只要美国英语在美国本土开花结果,对我们而言这就意味着纯粹的语言学兴趣;但是当美国英语像水域中的野草一样,开始入侵我们的语言时,我们当然有理由阻止其泛滥。这能算是粗鲁无礼吗?"他补充道:"只有时间和应用才能使新词新语得到认可:适者生存。"[30]

尽管如此,这场斗争仍在继续,正如1873年英国著名散文家约翰·罗斯金(John Ruskin)大言不惭、语出惊人地说:"美国人迄今为止所有的语言或思想都是拜'没落'的英国所赐。所有不是从英国学来的思想都是愚蠢的思想;所有不是从英国学来的词汇都是蹩脚的词汇,其中最卑鄙的甚至不能算是逗趣的鹦鹉,只能算是下流的嘲鸫。"若论侮辱性,无人能出其右。语言战争导致的知识和社会脱轨这一恶疾甚至感染了像罗斯金这样杰出的哲学家和批评家。到十九世纪三十年代,大西洋两岸见多识广、思维公正的人,甚至那些见识短浅、持有偏见的人都开始担心,如果这场跨大西洋的语言角逐持续更长时间,"美国仅存的对英国的点滴善意"都将变成不可挽回的怨恨。[31]

美国人有力地还击了英国人的讥讽,但他们仍然面临着一个尴尬且愈加不利的事实——正如我们将看到的,他们仍然依赖英语语言权威,如塞缪尔·约翰逊及其令人无法抗拒的词典。早在1787年,一位英国记者就曾不怀好意地警告说,美国英语已经与英国英语大相径庭,以至于未来的英语词典干脆忽略美国英语,"若真如此,那么让乱七八糟的语言表达的发明者自己编一部词典吧"。而这正是美国人要做的。美国语言正沿着自己的路线和需要奔向未来,而大多数美国人都无意让英国人的态度和偏见及其词典阻挡他们前进的步伐。只有一部真正全面记录美国语言演变的美国词典,才能跟上美国社会迅速变迁,以及新词、新义和新的发音涌入其中的步伐。当这样一部词典面世时,它肯定会一劳永逸地在母国宣告美国语言的独立。[32]

第二章
诺亚·韦伯斯特："最狂放的创新者"

> 作为一个独立的国家，尊严要求我们不仅要有自己的政府体系，还要有自己的语言体系。大不列颠不应该再是我们的标准，尽管我们是大不列颠的子孙，讲着大不列颠的语言——因为该国作家的品位已经败坏，语言也在衰落。……尽管他们（美国人）可能会炫耀国家的独立，自夸政府的自由，但他们的见解并不够独立：对母国艺术文学的顶礼膜拜，对其习俗传统的盲目模仿，在美国人中依然盛行。……现在时机来了，而且就在这个国家。……所以让我们把握现在，建立民族语言和国家政府。……该计划刻不容缓，不容耽搁。
>
> ——诺亚·韦伯斯特

1

这是年仅31岁的诺亚·韦伯斯特在1789年写下的豪言壮志，比他编纂美国第一部重要词典要早得多。[1]这是他在《英语语言论文集》（*Dissertations on the English Language*）中对美国语言统一和独立的登高一呼。这部409页的论文集，以其言辞之大胆、篇幅之长及其对该语言历史的概括之全面而著称。1780年，约翰·亚当斯也发表过类似的言论:"英国人除了时不时模仿美国人之外,将再无尊严可言。"然而,韦伯斯特是在呼应自己1786年在波士顿发表的演讲,演讲题目为"英国人和美国人之间的一些差异;英国语言的变体;英国人不应成为我们语言和习俗参照标准的原因"。这是一个年轻人在美国独立初期的民族主义浪潮中所发表的极具爱国主义色彩的言辞,也是他一直践行的准则。以此方式,他持续不断地贬低英国,特别是塞缪尔·约翰逊,他认为约翰逊是最受欢迎的(因此也是最具破坏性的)英语变体的化身,他希望美国尽早宣布语言的独立,否则将为时已晚。他宣称,英国英语日渐衰退。尽管他那传教士式般激进的语言改革为他赢得的朋友寥寥无几,但他那非凡的毅力、韧性、自信、固执和勤奋使他在职业生涯早期通过拼写改革获得了出版成功,后来又通过备受争议而四面受敌的词典享誉全球。他被称为美国语言的"救世主",美国的"校长"。[2]

韦伯斯特不是单枪匹马地挑衅和攻击英国英语的美国人。约翰逊(及其词典)也受到了批评家的痛击,他们指责他排外、浮夸、矫揉造作、循规蹈矩。他们偏爱一种自然的民主表达形式,更符合波澜壮阔的美国式革命社会中自由、朴素和富有个性的浪漫主义精神。1792年,作家兼宾夕法尼亚州最高法院大法官休·亨利·布拉肯里奇(Hugh Henry Brackenridge)写道:"自从那个文学蠢材,那个对真正的自然或自然的朴素一窍不通的塞缪尔·约翰逊的时代到来以后,英国英语写作大不如从前。"这番话很犀利,但远没有年轻气盛、志向高远、年仅22岁就在决斗中丧命的诗人约瑟夫·布朗·拉德(Joseph Brown Ladd)早在1786年之前发表的言论(尽管直到1832年才出版)那么具有革命性:"约翰逊博士是一位更具天赋的作家,也更为人所爱戴。也正因如此,他是最危险的……在所有对现代人品位的曲解中,约翰逊的作品造成的危害最大。"正如韦伯斯特所宣称的,模仿约翰逊的风格和语言只会分裂美国,而统一美国的应是"联邦英语"——比如他的家乡康涅狄格州普通

"自耕农"的英语。任何美国词典都无法摆脱约翰逊漫长而潜移默化的影响，但布拉肯里奇认为，为了匹配美国生活而诞生的一部倡导美国风格的词典"可能会比以往所有的词典和教程都更能达到如此理想的目的"。[3]

2

从几位同时代目击者的评论来看，如果韦伯斯特不是那么暴躁、易怒、傲慢，没有公开地吐露言辞激烈的政治和语言观点，使自己陷入辩论的狂热；如果在与异己者打交道时，韦伯斯特让自己的语言变得稍微温和一些，那么，他的人生之路就不会那么艰辛困苦、波澜起伏。他是个不太讨人喜欢的人。托马斯·杰斐逊对这种美国地方主义说教非常恼火，对韦伯斯特的联邦主义政治和他所倡导的"联邦英语"深恶痛绝，而且对韦伯斯特这个人也非常反感，他曾在给詹姆斯·麦迪逊（James Madison）总统的信中把韦伯斯特描述成一个争权夺利的"好事者"和讨厌鬼："在我看来，韦伯斯特只是个理解力有限、带有强烈偏见和党派激情的老夫子。"[4] 约翰·皮克林与韦伯斯特是同代人，对韦伯斯特了如指掌，他写了一本关于美国英语词汇这个颇具争议话题的书，称他为"一个懦夫、一个半吊子、一个自诩的爱国者"。吉尔·莱波尔（Jill Lepore）对韦伯斯特的评价则更为尖刻，称他为"一个失败的校长、一个狂热的长笛手……一个耐人寻味的散文家、一个滔滔不绝的说客、一个声嘶力竭的编辑、一个华而不实的演讲者"，"一个傲慢自大的老夫子"，以及"一个寡言少语、目空一切、愤愤不平的教师爷"。虽然韦伯斯特野蛮好斗，可能不讨同代人的喜欢，但他们都不得不佩服他的好斗、毅力，以及看似无穷无尽的精力、勇气和厚脸皮。[5]

1758年，韦伯斯特出生于康涅狄格州哈特福德市郊小村庄（今天的西哈特福德）的一个相对贫穷的农家。在田边，父亲看到小诺亚大多时候手里拿着的是一本书而不是一把干草叉，他意识到儿子是个读书之才,而非干农活的料。然而,在实现儿子的大学梦的过程中,父亲遇到了难题。家里除了维持农场运转的必需品外,几乎没有什么钱,特别是在殖民地似乎即将爆发革命的动乱时期。父亲对儿子求学之事犹豫不决,但最终还是同意了。正如诺亚·韦伯斯特的女儿伊丽莎(Eliza)多年后所说:"当我父亲还是一个14岁的少年时,他对研究和书籍表现出了笃定的热爱。……我祖父是个明白人,发现我父亲躺在草地上忘记干农活时,他决定允许我父亲按照自己的意愿行事。……我祖父对我父亲的事业怀抱着极大的兴趣,因为我祖父抵押了农场来支付我父亲的大学费用……"1774年9月,这个还不到16岁的少年拿着这笔钱进了耶鲁大学。[6]

从某些方面讲,在这时候上耶鲁大学或美国殖民地的任何一所大学都并非幸事,因为就在韦伯斯特读大一时,美国独立战争爆发,校园生活被迫中断,而且他在校期间一直都是如此。由于贫困农村的粮食短缺,耶鲁大学没有足够的食物供给学生,因此耶鲁大学于1776年12月被迫暂时闭校。1777年1月,学生们休完圣诞假期返校,发现仍然没有足够的食物;柴火也很少,他们的壁炉里不得不烧稻草。随后,由于担心英国入侵纽黑文港口,耶鲁大学被迫在3月份再次短期闭校。纽黑文仍处于险境中,当学校重新开学时,学生们要在远离纽黑文的康涅狄格州格拉斯顿伯里(Glastonbury)上课。1777年的那个夏天,诺亚·韦伯斯特和他的两个兄弟甚至加入了由他们父亲指挥的小型民兵组织,他们"扛着步枪",向哈德逊河行进了两天,加入了抵抗伯戈因将军(General Burgoyne)挺进新英格兰南部的队伍。然而,伯戈因战败的消息使他们免于任何战斗,他们身心疲惫,安全返回家中。

耶鲁大学当时有150名学生:有两位教授[其中一位是纳芙塔利·达吉特(Naphtali Daggett)校长],还有三位导师,包括后来的校长蒂莫西·德怀特,韦伯斯特一生的良师益友。对于一个好奇心强、思维敏捷的年轻人来说校园是个好地方。学生受到熏陶，感觉自己应该而且能够为改良社会贡献巨大的力量。"要牢记，你们要为美利坚合众国奋斗，"德怀特激动地对1776届毕业生讲，"你们绝不应只把自己看作小社区、小城镇或殖民地的一员，而应把自己视为奠定美利坚社稷基础的栋梁。你们的愿望、计划、努力都不应局限于狭隘的今世，而要引领后代，并缔造不朽。"学生们就当前的社会和政治问题展开辩论，撰写论文，并建立了深厚的友情，他们都深信美国正在迎来一个充满光明和希望的新时代。韦伯斯特在耶鲁大学的校友已经开始在全国的政治、外交、法律、文学、教育和宗教领域崭露头角，包括乔尔·巴洛（Joel Barlow，后来在法国圣克劳德宫担任大使）、奥利弗·沃尔科特（Oliver Wolcott，在约翰·亚当斯总统执政期间任财政部部长，其父亲是《独立宣言》的签署者之一）和泽法尼亚·斯威夫特（Zephaniah Swift，后来升任康涅狄格州最高法院首席法官）。[7]

在本科毕业之前的最后几周，由于韦伯斯特再次表现出其众所周知的鲁莽和轻率的言行，因此他同母校闹得不欢而散。其中一个事件涉及他的导师约瑟夫·巴克明斯特牧师（Rev. Joseph Buckminster）。在1778年9月韦伯斯特毕业前夕，出于某种原因两人闹翻了。大约一年后，巴克明斯特在写给韦伯斯特的信中，对这个曾经的学生过于强硬的"独立精神"表示遗憾，并预测如果不加以驯化，这种精神会给他的未来带来"错误和屈辱"的危险。他写道："如果你肯听取初次相识对你感兴趣的人的建议，我相信你会带着……名誉……圆满完成你的学业……你必须努力不要对……与你相识尚浅的人太过直接，也不能毫无保留地向他们敞开心扉。人性多半乖张堕落，他们很可能会嘲笑你，并且可能将你和那些自恃清高的人混为一谈。"巴克明斯特颇有预见性，非常清晰地预见韦伯斯特一生都会自己"背叛"自己。[8]

韦伯斯特带着文凭返回农场老家时，他希望能够攻读法律，但家中担负不起，他也无望通过学习法律找到工作。他写道："正值20岁芳华，却被世界抛弃，没有资助者，身处战争时代，所有职业都受到干扰，国家一穷二白——没人能预测战乱何时结束。"他变得沮丧，试图靠待在房间里看书来打起精神。考虑到他不久后对塞缪尔·约翰逊编辑的词典的轻蔑程度，令人惊讶的是，他说将他从忧郁症中解救出来的正是约翰逊著名的散文集《漫步者》中明辨是非的文章。三十年后，在1808年改变他一生的宗教皈依中，他回忆起了约翰逊是如何帮助他度过那些黑暗岁月的："在涉世未深的20岁就在这个世界飘荡，不再享有父亲的资助，我的心中……充满了忧愁。在这种情况下，我怀着非同寻常的兴趣阅读了约翰逊的《漫步者》，此书对我的道德观产生了显著影响，因为当我合上最后一卷时，我确立了坚定的决心，要毕生追求美德，一丝不苟地履行所有道德和社会责任。"直到生命的尽头，他仍然对约翰逊的救命之恩心存感激，同时也无情地攻击他，说他的词典对英语语言造成了损害，特别是（但不限于）在美国。[9]

经过一段时间的自修，1781年4月，他在哈特福德通过了律师资格考试，却发现自己无法靠当律师谋生。在接下来的几年里，他转向教书，两次开办自己的学校，但均以失败告终。也正是在这一时期，他对现行的美国儿童教科书感到怨气难平，因此他做出了大胆的决定，要撰写两本"英语语言教学基础小册子"。[10]

3

他在租来的房间里坐下来编写拼写书，以取代英国长期以来强加的拼写书和语法书，主要是托马斯·迪尔沃斯牧师（Rev. Thomas Dilworth）的《新英语言指南》（*A New Guide to the English Tongue*，1740年）。此书从十八世纪中叶以来，一直在美国教室中占有至高无上的地位：在美国不停再版并被持续使用到十九世纪。韦伯斯特认为迪尔沃斯的书"一半完全没用，另一半则漏洞百出"，他之所以反对，主要因为它是英国人所写。1762年迪尔沃斯规范性的《英语语法简介》（*Short Introduction to English Grammar*）激起了韦伯斯特反英的煽动性辱骂。好友乔尔·巴洛提醒他："你知道，我们国家对老迪尔沃思颇有偏袒，称他是我们所有人的启蒙老师，很难让他们扭转这种想法；你也知道，印刷商对《英语语法简介》进行了大量印刷，而且售价低廉。"韦伯斯特无视这些警告，在1782年夏天完成了拼写书的初稿，并于次年出版，名为《英语语法学院第一部》（*The First Part of the Grammatical Institute of the English Language*）。在1786年的修订版中，他将拼写书更名为《美国拼写书》（*The American Spelling Book*），这更符合（他认为）其方法的简单性。后来因其独特的蓝色封面而被称为"蓝皮拼写书"（"Blue-Backed Speller"）。[11]

在完成拼写书之时，他已经制定了一个更雄心勃勃的三部书计划：一部拼写书、一部语法书和一部读物，当时他准备将其命名为《美国导师》（*The American Instructor*）；但后来，在其耶鲁大学导师以斯拉·斯泰尔斯（Ezra Stiles）的建议下，他换用了一个啰唆的书名《英语语法学院，由简易而系统的教育方法组成，专为美国英语学校设计》（*A Grammatical Institute, of the English Language, Comprising, an Easy, Concise, and Systematic Method of Education, Designed for the Use of English Schools in America*）。他计划用一种更容易理解、更明显的美国"本土"方法取代迪尔沃思对拼写、发音和语法所做的让人难以理解（对儿童而言）的英国注释和插图——不过，令人费解的是，他承认自己的拼写书基于《约翰逊词典》。在现行的教育体系下，他发问："儿童或外国人如何学习rove，move，dove中的o，或poor，door中的oo在这些词中的不同发音呢？或者如何学习在bare, laid, vein, there这些单词中a、ai、ei和e完全相同的发音呢？然而，拼写书和词典的作者却没有注意到诸如此类及其他五十种不规则的情况。"出于对儿童和外国人的同情,他由简到难地把单词表按主题和次序进行了排列。这本书还附有《伊索寓言》的粗糙木刻插图,以及粗野男孩偷苹果和乡村姑娘拿着牛奶桶等场景。他用美国的专有名词、地理和历史取代了迪尔沃思对美国儿童没有太多意义的英国参考文献。他在导言中写道,他的书"是为爱国而付出努力的抛砖引玉"。这是他为美国语言付出毕生努力的第一步。这本书还对他称为美国语言中"那些令人厌恶的地方方言的区别"表示蔑视,并告诫学生发音要干净利索不要土里土气。[12]为此,他还根据学生年龄的不同编写了简短的对话,要求学生大声朗读,并制作了阶段课程表,邀请学生重复朗读纵向列举的单词,例如:

glade (沼泽地)	snake (蛇)	tract (传单)	clank (叮当声)	clamp (夹紧)	black (黑色)
grade (等级)	glaze (釉)	pact (条约)	crank (曲柄)	champ (咀嚼)	crack (裂纹)
shave (刮胡子)	craze (狂热)	plant (植物)	shank (柄)	cramp (抽筋)	match (火柴)
wave (波浪)	prate (唠叨)	sang (唱歌)	plank (木板)	spasm (痉挛)	patch (补丁)
quake (发抖)	slate (石板)	fang (尖牙)	clump (丛)	splash (泼洒)	fetch (取来)
stage (阶段)	shape (形状)	rang (响铃)	thump (捶击)	crash (碰撞)	vetch (野豌豆)[13]

韦伯斯特从不自谦,他冠冕堂皇地宣称,他的拼写书"比其他所有书更能促进一个国家的语言形成",他希望该书能通过"净化"语言来"促进文学的兴趣和美国的和谐"。"净化"一词凸显了韦伯斯特的执着,即迫切需要在全国范围内建立统一的发音标准,并抵制英国语言的"讹误"。他在一篇题为《美国语言的英语讹误》的文章中对这种"讹误"进行了抨击,该文后来被收录在他的《散文与随笔集》

(*A Collection of Essays and Fugitiv Writings*，1790年）中出版。人们不禁要问，当时他从未去过英国，也没有多少机会与他提到的英国人阶层交谈，为何会得出如此大胆的结论。下文突显的是其坚定的语言上的爱国主义，而不是对英国语言习惯的仔细研究：

> 大约八十年前，我们就已经开始讲纯正的语言了。从那时起，伦敦剧院演出和法院诉讼中出现了大量的错误。很多情况下，造作的错误发音已经取代了正确发音；新单词或新的言语方式继承了古代所谓正确的英语短语。
>
> 因此，在现代英语发音中，我们有natshures、conconnctshures、constitshutions、tshumultshous legislatshures和一长串时髦的错误。这些……冒犯了耳朵，妨碍了语言。[14]

当他开始撰写语法教科书教授拼写、句法和发音时，他意识到自己面临的是与享誉已久的十八世纪英国语法书的可怕竞争，而后者在美国课堂上已经根深蒂固，这对他几乎是毁灭性的打击。除了迪尔沃思，韦伯斯特还痛斥了另一位颇有影响力的英语语法教科书作者罗伯特·洛思（Robert Lowth）。洛思是伦敦主教、牛津大学诗歌教授，他的《英语语法简介》（*Short Introduction to English Grammar*，1762年）也在韦伯斯特无端指责之列。其他不太流行的语法书，如詹姆斯·布坎南（James Buchanan）的《英国英语语法》（*The British Grammar*，1760年）和约瑟夫·普里斯特利（Joseph Priestley）的《英语语法基础》（*The Rudiments of English Grammar*，1761年），也出现在美国儿童的课桌上。更多关于语言的一般性著作接踵而来，如乔治·坎贝尔（George Campbell）的《修辞哲学》（*The Philosophy of Rhetoric*，1776年）和休·布莱尔（Hugh Blair）的《修辞和纯文学讲座》（*Lectures on Rhetoric and Belles Lettres*，1783

年），直到十九世纪末，这些著作在美国仍然很受欢迎。据估计，在十八世纪的最后四十年里，英国大约有157种不同的语法书在流通。[15]

然而，韦伯斯特已经开拓了一个美国本土语法和拼写的市场，这个市场即将膨胀到超出任何人的预期。英国记者兼语法学家塞缪尔·柯卡姆（Samuel Kirkham）于十九世纪初在美国各地讲授语法三十余年，并发表了《普通课程中的英语语法》（*English Grammar in Familiar Lessons*，1829年），解读了截至1820年语法在美国社会的重要性："由于语法可为各科学习打开大门，因此对语法的了解必不可少；即使你不想在大众文坛崭露头角，这种知识也能为你所用，哪怕你注定要经历最卑微的生活。"[16]

继韦伯斯特之后，还有两部流行的美国语法书，分别是凯莱布·宾厄姆（Caleb Bingham）的《年轻女士的词法：或，简明英语语法入门》（*The Young Ladies' Accidence: Or, a Short and Easy Introduction to English Grammar*，1785年）和凯莱布·亚历山大（Caleb Alexander）的《英语语法体系》（*A Grammatical System of the English Language*，1814年）。亚历山大还出版了美国最早的词典之一《哥伦比亚英语词典》（*The Columbian Dictionary of the English Language*，1800年）。1820年至1850年间，美国现有的教科书（主要是语法书）在其国内出版图书的册数占比从30%增加到44%。据估计，十九世纪上半叶出版了大约250种不同的美国语法单行本。在十九世纪三十年代，柯卡姆的语法书每年销售约6万册。但是，来自英国人的竞争很激烈，实际上有增无减。十八世纪末出版的与美国人生活紧密相伴的最著名的语法书是林德利·默里（Lindley Murray）的《英语语法：各等级学习者通用本》（*English Grammar, Adapted to Different Classes of Learners*，1795年）。此书在美国广为流行，超过了所有美国竞争对手，在1850年前就出版了300多个版本。到1850年，其销量超过了韦伯斯特除拼写书之外所有的教科书。默里的书到十九世纪八十年代一直在出版，销量达数百万。此书被认为适合所有社会阶层，并被视为通往成功和提高社会地位的宝典。[17]

在其拼写书的序言中，韦伯斯特从一开始就将自己塑造成"美国人民的语言先知"。对于一个年仅24岁的人来说，他那好斗的语言令人惊讶，自我标榜的言论太过刺耳。他断言，美国人现在"对英国的恶习怀着憎恶，对英国的错误怀着怜悯，对英国的愚蠢怀着轻蔑"。当"欧洲在愚蠢、腐败和暴政中衰老"时，美国人怎能再容忍英国的教育方法呢？在美国例外主义理论的一个早期例子中，他写道："在那个国家，法律被扭曲，人们举止放荡，文学凋零，人性堕落。对于处于婴儿期的美国来说，采纳旧世界现行的准则无疑等同于在风华正茂的脸庞烙下衰老的皱纹，在强健的体质中播下腐朽的种子。"[18]

1782年，当韦伯斯特完成拼写书时，他知道这本书正好可以利用这个国家日益高涨的爱国热情，但问题是如何出版。他还担心，在一个既没有国家版权法也没有各州版权法的国家中，文学盗版问题该如何解决。

4

自1710年起，英国就有了版权法［《安妮法令》（"The Statute of Anne"）］，以保护英国作家以及从前在英国出版或居住的美国人。该法律是世界上第一部版权法，作者享有为期十四年的保护，期满后可选择延期十四年。但在美国没有这样的保护。正如韦伯斯特的朋友乔尔·巴洛在1783年给国会的一封恳求信中所言："作者的权利应该受到法律的保护。……在获得这种安全保障之前，我们不希望将任何大部头著作……提供给公众。"[19]

和其他作家一样，年轻的韦伯斯特渴望能够保护自己的专利出版权并在各州销售其书籍。在接下来的五年里，致力于实现这一目标，他开始积攒教学所得并向朋友借贷。1782年秋，他骑马出发，踏上了一段雄心勃勃的旅程，以便为其著作赢得支持，他与有影响力的人和州立法机构一起宣传版权立法理念，并寻找出版商。他携带手稿奔波于费城、普林斯顿、新泽西州和纽约州，给其他州的当局写信，动用在哈特福特的私人关系，并向一些州议会申明理由。在结束为其拼写书宣传请愿的巡回旅行归来之后，他于10月24日写了一封信《致康涅狄格州大会》，敦促他所在州的立法者通过一项法律，授予他对拼写书（当时他将其命名为《美国英语教程》）为期十三年的"印刷、出版和销售的专有权"。第一重障碍是立法者回避干预现状，因为鲜有美国人所著的书籍在版权问题上涉及个人利害关系。另一重障碍是共和党坚持认为不受管制、不受阻碍的图书流通是一项民主权利。尽管如此，韦伯斯特还是四处活动，设法取得了一些名人，比如1782年9月来自新泽西大学（现普林斯顿大学）的道德哲学教授、该校未来的校长塞缪尔·斯坦霍普·史密斯（Samuel Stanhope Smith）的推荐信。史密斯在看过韦伯斯特亲自送来的手稿后，认为这本书"非常适合这个国家的青少年。……我认为，根据法律规定，将出版和销售此类作品的唯一权利授予作者，不会对国家产生不良后果，反而可能对国家有益"。1783年5月，国会终于建议各州授予新书作者至少十四年的版权。此后，康涅狄格州、纽约州、马萨诸塞州、新泽西州、新罕布什尔州和罗得岛州迅速通过了此类立法。1783年10月，在他的拼写书出版后，韦伯斯特再次开启了骑行之旅，此次前往的是"中部和南部各州"，到查尔斯顿、巴尔的摩、特拉华州和弗吉尼亚州里士满宣传他的新作，并敦促版权立法。1790年，国会采取了更大胆的行动，最终通过了《版权法》（Copyright Act），这是第一部联邦版权法，实际上是从未在美国应用的1710年英国《安妮法令》的翻版，该法令授予作者十四年的版权，期满后可申请延期十四年。[20]

大约六十年后（1843年），在去世前夕，韦伯斯特收集了几篇短论文，发表了《美国版权法的起源》一文。在文中，他自我标榜为那些法规设立背后的驱动力。然而，正如大卫·米克勒斯维特（David Micklethwait）在其著作《诺亚·韦伯斯特与美国英语词典》（*Noah Webster and the American Dictionary*）中所明确指出的那样，韦伯斯特1782年在早期版权方面所做的努力，只是为了保护他的拼写书和他可能撰写的其他任何教科书——当时他的主要动机并不是促进版权法以保护所有作者。因此，正如韦伯斯特的传记作家哈里·沃菲尔（Harry Warfel）所说的那样，称韦伯斯特为"美国版权立法之父"未免有些言过其实，但韦伯斯特的确与巴洛等人一道，在提高各州立法者对某种版权法存在的必要性的意识方面发挥了作用。[21]

5

为了出版他的拼写书，韦伯斯特声称，该书得到了他请求阅读的人的"普遍认可"，但由于坚决排斥迪尔沃思，并且对美国发音和拼写进行了"富有远见"的改革，该书遭到了强烈反对。在1783年1月写给朋友的信中，韦伯斯特抱怨人们对迪尔沃斯的"普遍偏见"以及"人们倾向于对自己无力改进的观点麻木不仁"。为了呼吁人们的爱国主义情感，他的首要主题是摆脱欧洲"日渐崩塌的古代支柱"这一根本需要。尽管如此，最初他接触的印刷商或书商都不愿意响应这一号召，也不愿接过他的手稿，除非韦伯斯特愿意支付劳务费、印刷费、纸张费，当时的出版商与我们今天所知的出版商不同。好在有朋友们的倾囊相助，《英语语法学院》的第一部终于在1783年10月由哈特福德的《康涅狄格新闻报》（*Connecticut Courant*）的印刷商巴尔齐莱·哈德森（Barzillai Hudson）和乔治·古德温（George Goodwin）出版。韦伯斯特与出版商签订的合同规定，他把再版的所有出版权都转让给他们，后来，事实证明此举乃大错特错。[22]

拼写书共120页，体积很小，只有3.5×6.25英寸①。它很快大获成功。这本书印刷了5000册，很快销售一空。到1785年1月，这本书以每周500到1000册的速度销售，印刷商计划再印刷2万到3万册；到1804年，1787年版已经印刷了100多万册，其中大部分在哈特福德和波士顿；从1804至1818年，有300多万册获得了销售许可；在1818年至1832年间，估计还有300万册。这一成功故事并没有就此结束：为抵消《美国拼写书》销量下降的影响，韦伯斯特的《初级拼写书，美国拼写书进阶版》（*Elementary Spelling Book, Being an Improvement on the American Spelling Book*）于1829年出版，印刷了将近400万册，获得1829年至1843年的销售许可。这本小册子到十九世纪末都持续热销，成为美国出版史上最畅销的书之一。

1784年和1785年，韦伯斯特出版了他三部书计划的第二部语法书和第三部读物。遗憾的是，他的改革热情使他误入歧途，而这绝不是最后一次。他在人们普遍认为美国白话文稀松平常的时候，对之提出了疯狂的主张："民众没错。……我一直关注美国的政治利益。我认为美国学校的通用课本包含青少年毫无兴趣的题材是个极大的错误；而标志着美国独立革命的篇章……也许并不亚于西塞罗和德摩斯梯尼的高谈阔论。"1785年，他一五一十地告诉蒂莫西·皮克林："我已经开始了对英语的改革，目前我的计划尚处于萌芽阶段。"[23]

不出所料，《英语语法学院》遭到了批评家们的猛烈抨击，因为韦伯斯特在拼写书附录附着一篇题为《论改革拼写模式的必要性、优势、实用性，以及使单词与发音相对应的正字法》的文章。在那篇短文中，他大胆（不计后果地）提出了对英语正字法的改革，以"使正字法变

---

① 英寸：英美制长度单位，1英寸等于1英尺的1/12，合2.54厘米。

得足够正规简单"。例如，他并不是为反映美式发音主张而对拼写进行微调，而是要发起一场大革命。他和其他改革者［包括本杰明·富兰克林（Benjamin Franklin）］的想法是使拼写更加语音化，并在逻辑上与相关词形类似。但韦伯斯特对正字法的全面改革太过另类和极端，以至于往往并没有使拼写从简而是使其更加复杂化，使可能的拼写成倍增加，让人难以掌握和理解。他成了许多公众的笑柄，而且终其一生被人嘲笑。

不管是否被嘲笑，他有几项改革都很流行，而其他的则行不通。现代读者可以很容易地辨别出以下哪一个例子根本没有未来。他提议"省略所有多余或不发音的字母"，如bread（面包）中的字母a。如此一来，bread（面包）、breast（胸脯）、built（建造）、friend（朋友）、give（给予）、head（头脑）、meant（意味着）和realm（领域）要被拼写为bred、brest、bilt、frend、giv、hed、ment和relm。他会"用一个声音明确的字符代替一个不确定的字符"，这样grieve（使伤心）、mean（刻薄）、near（附近），speak（讲话）和zeal（热情）就会变成grev、meen、neer、speek和zeel；believe（相信）、blood（血液）、daughter（女儿）、draught（通风）、grief（悲伤）、key（钥匙）、laugh（笑）和tough（坚韧）就会变成beleev、blud、dawter、draft、greef、kee、laf和tuf。此外，ch应该变成k，那么architecture（建筑）、character（品格）、cholic（胆酸）和chorus（齐唱）变成 arkitecture、karacter、kolic和korus；而chaise（马车）、chevalier（骑士）和machine（机器）中的ch应该变成sh，这些单词则成为shaze、shevaleer和masheen。他还下令驱除拼写书中的不发音字母，例如island（岛）中的s和thumb（拇指）中的b；双辅音中的一个，诸如jeweller（珠宝商）、traveller（旅行者）、waggon（货车）；colour（颜色）、endeavour（努力）、odour（气味）中的u；词尾字母k，比如frolick（嬉戏）和publick（公开）；像calibre（口径）、centre（中心）和 theatre（剧院）等词中的re也必须改为er；而defence（防御）、offence（进攻）、pretence（伪装）等词中的c要拼写为s。还有一长串其他杂七杂八的激进提议从未付诸实施，比如acre（英亩）变成aker，crowd（人群）变成 croud，soot（煤烟）变成sut，woe（痛苦）变成 wo，women（女人）变成wimmen；还有其他的改动，如gaol（监狱）变成jail（监狱），plough（犁）变成 plow（犁），的确经住了时间的考验。[24]

没过多久，韦伯斯特就详细阐述了以上和其他语言改革背后的原则和哲学。但就目前而言，尽管他的改革具有激进性质，但他在拼写教学中仍然遵循着与十六世纪以来学界所推行的拼写教学相同的理念：其背后的原因是教会学生阅读这一更重要目标。正如E. 詹妮弗·莫纳汉（E. Jennifer Monaghan）在其著作《共同遗产》（*A Common Heritage*）中所写："拼写书假定阅读涉及发音，因此阅读是出声的，而非默默无声的。拼写书的目的是教孩子们成百上千个单词如何发音，其中大部分单词都不在他们的口语词汇中。理解的问题由其他书籍而非此书来解决。……从某种意义上讲，教孩子阅读就是教他们说话。"[25]

6

在接下来的几年里，韦伯斯特继续在各州之间奔波，拜访政客和大学校长，试图为他的教科书赢得支持，并继续推动版权保护。1785年，他带着《美国政策概述》（*Sketches of American Policy*）进军政治领域，作为一名联邦主义者，他主张建立一个更强大的中央政府，与（能够控制的）个人自由并存。1785年11月，在乔治·华盛顿访问弗农山（Mount Vernon）时，他送了几本给华盛顿，而华盛顿又赞许地转赠给了费城的詹姆斯·麦迪逊。1786年，他在旅途中刻意拜会了本杰明·富兰克林、托马斯·潘恩、阿伦·伯尔（Aaron Burr），以及几乎所有美国顶尖大学的校长。在巴尔的摩、威尔明顿（特拉华州）、安纳波利斯和费城的一系列讲座中，他宣扬自己的政治和语言观点，并推销自己。并不是每个人都赞同他的想法或热情，比如宾夕法尼亚州立大学（今宾夕法尼亚大学）校长约翰·尤因牧师（Rev. John Ewing）就持怀疑态度，称韦伯斯特为"名词和代词的零售商"及"叛乱的煽动者"。[26]

1787年11月，他搬到了纽约市，创办了一份他称为《美国杂志》（American Magazine）的文学月刊。为了筹集资金，他与出版商达成协议，以纽约州五年的版税，换取大笔资金支持杂志——这是韦伯斯特为拼写书所犯的第二个巨大的财政错误。杂志未获成功，而拼写书在纽约的销量却直线飙升。

毫不奇怪，他开始觉得自己是个失败者。尽管他孜孜不倦、几近疯狂地为了传播"语言和政治上的民族主义福音"与朋友和举足轻重的人保持通信往来，但他感到被有权有势的人忽视了，而且还受到反联邦主义者的痛击。在孤独沮丧中，他掂量着自己到底几斤几两。"我偶尔会想远离尘嚣，专心读书冥想，因为我耕耘不辍却收获甚微。"他向未婚妻丽贝卡·格林利夫（Rebecca Greenleaf，他称之为贝卡）诉苦说。丽贝卡是个活泼开朗的年轻姑娘，出身于波士顿富裕家庭。1787年，两人无可救药地坠入爱河。"我怀疑我不太适应社会……"他想也许他应该节制自己的行为，"我怀疑我太高估自己的见解了，我对自己的性格判断有误，不应该那么好高骛远。"这是一个更现实、更冷静的自我评价，较之几天后写给丽贝卡的信："我受到了全美国的瞩目……"的确如此，至少在某些圈子里是这样，但并不总是像他想象或希望的那样。[27]

几年后因美国语言的状况而受到韦伯斯特炮轰的约翰·皮克林，四处宣扬韦伯斯特过于自命不凡。至少他对自己的侄子是这样说的："他不乏判断力，却虚荣心十足，以至于他确实高估了自己的才能。"1788年3月5日，美国邮政部部长埃比尼泽·哈扎德（Ebenezer Hazard）向牧师兼历史学家、哈佛大学的监督员之一杰里米·贝尔纳普（Jeremy Belknap）如此描述韦伯斯特："他当然不缺乏理解力，然而他身上夹杂一种自满，十足的自满，同时还有某种程度的无能，（对我来说）简直无法忍受。"哈扎德称他为"傲娇的文青"。这些人私下里贬损他为"尊爵"。[28]

31岁时，韦伯斯特厌倦了单身生活，渴望"做个成家立业的居民和公民"。1789年10月，他与23岁的丽贝卡结婚，隐居在家乡哈特福德，他自信可以在家乡以做律师为生。无比耐心且任劳任怨的丽贝卡给他带来了巨大的安慰和稳定的影响。尽管在接下来的十八年里，韦伯斯特的家庭生活足够幸福，夫妻二人生养了有六个女儿和两个儿子（其中一个儿子出生数月后夭折），但他饱受疏离感的折磨。他的律师生涯毫无起色，反正他也不是真的喜欢法律。他参与了当地的公民生活，并被选入哈特福德市议会，但他对美国语言改革的热情压倒一切。他从教科书中得到的收入相当微薄，因为他谈判时放弃了大部分的版税，于是他转而撰写一篇他断定能激起惊涛骇浪的论文。[29]

1789年，当韦伯斯特发表《英语语言论文集》时，他将此书献给了本杰明·富兰克林，那个一度在拼写改革问题上与他志同道合的"伟大哲学家和爱国志士"，韦伯斯特表明富兰克林从未"独断专行"。但这本书的主要论点是：美国的阶级和地区之间不应存在语言上的差异。他还不如在讲坛上宣讲："现在时机来了……该计划刻不容缓，不容耽搁。"这些短语中的紧迫感是韦氏（Websterian）夸张法的一个例子，但对他来说，民族语言与本国政府同等重要，新的国家地位为语言改革提供了独特的机会。他警告说，这些机会转瞬即逝。如果不抓住机会，美国语言就会像英国语言一样，因本土的"变体"，如地区方言、装腔作势、对英国风俗习惯的怀旧情怀、阶级分化和无数其他罪恶而变质。至少美国不必应付爱德华·吉本（Edward Gibbon）和塞缪尔·约翰逊等人散文中"华丽辞藻"的有害影响，那是贵族和英国宫廷的语言，是"通晓希腊语和拉丁语却对自己母语一无所知的人费尽心思摒弃了的质量上乘的英语，因为他们不理解英语语言的原本结构"。约翰逊是他的首要攻击目标。韦伯斯特认为他"顽劣""愚蠢"，是"错误观点"的散布者、"迂腐正字法"的传播者；同时认为他的词典给英语造成的伤害无人能及。他的"原则随着时间的推移会破坏单词拼写和发音之间所有的一致性"。韦伯斯特在十七世纪八十年代就开始用这种腔调谈论约翰逊，半个多世纪后他去世时，他仍以这种方式力陈己见。[30]

《英语语言论文集》展示了韦伯斯特年轻时丰富的记忆，以及他在努力改革美国英语语言面貌时对自我定义方面的不懈而琐碎的关注：使英语发音复杂化的数百种声音和无数字母和单词类别的例子，混淆了发音一致性原则的正字法，困扰青少年和成年人的不规则正字法，以及很少有人关注的词源，但是，如果按照他的方法处理，将澄清并帮助解决语言学习和使用中的许多问题。单是这种努力就令人钦佩。然而，《英语语言论文集》最显著的特点，却与他对美国文化缺陷的评估有关：对外来影响的反感，对废除当地方言和发音的强烈要求，建立语言的国家"标准"，对所有语言都是从"同源"衍生而来的断言，对美国英语拼写改革的精心策划，尤其是在语言使用问题上对各种所谓权威的不信任，他坚持认为如果不加以制止，将威胁到国家统一。他那紧迫的口吻貌似常常"推翻与颠覆"。如果在他的献词中说本杰明·富兰克林从未"独断专行"，那么他自己是否避免了这一点就不那么清楚了。以下是几个例子：

> 当某一特定群体的身居高位的人信誓旦旦地说"我们是礼仪和优雅的标准，如果有人不遵守我们的惯例，那么他们将被视

为粗俗和无知的",他们就是僭越语言的规则和文明的权利。

如果语言必须像时尚一样随着宫廷的反复无常而变化，那么我们必须用流行的发音，至少每五年重新出版一次标准词典；否则乡下的绅士会变得庸俗不堪……（这些）通常是语言的变体。

这两点……我认为是说话标准的基础，即无可争议的通用惯例，以及类比的原则。

作为一个国家，我们有极大的兴趣反对采用与英国语言保持一致性的计划。

风俗、习惯、语言以及政府都应该是本国的。美国应当与全世界区分开来。[31]

在次年出版的《散文与随笔集》(*A Collection of Essays and Fugitiv Writings*，他挑衅般刻意在拼写 fugitive 的时候去掉 e)，韦伯斯特展示了他激情澎湃的提案，但该提案在后来的岁月里成了人们的笑柄。例如人们嘲笑他在序言中以警告读者的口吻炫耀自己的拼写改革，这无异于自嘲："In the essays, ritten within the last yeer, a considerable change in spelling iz introduced by way of experiment. This liberty waz taken by the writers before the age of queen Elizabeth, and to this we are indeted for the preference of modern spelling over that of ［John］Gower and ［Geoffrey］Chaucer... There iz no alternativ. Every possible reezon that could ever be offered for altering the spelling of wurds, stil exists in full force..."（在过去一年里写的文章中，通过实验的方式，采用了大量的拼写变体。这种自由在伊丽莎白女王时代之前就已经被作家们接受了，因此我们认为现代拼写比约翰·高尔和杰弗里·乔叟的拼写更受青睐……别无选择。每一个可以用来改变单词拼写的理由，仍然完整有效地存在……）他借

题发挥并解释了为什么他在早期的许多文章中隐藏了自己的名字，接着说道："MOST of thoze peeces, which hav appeered before in periodical papers and Magazeens, were published with fictitious signatures; for I very erly discuverved, that altho the name of an old and respectable karacter givs credit and consequence to hiz ritings, yet the name of a yung man iz often prejudicial to hiz performances. By conceeling my name, the opinions of men hav been prezerved from an undu bias arizing from personal prejudices, the faults of the ritings hav been detected, and their merit in public estimation ascertained."（其中大多数文章，以前都曾在学术期刊和杂志上出现过，都是以笔名发表的；因为我很早就发现，一个资深的尊贵长者的名字可以为其作品赢得赞誉和价值，而一个年轻人的名字往往会因其语言表现而引发偏见。通过隐姓埋名，人们的见解得到保护，可以避免他们受到由于个人偏见而产生的过激意见的影响，文中的错误也能被发现，文中的长处也会在公众评价中得到肯定。）[32]

他的《英语语言论文集》赔了400美元（大约相当于现在的1万美元），从而加剧了他的经济负担。他最想做的事情是写作，但他想，可以下海经商碰碰运气，或许可以在波士顿做个书商："放弃现在与我的习惯非常契合的所有文学追求，不会……让我不快乐。"他并没有从商，而是接受了纽约一家报社的邀请，为新的联邦主义报纸《智慧女神报》（American Minerva）撰写和编辑文章，这家报纸在苦苦挣扎了五年后，以失败告终，却成功地为他树敌无数。费城《箭猪公报》（Porcupine's Gazette）功成名就的编辑威廉·科贝特（William Cobbett）受够了韦伯斯特自我标榜和言过其实的所谓权威，称他为"最极端的诽谤者"、"大傻瓜"和"厚颜无耻的骗子"。许多其他人也在报纸上对韦伯斯特冷嘲热讽。[33]

韦伯斯特内心苦楚，深陷债务，悲叹美国已经开始"崩溃"，人类天生堕落自私。他在1797年7月12日出版的《智慧女神报》上慷慨陈词："自亚当诞生之日至今，没有哪个国家像美国这样到处充斥着腐败和邪恶的人……沦丧的投机者、富有的破产者、'爱国的'无神论者……遍布美国……用谎言愚弄大众……在这个新合众国，我们看到的是老腐的邪恶，一个自由的政府以前所未有的速度迅速走向毁灭。"34

韦伯斯特当然不是唯一一个像耶利米①一样哀叹的人。美国朝野上下包括开国元勋都忧心忡忡，人们很快就迷失了方向，新国家的社会和思想基础，无论是在政治、社会习俗和礼仪、宗教还是语言方面，都因在没有纲纪的民主国家缺乏统一的权威而败坏。与其他大多数人不同的是，对这种明显向"野蛮"滑落的形势，韦伯斯特用大量笔墨和演讲义愤填膺地进行攻击。在其文章《法国大革命》(Revolution in France，1794年)中，他再次敦促读者相信人类天生邪恶堕落，人类必须自救。他写道："贵族一词只适用于人类源于……年龄、天赋、财富、教育、美德的个人影响"——换言之，精英。自然贵族"普遍存在于人类之中"，但社会必须确保其影响力不断扩大。然而，对他来说，这个国家在最初几年未能做到这一点。35

然而，韦伯斯特和其他人寄予希望的"自然贵族"，与他所蔑视的败坏英语语言的英国贵族阶层展示的是截然不同的文雅。他将美国早期儿童教育和美国语言中存在的大部分问题都归咎于英国统治阶级。他认为这是一个未能宣布其文化独立于英国的新国家痼疾的一部分。在韦伯斯特看来，这个问题的核心和灵魂是语言上的屈从。这使他成为一些人所称的美国第一语言战略家。在阅读了德国哲学家关于民族语言如何决定一个国家民众道德行为的文章后，他确信民族语言可以成为美国全面

---

① Jeremiah，圣经人物，哀苦的先知。——译者注

文化革新的一个组成部分。这样一场革命将确保维护一种独特的美国共和文化，对国家制度以及公民的道德标准和行为产生深远影响。韦伯斯特的革命才刚刚开始。[36]

第三章
韦伯斯特的首部词典

1

《智慧女神报》几乎浇灭了韦伯斯特文学生涯的希望——但还留有一丝希望,正如他在1796年向著名记者兼文学家约瑟夫·丹尼(Joseph Dennie)解释的那样:"我曾经打算一生致力于文学追求。贫穷的冷酷之手冷却了我的希望,但并没有完全使之枯萎……我的教育计划刚刚开始。但何时完成,尚不确定。"他所说的"教育"主要是指美国人的语言教育和一种独特的美国语言的推广。[1]

他需要离开纽约这个是非之地。随着其拼写书源源不断的收入,他决定搬家到纽黑文,他想象自己在那里可以重返"文学"天地——意指各类有关语言的书籍。拖着沉重的债务,1798年他举家搬迁。他的"文学"计划更像是空中楼阁,但他只能破釜沉舟。

他关于语言的著作,证明了自己有资格担当编写一部美国英语词典的任务。纽黑文可以让他大展拳脚。不久之后成为耶鲁大学法学教授的以利蓿·古德里奇牧师(Rev. Elizur Goodrich),早在1787年就提出让韦伯斯特编写词典,他是这一想法的首倡者。最初对韦伯斯特来说,这只是个朦胧的、似乎不大可能的想法,这位年轻教师还没有做好追求这份事业的准备,正如他在1828年所说,古德里奇曾"向我建议,编纂一部词典是恰当而明智的，它将完善一个体系，指导美国公民对语言的使用。当时，对于从事这样一项工作，我不敢多想，也不抱什么希望；因为一旦承担起这项工作，那么在实施期间，我既没有研究资格，也没有经济来源"。此后数年，人们不断对他讲，他应该考虑编写一部词典。"先生，我们必须……拥有一部自己的词典，我们指望您来完成这份必要的工作"，1790年，一位崇拜者写道："我希望这项工作已经开始——我更希望它已经完成。"[2]

他感到思绪纷乱、筋疲力尽，还有一丝宽慰，那种感觉就像回家一样。经过近十五年的辗转，他终于安顿了下来，租下了一套被没收的两层楼房，这所房子是本尼迪克特·阿诺德（Benedict Arnold）设计的乔治王朝风格的建筑，随后不久他就买下了它。他可以俯瞰长岛湾（Long Island Sound）的景色，屋外还有一个繁花似锦的花园，他可以在园中尽情享受逐渐萌生的园艺热情。对于一个仍有决心改革美国但现在稍微远离书房圣地的人来说，这里大体上是一个隐居的好去处。为了表明自己的决心和新的使命感，他在书房墙壁上砌了一层沙土，与他那日渐壮大和喧闹的家庭隔开，以确保书房远避"尘嚣"。[3]

着手编写词典之前，他仍有一些感想不得不一吐为快。在给美国的大学和其他"神学院"的一封咄咄逼人的"通函"中，他试图"唤醒"读者对"外国"语法学家严重错误和"极端无知"的认识。他写道："我很久以前就搁置了对语言的研究，并一直在做一个默默的旁观者。"但他不能再保持沉默了。他断言，他的主要关注点将是"语言首先要形成，而且必须达到完美状态，才能构建该语言的语法。语言的形成不是靠哲学家，而是靠无知的野蛮人……人类是先说后写……语法是用来向学生展示语言是什么，而不是它应该是什么"。他用华丽的民族主义辞藻装点其论点。他提到了约翰逊和洛思的罪恶，说他们"不懂语言构建的真正原则"，这种批评为他即将开始的爱国词典编纂奠定了品牌基础:"如果我们任凭外国舞台演员为了特立独行而突发奇想地变来变去,或者任凭词典或语法编写者与国内已经形成的惯例唱反调,那我们将被引往何地呢?"[4]

人们可以从这些笼统的评论中得出结论,韦伯斯特是在宣传自己对任何形式的语言规范主义的反对,包括语法(尤其是英国的语法)和词典,并且当他着手做词典时,他打算宣扬词典必须仅仅局限于记录人们使用这种语言的方式。然而,这是个词典编纂的复杂问题,无论是在韦伯斯特之前还是在他之后都从未被明确过。我们将看到,如果真有什么明确之处的话,那就是韦伯斯特的词典更具规范性,比《约翰逊词典》有过之而无不及。一个原因是韦伯斯特相信语法和词典编纂应是道德主体,应该省略道德上令人反感和感到冒犯的语言来保护公众,提供在道德上有指导意义的释义。他无法忍受《约翰逊词典》中所含的粗鄙或低俗的词语,如sucked(被糟蹋)、fornication(通奸)、whore(娼妓),因此他会刻意避免引用"古老"的戏剧,尤其是莎士比亚的戏剧来解释单词的意义。他对英国戏剧表演极不信任。1807年10月,他对大卫·拉姆齐(David Ramsay)讲,这些下流词汇从戏剧中被"传到其他书籍——没错,传到权威书籍中。民族语言和道德因舞台剧的影响而腐化堕落!"拉姆齐是南卡罗来纳州查尔斯顿的一名内科医生,美国独立战争首批主要历史学家之一,也是乔治·华盛顿的第一位传记作家。在后面的一章中,我将接着讨论被学者杰克·林奇(Jack Lynch)称为"词典编纂者的困境"的规范主义这一问题。[5]

韦伯斯特1798年的使命是静心编纂一部偏向于美国英语的词典,虽然远在纽约和波士顿的亲英派人士因他对英国语言和文化的非难而恼火,他们联合起来对付他:"英国人不遗余力地要破坏我的影响力,仅仅是因为我爱自己的国家胜过英国,因为我发誓自己从来没有不尊重他们的国家；但我不会长久忍耐被外国臣民如此虐待。"他的这些言论火药味十足。他似乎在为这一重大事件做准备——出版一部将对英国语言用法发动私人战争的词典，并以词典赋予他的权威之声解决美国语言的主权问题。他现在认为自己完全有资格编写那种他确信美国需要的词典。1800年6月4日，他在纽黑文的报纸上宣布，他计划编写三部词典，而不是一部：一部是学生用词典，一部是账房（进行商业交易的地方）用词典，一部是科普用词典——不是我们所认为的"科学词典"，而是给有一般知识水平的人用的词典。最重要的是，他的词典将是一部"很久以前就计划好了"的美国词典："美英两国语言的差异将继续成倍扩大，因此我们有必要拥有美国英语词典。"[6]

他将要编写一部词典，特别强调是一部美式或"哥伦比亚式"词典，这一公开宣言，再次激起了捅马蜂窝般的狂轰。沃伦·达顿（Warren Dutton）是《新英格兰守护神》（*New England Palladium*）的主编，也是语言方面的极端保守派。他在1801年发表的两篇措辞严厉的文章中指出，韦伯斯特宣布要编写一部作为新英格兰口语典范的词典，这将是对该语言的破坏。他解释了把这些方言堂而皇之编入词典中的危险：

> 一种语言，譬如我们的语言，已经达到了顶峰，而且极度丰富并富有表现力，无须引入新词……所有国家都充斥着口语化的非规范语言，但任何文明民族，都不能不受限制地将它们写进书中……那么，除了不规范语言外，哥伦比亚词典和英语词典到底有什么不同呢？除小诺亚·韦伯斯特阁下之外，有哪位哥伦比亚作家不使用英国语言写作，或不使用英国英语的拼写方式呢？这个词典的雏形必须满足以下条件：要么是纯英语单词词典，若真如此，那么它是多余的，

> 因为我们已经拥有令人钦佩的《约翰逊词典》；要么必须包含并非出自优秀作家之手的粗俗方言词汇，若真如此，那它肯定恰好是被嘲笑和指责的对象……如果这位康涅狄格州的词典编纂者认为保留英语是奴役的标志，那就拜托他给我们一部巴比伦方言来代替它，赶快采用土著人的语言吧……如果他不顾常识，一意孤行，非要为我们提供一部我们不想要的词典……我也会给他安上一个头衔。那么，就让这部计划书卷中肮脏和不洁的东西以他自己的教名命名吧，可以称其为"诺亚方舟"。

"我不喜欢我的名字'诺亚'。"韦伯斯特曾经懊悔地承认；现在他又多了一个更不喜欢它的理由。[7]

他在1801年11月10日《致函〈新英格兰守护神〉》的信中草草地做了答复："败坏和贬低语言对我来说就像他（达顿）改进语言一样困难。"在提醒公众注意韦伯斯特"荒谬的正字法理论"时，达顿强辩到底："有时，虚荣心会以新拼写书的形式出现在我们当中，书中以木刻的作者像为装饰，深情地希望将其容貌连同拼写书的丰功伟绩传给后代。有时，虚荣心会出现在出版哥伦比亚词典的提案中，其中，未受过教育的美国人的粗俗方言将被引用为语言的权威。"[8]

韦伯斯特的声明发布数日后，其他一些侮辱性的攻击也相继出现。其中有一则出现在《费城极光报》（*Philadelphia Aurora*）上。文章称他为荒唐的"文学奇葩"，一门心思想靠着词典计划赚钱："任何欣赏英国古典作家的人，任何能从这项愚蠢的计划中看到它必将引发混乱的明智之人，都不应该也不会赞成这项计划——而且如果这项工作确有必要的话，它需要一批学识渊博的能者来完成，而不是一个无能的窝囊废。"另一则攻击来自约瑟夫·丹尼，费城《作品集》（*Port Folio*）杂志颇有影响力的毒舌编辑。该杂志不停地寻找美国的荒淫行为，并热切地将之曝光。他希望，韦伯斯特的词典，如果真能出版的话，应受到"所有文学界朋友的蔑视"。丹尼把韦伯斯特比作"一个狂躁的园丁，他不努力去清除花园里的杂草，而是毫无理性地把杂草和鲜花缠绕在一起！"[9]

2

当韦伯斯特决定成为一名词典编纂者时，美国不再是词典编纂的荒漠。除了从英国进口的众多发音和拼写词典，还有《约翰逊词典》。尤其是学生用词典，长期以来一直被认为对美国学校至关重要，因为学校总是会招收源源不断的移民和其他几乎没有或根本没有英语能力的学生。早在1751年，本杰明·富兰克林就在其小册子《英语学校设想》（*Idea of English School*）中写道："每个孩子都应该有本英语词典来帮助他克服难题"——他从未指定哪本词典，尽管当时无奈于只能是英国英语词典。1771年，纽约一所英语语法学校的老师明确表示，班上所有学生"必备《约翰逊词典》"——但他没有说是哪一版。除了从英国进口，在美国印刷或撰写的词典也可以买到：1788年马萨诸塞州伍斯特的以赛亚·托马斯（Isaia Thomas）发行的威廉·佩里（William Perry）的《皇家标准英语词典》（*The Royal Standard English Dictionary*）、1780年在费城出版的托马斯·谢里丹（Thomas Sheridan）的《通用英语词典》（*A General Dictionary of the English Language*）、1800年牧师凯莱布·亚历山大的《哥伦比亚英语词典》，以及康涅狄格州居民为学校制作的两部词典。[10]

后者中有一本是《学生用词典，最新和最完善词典汇编》（*A School Dictionary, Being a Compendium of the Latest and Most Improved Dictionaries*，1797—1798年），由与约翰逊博士同名的小塞缪尔·约翰

逊（无亲属关系）编撰，此人比韦伯斯特长一岁，住在纽黑文，当时在康涅狄格州吉尔福德的几英里①外教书。他的词典出版于1798年，正是韦伯斯特搬到纽黑文的那一年。这本词典有200页、4300个单词，体积很小，学生刚好可以将它放入口袋中。这是第一部由美国人编纂的英语词典，今天已经很难找到，虽然大英图书馆和耶鲁大学各有一本。与韦伯斯特不同，小约翰逊没有修改或改革约翰逊标准的想法，而是在他的简明版中试图将苏格兰人威廉·佩里的《皇家标准英语词典》（1775年在伦敦出版，10年后在美国出版）美国化。令人惊讶的是，小约翰逊编纂的词典在几个月内就销售一空，促使他与东吉尔福德的一位邻居约翰·埃利奥特（John Elliott）牧师合作推出修订版——《精选发音重音词典》（*A Selected, Pronouncing and Accented Dictionary*），它于1800年在康涅狄格州的萨菲尔德出版。该词典比小约翰逊的早期版本多收录了5000个单词，包含了更多的美国英语，并刻意通过排除"低俗"单词来"净化"语言，这让韦伯斯特很是欢喜。埃利奥特显然知道韦伯斯特就在附近的纽黑文，于是寄给了他一份手稿副本（包含赞扬"天才韦伯斯特先生"的导言）寻求意见。然后，他在序言中插入了韦伯斯特的肯定回应："我无暇检查你们手稿的每一页，但阅读了稿件中不同部分的许多页：我赞同你们的总体计划和制作，并衷心祝愿你们的努力取得成功。"这当然是敷衍了事，但对埃利奥特显然已经足够有益，因为那时韦伯斯特的名声已经广为人知——主要归功于他的拼写书。[11]

凯莱布·亚历山大的550页词典大获成功。扉页上宣称词典包含了"许多美国特有的新词"。正如韦伯斯特曾经和即将面临的那样，亚历山大因为这一创新而遭到美国保守派批评家的严厉批评，因为我们将看

---

① 英里：英美制长度单位，1英里等于5280英尺，合1.6093千米。

到，与仅仅在美国印刷、忠实记录英国英语的词典相比，美国英语词典的概念，在许多人的心目中截然不同且具有威胁性。由于其美国风格，如caucus（核心会议）、chipmunk（花栗鼠）、lengthy（冗长的）、moccasin（蛇）和wigwam（棚屋），一位书评人士称亚历山大的词典是"令人恶心的词汇集合体"，从"美国各个地方管辖区的乡巴佬"中拼凑而来。

3

当韦伯斯特静下心编纂词典时，他抓起了一本《约翰逊词典》，开始在它的页边空白处做笔记。到1805年6月，他向费城书商、本杰明·富兰克林的朋友马修·凯里（Mathew Carey）透露，他"一段时间以来一直致力于编写一部改良的英语词典，作为第一步，他一直在学习当今英语的母语盎格鲁–撒克逊语"。同年8月，他还向另一位书商暗示，他已经着手"编写一部更大的著作"，他有信心这本词典将把约翰逊永远扫地出门。他终于选择了将决定他余生的道路。[12]

1806年2月，他完成了《简明英语词典》（*A Compendious Dictionary of the English Language*），由哈德逊和古德温在纽黑文出版。韦伯斯特所谓的compendious是简明扼要的意思，意在面向公众，而不是学校。它包含355页的词汇；末尾有53页的表格、图表和统计数据；除了5000个词条，40600个词条全部来自1764年约翰·恩蒂克（John Entick）的拼写词典。随后，他的删节学生版在次年面世。"省略了已淘汰的词汇和技术性术语，并将其缩减为一美元一本的书"——他希望通过这本书的利润为他以为可以在三五年内完成的"完整版词典"提供资金。在《简明英语词典》的序言中，韦伯斯特毫不客气地对公众直言，他知道很多公众对"美国英语"词典的整体设想持敌对态度："那些煞费苦心寻找……我们民族在才能和学识方面低人一等证据的人，注定不能就此断定（这一）作品的最终命运。"他决心"一举消除对外国作家崇拜的魔咒，因为这种崇拜迷乱我国人民的心灵，并把他们禁锢在幻想的枷锁中"。

在这篇序言中，他确保长篇累牍地解释约翰逊博士和其他英国词典编纂者在正字法、发音、定义和词源方面所犯的错误。他声称自己的词典具有创新性，包含了5000多个《约翰逊词典》中没有的词条，并剔除了约翰逊所收录的许多词。韦伯斯特坚持认为那些词要么已经失去语言功能（书面或口头的），要么是不可接纳的［如fart（放屁）、turd（粪便）和情色术语］，因为它们"粗俗"（即"低俗""卑鄙""庸俗"）并"冒犯"道德情感。该词典还收录了一些"对商人、学生和旅行者有益"的美国英语表格。自十七八世纪以来，这些表格一直是几本英语词典的主要特点，但韦伯斯特以更复杂和详细的方式对它们进行了介绍，它们代表了美国对英语词典史崭新而独特的贡献。这些表格使词典能够作为一个综合参考资料来源，涉及金钱和货币、专有名词、诗意小说、古典神话、各州首府和国家首都等地理信息、度量衡及《圣经》资料，仅以几个类别为例。[13]

最重要的是，韦伯斯特的前言宣称他的《简明英语词典》是对词典编纂美国化的大胆推动。他声称，数千个词条来自美国生活：行话，方言和美洲土著外来词［如skunk（臭鼬）、snowshoe（雪鞋）、tomahawk（战斧）、wampum（贝壳念珠）］，法律及政府用语［advocate（提倡）、congressional（立法机构的）、constitutionality（合宪性）、departmental（部门的）、docket（诉讼事件表）、irrepealability（不可撤销性）、presidency（总统任期）］，工商业用语［cent（美分）、customable（可征收关税的）、dime（一角硬币）、dollar（美元）、dutiable（应纳税）、irredeemable（不能赎回）］，科学技术用语［aeriform（气态的）、alkaline（碱性的）、electrometer（静电计）、

gazometer（气量计）、platina（铂）、pyrometer（高温计）]，医学术语[vaccination（接种疫苗）]，农业术语[rattoons（藤条），动词如to gin（用轧棉机采棉）、to girlde（捆扎）]，地理术语，专有名词……总之，美国文化的种种细节。但面对他所遭遇的敌意和嘲弄，他希望广大读者能够理解，他在某种程度上已经对自己提出的美国拼写改革有所退让。[事实上，他只是略作克制，保留了诸如这样的创新，用aker替代了acre，还有wimen，他说这才是woman（女人）复数形式的"原始且正确的正字法"。]关于正字法，他现在承认，"不应立即做出重大改变"；但他坚持认为，他的改革必须"逐步推行，以适应书面语言到口语的转变……特别是当这些改革能净化语言的变体，改善语言的常规类比，并阐明词源时"。[14]

有读者确实注意到，韦伯斯特对单词中某些字母的删减存在各种不一致之处，例如多音节词中的双写字母，以及某些单词末尾的k，如logick。然而，这是他踏上词典编纂旅程的早期岁月。正如他在《英语语言论文集》中所说，他对语言有着坚定的想法；但作为一名词典编纂者，他无法始终如一地执行这些想法。更为复杂的现实是，在英国和美国，一些单词和单词类别的拼写都处于过渡阶段。因此，在其作品中，他可能在此处或彼处，时不时地尝试不同的拼写。乔治·菲利普·克拉普（George Philip Krapp）在其鸿篇巨制《论美国英语》（*The English Language in America*，1925年）中指出，不一致性是韦伯斯特改革体系的一个重大缺陷：其中许多改革都基于他的个人观点，他的想法在词典中一会儿这样一会儿那样地变来变去。他写道："人们不禁为拼写改革理论的倡导者是否适合编纂基础词典感到疑惑，实际上编纂任何类型的词典，都应该系统地进行正式改革，而不仅仅是出于编纂者的好恶东一榔头西一棒子地提出建议。在这本书中，韦伯斯特的主要身份是一个教育家，而不是一个不偏不倚的单词记录者，他似乎或多或少随意地引进了他的改革，旨在展示他认为美国拼写应该是什么，而不是本来是什么。"[15]韦伯斯特称，尽管本杰明·富兰克林曾要求他"参与他（富兰克林）的字母表改革方案，并为此向我提供了他的（印刷）字体"，但韦伯斯特"拒绝了他的提议，因为他确信这个计划完全不切实际，而且毫无用处。克拉普对此的看法是"韦伯斯特首先是一位务实的改革者，而不是一位理论改革者。甚至在他考虑采用音标字母的时候，他都一直在为他的基础教学书籍做准备，并向大众推销。如果这些书使用了发明的音标字母，恐怕就没有什么销路了。"[16]

韦伯斯特似乎也不再珍视他在《英语语言论文集》中所倡导的通过新规则确立整个国家固定而统一的发音标准，这些规则将彻底清除方言和他所谓"不规范的"区域差异。考虑到英国和美国的发音模式，他在词典的前言中继续写道："我国大多数人完全无视词典编纂者的规则和诗人的习惯。他们通过一种明确的发音偏好，也就是所谓的自然口音，来永远规范他们的实践。反对这种自然、轻松的英语口音的流行偏好是徒劳的，因为它破坏了发音的一致性和说话的美感。"然而，最后一句话含糊不清，取决于他所指的"流行的""自然"口音的意思。看上去他心里所想的是方言，"一种明确的发音偏好"；如果是这样，反对它当然不会破坏"发音的一致性"。相反，根据他早期的《英语语言论文集》，他认为反对地方口音倾向于支持统一的概念。韦伯斯特系统地分析了约翰逊和其他大多数英国词典编纂家，如威廉·肯里克（William Kenrick）、约翰·沃克（John Walker）、威廉·琼斯爵士（Sir William Jones）、罗伯特·纳雷斯（Robert Nares）、约翰·恩蒂克、托马斯·谢里丹等的发音，以说明他们各自误入歧途的地方，以及他们之间的分歧，从而形成了混乱的嘈杂音。为了证明把其中任何一位权威词典编纂者作为指南是多么具有误导性，他提供了一张表格，上面显示了他们对几个单词的不同发音。相反，令他感到欣慰的是，"新英格兰绅士的普通纯粹的发音"——他自己的发音,实际上是大多数英国人在谢里丹、沃克和琼斯等人破坏英语的和谐统一和稳定这方面之前的讲话方式。[17]

简言之,韦伯斯特发现自己置身于语言不一致和潮流变换的汪洋中,不仅在英美两国内部,而且在两国之间。他仍然准备谴责英国词典编纂先驱,但他对自己控制和指导语言的作用和能力的认识却在被削弱。他的释义更为可靠,简单明了,例如cant:黑话或抱怨,倾覆;caucus:秘密会议的名称;constitutional:符合宪法或影响宪法的状态;electrician:精通电的人;foliage:与叶子有关的或叶饰;hickory:核桃树、核桃类;slang:俚语、黑话;woman(动词):使某人像女人一样柔顺。与即将出版的韦伯斯特词典不同,这些释义几乎不包含个人、道德、宗教、政治和社会主题。释义中也不含任何词源,尽管他前言中笼统地谈到了词源的问题。

《简明英语词典》出版五个月后,后来的哈佛大学校长约西亚·昆西(Josiah Quincy)劝韦伯斯特最好不要急于寻求书评,至少"我认为不久之后,慢慢地,很多人就会入手。一些生性爱挖苦人的人可能会受到刺激而付诸行动,如此会影响词典的畅销。"事实上,并没有很多书评,但昆西还是晚了一步:在他警告韦伯斯特时,负面评论已经出现。1806年7月报纸上的一篇文章对他的拼写当头棒喝,韦伯斯特认为这完全出于"恶意"。他那原本支持自己的连襟托马斯·道斯(Thomas Dawes,丽贝卡妹妹的丈夫),后来的马萨诸塞州最高法院首席法官,建议在韦伯斯特与批评者之间采取"中间路线",坦言他本人对韦伯斯特式拼写有些恼火:"我受不了用Chooseday代替Tuesday(星期二),至于用keind[代替kind(善良)],比吃了毒芹还令我作呕。"韦伯斯特曾向约翰·昆西·亚当斯(John Quincy Adams)——当时哈佛大学的博伊尔斯顿修辞学教授,后来的美国第六任总统——寻求支持,但在11月读了《奥尔巴尼瞭望报》(*Albany Sentinel*)上的另一篇严厉书评后,亚当斯的回信给他做出了一个私人但冷静的评价,指责韦伯斯特式拼写、发音并收录了"不雅单词"。亚当斯认为韦伯斯特过于激进:"出于责任感的爱国精神将鼓励本土产品,但通过法律规定使用这些产品,并禁止从英国引进这些产品,是一项问题重重的政策,而且可能不太切实可行……仅凭一位作者的权威,就更改拼写或发音,会不可避免地给语言带来混乱。"亚当斯顾虑重重:"我担心你的榜样和权威可能会给说写英语的人带来类似的不便……我不会出于对英国法庭或政治舞台的遵从或抵制而采用或拒绝拼写或发音模式。"他忠告韦伯斯特"回避所有关于该问题的争议"。至于韦伯斯特的民族主义词典编纂,亚当斯"认为在这项事业中牵涉民族偏见或激情是不恰当的",特别是当这种情绪直接针对英国时,他坚决反对"搜寻"地区词汇和使用期较短的词汇来编入"古典英语"词典。"在粗俗语和得体的言辞之间必须划清界限……"这基本上是一针见血的。亚当斯还没准备建议哈佛大学"承诺支持"他的拼写和发音"体系"以及"从英国语言中脱离"。事实上,直到半个多世纪后,哈佛大学才开始支持韦伯斯特。然而,纽黑文并不乏沃土。[18]

到1807年11月,韦伯斯特已经舔舐好了评论造成的伤口。他承认,置身于众多报纸和杂志编辑的反对中并不好受。对与他在美国语言的正字法和新词方面一直互通有无的巴洛,他写道,"我们大城市中大多数流行期刊的出版商都反对我们",他们都"对约翰逊的观点麻木不仁",而"对我和我的策划则一致反对"。有一篇最重要的评论刊登在1809年10月的《文学月刊与波士顿评论》(*Monthly Anthology and Boston Review*)上,该文之所以推迟了三年多,部分原因是编辑们不想被卷入韦伯斯特带来的风波中。文章相当刻薄,开头这样写道:"在我们五十所或一百所乡村学校中,韦伯斯特先生的《简明英语词典》正在灌输对约翰逊释义的怀疑,为荒谬的语法违规现象辩护,并传播有害的正字法创新。"文章接着提到韦伯斯特对正字法"二十年的战争",并称他为"革命时代最狂放的创新者"。[19]

在没有列举实例的情况下,韦伯斯特对他的朋友、杰出的科学家、内科医生兼政治家塞缪尔·莱瑟姆·米奇尔(Samuel Latham Mitchill)抱怨说,英国人比美国人更认可他词典的某些方面。(事实上,韦伯斯特对米奇尔本人没有挺身而出并对此发表评论感到气恼。)这只会让他对自己的国家更加气愤:"也许……这是世界上唯一一个国家,在此人们决心不去理会错误,固守某个是非颠倒的特定标准,并对证明它不准确的人横加指责。"他补充说,英国有"更多的自由",他对这个曾经被他称为"娼妓"的国家的看法发生了惊人的转变。"如果不是拖家带口,我会弃这个国家而去,因为在这里,人们对那些提出某些书有待改进改进建议的人只会谩骂攻击。"诚然,这并非一种"爱国"情绪,但突显了他对其第一部词典所引起的反对浪潮的怨恨和沮丧。[20]

第四章
取代大利拉

1

金钱确实是个问题。1804年,韦伯斯特在拿回些许版税权之后从拼写书中得到了稍微多一点的收入,但他的家庭已经壮大,而开支也随之增加。他1806年的词典几乎分文未收。"即使是现在我的资源也不足以完成我的工作,"1807年11月,他对乔尔·巴洛说,"我的收入勉强支撑着我的家庭,我想要购买价值500美元的欧洲书籍,我在这里买不到也买不起。"订阅是一种可以为预期的词典筹集资金的方法,他觉得两三百美元就够用了。但是人们被他那极端的观点、对观点的表达方式以及他的"推翻与颠覆"的欲望吓跑了。[1]无独有偶,恰在那个时候,巴洛自我感觉良好,那年出版了他的《美国史诗》(*The Columbiad*),一部富有远见但又浮夸的美国历史史诗,一度有望成为美国基础文本的诗歌,但最终这种期望没有成真。

1808年后,韦伯斯特的编辑优势由于他对"基督教信仰教义"的宗教"觉醒"变得更加复杂,部分原因是他希望同家人一起公开参加加尔文教礼拜。如果他的宗教皈依不那么大张旗鼓,就不会影响人们对他作品的接受,但1809年7月,他觉得有必要在《盛装卫士》(*The Panoplist*)中发表一篇冗长文章解释他产生当前宗教立场的始末。尽管许多人欣赏他的"辩解书",并写信表达了他们的赞赏之情,但另有许多人(特别是马萨诸塞州哈佛大学的一位论者)都感到惊愕,因为他的判断现在会因宗教狂热而变得复杂,进一步扭曲他对英语的处理方式——"你自己的情绪[独特教义(peculiar doctrine)]会渗入其中,作为真实而唯一的释义"。他的连襟道斯写道。克拉普也指出了韦伯斯特的宗教皈依对词典编纂产生的影响:"总之,韦伯斯特主要关注的是精神上的,而不是语音上的真理,他似乎认为……一个词的真理,即这个根词的本来价值等同于概念的真实性。"[2]

韦伯斯特也没有放弃他的反约翰逊运动。1807年8月,大卫·拉姆齐向他发出警告,即"在波士顿这个城市,人们对于美国改变约翰逊博士的任何企图,都持有强烈的偏见",这只会为他心中积怨的余烬煽风点火。韦伯斯特无视这一警告,并慷慨激昂地写了一封长达12页的信炮轰拉姆齐作为回应,随后立即附上了一本32页的小册子,《致函南卡罗来纳州查尔斯顿拉姆齐博士,关于约翰逊的词典和其他词典中的错误》[*A Letter to Dr. Ramsay, of Charleston*(*S.C.*)*Respecting the Errors in Johnson's Dictionary and Other Lexicons*]。这本小册子只是加深了对他词典编纂野心已有的偏见。韦伯斯特在致拉姆齐的信中表明,约翰逊在词典编纂上一无是处,美国人对他的"盲目崇拜"阻碍了他们的智力发展,他们充当了"阴险的大利拉,将我们国家参孙的头发剪掉……约翰逊的词典……没有提供正确的英语标准,其现在的形式倾向于破坏扭曲英语……约翰逊比其他任何词典编纂者都更加背离了词典编纂规则;因为其作品中包含的最低俗的词汇比现存的其他任何词典中所包含的都更多……"鉴于韦伯斯特肯定没有遍览十八世纪的一系列词典对粗俗词汇进行详尽搜索,这种断言充满风险。他接着说:"让《约翰逊词典》的崇拜者们在比较他的词汇和我的词汇的时候稍微挑剔些吧,让他们为自己对我的狭隘态度感到羞愧吧!"大陆会议前主席、最高法院第一任首席大法官约翰·杰伊（John Jay）是为数不多的出钱订购韦伯斯特词典的人之一，他一边为韦伯斯特打气，一边让他保持清醒，对他讲，他争取订书量的努力受到了很大的阻碍，特别担心他的词典会"损害"英国和美国英语及其正字法的同一性，而且大多数人也会因此对词典有偏见。正如韦伯斯特在《英语语言论文集》中明确指出的那样："作为一个国家，我们极力反对引入任何与英国语言保持一致性的计划。"他不会仅仅为了获得订书量而听从约翰·杰伊或任何怀旧的英国英语捍卫者有关两国语言"同一性"原则的劝告，来放弃他的这项使命。[3]

韦伯斯特的观点和方法、词典的开本、成本等都对他获得订阅量产生了不利影响。道斯一口咬定："许多人不愿为十二年后才完成的一本书垫款，那时作者可能已经体力不支或命丧黄泉。"韦伯斯特的耶鲁大学老同学奥利弗·沃尔科特直言不讳地告诉他："我劝你别对大众订购抱什么指望，除非其他地方的公众印象与纽约的不同。"人们的印象没有什么不同，至少在城市和大城镇是这样的。韦伯斯特1807年2月17日的通函《致美国文学之友》，征求"有财之士"认购，结果一无所获。他大肆宣称自己研究过希伯来语、凯尔特语和"日耳曼"语言而获得了他所说的对英语历史无人匹敌的精通，可能招致了更多人对其词典计划的反对。他恳求订购的腔调——就好像他是常驻美国而不被赏识的词典编纂先知一样，往往让人们感到不快。他写道："英国的文人墨客早就知道最好的英语词典存在缺陷和不准确之处，并对此感到遗憾。"一些语言学家正试图"弥补缺陷"，却"由不称职的人来完成这一任务"。鉴于他收集了"有价值的材料"，他提议用他的词典一劳永逸地纠正这种可悲的情况。在此过程中，他父亲老诺亚·韦伯斯特把他拉回了现实。他父亲在1807年6月写信，问他借十几美元来买为农场建新篱笆用的"立柱和栏杆"。韦伯斯特东拼西凑给他父亲寄了10美元。他的境况越来越窘迫,两年后,他甚至向即将上任的美国总统詹姆斯·麦迪逊请愿,要求以"可观的薪酬"在欧洲谋得一官半职,这样他就可以接触在美国找不到的书籍。这个请求之所以也不了了之,也许是因为丽贝卡不太可能答应他携家带口移居国外。[4]

连续数年,他一封又一封地不停写信,写公开信和私人信来抱怨、抗议、恳求、解释、辩护、吹嘘。他只能"一路跋涉",孤军奋战,坚韧而不屈:"按照我的计划完成这项工作所需要的劳动力,肯定比约翰逊博士为他的词典所付出的要多一倍。单是我对词源学的研究……所耗费的劳动力就可能和完成约翰逊的全部作品一样多。"[5]

2

与此同时,他的钱快花光了,他别无选择,只能离开纽黑文,找个便宜点的地方定居,以便"填饱我的孩子们的肚子"。他卖掉了自己在纽黑文的房子,并在1812年购买了一栋"简陋的村舍"——事实上,这是所大房子,位于马萨诸塞州寂静的农业小镇阿默斯特(Amherst),在那里他可以心无旁骛,"舒适地"继续工作。丽贝卡虽然支持,却很失落。他们的女儿哭哭啼啼,舍不得离开纽黑文。[6]

一旦在新家的大书房里安顿下来,他就可以眺望城外的"绿野"——也就是现在的阿默斯特学院,该学院是在他的帮助下创建的(1820年8月,他在阿默斯特学院奠基典礼上致辞,并成为校董事会主席)——并立即开始着手他的鸿篇巨制。书房成了他的词典屋,室内摆放着他从纽黑文带回的那张大名鼎鼎的圆桌。多年后,他的女儿伊丽莎还记得那张桌子、那间屋子,以及她父亲在里面工作的情景:

在他新家的二层楼的一个大房间里,有两扇窗户,一扇朝东,一扇朝南,韦伯斯特重新摆好了他在纽黑文用了几年的大圆桌。圆桌大约两英尺①宽，是空心圆形的。桌面上依次排列了所有能获得的语言词典和语法书。韦伯斯特站在圆桌的最右端，对需要调查研究的单词，从桌子最边上的第一本词典查阅，做做笔记，检查一下语法，斟酌一下相关词汇，然后接着查看第二本其他语言的词典。为每个单词他都查二三十本词典，把自己的发现记下来，在一天细致入微的研究中要绕着桌子走很多圈。

这个甜甜圈形状的桌子的中心是圆形的"空心"，有个小开口，韦伯斯特可以出出进进。[7]

3

他已经为编纂词典做好了准备，但决定先彻底地整理一下该语言的词源。这是一条极其漫长的弯路，长达十年的异想天开几乎冻结了他对词典主体部分的研究。然而，他将自己十年的深入研究视为在词源学方面理解的重大突破。到1813年，据他说，他整理了"20种语言中的根词（不带词缀或语素的词的形式，用来构成其他单词），包括7种亚洲语言或亚述语系的方言"。他声称，他碰巧发现的是个"全新的领域"，就先前所有词典在词源上的严重不足这个层面而言的确如此。[8]

韦伯斯特在对欧洲以科学为基础的语言学研究所知甚少的情况下开始了词源学的研究，该项研究在语言史上开辟了新的革命性领域。约翰逊的忘年交威廉·琼斯爵士（*Sir William Jones*，1746—1794年）26岁时已经是英国最有前途的东方学家之一，可以说他在古代印度梵语及

---

① 英尺：英美制长度单位，1英尺等于12英寸，合0.3048米。

其与印欧语系关系方面的开创性发现开启了现代语言学的研究。德国语言学家卡尔·威廉·弗里德里希·施莱格尔（*Karl Wilhelm Friedrich Schlegel*，1772—1829年）和弗兰兹·波普（Franz Bopp，1791—1867年）早在韦伯斯特一头扎进他的词源学表述之前就已经开始在这一领域开展重要研究。到1820年，他们关于梵语与印欧语言语法形式之间关系的研究已为英语语言学家所熟知。[9]

威廉·琼斯爵士对元音在语言形成中的作用做了重要研究，与此不同，韦伯斯特在追踪语言演变过程中几乎忽略了元音"在确定语言的起源和亲缘关系时，很少或根本不考虑元音。"他对一般语言历史学家的反对则更为彻底，他们像琼斯一样，通过评论激怒了韦伯斯特："作为一个语言学家，请允许我对历史研究中推测词源的做法提出抗议，主要是反对词源学家在换位和插入字母时的放肆行为，反对随意用一个辅音字母替换另一个相同顺序的辅音字母，完全不理会元音字母。"如果韦伯斯特注意到了那次抗议，他可能会在那漫长的十年里省下不少功夫，他从这项锻炼中受益匪浅，因为他每天都绕着他的词典圆桌转来转去，根据根词和词根的原理，从一部闪米特语和欧洲语言的双语词典转到另一部词典，"如果两个词在辅音结构上表现出中等程度的相似性，则（存在）根词的同一性。"他还相信《圣经》中关于上帝在巴别塔改变人类语言的描述，并确信所有语言都起源于古老的语言——闪米特语（闪被认为是《圣经》中诺亚的长子）、雅弗语系（雅弗被认为是诺亚的第三个儿子）和迦勒底语（巴比伦王国闪米特人的阿拉姆方言）。他固守教条主义，不大可能听取琼斯或任何德国语言学家的言论，即使他意识到了他们在这一领域的研究和发现。虽然他的方法论无比艰巨又不科学，但他深信它是完全系统化的。多年来，他一直在寻找词语外在的偶然相似之处，但他并不打算为了尊重欧洲语言学家而放弃这一切，他认为，欧洲语言学家并没有获得最终答案的捷径。几年后，在1839年，他在给商业图书馆协会（Mercantile Library Association）的致辞中写道："对词源学这一分支的研究，即使堪称欧洲最准确的语言学家的德国学者似乎也存在严重欠缺。我用十年刻苦钻研，收获颇丰。"[10]

在其词源学征程中，如果韦伯斯特不从博学的美国人、学识渊博的英国精英或德国语言学家那里获得灵感，那他是从哪里获得那么多灵感的呢？令人惊讶的是，灵感来自十八世纪末的英国，但肯定不是来自英国传统的语言观和教育观。可以说，他在英语语言学和词源学上的偶像是约翰·霍恩·图克（John Horne Tooke），一位博学的英国政治煽动家和反复无常的国会议员，顺便说一句，他辱骂了与他同时代的约翰逊博士编纂的词典，并称约翰逊为"有史以来最按部就班的疯狂词源学家之一"。韦伯斯特在《英语语言论文集》中承认了对约翰·霍恩·图克的"喜爱"。约翰·霍恩·图克是位颇有影响力的语言学家，因为在其《珀里的消遣》(*Diversions of Purley*，1786年）一书中，他提出了一个激进的观点，即从哲学上讲，语言的起源可以通过对词源学的非科学的、神乎其神的推测来发现，他的结论源于词语表面的相似性。从这方面讲，他在阻碍英国语言学的发展方面发挥了作用；正如我们将要看到的，他也给诺亚·韦伯斯特留下了不幸而具有破坏性的印象。韦伯斯特尤其被霍恩·图克所吸引，因为后者的语言学思想的根源是保守主义原则，即普通人的朴素语言可以追溯到盎格鲁–撒克逊语，而不是拉丁语和希腊语。正如学者玛丽琳·巴特勒（Marilyn Butler）所说，约翰·霍恩·图克"就在语言学在德国兴起之际，在英国把比较语言学置于一个偏离的轨道上"。约翰·霍恩·图克作为韦伯斯特，以及正如我们将要看到的，韦伯斯特的新兴对手、有影响力的英国词典编纂家查尔斯·理查森（Charles Richardson）的灵感来源，对德国人已经取得的相当令人兴奋的语言学发现不屑一顾。[11]

4

对韦伯斯特作品的攻击仍在继续。曾经提到过的一个重大攻击，就是语言学家、政治家和法学家约翰·皮克林于1816年在马萨诸塞州坎布里奇著名的美国艺术与科学学院（American Academy of Arts and Sciences）发表的演讲。不过，韦伯斯特是后来在皮克林对"英语语言现状"的分析中读到的，当时它作为皮克林的《词汇表》(Vocabulary)序言出版。皮克林列出了某些"方言"或"美国英语"——包括新词、具有新含义的旧词，以及当时在英国已经过时的地方词，他认为公众对此应该更加了解。作为英国权威和美国语言"纯正"的坚定信奉者，他主张，有学识有教养的美国人（以及英国人）所不了解的"美国英语"——一位当代英国评论家将其描述为"野蛮用语"——永远不应该被赋予编入词典的合法性。实际上，皮克林的书基本上否定了韦伯斯特的大部分主张："美国改革者会表示不满，这在我预料之中，他们认为我们的母语是英国奴役的标志之一，应该被抛弃，要建立一种属于我们自己的新语言。"皮克林坚称，"我国最优秀的学者对这样的计划嗤之以鼻"，背弃"我们自己以及我们母国的杰出作家和演说家所共有的语言"简直就是疯狂之举。韦伯斯特如果知道在皮克林对学院发表演讲后，托马斯·道斯激动地冲到他跟前说："瞧啊！我就是一直跟我的连襟韦伯斯特这么说的，可他就是不赞同！"他肯定大为不悦。[12]

次年，韦伯斯特在《致函可敬的约翰·皮克林》(A Letter to the Honorable John Pickering)中展开了报复。这不是给皮克林的私人信件，而是一本公开出版的不少于64页的小册子。他逐字逐句地对皮克林进行了挑战，愤怒地抨击皮克林在他成为美国伟大的语言改革者的道路上所设下的障碍。他不可避免地把自己的论点引到道德领域："我反对盲目地默许人们的意见所产生的影响和被动地接受外国报纸的一切报道。我厌恶对外国作家的敬畏,这种敬畏扼杀了探究,抑制了调查,削弱了智力的活力,压制和贬低了思想。我很遗憾看到美国年轻的天才大力士被链子束缚在摇篮之中。"他读皮克林的《词汇表》时气得浑身发抖,尤其是在读到其中一个他确信是针对他自己的带有侮辱意味的影射时:"就像在英国一样,在我国也有如饥似渴的改革者和狂妄的井底之蛙,他们扰乱我们令人钦佩的语言体系,使之符合他们异想天开的礼仪观念。"韦伯斯特现在故作镇定地写道:"无论你把我列入如饥似渴的改革者还是狂妄的井底之蛙(知识浅薄的人),我都懒得去发现真相,就算知道了,这一真相也不会给我带来丝毫的困扰。"但令他愤怒的是,竟然有人胆敢这样指责他——这位自封的美国语言的救世主。他用一整段话猛烈抨击了皮克林的"独裁权威",稍加停顿和反思,他可能就会想到,这段话与其说适用于皮克林莫如说适用于他自己:"如果一个人为了某些词语的使用而指责别人,或决定语言中什么是正确的,什么是不正确的,那么他似乎就自封为一种独裁权威,其合法性将永远被否定。"[13]

更令他气恼的是,皮克林居然闯进了他所圈出的属于自己的领地。皮克林指责他记录宣扬英美两国语言之间的差异是为了"撼动"语言,他对此表示否认。他坚持认为自己不是英国的仇敌:"我尊敬英国人和英国的文字,"他宣称,"我尊崇我先祖之地的文学、法律、机构和慈悲宽大。"但如果有人向他宣战,他会应战:"我希望能和英国人友好相处,把他们当作朋友和兄弟,既符合我本人的意愿,也符合我同胞的利益。但是我无惧横眉冷对,也不怕被嘲笑犯错……我将自己研究课题……如果我必须和英国旅行者和评论者一决胜负……我不会拒绝战斗。"他最后以悲哀的笔触抱怨美国人忘记了他对这个国家的贡献,但他对自己、自己的书和美国仍抱有些许希望:"我对至少400万个新生代的教育做出了微薄的贡献,我有理由期望我亲手播撒的改良种子在我入土为安之时,能发芽、生长、结出有价值的果实。"[14]

5

到1821年11月,韦伯斯特的词典编纂已经进行到字母H。他还完成了一份关于"20种语言主要词汇概要"的手稿,在其中为他的词典附录记录了其词源研究的结论,这是一份永远不会发表的学术成果,目前在纽约公共图书馆(New York Public Library)的档案中忍受煎熬。他希望在五年内完成,但他为与世隔绝感到担忧,"远离图书馆和博学之士,要审校这部作品,我想要也必须有他们的帮助"。因此,他觉得有必要搬到波士顿或回到纽黑文,那里可买到更多的书,他甚至想着去趟欧洲,特别是英国,去找他需要的书籍,甚至可能找到一家出版商,他的书需要外文的正确分类,而在美国找不到所需书籍。1821年,约翰·杰伊给他寄了订购书的钱,但他需要得到更多有钱人的资助。他算了算,他已经从自己的腰包里花掉了2.5万美元来维系这个项目,这是家中省吃俭用攒下的钱,而当时他的孩子们还正在长身体,也急需用钱。[15]

在阿默斯特,家庭人数的减少缓解了他的财政困境。1813年,韦伯斯特的女儿埃米莉(Emily)嫁给了威廉·埃尔斯沃斯(William Ellsworth),他后来成了康涅狄格州州长和最高法院法官,并搬到了哈特福德。1816年,他的女儿朱莉娅(Julia)嫁给了昌西·艾伦·古德里奇(Chauncey Allen Goodrich),在耶鲁大学为成为牧师而读书的年轻有为的导师。第二年,古德里奇追随祖父以利蕃·古德里奇的足迹成为耶鲁大学修辞学教授,并与妻子定居纽黑文。埃尔斯沃斯和古德里奇,尤其是精明的古德里奇,在接下来的几年里,都将在词典战争中大展风采。

6

丽贝卡偏爱纽黑文,所以在1822年他们回到了那里。他们的女儿伊丽莎在1885年给妹妹埃米莉的信中回忆起了他们一家人离开阿默斯特回到纽黑文的原因:"我知道父亲离开阿默斯特的原因之一,他当着我的面提过好几次。他打算去欧洲,希望让我妹妹(朱莉娅)和妹夫古德里奇照料母亲和路易丝(另一个妹妹,有点智障)。他明白妹妹朱莉娅可以给母亲带来慰藉,另外他的项目也需要耶鲁图书馆的书籍。"他们先租了一间小房子,然后,显然打算长期留在纽黑文的韦伯斯特在坦普尔街和格罗夫街的拐角处建了一座大房子,选址很好,靠近大学生活中心——旁边是贝内克古籍善本与手稿图书馆(Beinecke Rare Book and Manuscript Library),后来这里收藏了韦伯斯特的许多档案。全家人都很高兴能回到纽黑文。丽贝卡很高兴再次与老朋友团聚,也很高兴能住得靠近朱莉娅。而此时韦伯斯特与其足智多谋的女婿昌西·艾伦·古德里奇成了近邻,后来这对他词典的命运至关重要,可谓悲喜参半。[16]

回到纽黑文后,韦伯斯特一心扑在词典上,不再为语言词源学探索纠结分心,他辛勤工作,快速取得了进展,到1823年12月编到了字母R。然而,不久他就发觉要完成他的工作,去趟法国和英国势在必行。"像您这样博学多闻、善于调查研究的人不愿放弃那本大词典,我倍感欣喜。但要带着手稿横跨大西洋,您一定感觉自己(65岁)比我还年轻。"1824年2月,道斯在写给他的信中说。他的联邦法官朋友阿比盖尔·亚当斯(Abigail Adams)的侄子威廉·克兰奇(William Cranch)认为去旅行是个好主意,那里的人肯定会更加欣赏他的作品:"我毫不怀疑,您的辛劳在英国会得到更加公正的评估。最大的困难是让他们相信除英国人以外的任何人都可能掌握英语。"[17]

1824年6月15日,韦伯斯特前往巴黎,22岁的儿子威廉一路陪伴并担任他的抄写员。他不太喜欢法国。在后来成为法国国家图书馆(Bibliotheque Nationale de France)的皇家图书馆,他设法考查了"物理学的最新著作",发现了"我一直在为我的词典寻找的……新术语"。

但他感觉自己与巴黎格格不入，也不自在。一天早上，一个他认识的美国人在巴黎酒店看到他——确定无疑，身穿黑衣的新英格兰人，后来写道："我看见一个又瘦又高的身影，身穿黑色外套，黑色紧身半长裤，黑色长筒丝袜，背着手来回踱步，显然是在沉思。那是个稀奇、古朴沧桑、有着康涅狄格式神情的幽灵，与这个欢乐大都市的流行穿着和面貌形成奇特的对比。我对自己说——'如果可能的话，我猜那应该是诺亚·韦伯斯特！'我走到他跟前，发现确实是他。为完善他的词典，已过花甲之年的他（66岁）来到了欧洲。"[18]

韦伯斯特在巴黎待了两个多月，收效甚微，之后，他穿过英吉利海峡来到英国的布莱顿（Brighton），直奔剑桥大学，打算这个冬天在校图书馆查阅书籍，完成词典的编写。他曾写信给三一学院（Trinity College）的塞缪尔·李（Samuel Lee）教授，一位阿拉伯语和希伯来语教授，他本人也是一位杰出的语言学家和词典编纂者，声称1831年他要成为剑桥大学希伯来语的钦定讲座教授。威廉写信给母亲说，他们乘车去剑桥大学的时候，宁愿租用"两轮车和两三匹马"组成的"私人交通工具"，也不想忍受"匆匆赶路而拥挤的公共马车"。没过多久，韦伯斯特就放弃了对剑桥大学的任何幻想。威廉给母亲写信说："我父亲由于李教授对剑桥居民的性格的描述几乎都要气馁了。根据他对那里人的描述——他的描述得到其他值得尊敬的居民的证实——大部分人的道德都极度堕落。"他们没有提前安排在剑桥大学的任何一所学院住宿，所以他们别无选择，只能在镇上找了家由"一个客厅和两间卧室"组成的客店住八个月。他们对学院大楼的外观本身似乎也不太满意："都是古老的石砌建筑，对习惯于美国新公共建筑的美国人来说，它们看起来非常粗重、冷漠和阴森。"至于他出国所寻找的书籍，他似乎是竭尽所能，到处搜罗：从按季度付款的城中书店、剑桥大学图书馆，到三一学院图书馆。[19]

李教授可能还没有彻底明白为何韦伯斯特父子一定要到剑桥大学。无论如何，在他们逗留期间李教授大部分时间都卧病在床，所以，直到他们临走的时候，他们唯一可能的联系人基本上不在社交圈内。韦伯斯特曾希望能让一些教员参与有关英语的讨论，但他在剑桥大学的多半时间里几乎都没有引起重视。不过，他确实努力克服了自己的孤立无援。以比平时抨击英国人和英国语言更加随和的姿态示人，他放弃了《英语语言论文集》中所说的"美国人对于促进自己语言和英国语言的同一性绝无兴趣"这一武断的立场，写信给李教授建议他召集牛津大学和剑桥大学的学者开会时让他参与，目的是"在发音和语法结构上的一些悬而未决的问题"和"我们不规则正字法的弊端"上达成某种一致或共识："英语是美国的语言；只要人们有相同的东西和相同的想法，那么用来表达的词语就应该保持不变。"人们可以想象，剑桥大学对这位实际上默默无闻——至少对剑桥大学的教师来说是无名之辈的美国人，在他第一次访问英国时就建议对语言进行如此重大的改革的反应。无论如何，他被怠慢了。直到1825年1月底，三一学院的几个研究员才终于发现他，并后悔他们没有早点见到他；而大概就在那段时间，李教授的健康状况得到好转，至少可以阅读韦伯斯特的"概要"，并宣称自己"对（韦伯斯特）言论的独创性非常感兴趣"。据我们所知，他对韦伯斯特作品的兴趣似乎也就仅此而已。12月6日，韦伯斯特对丽贝卡说："到目前为止，我并不因这次行程灰心或后悔，但我还有几个月的工作要做。"然而，到他们的访问快结束时，韦伯斯特和他的儿子已经乐不思蜀了。毕竟，剑桥大学是一个"我们所喜爱的地方……因为我们认识了一些有趣的家庭和大学的一些绅士，他们对我们一致的友好将构成对这个著名文学和科学殿堂的回忆的快乐源泉"。[20]

在他孤独的学术研究中，韦伯斯特继续迎难而上。威廉帮了大忙，将整个词典的手稿誊写成了清稿。"他大部分时间都是在为我做抄写工作。"韦伯斯特不想让丽贝卡担心。1824年圣诞节后的第二天，他又写道："威廉去教堂做晚间礼拜了。在过去的三周里，他的视力减弱了，都是夜间抄写用眼过度造成的。但现在他的视力正在恢复。"他抱怨自己右手疼痛，特别是"右手拇指，用得几乎都没什么劲了。我的工作即将收尾，但我有点担心，希望有力气继续工作。"[21]

词典编纂显然比他预期的要快得多，在1825年1月的一个难忘的日子里，他完成了词典的最后一个单词：zymome（微胶粒）或zimome（显然没有足够的精力来详细阐述），他把它简单地释义为"胶质的组成成分之一"。那一刻他几乎心力交瘁："我于1825年1月在英国剑桥市的住所完成了词典的编写。当我写到最后一个单词时，我浑身颤抖，很难稳稳地握笔写字。究其原因，大概是我一直抱有这样的想法，也许在我有生之年不能完成这项工作，也许是我的辛劳终于告一段落。但我还是鼓足力气写完了最后一个词，之后在房间踱来踱去，几分钟后我恢复了体力。"被词典编写搞得"疲惫不堪的"韦伯斯特，急于离开剑桥前往伦敦去找一家出版商。他感觉机会不大："由于英国人的偏见和主要书商对托德版的《约翰逊词典》的兴趣，说不准我会遇到什么困难"。他指的是亨利·约翰·托德（Henry John Todd）1818年对《约翰逊词典》的修订版——1827年将出现另一个托德版本。韦伯斯特对困难的设想应验了。在伦敦，无论是学者还是书商，都对他的词典不感兴趣。留在英国已经毫无意义，如果他想找到一家出版商，那一定得是在美国。不久之后，他们就乘船启程返回家乡，韦伯斯特紧紧握着他二十年来呕心沥血所完成的手稿。[22]

1825年初夏，韦伯斯特回到家中，起初，因家人庆祝他完成了这一宏伟巨著而飘飘然。然而，几个月过去后，他因找不到任何出版他词典的出版商而变得越来越绝望。他已经67岁，身体也很倦怠，还有一大堆编辑和校对工作摆在他面前。在他的词典面世之前，所涉及费用惊人，令潜在的出版商和印刷商诚惶诚恐。他渐渐明白，他可能不得不自掏腰包来出版自己的书，尽管这对他的家庭来说意味着严重的经济负担，也许会让它永远都缓不过劲儿来。

1825年底或1826年初，他的女婿昌西·艾伦·古德里奇插手，帮他找到了一家出版商。他没有舍近求远，而是把这本词典呈给了土生土长的康涅狄格州人谢尔曼·康弗斯（Sherman Converse）。此人是个有进取心的年轻人，1813年毕业于耶鲁大学后就一直留在了纽黑文，开始从事出版业，先是任《康涅狄格日报》（Connecticut Journal）的编辑，后来开始创办出版社，不久就将其发展为新英格兰最大的出版社之一。韦伯斯特可能早先考虑过让康弗斯做他的出版商，但因为康弗斯作为一名有争议且好斗的报纸编辑，在当地的名声不太好，韦伯斯特打消了这个念头。就在四年前，康弗斯还在一起长达两年的重要诉讼案中起诉康涅狄格州最高法院误判（有两次上诉），结果败诉，该诉讼针对的是他作为《康涅狄格日报》编辑的诽谤罪。"这位康弗斯先生煽风点火、乱箭四射、谣言中伤，"原告律师公开声称，并补充道，"他瞄准我委托人的胸口，给了致命一击。"康弗斯顽强抗争，1822年发表了审判诉讼记录，并在文中大胆指责法院和法官玩弄权术。[23]

古德里奇没有为此太过烦恼。他判断，凭借康弗斯的康涅狄格州背景，他会对韦伯斯特的词典表示同情，并急于将其出版。他想得没错。对康弗斯来说，这是个像天上掉馅饼一样难得的机会，一个肯定会使他在康涅狄格州之外获得更多的出版利益，并将他的名字与看起来特别重要的作品联系在一起的机会。韦伯斯特感到释然，尽管他不得不从自己的口袋里掏出一笔钱，因为康弗斯无法承担所有的费用。虽然康弗斯缺乏出版经验、没有名声、资金短缺，但他的胆量和精力却足以弥补这些不足。他给无数的高官政客、教育工作者和作家写信，寻求资助。为了撞大运，他随信还附上了韦伯斯特词典编纂小样和他的

"词典招股说明书",并于1826年2月大胆将这些样本寄给了在蒙蒂塞罗（Monticello）的托马斯·杰斐逊，恳求他写封推荐信以期能带来一些急需的财政援助。接下来有必要以激进的夸张手法提一下韦伯斯特几十年来对美国语言坚持不懈的贡献了："韦（伯斯特）先生为了这项工作……付出了近三十年的辛勤劳动"，"编纂了一部比迄今为止所有英语词典都包含更多的语言学研究的著作，如果出版，将为韦伯斯特先生和我们国家带来巨大的声望"。对英语语言学的研究早在韦伯斯特从康涅狄格州哈特福德的默默无闻中走出来之前就大量开展了，但这不重要。如果杰斐逊看在康弗斯的面子上给个慷慨答复，"我（韦伯斯特）可能会得到足够的赞助，把它（词典）摆在公众面前"。然而，正如我们所看到的，杰斐逊从来都不是韦伯斯特的粉丝，实际上还曾嘲笑过他，所以就算他身体康健，也不太可能加入。在收到康弗斯信后仅仅五个月他就与世长辞了。他在回信中对康弗斯说："我如今年迈体衰，周身疼痛，力不从心了。因此，我只能深表遗憾，无法在这方面为您效劳……"当时很多像杰斐逊这样的人都对韦伯斯特的自我推销和语言功底不信任，所以筹集的钱微不足道。[24]

此外，出版也因编辑和校对工作而推迟了至少两年。这一工作交给了另一位耶鲁大学毕业生、纽黑文居民，一丝不苟的詹姆斯·盖茨·珀西瓦尔（James Gates Percival）。珀西瓦尔是一个"瘦小干枯、病态性神经过敏"的人，一个离群索居、性格古怪的诗人，一个颇有建树的语言学家、地质学家和医生。他大半生在纽黑文过着贫困潦倒的生活，毕业后与耶鲁大学毫无联系。他16岁考上耶鲁大学，1820年以全班第一名的成绩毕业。在获得耶鲁大学医学学位后，他尝试行医，但没有成功，他将失败归因于他的诗歌："我因写……诗而闻名，结果却发现自毁生涯。谁有病也不会找诗人来医治。"一个同班同学这样评论珀西瓦尔："珀西瓦尔是我认识的人当中习得正确知识最快的人。"还有一位同学证实了他是个怪人的名声:"我感觉他在大学里没什么熟人,不过也没什么敌人。他不怎么合群,这无疑是由于他生性内敛,而并非由于他觉得自己高人一等。大家都觉得他是个天性善良、敏感、体贴、古怪的才子。"经韦伯斯特的另一个女婿、珀西瓦尔在耶鲁大学的同学威廉·福勒(William Fowler)的推荐,康弗斯数次把大量的审校工作交给了珀西瓦尔。[25]

7

韦伯斯特在准备词典出版的漫长过程中,又为1790年美国《版权法》感到心烦意乱,他认为该法案存在严重不足,它只提供了最初十四年的版权保护,并且在廉价英国盗版图书的商业竞争中没有提供任何保护。该法案还明确规定,如果作者在著作权有效期内死亡——对于70岁的韦伯斯特来说颇有可能——著作权将失效,此后作者的继承人将得不到任何版税。韦伯斯特主张延长版权保护的最初期限,并将版权转让给作者的法定继承人,但他最希望的是国会立法,授予作者及其继承人永久的版权。

他在1826年写给众议院议员、即将成为美国参议员的丹尼尔·韦伯斯特(无亲属关系)的信中,敦促国会采取行动:"农民和机械师对他们制造或生产的产品享有独家享受和处置的权利从未产生怀疑,"他声称,那么为什么作者不应有同样的权利呢?直到1830年12月,才终于成功地通过了一项新的版权法案。新法案保证了作者最初二十八年的版权期限,并规定如果作者在此二十八年有效期内去世,其继承人有继承权。继承人还可选择在第一个二十八年到期后延期十四年。继承人虽未得到永久的版权,但这已经是个巨大的进步。全美上下的作家们都为此欢呼雀跃。尽管许多其他人也促进了这项立法,但韦伯斯特认为,自己是该法案通过的主要推动者,正如1831年他前往华盛顿特区游说政客时写给其女婿福勒的信中所说,"我认为,我的出现对实现这一目标非常有用,也许是必不可少的……有必要采取一些额外的措施"来引起国会的注意,而他的访问就起到了这一作用。法案的通过令他确信:"同胞们认为我是他们的恩人和美国的恩人。"然而,缺乏国际版权法的问题始终没有得到解决,直到1891年,韦伯斯特去世很久后,国会才通过了《国际版权法》。[26]

8

珀西瓦尔不是个普通的校对者。他是一个比韦伯斯特更有能力的词源学学者,据说他能毫不费力地阅读十种语言。他一直在独立地从事德国词源学家的先进词源研究,并发现了韦伯斯特在词源方面的多处错误,他不能就此默默放过。有位匿名的观察者如此描述珀西瓦尔在校对工作中的习惯:"他一切都按自己的时间和方式进行。在彻底完成之前,他不会放过一丝一毫;其结果是,他有时会花几天时间在某个微不足道的单词上,即便能查证其词源也没多大意义。而与此同时,还必须要为无所事事的印刷商、排版师和校对员支付费用……"[27]

就这样,几个月过去了。在这本书继续印刷的同时,珀西瓦尔还不断向韦伯斯特提出他认为必须改正的错误——用他的话说:"必须改正无知的错误……我感觉就像活人被死人束缚了。"7月,珀西瓦尔抱怨道:"以目前的进展速度,看来我要用毕生来完成了。"就连韦伯斯特的女婿昌西·艾伦·古德里奇似乎也出面帮助珀西瓦尔,允许他在自己耶鲁大学藏书丰富的房间查阅资料。有一天,古德里奇的一位同事走进古德里奇的房间,看到珀西瓦尔正在看书:"我偶尔会在古德里奇教授的房间里见到他。他站在书架边埋头调查。他通常手里拿着两三本书,脚边摆着一堆其他的书,头上戴着破旧的皮帽,一般都背对着房间里的所有人,一直工作,从不讲话,也不抬眼,至少我在场的

时候是这样。"²⁸

到12月的时候,珀西瓦尔感觉压力太大了,威胁说要退出,厌倦韦伯斯特说他太过执着和迂腐。他每天不停地工作,直到晚上七点,然后把他改正过的书页拿给暴躁的韦伯斯特,以便"在他授权下修订,并与他解决更正中遇到的问题"。"这是我六个月来的大部分工作,"他在12月抱怨道:"现在我受够了。我不能,也不愿意再用至少二十个月来继续这种不间断的劳动,因为完成这项工作就需要那么长的时间。世人可能会为他们的选择大声抱怨;但当我发现自己被戈尔迪之结①所困时,我会砍断绳结。必须设法安排减轻我的任务,否则我将完全放弃……我的情况因此又辛劳又不讨好……我真后悔参与其中。这将是我一生想都不愿想的痛苦之一。"康弗斯给他加了薪,找了几个助手,项目总算慢慢地完成了。²⁹

韦伯斯特对珀西瓦尔的一板一眼的懊恼不可避免地变成了愤怒。康弗斯也让他不悦,因为他雇用了珀西瓦尔。他终于忍无可忍,解雇了珀西瓦尔。1828年5月23日,也就是出版前六个月,他在给康弗斯的信中写道:"我只能说,我走这一步也是迫不得已。因为我敢肯定,如果我不这么做,我就不适合做这本词典的任何监督了。照目前的情况来看,我不知道在项目完工之前我会不会先倒下。"在其词典的致谢中,他对珀西瓦尔的巨大帮助只是一笔粗略带过。福勒继续帮他校对,但他的帮助断断续续,也不彻底。韦伯斯特自己的修订杂乱无章。没有了珀西瓦尔持续地极其详细地修改和编辑,词典手稿中仍存在许多错误,让他在接下来的几个月里心神难安。³⁰

与此同时,韦伯斯特和康弗斯开始了广告宣传活动,大肆鼓吹,

---

① 希腊神话中的一个难题。——译者注

并详细说明了这本词典将在哪些方面令现有的英国竞争词典相形见绌。该词典收录了：2万个以前从未在任何词典中出现过的单词，其中5000个单词是科学术语；"精确而专业的释义"；3万到5万个新的词义和隐含意义；词源。韦伯斯特坚持的发音将证实他的论点，即英国人约翰·沃克的《批判性发音词典》（*A Critical Pronouncing Dictionary*，1791年）中英语的正音法或发音是完全不正确的。该词典当时是英国和美国关于该主题的主要权威。韦伯斯特在宣传自己词典的过程中，把沃克视为他的主要对手，他说沃克根本就没有权威性，即便是在英国，他还奉劝读者别受沃克书籍的影响。这次攻击拉开了他与约翰逊之外其他词典编纂者开战的序幕。他宣称，他自己的词典将通过促进合理的一致性抑制方言，并宣布美国英语发音独立于英国英语之外，永久稳固美国的正字法和正音法。韦伯斯特长期以来一直认为，实现发音一致性的方法之一就是简化和规范拼写，因为正字法的现状让人们对单词的发音感到困惑。沃克在词典的书页上对字母发音（尤其是元音）的描述过于复杂，"过于细微精确"，而且"矫枉过正"，这让事情变得更糟。此外，韦伯斯特宣称，沃克最大的罪过之一是为迎合英国社会流行的说话方式而改变拼写。后来成为韦伯斯特在美国和英国词典编纂对手的英国人查尔斯·理查森（Charles Richardson，稍后会对他做详细描述），在这一点上赞扬了韦伯斯特的新词典，因为他的词典页面"没有因出现有时用来代表其他词发音的令人不快的词汇而大为减色"。尽管韦伯斯特在美国各地倡导"发音的同一性"，但他并非在倡导将美国人与英国语言完全隔离。乔纳森·格林（Jonathon Green）在其关于词典和词典编纂者的书《追逐太阳：词典制作者及其制作的词典》（*Chasing the Sun: Dictionary-Makers and the Dictionaries They Made*）中指出，韦伯斯特1841年写信给维多利亚女王（Queen Victoria），并随信赠送了他的再版词典，他表示希望"出生在大西洋西岸的英国祖先的真正后代，不会忘记他们先祖的土地或语言"。格林对此评论道:"这与十八世纪八十年代的独立战争后的盲目激进相去甚远。"[31]

但古德里奇对岳父攻击沃克在美国的权威感到担忧。他写信给爱德华·埃弗里特,想听听他的想法。埃弗里特对古德里奇的答复没有被保留下来;但在1829年给韦伯斯特写信谈起沃克时,尽管他有些含糊其词,但他强烈支持沃克:"毫无疑问……就英语的流行发音而言,沃克可以利用最好的信息来源。他被埃德蒙·伯克(Edmund Burke)选为他儿子的演讲导师……现在他的词典在现实社会中的实际使用被视为标准,非其他词典可比。任何词典最希望做到的,莫过于忠实地记录当下的用法。我必须承认,在我所了解的词典中,似乎没有任何一部像沃克的词典那样如此完善地记录了我们语言的发音。"据他所知,当时沃克的成就无人可敌。事实上,埃弗里特在阅读韦伯斯特的词典时,直截了当地提出了异议:"我们认为,如韦伯斯特先生所建议的,让我们依靠英语语言的原则,无视公认的英语发音——这种情况肯定非常罕见,而且表现出一种公认的模糊性。我们还完全否认以这样的方式区分美式用法和英式用法的适当性,并为每种用法制定标准。"[32]

9

韦伯斯特的大型足本词典《美国英语词典》(*An American Dictionary of the English Language*),终于在1828年12月出版。该词典售价20美元(约合今天的450美元),四开本,分上下两册,篇幅巨大,包含近2000页、约7万个词条,几乎是他的《简明英语词典》和沃克最新版词典的两倍。(提醒一下,四开本是很大的,适用于足本的词典,通过将打印纸张对折两次形成四开或八页。)韦伯斯特没有像约翰逊那样采用许多说明性语录,但结果他的词典比约翰逊的词典更大,在词条中满满当当地列出了五类,在其前言中做了详细说明:"常用词""动词的分词形式""历史作品中经常出现的术语（尤其是专有名词）""法律术语"和"艺术和科学术语"。顺便说一句，鉴于韦伯斯特对约翰逊词典编纂的反感，令人惊讶的是，他在扉页上引用了这位伟大的道德家（没有提及约翰逊的名字）的《漫步者》第51篇中的一句话："一个人如果想为子孙后代造福，就必须付出辛劳，增加先人的财富。"大概他还参考了《漫步者》中的另一段话："如果一个人具备成就一番伟业的资质，他至少要先学习人类现有的知识"，这样"他便不会把人所共知的发明归功于自己"。在其后来词典的所有版本中，韦伯斯特再也没有在扉页上引用过约翰逊的语录。[33]

零零散散的美国英语——尽管韦伯斯特声称它们造就了他词典的美国特性，但数量很少，在《简明英语词典》中大约只有他所吹嘘的数量的五分之一："我还没能找到多少像样的词汇用法，可以被称为美国英语。"他称，他的词典之所以为美国词典，主要是其中包含对很多老词的美式新解，但其实也没有多少。尽管如此，他的新标题还是战略性地强调了这本词典是*美国*[①]货，正如他在前言中所写，旨在"为*我们*[②]本土语言提供标准，我们毫不羞愧地将之赠给三亿人，他们注定要占据美国管辖范围内的广阔领土，而且我希望为之增辉"。正是书名中的"美国"一词引发了大西洋两岸的众怒，但也正是这个词，为他在美国赢得了更多用其他方式无法赢得的读者和支持者。自相矛盾的是，韦伯斯特词条中的词汇和释义所体现出的品位和兴趣上的宽容与自由往往被新英格兰环境中的地方色彩抵消，这显然不合时宜，因为这应是一部美国词典，而不是新英格兰词典。比如一些朴素的学问和地方习俗——

---

① 斜体为作者所加。——译者注
② 同上。

curfew（宵禁）：非美国用词；不过许多地方仍保持九点敲钟的做法，而且在新英格兰通常被视为人们可以收工回家的信号；一般来说，人们都按该信号行事；rail（围栏）：在新英格兰，人们从不把这一系列称为rail，而是将其统称为railing（栏杆）；sauce（酱汁）：在新英格兰，食用蔬菜是叶根肉一起食用；在新英格兰的某些地方，由苹果炖成的酱汁是一种很好的调味品，但蔓越莓是最美味的酱汁；tackle（抓住）：抓住；擒住；就像摔跤手抓住对手；狗擒住猎物；在新英格兰属于流行词汇，但不是雅词。但它仍保留其原始的概念——对付、抓住或袭击。[34]

在序言和导言中，韦伯斯特称他的词典触及他在词典编纂各个门类的改进，超越了所有以前的词典，以吸引读者。英国词典编纂者查尔斯·理查森则持不同观点。他跟韦伯斯特一样，都是约翰·霍恩·图克的语言学理论的追随者，塞缪尔·约翰逊最激烈的批评家之一，他本人也著有《新英语词典》(A New Dictionary of the English Language，1835年至1837年的版本）。1815年，查尔斯·理查森出版了《英语语言学图解》(Illustrations to English Philology，1826年再版），书中有篇题为"对约翰逊博士词典的批判性审视"的章节，长达200多页，对约翰逊进行了正面攻击，并为约翰·霍恩·图克的

图1 诺亚·韦伯斯特的这幅肖像最早出现在他1828年出版的《美国英语词典》中。该图片反复出现在十九世纪的韦伯斯特词典的后期版本中。由耶鲁大学贝尼克珍本与手稿图书馆，梅里亚姆兄弟出版公司文档提供。

《珀里的消遣》辩护。理查森后来发现韦伯斯特是自己的竞争对手，在其《新英语词典》中，他严厉谴责韦伯斯特"在他自己的词典中对英语词典编纂元老"的背道而驰。他特别喜欢拿韦伯斯特的词源开玩笑："在其开始的文章中展示了东方的诠释，拿它作为英语语言词典的宣传，就如同拿印度教徒土著人的法典作为依据决定英国继承问题一样，显得适当而有用。"他顺藤摸瓜，开始悄悄深挖韦伯斯特所谓的对英国文学的冷漠，甚至无知，以及他整体上对文学品位的欠缺："韦伯斯特博士完全不熟悉我们的老作家。"这话肯定是言过其实，但大体上没错，尽管韦伯斯特自称对他们了如指掌。当然，这么说更多是出于竞争需要。韦伯斯特不是一个对这种辱骂轻易善罢甘休的人，他一报还一报。在其1837年的《错误与更正》(Mistakes and Corrections)中，他攻击理查森对东方语言的无知，图克认为一个词有且只有一种意思，所有用法都必须由此产生，这一原则基本上是正确的；但在大多数情况下，他没有找到那种意思；接着他把注意力转移到了理查森身上，补充道："你几乎或从未超越他一步。"这三个人的这些话听起来都像"瞎子领瞎子"①一样令人不安。35

韦伯斯特在他的四开本词典中，没有收录他词源"概要"的大部分内容，但他还是对其大秀特秀，将其收录于序言材料中一篇题为"关于西亚和欧洲语言的起源、历史和联系的介绍性论文"的45页的文章中，这是他所著的一篇论文，在扉页中用粗体对此大肆宣传。在这里，除了对最博学的语言家外，他对所有人都进行了大量但并不充分的缩写，不厌其烦地复述他关于语言起源的错综复杂的"发现"。如同《英语语言论文集》一样，他对十年劳动成果细节的展示，令人叹为观止。

---

① 原文为"The blind leading the blind."，出自《马太福音》第十五章。

PREFACE.

In the year 1783, just at the close of the revolution, I published an elementary book for facilitating the acquisition of our vernacular tongue, and for correcting a vicious pronunciation, which prevailed extensively among the common people of this country. Soon after the publication of that work, I believe in the following year, that learned and respectable scholar, the Rev. Dr. Goodrich of Durham, one of the trustees of Yale College, suggested to me, the propriety and expediency of my compiling a dictionary, which should complete a system for the instruction of the citizens of this country in the language. At that time, I could not indulge the thought, much less the hope, of undertaking such a work; as I was neither qualified by research, nor had I the means of support, during the execution of the work, had I been disposed to undertake it. For many years therefore, though I considered such a work as very desirable, yet it appeared to me impracticable; as I was under the necessity of devoting my time to other occupations for obtaining subsistence.

About twenty seven years ago, I began to think of attempting the compilation of a Dictionary. I was induced to this undertaking, not more by the suggestion of friends, than by my own experience of the want of such a work, while reading modern books of science. In this pursuit, I found almost insuperable difficulties, from the want of a dictionary, for explaining many new words, which recent discoveries in the physical sciences had introduced into use. To remedy this defect in part, I published my Compendious Dictionary in 1806; and soon after made preparations for undertaking a larger work.

My original design did not extend to an investigation of the origin and progress of our language; much less of other languages. I limited my views to the correcting of certain errors in the best English Dictionaries, and to the supplying of words in which they are deficient. But after writing through two letters of the alphabet, I determined to change my plan. I found myself embarrassed, at every step, for want of a knowledge of the origin of words, which Johnson, Bailey, Junius, Skinner and some other authors do not afford the means of obtaining. Then laying aside my manuscripts, and all books treating of language, except lexicons and dictionaries, I endeavored, by a diligent comparison of words, having the same or cognate radical letters, in about twenty languages, to obtain a more correct knowledge of the primary sense of original words, of the affinities between the English and many other languages, and thus to enable myself to trace words to their source.

I had not pursued this course more than three or four years, before I discovered that I had to unlearn a great deal that I had spent years in learning, and that it was necessary for me to go back to the first rudiments of a branch of erudition, which I had before cultivated, as I had supposed, with success.

I spent ten years in this comparison of radical words, and in forming a synopsis of the principal words in twenty languages, arranged in classes, under their primary elements or letters. The result has been to open what are to me new views of language, and to unfold what appear to be the genuine principles on which these languages are constructed.

After completing this synopsis, I proceeded to correct what I had written of the Dictionary, and to complete the remaining part of the work. But before I had finished it, I determined on a voyage to Europe, with the view of obtaining some books and some assistance which I wanted; of learning the real state of the pronunciation of our language in England, as well as the general state of philology in that country; and of attempting to bring about some agreement or coincidence of opinions, in regard to unsettled points in pronunciation and grammatical construction. In some of these objects I failed; in others, my designs were answered.

It is not only important, but, in a degree necessary, that the people of this country, should have an *American Dictionary* of the English Language; for, although the body of the language is the same as in England, and it is desirable to perpetuate that sameness, yet some differences must exist. Language is the expression of ideas; and if the people of one country cannot preserve an identity of ideas, they cannot retain an identity of language. Now an

图2　在其1828年《美国英语词典》序言中，诺亚·韦伯斯特写道："语言是思想的表达；如果一个国家的人民不能保留思想的认同，他们就不能保留语言的认同。"由印第安纳州立大学特色馆藏，科尔德尔词典收藏（Cordell Collection of Dictionaries）提供。

他在这方面要特别归功于约翰·霍恩·图克和查尔斯·理查森,尽管他们都没有像他那样深入研究这个问题。他写道:"语言学尚处于起步阶段,我对词源学存在的普遍偏见一点也不惊讶。"人们可能会补充说,语言学并不处于"起步期",他除了时不时引用一些一带而过的典故,只为自己的故步自封辩解。另一方面,"如果我的'概要'能够出版",他希望"博学的探究者可以在闲暇之余继续探讨这个主题"。

韦伯斯特对于拼写的创新,在某些情况下更具影响力,也更为持久,尽管他不断努力缓和在这方面的改革,但仍存在争议。大多数(一小部分)在美国正字法中已经成为标准,例如对某些多余的字母的删除,从furore(公愤)中去掉e、从frolick(嬉戏)和musick(音乐)中去掉k,以及从ardour(激情)、endeavour(努力)和terrour(恐惧)中去掉u,这些都是基于合理而诱人的简练性和规范性原则。还有一些,比如将metre(米)这类词中结尾处的re改为er——因此变成了meter(米)、scepter(权杖)、specter(幽灵)、theater(戏院)——是韦伯斯特希望把它们变得更像英语单词,而不是法语单词,按照它们的发音来拼写;根据同样的原则,expence(开支)、offence(冒犯)和pretence(伪装)等词中的ce应改为se。他还宣称,如果某个动词有两个或两个以上的音节并以一个辅音字母结尾,且其前面是元音字母,那么这个辅音字母就不应该像英国英语拼写规则那样(至今仍是)对其派生词形式(过去分词和现在分词)进行双写。因此,在美国像travelled和travelling,以及worshipped和worshipping这样的拼写,绝不能继续下去。同样的情况也适用于此类动词的派生名词,如worshipper。他在《英语语言论文集》《简明英语词典》的序言,以及各种文章和信件中曾零碎地敦促过这些及其他方面的改革。[36]

从韦伯斯特的《美国英语词典》出现在美国文化中的那一刻起,他释义的才华就得到了普遍认可。从十九世纪七十年代起一直担任《牛津英语词典》编辑的詹姆斯·默里（James Murray）称韦伯斯特是个"伟人，天生的单词定义家"。乔治·菲利普·克拉普也认为韦伯斯特的定义"展示出思维的清晰、判断的公正和兴趣的包容，使他在智力上与富兰克林位于同列"。韦伯斯特本人认为，他的定义的质量是他词典中最好的部分，夸自己写出了多达4万个之前从未在英语词典中出现过的单词定义（见下文的例子）。尽管他明确表示不遵循约翰逊的定义，但他还是从1799年版的约翰逊版本中直接引用了很多定义，或者搜罗了约翰逊关于它们的措辞。[37]

我们可以对这种借用进行量化，这要感谢研究约翰逊的学者约瑟夫·里德（Joseph Reed），他切实地数了数韦伯斯特从《约翰逊词典》中借用的这样或那样的定义。他指出，韦伯斯特的定义中有7%是一字不差的借用，22%的定义只是做了一两个词的调整，还有很多是改述。里德算出，借用的总数惊人，相当于韦伯斯特所有定义的三分之一。（顺便说一下，他词典总数的三分之一来自约翰逊，还有更多来自其他英国词典编纂者，因此很难相信韦伯斯特的说法，即他的4万个定义以前从未出现在词典中。如果他所指的是他那冗长定义的全文，以及他对五类不同词条的释义，那么这个说法似乎更为可信。）这种对约翰逊的沉重亏欠，连同其他一切说明：和先前两百年的许多词典编纂者一样，韦伯斯特在尖锐批评前人的同时，也不免严重依赖他的前辈。他与前人之间的主要区别在于他坚决否认有任何这样的亏欠。当然，他必须要这么做，因为他的任务之一就是让公众相信，在编写一部美国词典的孤独之旅中，他已经抛弃了以约翰逊为主的英国词典编纂者。[38]

韦伯斯特还采用了约翰逊的数百条引文，尤其是约翰逊从他对英国文学的广泛而深入的了解中获得的引文，尽管韦伯斯特指责约翰逊对许多词条都列出了引文，他认为有的不需要任何说明，因为它们的意思显而易见。约翰逊使用了数以千计的引文，这些引文主要来自英国伟大的文学遗产，正如他在《约翰逊词典》的序言中所言，这是一种通过颂扬英国传统及其语言来定义词汇的手段，"以保持英语习语的纯洁性并确定其含义"。韦伯斯特在他的引文中想做的远不止是说明一个词是如何被使用的以及它的含义。他在自己的序言中引用约翰逊的名言，"一个民族的主要荣耀来自其作者"，但他并不是从文学的角度，而是以更大的爱国情怀思考自己的国家作为一个独立国家的伟大未来。约翰逊是个文人，而韦伯斯特从本质上讲不算文人。当韦伯斯特认为华盛顿、约翰·亚当斯、约翰·杰伊和小乔纳森·特伦布尔（Jonathan Trumbull Jr.）等美国国家领导人和政治家的写作是一个国家文学的缩影，在"纯洁性、优雅性和技术精确性方面，只有最好的英国作家——如莎士比亚、弥尔顿、约翰·德莱登和约瑟夫·艾迪生的作品可以与之媲美"时，他的爱国主义战胜了他的批判意识。他的目的不是赞颂美国作家，而是通过赋予美国英语更多的合法性来鼓励美国文学和社会的繁盛，在这个过程中为美国本地话灌输更多的自信心和自豪感。这种民族主义在他对citizens（公民）的引文中非常明显。他对这个词的一种释义（或定义）是："在一般意义上，一个城市或国家的本地或永久居民，如伦敦或费城的公民、美国的公民。"另一个是："在美国，拥有行使选举权特权的人，无论是本地人还是归化者……"然后，他用乔治·华盛顿的这段话在某种程度上进行了道德教育："如果美国公民不自由快乐，那完全是他们自己的错。"

  韦伯斯特的引文还有另一个目的。他很大一部分引文出自《圣经》，其中又从约翰逊那里借用了许多。仅就字母S而言，约翰逊引用的52%的《圣经》引文也被韦伯斯特使用。[39]两人都是虔诚之士，约翰逊终身是英国圣公会教徒，韦伯斯特在1808年皈依后致力于宣扬加尔文主义教义。韦伯斯特使用《圣经》中的引文，不仅是为了帮助定义词条，也是为了介绍这些词的基督教背景。以他对abide（遵守）的引文为例。他对这个词给出的一种释义是"要坚定，不停止或跌倒"，他用《圣经》中《诗篇》（125：1）中的诗句来说明："倚靠耶和华的人，好像锡安山，永不动摇。"另一个意思是"维持同一个状态"，他引用了《圣经》中的《箴言》（19：23）："敬畏耶和华的，得着生命。他必恒久知足。"仅对这一个单词，就列出来《创世纪》《使徒行传》《耶利米书》《撒母耳记下》《约珥书》和《何西阿书》的引文；lust（性欲，动词和名词）的解释则出自《出埃及记》《罗马书》《彼得后书》《雅各书》《诗篇》《申命记》《箴言》《马太福音》和《哥林多前书》的节选。如此一来，人们对《圣经》如何使用lust没有任何疑问。韦伯斯特认为，通过他的定义使其词典除其他东西之外，还成了一部道德和基督教生活的指南，一个基督教领导的基础，甚至是詹姆斯国王版《圣经》的参考著作——一种《圣经》的评注。在他死后的修订版中，大多数此类《圣经》引文都不见了。

仔细看看韦伯斯特的几个定义和其语言学意义，我们就会更多地了解他是如何呈现其单词释义的。他定义的education（教育）具有明确的道德和社会维度。

> EDUCATION，名词［拉丁语 educatio］教养，如对孩童的教养；教导；礼仪的养成。教育包括所有一系列的指导和管教，其目的是启迪心智，修身养性，养成青少年的礼仪和习惯，并使他们在未来的岗位上成为有用之人。给孩子们提供良好的礼仪、艺术和科学教育很重要，给他们提供宗教教育不可或缺；而忽视这些职责的父母和监护人要承担巨大的责任。

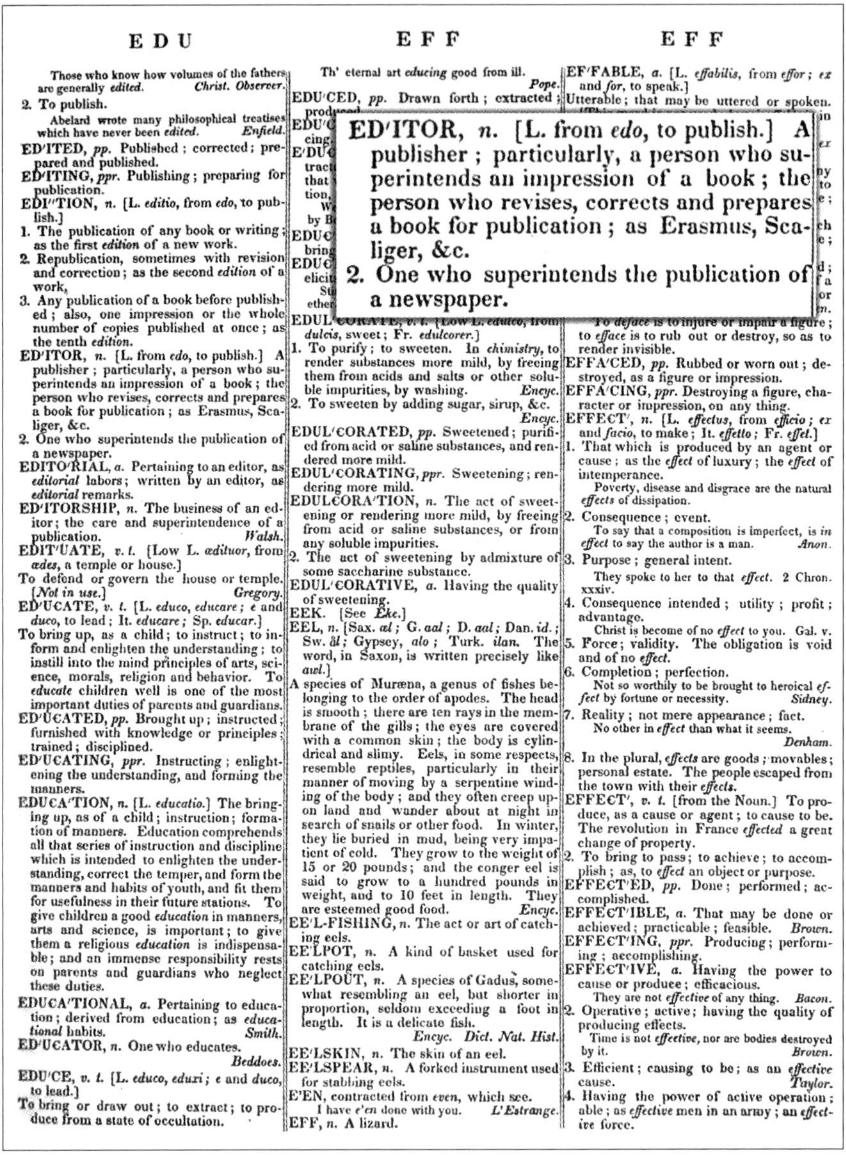

EDU

Those who know how volumes of the fathers are generally *edited*. *Christ. Observer.*

2. To publish.

Abelard wrote many philosophical treatises which have never been *edited*. *Enfield.*

ED'ITED, *pp.* Published; corrected; prepared and published.

ED'ITING, *ppr.* Publishing; preparing for publication.

EDI''TION, *n.* [L. *editio*, from *edo*, to publish.]

1. The publication of any book or writing; as the first *edition* of a new work.
2. Republication, sometimes with revision and correction; as the second *edition* of a work.
3. Any publication of a book before published; also, one impression or the whole number of copies published at once; as the tenth *edition*.

ED'ITOR, *n.* [L. from *edo*, to publish.] A publisher; particularly, a person who superintends an impression of a book; the person who revises, corrects and prepares a book for publication; as Erasmus, Scaliger, &c.

2. One who superintends the publication of a newspaper.

EDITO'RIAL, *a.* Pertaining to an editor, as *editorial* labors; written by an editor, as *editorial* remarks.

ED'ITORSHIP, *n.* The business of an editor; the care and superintendence of a publication. *Walsh.*

EDIT'UATE, *v. t.* [Low L. *æditu or*, from *ædes*, a temple or house.]

To defend or govern the house or temple. [*Not in use.*] *Gregory.*

ED'UCATE, *v. t.* [L. *educo, educare*; *e* and *duco*, to lead; It. *educare*; Sp. *educar*.]

To bring up, as a child; to instruct; to inform and enlighten the understanding; to instill into the mind principles of arts, science, morals, religion and behavior. To *educate* children well is one of the most important duties of parents and guardians.

ED'UCATED, *pp.* Brought up; instructed; furnished with knowledge or principles; trained; disciplined.

ED'UCATING, *ppr.* Instructing; enlightening the understanding, and forming the manners.

EDUCA'TION, *n.* [L. *educatio.*] The bringing up, as of a child; instruction; formation of manners. Education comprehends all that series of instruction and discipline which is intended to enlighten the understanding, correct the temper, and form the manners and habits of youth, and fit them for usefulness in their future stations. To give children a good *education* in manners, arts and science, is important; to give them a religious *education* is indispensable; and an immense responsibility rests on parents and guardians who neglect these duties.

EDUCA'TIONAL, *a.* Pertaining to education; derived from education; as *educational* habits. *Smith.*

ED'UCATOR, *n.* One who educates. *Beddoes.*

EDU'CE, *v. t.* [L. *educo, eduxi*; *e* and *duco*, to lead.]

To bring or draw out; to extract; to produce from a state of occultation.

EFF

Th' eternal art *educing* good from ill. *Pope.*

EDU'CED, *pp.* Drawn forth; extracted; produced.

ED'ITOR, *n.* [L. from *edo*, to publish.] A publisher; particularly, a person who superintends an impression of a book; the person who revises, corrects and prepares a book for publication; as Erasmus, Scaliger, &c.

2. One who superintends the publication of a newspaper.

dulcis, sweet; Fr. *edulcorer*.]

1. To purify; to sweeten. In *chimistry*, to render substances more mild, by freeing them from acids and salts or other soluble impurities, by washing. *Encyc.*
2. To sweeten by adding sugar, sirup, &c. *Encyc.*

EDUL'CORATED, *pp.* Sweetened; purified from acid or saline substances, and rendered more mild.

EDUL'CORATING, *ppr.* Sweetening; rendering more mild.

EDULCORA'TION, *n.* The act of sweetening or rendering more mild, by freeing from acid or saline substances, or from any soluble impurities.

2. The act of sweetening by admixture of some saccharine substance.

EDUL'CORATIVE, *a.* Having the quality of sweetening.

EEK. [See *Eke.*]

EEL, *n.* [Sax. *æl*; G. *aal*; D. *aal*; Dan. *id.*; Sw. *ål*; Gypsey, *alo*; Turk. *ilan*. The word, in Saxon, is written precisely like *awl*.]

A species of Muræna, a genus of fishes belonging to the order of apodes. The head is smooth; there are ten rays in the membrane of the gills; the eyes are covered with a common skin; the body is cylindrical and slimy. Eels, in some respects, resemble reptiles, particularly in their manner of moving by a serpentine winding of the body; and they often creep upon land and wander about at night in search of snails or other food. In winter, they lie buried in mud, being very impatient of cold. They grow to the weight of 15 or 20 pounds; and the conger eel is said to grow to a hundred pounds in weight, and to 10 feet in length. They are esteemed good food. *Encyc.*

EE'L-FISHING, *n.* The act or art of catching eels.

EE'LPOT, *n.* A kind of basket used for catching eels.

EE'LPOUT, *n.* A species of Gadus, somewhat resembling an eel, but shorter in proportion, seldom exceeding a foot in length. It is a delicate fish. *Encyc. Dict. Nat. Hist.*

EE'LSKIN, *n.* The skin of an eel.

EE'LSPEAR, *n.* A forked instrument used for stabbing eels.

E'EN, contracted from *even*, which see.

I have e'en done with you. *L'Estrange.*

EFF, *n.* A lizard.

EFF

EF'FABLE, *a.* [L. *effabilis*, from *effor*; *ex* and *for*, to speak.]

Utterable; that may be uttered or spoken.

To *deface* is to injure or impair a figure; to *efface* is to rub out or destroy, so as to render invisible.

EFFA'CED, *pp.* Rubbed or worn out; destroyed, as a figure or impression.

EFFA'CING, *ppr.* Destroying a figure, character or impression, on any thing.

EFFECT', *n.* [L. *effectus*, from *efficio*; *ex* and *facio*, to make; It. *effetto*; Fr. *effet*.]

1. That which is produced by an agent or cause; as the *effect* of luxury; the *effect* of intemperance.

Poverty, disease and disgrace are the natural *effects* of dissipation.

2. Consequence; event.

To say that a composition is imperfect, is in *effect* to say the author is a man. *Anon.*

3. Purpose; general intent.

They spoke to her to that *effect*. 2 Chron. xxxiv.

4. Consequence intended; utility; profit; advantage.

Christ is become of no *effect* to you. Gal. v.

5. Force; validity. The obligation is void and of no *effect*.
6. Completion; perfection.

Not so worthily to be brought to heroical *effect* by fortune or necessity. *Sidney.*

7. Reality; not mere appearance; fact.

No other in *effect* than what it seems. *Denham.*

8. In the plural, *effects* are goods; movables; personal estate. The people escaped from the town with their *effects*.

EFFECT', *v. t.* [from the Noun.] To produce, as a cause or agent; to cause to be. The revolution in France *effected* a great change of property.

2. To bring to pass; to achieve; to accomplish; as, to *effect* an object or purpose.

EFFECT'ED, *pp.* Done; performed; accomplished.

EFFECT'IBLE, *a.* That may be done or achieved; practicable; feasible. *Brown.*

EFFECT'ING, *ppr.* Producing; performing; accomplishing.

EFFECT'IVE, *a.* Having the power to cause or produce; efficacious.

They are not *effective* of any thing. *Bacon.*

2. Operative; active; having the quality of producing effects.

Time is not *effective*, nor are bodies destroyed by it. *Brown.*

3. Efficient; causing to be; as an *effective* cause. *Taylor.*
4. Having the power of active operation; able; as *effective* men in an army; an *effective* force.

图3　韦伯斯特1828年《美国英语词典》中的一些定义，如education（教育），包括道德维度。详情：editor（编辑）的定义。由印第安纳州立大学特色馆藏，科尔德尔词典收藏提供。

同样，他将marriage（婚姻）的定义集中在道德和宗教层面：

> 婚姻是由上帝亲自创设的，目的是防止两性乱交，促进家庭幸福，并确保子女的抚养和教育。

对于purpose（目的），他给出了宗教和《圣经》决定性的意义（用感叹号结束第一种释义）：

> PURPOSE，名词［法语 propos；西班牙语、意大利语 proposito；拉丁语propositum、propono；pro在……前，pono设置或放置］1.人为自己设置的想要达成或实现的目标；在任何计划、措施或努力中想要得到的结果或目标。我们相信上帝创造智慧生命是为了某种仁慈而光荣的目的，如果是这样，那么他在救赎计划中的目的是多么光荣和仁慈啊！

所有的定义都比《简明英语词典》中的独词短语长得多，但定义的长短各不相同。例如high（高）的定义不少于34个释义，hold（保持，动词）有25个释义，honor（荣誉）有14个释义，war（战争，名词）有6个释义，但第一个释义是典型的长篇大论，同许多定义一样，触及基督教：

> WAR（战争），名词［困惑，使混乱，干扰。词根的主要意义是力争、挣扎、敦促、迫使，或转变、扭转。］……当战争是通过攻击一个处于和平状态的国家开始时，它被称为进攻性战争，这种攻击是侵略性的。当战争的目的是击退敌人的入侵或攻击时，它被称为防御性战争，因而被认为是正当的。那些使国家满目疮痍、使地球血流成河的战争，很少有

正当的。如果基督教原则的传扬最终消灭战争精神，如果人人追求行善而非强大，人类将多么幸福！备战有时是和平最好的保障。

对于woman（女人），他所强调的则是劝诫、社会、身体和《圣经》的层面：

> WOMAN（女人），名词，复数women。[womb（子宫）和man（男人）的复合词。] 1. 成年女性。上帝从男人身上取下肋骨，使其成为女人。《创世纪》（2：22）。女人柔弱、温和、可怜、善变。我们每天都看到妇女因为太愿意展示自己的美貌而死于骂名。如我所见，在各个国家，女人都美化自己胜过男人。无论在哪里，她们都一样，善良、文明、乐于助人、仁慈、温柔，倾向于快乐、开朗、羞涩和谦虚。2. 女服务员或女仆。
>
> WOMAN，不及物动词，使柔弱。

从这一点上开始，通过一系列的修订，我们将看到韦伯斯特的定义变得越来越短，越来越紧凑，说明性的引文和释义也越来越少，因为编辑们越来越明确地要消除他那漫无边际的风格。

很大程度上是因为他的定义——公众把成千上万的定义当作迷你百科全书词条阅读，对此韦伯斯特很是得意。韦伯斯特不顾所有的怀疑和反对，除了耶鲁大学少数教师和珀西瓦尔的微不足道的帮助，他几乎是单枪匹马孤军奋战，在历经至少十年的呕心沥血而因构想不当的词源学研究一拖再拖之后，这部词典提醒包括语言学家在内的美国公众他凭借拼写书和1806年版词典所宣称的：他是美国英语的重要权威。著名的美国法学家和法律历史学家詹姆斯·肯特（James Kent）赞不绝口，称韦伯斯特对美国所做的比"阿尔弗雷德（Alfred）为英国所做的，或卡德摩斯（Cadmus）为希腊所做的"还要多。这还不够，肯特又补充道，韦伯斯特与华盛顿、杰斐逊一起构成了"美国荣誉的三位一体"。全国各地的中小学、大学、公立学校系统和法律机构都纷纷对韦伯斯特的爱国主义成就赞不绝口。英国和法国的赞誉和认可也纷至沓来。1830年至1832年间，英国定期出版了3000本《美国英语词典》——顺便说一句，美国只有2500本，《泰晤士报》兴奋地称其为"此类出版物中有史以来最详尽、最成功的一种"。[40]

尽管如此，在英国也不乏严厉的批评。最具破坏性的攻击之一来自当时最著名的英国比较语言学家理查德·加内特（Richard Garnett），他在1835年的《季度评论》（*Quarterly Review*）中称，在他追溯单词的词源时，几乎不敢相信韦伯斯特的"生硬和错误"："到处都是在卖弄学问，却极度缺乏真正的知识；简而言之，我们记不起曾经目睹过……如此事倍功半的东西。"基于研究，一位现代学者恰如其分地将其描述为"由早先的诺亚和他语言学上的著名子孙开启的一次穿越语言历史的神奇奥妙之旅——从上帝和亚当在伊甸园的聊天"到英国和早期的美国。[41]

韦伯斯特现在年已70，本以为自己可以坐下来，在其纽黑文的庇护所中与朋友和家人一起安享来之不易的名誉。但事实并非如此。差评、出人意料的纽黑文家庭中的内部竞争，以及来自马萨诸塞州坎布里奇的一位不太张扬却博学多才的学者来势凶猛的国内竞争，很快令他成功的光芒黯然失色，并重新点燃了他的熊熊斗志。

第五章
词典编纂者的第五纵队

1

1828年，韦伯斯特身体抱恙，动不动就感到疲倦，他希望自己能看到所有繁重的词典工作最后完工，包括他那四开本的重大修订。即使是在足本的四开本出版之前，他也已经知道，他和其未来继承者所面临的诸多问题之一，就是这本词典赚不了太多钱。这本词典对大多数人来说都过于昂贵和笨重，正如此后出版的所有足本印刷词典一样，得不偿失。

韦伯斯特和珀西瓦尔都很清楚，特别是珀西瓦尔，除了韦伯斯特，没有人比他更了解这份足本的手稿，它肯定会因为古怪的拼写而遭到批评［例如：bridegroom（新郎）被拼写成了bridegoom，island（岛屿）成了ieland，turnip（萝卜）成了turnep，woe（痛苦）成了wo］，再加上他从约翰·霍恩·图克那里得到的带纰漏的词源。这是个特别的问题，因为教育的目的是指导学生，而不是给他们带来困惑——这迫切需要在1828年四开本的基础上修订一个更小的单卷八开本删减版（八开本的尺寸是将印刷厂的纸张折叠三次后形成的，制成八开或十六页），这种删减版对于普通用户来说价格较低，更容易获得，更实用，能够开拓更大的市场，等待富有想象力的出版商和编辑去开发。这样一个版本需要满足的是日益庞大且接受能力强的文化大众的市场需求。韦伯斯特将进入未知的编辑和商业领域，事实证明他的犹豫是有根据的：因为各种误判和失败，他从未能够利用现有的市场。

然而，对于袖珍的八开本词典来说，一个最直接的障碍便是韦伯斯特本人。他坚信，他的作品是他继续代表美国人民履行神圣"职责"和使命的产物，他有一种使命感——要保护它，以免那些不怎么有灵感和知识的编辑，即使是出于好意，干涉他想象中广大美国读者与他之间存在的亲密关系。他担心其他人可能会试图重新修订他的1828年版词典，一旦他"退休"，他就不太能够掌控这些修订了。因此，任何试图进行此类修订的人都必须先过他这一关。至于所谓的词典编纂领域竞争对手的偷猎行为，当然一定要像击退掠食的狼群一样击退。

2

韦伯斯特1828年足本词典的出版，以及此后不久全面爆发的词典大战，恰逢1825年至1850年的印刷革命，从而大大推动了大众传播时代的到来，这一切绝非巧合。这一发展的中心是1802年德国人弗里德里希·柯尼希（Friedrich Koenig）和安德烈亚斯·弗里德里希·鲍尔（Andreas Friedrich Bauer）发明的蒸汽印刷机，1810年左右，柯尼希又在伦敦对其进行了改良。该发明利用蒸汽为气缸的旋转运动提供动力，气缸取代了放置纸张或任何承印物的平台设备。〔自十五世纪古腾堡（Gutenberg）发明印刷机后，几个世纪以来，劳动密集型的平版印刷一直是机械化的方法。〕滚筒把油墨涂在铅字上。这项发明使高速印刷成为可能，所需的人力大大减少，其规模也是前所未有的。

1826年，美国传单协会（American Tract Society）首先在美国安装了这种印刷机，此后各种娱乐性和新闻性的印刷资料在美国媒体界迅速扩张：城镇报纸、杂志、年刊、便士报（廉价报）、小册子、文学期刊，以及图书出版商、公民和改革团体为推动其事业发展而出版的书籍，还有涵盖大量主题的政府报告。与此同时，印刷材料的激增促进了文化的普及，因为有更多廉价的印刷材料可供阅读，从而大大激发了学习、阅读和写作的兴趣。托马斯·杰斐逊在1816年写道："在有新闻自由、人人都能阅读的地方，一切太平。"[1]

推动识字率上升的其他因素还包括：中产阶级读者群的扩大，免费公立学校和女教师的增加，教育与强大的共和党政府之间日益紧密的联系，人口的多样性，地区主义的衰落，职业的多样化和财富的增加，城市人口的增长，福音派新教传统及其对《圣经》阅读和《圣经》新版本出版的重视，使书籍成本降低的先进印刷技术，如刻板印刷（见附录C），以及个人志向的发展。到十八世纪末，美国的识字率并不落后于英国。现有证据表明，到韦伯斯特词典出版时，美国的识字率甚至高于英国。[2]

3

甚至早在1828年足本词典出版之前，韦伯斯特就想做一部八开本删减版词典——不是面向一般市场的那种学生词典，而是一部不需要涉及太多内容的词典，只是对1828年版进行简化，去掉说明性引语和大部分词源注释，缩短定义，让整个作品看起来更加精悍。朋友建议他说，如果他真想从他的作品中赚钱，就需要这样一个版本。

韦伯斯特向他的出版商谢尔曼·康弗斯提到了他制作袖珍八开本词典的想法，并明确表示他不想做与之相关的工作。正是在这一点上，康弗斯惹恼了韦伯斯特。在1828年5月23日四开本词典出版前不久，韦伯斯特曾写信给康弗斯，显得焦躁而轻蔑："你20日的信中有关于我提议印刷一部小词典的评论，你这样做无论是在过去还是现在都不合适。你不了解我所处的环境和我的观点，你的权利与我的计划丝毫无关……

我在这里的朋友都认为那本词典必须被删减成八开本形式,但我自己无法来做这项工作,我也不知道要安排谁来做这项工作。"但几年后康弗斯坚持认为,当韦伯斯特向他提到八开本删减版时,他持怀疑态度,认为要把1828年的四开本变成一种畅销商品,工作量太大:"至于《美国英语词典》的删减版,我从来没有任何意图、愿望或想法来做或促使他人来做。我从来没有想过能有这样的事可做。就算有的话,我也想不起来了,而且就算我完全没有原则,我也不愿意把自己搞得像个大傻瓜一样去尝试。"3

康弗斯与韦伯斯特的关系已经非常不牢靠。韦伯斯特从英国回到纽黑文后变得越来越绝望,因为在美国找不到愿意冒险出版这部词典的人,康弗斯挽救了局面。人们可能以为韦伯斯特会永远对康弗斯感恩戴德,但他没有。相反,他认为应该感恩的是康弗斯,因为他获得了参与他认为是美国历史上一部重要著作出版工作的名声和机会。更有甚者,韦伯斯特还指责康弗斯欺骗他,并收取因销售不佳而产生的额外费用,正如他在1829年12月8日向该书的印刷商希西家·豪〔(Hezekiah Howe),康弗斯曾向他借钱出版该书〕解释的那样,这是"对不幸者的惩罚"。他抱怨康弗斯"也向我收取了一大笔校对费用,这有悖于世间一切公正",也抱怨他拒绝为雕刻自己的肖像出资。当然,如果想省掉那笔钱,韦伯斯特就得放弃将他的肖像一起印刷的想法。毕竟,连约翰逊也没有把自己的肖像放在其首版词典中,后来韦伯斯特的主要竞争对手也没有这样做。韦伯斯特抱怨道,这是他对康弗斯表现出的"大度"和慷慨:"在执行工作期间,我收到康弗斯先生的来信,信中充满了不当的侮辱性语言,我很难对此视而不见。""在我经历了康弗斯先生过去两三年的烦恼和尴尬之后",他不想再和这个人有任何瓜葛。关于这一点,康弗斯确实为自己用恼怒的口吻给韦伯斯特写信感到内疚,但他记不起自己曾经写过任何"侮辱性"的东西:"我请求他的原谅完全是出于正确的动机。我希望他已经原谅了我,而且我也已经在心里原谅了他。"4

韦伯斯特怨恨的不仅仅是康弗斯与他在1828年四开本中的交易。由于韦伯斯特不确定聘请谁来编辑这部八开本词典,康弗斯开始主动四处找人承担这个任务。有一部新版词典引起了他的注意。那是1828年亚历山大·查默斯(Alexander Chalmers)为1820年亨利·约翰·托德版《约翰逊词典》八开本删减版制作的新版本。词典的编辑是一位退休学者、单身汉,住在马萨诸塞州的坎布里奇,离哈佛大学只有几百码[①]远。他就是约瑟夫·爱默生·伍斯特(Joseph Emerson Worcester)。

4

约瑟夫·爱默生·伍斯特于1784年,也就是塞缪尔·约翰逊去世的那年,出生于新罕布什尔州的贝德福德,他比韦伯斯特小26岁。他父亲在新罕布什尔州的霍利斯有家农场,他和八个兄弟、六个姐妹在农场长大。一家人都受过良好的教育,而且以博学著称。孩子们的父亲杰西(Jesse)教过几年书,偶尔为公共期刊撰稿,并写过至少一本书。伍斯特的其中四个兄弟就读于哈佛大学,一个兄弟就读于耶鲁大学。他的一个弟弟塞缪尔(Samuel)在1831年为韦伯斯特的拼写书写了续篇,1833年撰写了《美国初级拼写书》(American Primary Spelling Book)。

年轻的约瑟夫,在兄弟中排行老二,1807年他以优异的成绩毕业于安多弗的菲利普斯学院。他哥哥杰西也以优异的成绩毕业于该校,兄弟俩在那里同窗四年。《菲利普斯校刊》(Phillips Bulletin)中有一段关于约瑟夫的简述,写于一个多世纪后,但听起来很准确。文章描写他具

[①] 码:英美制长度单位,1码等于3英尺,合0.9144米。

备一位腼腆、内敛学者的所有素质，他天性不乐于融入其他男生的生活和活动，也不大可能在男女同伴中特别惹人注目：

> 他寡言少语，说话时会稍有迟疑，好像在寻找合适的字眼。过分独处使他本来就腼腆的性格更加突出，因为他几乎没什么朋友。他个性实实在在，不喜惹人注目。他不是一个充满锐气和激情的浪漫人物；他的职责，也是他的乐趣，就是死磕到底，编写一本又一本的参考书。语言学研究的诱惑，构建精确定义的乐趣，对一个词寻根问源的满足感，这些都令他乐此不疲。他没有什么独创性……正是这种类型的人承担着天下的重担。

至于他的品格，该文突出描绘了所有认识他和无数不认识他的人对其品格的普遍认可："他一尘不染。他对待痛苦安之若素，面对中伤毫无怨言。"他的一个侄子说他"自制、温和、友善"。约瑟夫和他的哥哥杰西都打算到达特茅斯学院继续深造，但杰西那年夏天病了，不久便去世了。于是1809年，25岁的约瑟夫决定进入耶鲁大学读二年级，在校期间，他发现自己喜欢辩论，以全班前四名的优异成绩入选美国大学优等生荣誉学会（Phi Beta Kappa）。两年后他毕业时已经在学校成了广为人知的有为学者。28岁时，他来到马萨诸塞州的塞勒姆，在一所私立学院教了几年书。他之所以选择塞勒姆开堂授课，可能是因为他的叔叔塞缪尔·伍斯特（Samuel Worcester）住在那里，此人是一位难以取悦的东正教牧师，曾推辞了达特茅斯学院的神学教授职位。[5]

真所谓无巧不成书，伍斯特在塞勒姆一共有三十个学生，其中一个便是1804年出生在那里的纳撒尼尔·霍桑。霍桑在接受正规教育的头八个月里，像其他学生一样到伍斯特的学校就读，但1812年11月，他的脚在学校被飞来之球撞伤,不能正常走路,这让他陷入了长达一年多的痛苦疗伤期。抱着认真和关心的态度,在那段时间里,伍斯特亲自到霍桑家中给他辅导。然而,他的高标准严要求,让那孩子有时不得不向父母诉苦。伍斯特很有耐心,自己本身也博览群书,他让圈在家中的学生接触到了一大批作家,包括约翰·班扬(John Bunyan)、约翰·弥尔顿、埃德蒙·斯宾塞(Edmund Spenser)、让-雅克·卢梭、创作"威弗利"小说的沃尔特·司各特爵士(Sir Walter Scott)、诗人乔治·戈登(George Gordon)、拜伦勋爵,尤其是莎士比亚。根据霍桑的一位传记作者的说法,他甚至可能已经让霍桑了解了詹姆斯·鲍斯韦尔(James Boswell)的《约翰逊传》,这是伍斯特对塞缪尔·约翰逊毕生奉献的一个重要补充。霍桑曾回忆说,伍斯特教会了他文字的价值。伍斯特晚年称霍桑为"一个非常可亲而有趣的小学生"。[6]

厌倦了作为教师的艰苦生活,1816年伍斯特搬到了马萨诸塞州的安多弗,开始了他的学术生涯。笔者尚不清楚他是如何谋生的,但他迅速展开了对他的第一爱好——地理的研究。然而,要完成他预想规模的学术工作,他需要靠近大型图书馆,因此在1819年,他搬到了马萨诸塞州的坎布里奇,住在了哈佛大学庞大的藏书楼附近,步行即可到达。一到这个天地里,他就如鱼得水,成为波士顿和哈佛大学文化、社会和文学生活的一分子。从1817年到1828年,他出版了几部关于地理和历史的重要著作,它们不仅让他享誉全美,还为他带来了丰厚的收入,其中包括《古今地理元素及地图》(*Elements of Geography: Ancient and Modern with an Atlas*,1819年)、《现代地理缩影与地图——供普通学校使用》(*An Epitome of Modern Geography with Maps: For the Use of Common Schools*,1820年)、《历史缩影》(*Epitome of History*,1820年)、《地球及其居民概览》(*Sketch of the Earth and Its Inhabitants*,1823年)上下卷,以及《古今历史元素》(*Elements of History, Ancient and Modern*,

1826年）。1825年，他当选美国艺术与科学学院的成员，该学院由约翰·亚当斯等人在美国独立战争期间创建，总部设在坎布里奇。他的书有好几本超越了之前所有关于该题材的著作，成为学校的标准教材。1825年以后，他开始对历史和语言产生更大的兴趣。[7]

搬到坎布里奇后不久，伍斯特就以其性格和气质而声名远播。1880年，新泽西州和华盛顿地区的州长威廉·纽厄尔（William Newell）在波士顿美国历史协会的传略中写道，伍斯特"完全没有文学隐士和辛勤工作者的那种自私。他在全神贯注于自己的研究时，从未忘记他人的需求和主张"。托马斯·温特沃斯·希金森（Thomas Wentworth Higginson）在伍斯特去世大约三十年后，在回忆时提供了另一份关于伍斯特早期坎布里奇岁月的小传。希金森生于坎布里奇，他记得那是十九世纪三十年代，伍斯特大约50来岁，他自己10来岁。希金森本身也成了美国社会思想界的一个有趣人物。他是一位自由主义思想家，而且著作颇丰，涉及很多领域，他被人们记住的主要原因可能是他与艾米莉·狄金森之间长期而富有成果的友谊，被她称为自己的"导师"。他对伍斯特轶事的深情记录，让人们窥见了后者默默无闻的勤奋和隐忍的性格：

> 在我的记忆中，每到星期天晚上，在我热情好客的母亲的客厅里都聚集着各种各样的学者，但没有一个人比詹姆斯·拉塞尔·洛威尔在他的《炉边游记》（*Fireside Travels*）中漏掉描述的那个人更生动了。那个人就是约瑟夫·爱默生·伍斯特博士，我在学校里仔细地学习过他的《古今历史元素》。当其他人在谈话时，他习惯于安静地坐着，一个小时又一个小时，像一座沉睡的火山，充满了事实和统计数字。他身材高大，身体僵硬，温文尔雅，慈眉善目，戴着蓝色眼

镜（遮挡眼睛），头好像是塞在旧式的高领大衣中一样。他在摇椅上摇来摇去，平静地听着别人谈话，人们可能想着他应该迷迷糊糊睡着了，但是当人们偶然提到某个当时还不太清楚的西方城市时，他就会被唤醒。然后他会停止摇晃，身体前倾，用平静的声音说："奇利科西？奇利科西目前有多少人口？"或者"哥伦布？哥伦布有多少人口？"然后，把这一项存入他庞大记忆的某个适当的重要位置，回到摇椅上接着摇晃。[8]

5

伍斯特是位严谨的学者，这一声誉是他被聘请负责修订《托德-约翰逊词典》的主要原因，在韦伯斯特的1828年四开本词典出版时，这部词典面世还不足一年。更重要的是，正是伍斯特在那部特定词典上的工作得到了康弗斯的青睐。1832年2月出版的《美国每月评论》（*American Monthly Review*）上，有位书评者对他在该版本中的作用做了总结，证明了他那广受尊敬的学术精神："这本书由约瑟夫·爱默生·伍斯特先生编辑，这位先生当时已经以严谨的治学、勤奋的研究以及在其他一些学科上明智地运用自己的知识而闻名。"该书评者的结论是，这本词典的"编纂忠实而明断，（并）可被视为对英语词典学的一大贡献。它包含了如此完整的词汇，在发音可疑的单词上列出了其他正音法学者的权威，在这些方面，它们有别于沃克的版本"。[9]

伍斯特版的《托德-约翰逊词典》，让他有机会在词典编纂中引入了一个主要强调发音的领域，而他对词典编纂历史的探索，包括对最近美国词典编纂的探索，让他获悉词典忽视了这一领域而且相关论述被笨拙地以讹传讹了。例如他决定引用"最流行"的英语正音法权威学者——

如威廉·肯里克、托马斯·谢里丹、威廉·佩里、威廉·琼斯爵士、G. 富尔顿和G. 奈特等来解释在英美之间存在发音分歧的单词,引用次数甚至超过了沃克。在关于"发音可疑"的单词附录中,伍斯特碰巧提到了韦伯斯特的死敌之一约翰·皮克林,称后者为自己"博学而德高望重的朋友",并称他对美国词汇的研究"在呼吁学者们关注偶尔偏离纯英语的美国作家方面,对美国文学产生了有益的影响"。这一言辞充分表明了伍斯特对美国激进"创新"的看法,这些创新在当时通常等同于韦伯斯特的词典编纂。然而在当时,韦伯斯特本人对伍斯特并没有什么大兴趣,尽管伍斯特在其《托德-约翰逊词典》的序言中提到"关于本词典中的(美国)英语单词,其定义部分取自1806年的'韦伯斯特先生的词典'",即《简明英语词典》。[10]

康弗斯看了看伍斯特对《托德-约翰逊词典》中所做的工作,当即被他的学识所折服,并认定他就是编写韦伯斯特八开本删减版的不二人选。此外,伍斯特并不是毫无准备地编辑《托德-约翰逊词典》。此前,他就已经决定将词典编纂视为自己的伟大使命,并开始自己独立编写英语词典,一部比韦伯斯特词典要小得多的作品,适合学校使用,但也适合普通公众和知识界使用——那是一部使用方便,价格低廉,而且在市场上有竞争力的小词典。康弗斯给他写信的时候,他正全神贯注地编写那部词典。

1828年,康弗斯意识到可以相信伍斯特能适度修订韦伯斯特有争议的发音、拼写和词源,并大幅缩短定义和词源,做出一部具有广泛吸引力的八开本词典。还有什么人比他更胜任这项工作?康弗斯说,他在接近伍斯特之前曾请韦伯斯特核实过是否真像他说的那样,目前尚不清楚。但我们所知道的是,几年后韦伯斯特告诉福勒,康弗斯越权雇用了伍斯特:

> 我被告知希利亚德-格雷公司（后来这家公司变成了由威廉·希利亚德两个出版合作伙伴在波士顿创建的利特尔-布朗公司）正在为我的删减版词典刻板并出版……但我不敢相信我所怀疑的，即这是康弗斯先生所为。在这一点上，康弗斯表现出了他性格中最糟糕的特质或报复之心。他想在我决定做删减版之前，就把删减版的出版权许诺给他。对此，我完全拒绝，但对他说了以下这番话："如果我真要做删减版，你可能会得到出版的开价。"倘若他不是亲手摧毁了我对他的信任，他本可以获得这个权利。现在他声称我答应了给他这份工作，这完全是不真实的。他想冤枉我的企图将产生严重的后果。[11]

对康弗斯而言，韦伯斯特显然极不愿意让除他自己之外的任何人篡改他词典的重要元素，如正字法、发音和定义。尽管如此，康弗斯认为，如果有人真想从那部词典中赚钱，这是一个能够越过而且必须越过的障碍，即使韦伯斯特寸步不让。康弗斯希望自己能说服伍斯特来承担这份费神而仔细的修订工作。几年后，他对当时的情况进行了自己版本的描述："当我向伍斯特先生提出让他来删减四开本词典时，他表示反对，理由是他已经承担编纂一部学生用词典的项目，而且如果承接这份工作会妨碍他的计划和利益——如果他删减韦伯斯特先生的作品，就不得不悬置自己的作品……"除了不得不暂停他的词典编纂工作来编辑韦伯斯特的词典，伍斯特显然没有发现编写这两本词典的明显利益冲突，因为他的学生用词典也涉及重写定义和发音符号说明，以及减少词条的数量和类型。然而，伍斯特对韦伯斯特关于英语语言的文章有足够的了解，他意识到要将自己的名字附在一部八开本词典上，而在韦伯斯特的压力下，最终可能只与韦伯斯特1828年的四开本略微不同，这会使他在自己的作品出版时处于尴尬的地位，甚至可能有损他的声誉。康弗斯再次写信，伍斯特再次拒绝。康弗斯没有气馁，他前往坎布里奇，看他能否亲自说服伍斯特。他出价2000美元（约合今天的50000美元）给伍斯特，换取了他后来大约八个月的艰苦工作。这笔费用可能对说服伍斯特编辑这部八开本词典有所帮助，但仔细想想，他参与编辑也有可能是出于他参与改进美国即将出版的第一部大型综合性词典的想法。他还让康弗斯保证，该计划要运用他的优势：纠正韦伯斯特在四开本中惊世骇俗的拼写创新，并通过引用一系列正音法学者的研究使发音更加系统和合理。他还要求有补充单词表的自由，并慷慨地同意贡献他自己的"不同正音法学者对单词不同发音的概要"。这份"概要"包含"正确"发音在英美都不确定和不一致的词，并为韦伯斯特词典提供几个重要英语正音法学者的替代选择。[12]

康弗斯还希望删减版能包含约翰·沃克的著名的103页的《希腊语、拉丁语和经文专有名词经典发音符号说明》（*A Key to the Classical Pronunciation of Greek, Latin, and Scripture Proper Names*，1798年）。十九世纪初在美国出版的沃克的《批判性发音词典》的许多版本中，大多数但不是全部，都收录了他的《希腊语、拉丁语和经文专有名词经典发音符号说明》。它将为八开本词典带来附加值，因为它在美国已经很受欢迎：到1829年，至少有17个版本在美国出版。然而，伍斯特不愿意把它包含在内，因为他在自己修订的《托德–约翰逊词典》中包含并充分利用了《希腊语、拉丁语和经文专有名词经典发音符号说明》。当然，在没有国际版权协议的情况下，没有什么可以禁止康弗斯在删减版中对此进行收录，尽管伍斯特对此有道德上的顾虑。这种尴尬以后总会找到解决办法。与此同时，康弗斯将接受为八开本制作印版的所有风险并承担费用，但韦伯斯特必须支付伍斯特2000美元费用的四分之一，即500美元，考虑到他们之后的关系，这是一个具有讽刺意味的细节。这似乎是一个很大的项目，但伍斯特已经做好了准备，他有美国最好的私人词典图书馆可供借鉴,并相信自己可以在不超过一年的时间内完成这项工作。

康弗斯对他的坎布里奇之行如此评论:"我必须说,我的说服力在确保预期结果方面受到了严峻的考验。"[13]但极有可能的是韦伯斯特那精明的女婿说服了伍斯特。古德里奇首先选择康弗斯出版四开本,而且在康弗斯第一次去坎布里奇与伍斯特会面时,有他陪同。不难想象,当更博学的伍斯特和古德里奇谈论语言历史、词典、韦伯斯特和伍斯特自己的词典编纂时,康弗斯大多都是在旁倾听。古德里奇的到场鼓励了伍斯特,伍斯特坚持要让古德里奇也在编辑中发挥核心作用。这次会面可以被视为耶鲁大学与哈佛大学、纽黑文与坎布里奇这两对相互竞争的势力范围的愉快结合。由于康弗斯和韦伯斯特的关系并不融洽,古德里奇的地位恰到好处地让他的岳父意识到,为了从他二十五年的工作中赚取一些急需的收入,他迫切需要继续完善删减版的词典。他还对伍斯特进行了调查研究,并承认他不仅在语言学方面有专长,还具备出色的专注力和完成工作的能力。他可以向韦伯斯特保证,他将作为韦伯斯特的代表,引导该版本的走向,以确保纽约的康弗斯和坎布里奇的伍斯特能够做出可以显著提高该词典声誉,尤其是具有商业意义的编辑决断。

6

古德里奇是个城府很深的人,一位受人尊敬的语言学家、修辞学家和神学与作文讲师,他最初担任修辞学教授,1817年后在耶鲁大学担任神学与修辞学教授。他很快就因学者的身份人格的魅力而声名鹊起,1820年为了继续留在耶鲁大学,他拒绝了威廉姆斯学院的院长职位。他也是个为达到自己目的而用尽智谋的战术家。他原则性强,富有同情心,意志坚强,如果发现不诚实或欺骗行为,他会毫不留情。他虔诚地信奉宗教,是一位忠诚的丈夫和父亲。作为一名受按立的牧师,他的牧

图4 昌西·艾伦·古德里奇，耶鲁大学修辞学教授、诺亚·韦伯斯特的女婿，在1829年至1860年间成为韦伯斯特词典的主编和全面修订者，包括1864年出版的词典的早期修订版。由阿普尔顿的《美国传记百科全书》（Cyclopaedia of American Biography）提供，詹姆斯·格兰特·威尔逊主编，1888年。

养工作中没有任何神学上的枯燥和狭隘的痕迹，1837年他被布朗学院（现在的布朗大学）授予神学博士的荣誉学位。

他的朋友、耶鲁大学的同事西奥多·德怀特·伍尔西（Theodore Dwight Woolsey）是后来的耶鲁大学校长，于1860年在纽黑文绿地中心教堂（Center Church on the Green）为古德里奇发表了纪念演讲，谈到了他的"圣保罗式气质"、他的坚强品格、效率和"务实能力"。他说，古德里奇致力于"实用宗教"，每周在教堂向学生和教职员工发表演讲，以此作为他关于修辞学和雄辩术课程的一部分，并定期与学生单独会面，帮助他们成为"有活力和有成效的作家"。在评论古德里奇的工作生涯时，伍尔西表明，"他……具备快速完成工作的资格"，但也能"孜孜不倦地下"苦功："我经常疑惑，他这样一个生性躁动、性情紧张的人，怎么能像担任修辞学教授期间那样，日复一日地忍受训练演讲和写作的苦差呢？"1828年，当他开始参与修订岳父的词典时，这并不是他的职业计划的一部分，但这个项目将以意想不到的方式占据他的余生。[14]

7

当韦伯斯特从康弗斯那里得知康弗斯、古德里奇和伍斯特达成的协议，以及他被故意从计划阶段排除在外后，他勃然大怒。尽管如此，他还是勉强同意了，也许他一开始并没有完全意识到伍斯特是谁，也没有意识到古德里奇和康弗斯要鼓励伍斯特所做事情的蕴意。1828年7月27日，在四开本尚未出版之前，他写信给伍斯特欢迎他加入，但口气并不是很热情："康弗斯先生跟您约好来删节我的词典，并请我把第一卷的副本转交给您。这出乎我的意料；但事已至此，我已经同意了，并将寄送副本。"次日古德里奇也给伍斯特写了封信，但口气完全不同："这令我和韦伯斯特先生（在耶鲁大学）的其他朋友极为满意；因为正如咱们之间谈话中所说的那样，您在美国无人堪比。"[15]

古德里奇很快与康弗斯和伍斯特建立了工作关系，这种关系很大程度上忽略了韦伯斯特，使他们能够有效地开展修订四开本的工作，并避开可能会给所有相关人员带来麻烦的韦伯斯特的要求和抱怨。伍斯特将负责编辑工作，但古德里奇将是整个项目的核心。古德里奇后来在八开本的序言中如此写道："在应用（韦伯斯特）原则时出现的疑点，以及对原著的变更和修订，在这样一部供普遍使用的作品中似乎是可取的，已交由耶鲁大学的古德里奇教授决定，作者要求他在这些问题上作为自己的代表采取行动。"[16]

古德里奇对语言的研究及观点跟韦伯斯特存在着天壤之别。首先，也是至关重要的一点，与韦伯斯特不同，古德里奇是个文人。1848年1月的《卫理公会季度评论》（*Methodist Quarterly Review*）说，他的"众所周知的文学品位"和"对英国文学的长期浸润和熟悉"，使他能够从词语在英美文学中的用法判断其含义。这是不可或缺的背景和能力，因为人们普遍认为书面散文是"一部可信赖的英语词典的基础"。此外，古德里奇和他的岳父在语言观念上更是判若云泥。韦伯斯特是非正统和实验性的，而且在古典和现代的修辞和演说历史方面相对缺乏训练，而古德里奇则是"完全正统的"，而且非常有资格在1817年担任教授。他是一位优秀的古典学者，在1814年出版了一本希腊语文法书，1832年出版了《希腊语和拉丁语课程》（*Greek and Latin Lessons*）；1852

年，在他将出版的《英国雄辩家美文选》(*Select British Eloquence*)中，有近1000页的"最杰出英国演说家的最佳演讲，并附有批评性和传记性的简述、论据和注释"。正如伍尔西在古德里奇纪念演说中所说，《英国雄辩家美文选》体现了古德里奇"多年来对英国典范的精通……以及他对这个题材的热衷，让人感觉他已经是炉火纯青"。这本书反映了他的愿望："使读者能够身临其境地理解他所阅读的内容，几乎和现场演讲一样精彩。"古德里奇教授的教学是出于对古典传统以及英国优雅的雄辩和语法的深刻而自然的欣赏、理解。他在伍斯特身上找到了志同道合的感觉。[17]

而康弗斯为能与古德里奇合作而感到宽慰，他很高兴在交流中避开了韦伯斯特。在达成协议后不久，就"变更事宜得到解决后"如何继续工作，他和古德里奇再次拜访了坎布里奇的伍斯特。毫无疑问，康弗斯是一个机会主义者，他很可能认为与古德里奇的这种合作关系是一种间接的方式，可以促进他与韦伯斯特关系的慢慢改善，或者至少防止关系恶化，以便韦伯斯特同意让他出版所有未来的版本。[18]

一旦下达了开始编辑八开本的指令，伍斯特就从自己的作品转向了韦伯斯特的词典。按照他的理解，他的主要联系人将是古德里奇，而不是韦伯斯特，他们几乎完全通过邮件联系，尽管韦伯斯特偶尔也提提劲，寄给伍斯特一些词表补充，还对四开本做随意更正。随着工作的推进，古德里奇还单独到坎布里奇拜访了伍斯特几次，在那里，他们可以自由讨论对四开本发音和拼写的校订和改编，他知道这些校订和改编肯定会激怒韦伯斯特。然后，古德里奇在与韦伯斯特的谈话中可以巧妙地讨论伍斯特的建议，过滤掉他知道会使韦伯斯特感到担忧、对他的声誉和作品最有害的内容。二十五年后，古德里奇热情洋溢地描述了伍斯特在他们整个合作过程中的作用和正直操守：

伍斯特先生没有进行文学的或其他任何形式的改变，除非是在韦伯斯特博士和我的授意之下。在这一点上，他非常谨慎，寄来了数百个单词的词表，询问是否应该改变它们的发音或拼写。我代韦伯斯特博士回答了这些问题，伍斯特先生便照章行事。他的删节几乎完全是通过擦除来完成的；但他时不时会浓缩释义，或加入他自己的连接词……我一直都在说，伍斯特先生的删节工作做得相当完美。大家都知道，在我的授意下（作为韦伯斯特博士的代表），对正字法和发音进行的修改是非常有利的。他（韦伯斯特）的一些拼写和发音对公众来说是如此可憎，以至于韦伯斯特博士的挚友都非常担心它们的影响。被这些东西所拖累的大部头作品会被认为是一本仅供学者阅读的书，这很危险。正是这部在正字法和发音方面得到普及的八开本删减版词典，在这一危机中给大众思想带来了有利的决定性转变。[19]

8

1828年10月28日，他在写给古德里奇的第一封现存的信中——在大部分足本的四开本已经印刷完毕，即将出版前的一个月左右，伍斯特担心他和古德里奇截至目前的修订没有充分减少四开本的内容，担心八开本会暴增至弄巧成拙的规模。令他懊恼的还有，需要在预出版阶段转交给他的四开本校稿未能及时到达，这使他无法跟上进度。他敦促古德里奇一旦有机会与韦伯斯特讨论他的建议就立即回复他："一旦有机会，我将努力转交最初的几页，以便您和韦伯斯特先生能够看到它们，并判断是否可以适当地删除更多内容。"[20]

最让伍斯特担心的是韦伯斯特对拼写和发音的处理，它们与约翰逊、托德、沃克、查默斯等所有权威人士的观点不一致，而韦伯斯特在很大程度上希望对这些人不予理会。韦伯斯特要让下列内容替代传统的首选拼写法，而大多数人认为这些拼写法不应成为英语词典的任何部分：duce替代deuse，nehbor替代neighbor，nusance替代nuisance，spred替代spread，turky替代turkey。至于发音，伍斯特提醒古德里奇："您跟我提过，您要对这部词典全面检查，并期望我参与您对单词发音的评论，我希望您能说到做到。"他想提高效率。与此同时，他给古德里奇寄去了长长的单词清单，他初步决定这些单词应该这样或那样发音——要么保持它们在四开本中的样子，要么将它们恢复成传统的正字法。但由于没有得到更明确的授意，他对如何进行下去心存疑虑。三天后，他再次敦促古德里奇在与韦伯斯特交谈后立即做出决定："如果您能尽可能明确地说明哪些单词是在四开本中以新正字法出现的，在定义时恢复它们的惯用形式，我将非常感谢。"他问道："我到底要不要根据权威版本引入其他发音？"1828年12月，伍斯特认为最好的办法就是"将所有要被插入他的'概要'中的单词以及其他可能存在某种问题的单词清单寄去"。这样就不会那么混乱，也就不会有那么多互相指责的机会，尽管他承认自己很少有"闲暇时间做出所有可能有用的解释和询问"。[21]

总而言之，伍斯特发现编辑一个他只见过两三次的人的作品是一个令人困惑的过程，他知道他的校订对此人来说是一种诅咒："确定各种外来词的发音既微妙又困难，我担心我的做法并不总能得到韦伯斯特博士和您的赞同。"他对古德里奇说："我很遗憾，与删节有关的一些问题没有得到更明确的解决。"至于记载四开本中韦伯斯特发音的不一致性，他认为"韦伯斯特先生希望我在任何情况下都不要（这样做），我也无意这样做，只要作品不会受到影响，康弗斯先生不会不满"。他很紧张，因为他自己的"概要"可能会被"不适合插入的单词实例"

弄乱，而且"（韦伯斯特的）词典中给出的发音肯定有问题"。他仍然不确定自己接下来要怎么办：韦伯斯特的许多词的"正字法是否要恢复"，比如ax、cloke和zink。最后，古德里奇决定将韦伯斯特改革后的几种拼写法纳入进来，但他降低了它们的位次。"旧的正字法占了主导地位，紧随其后的是新提出的正字法。"此外，伍斯特对这个项目是否会成功或对他个人是否有好处感到困扰，"要使这样的作品符合150英里以外的另一个人的观点很困难。我希望能让感兴趣的人满意，但又担心这部作品会有更多非人所愿的瑕疵。"[22]

然而，随着岁月的流逝，伍斯特变得不再那么迟疑，他相信古德里奇会自始至终支持他。古德里奇不断去坎布里奇拜访他，两人成了好朋友。伍斯特很高兴听到住在纽黑文的弟弟说，古德里奇还"劳驾去探望"了他。不过，他们合作中一直存在的危险是，古德里奇必须非常小心，不要激怒他的岳父，因为他随时都可能试图阻止他们八开本的工作。12月30日，伍斯特再次谈及他抱怨的主要内容，他依然感到茫然："我不能不感到遗憾的是，删减版所依据的原则在开始之前没有更好地确定下来。出于这个原因，这项工作一定会受到一些影响，而且它一定会花费更多的劳力，带来更多的麻烦。"

古德里奇在很大程度上同意伍斯特对韦伯斯特的反对意见。韦伯斯特的拼写怪癖在词条中只能在开始提及一次，不应出现在其他地方，如释义中或单词的派生词中。古德里奇和伍斯特都希望在八开本中避免的一个例子是韦伯斯特的词条bridegoom（新郎）。想要在四开本中查找bridgroom的读者被告知去参见bridegoom，定义如下："复合词，由bride（新娘）和gum，guma，a man 组成，我们的祖先的发音是goom。这个词，由于最后一个音节发音错误，变成了bridegroom，表示新娘的马夫；groom是一个波斯语单词，意思是照顾马匹的人。这种严重的讹误不应被继续视作语言学的耻辱。"他们两人一致认为，词条应该遵照常规拼写按字母顺序排列。这样一来,韦伯斯特词典表现出的非正统、怪异和偶尔的轻慢,有很大一部分可能会被消除或降级——这是一种不全盘否定韦伯斯特而针对词汇的门户清理。[23]

在合作接近尾声时,伍斯特开始对利益冲突感到焦躁不安。尤其令他担心的是,康弗斯决定将沃克的《希腊语、拉丁语和经文专有名词经典发音符号说明》放入八开本,而他之前答应伍斯特保证不会这样做。伍斯特毫不掩饰地告诉古德里奇,出版商的态度令人不安:

> 您或许已经明白,(托德-)约翰逊版词典和《沃克词典》的出版商对我着手删减韦伯斯特博士的词典有些不悦的感觉,但我并不觉得他们有任何权利反对它。我接手这项业务时,康弗斯先生说他不会添加沃克的《希腊语、拉丁语和经文专有名词经典发音符号说明》;后来,当这个计划被改变时,我告诉他,我与书中的那部分内容没有任何关系。我的理由是,在为其他出版商编辑作品后,如果我再为他做这些,就会让他们埋怨,我本身也不满意自己这样做。[24]

那是在1829年4月初,到那时,所有八开本的校样都已经印刷出来,并由伍斯特审核,只有900多页。完工在望,他渴望回到自己词典的工作中。"我希望尽快从工作的束缚中解脱出来,"他在信中对古德里奇说,"请告诉我您希望提供多少页介绍性材料,以及何时准备好。"

在最后一次坎布里奇之行中,古德里奇整理细节,享受了伍斯特的陪伴并结束了他们的合作。这项工作的完成既带来了解脱,也带来了新的疑虑,但无论是古德里奇、伍斯特,还是康弗斯,都没有预料到他们富有成效的合作对他们的余生以及早期美国词典的编纂过程的破坏性影响。

第六章
品茶议版权：古德里奇接手

1

单卷的八开本删减版词典于1829年下半年面世。该词典共940页，大约是1828年四开本一半的篇幅。伍斯特和古德里奇萃取了大量文本，这些文本主要是从韦伯斯特词典的定义和词源中提取的，对韦伯斯特的许多定义和词源进行了精简，使它们不那么冗长，也更容易被读者理解。看一眼四开本和八开本中的词条deface（损伤外观），就可以看出八开本中定义的缩短，颇有代表性：

1828年四开本：消除或改变。

1.破坏或损坏事物的外观或表面；损害外表或丑化；损伤外貌，比如毁坏纪念碑、毁坏建筑物。

2.销毁；破坏、糟蹋或损坏；消除或抹去，例如：销毁信件或文字，销毁票据、契约或债券，销毁记录。

3.损伤外观；毁容。

1829年八开本

1.破坏或损坏事物的外观或表面；损害外表或丑化；损伤外貌。

2.销毁；破坏、糟蹋或损坏；消除或抹去。

3.损伤外观；毁容。

伍斯特和古德里奇还增加了大约3万到4万个新定义，并将词条数量增加到83000个，比四开本多了大约16000个。他们最初的决定之一很可能是废除韦伯斯特的长篇大论"关于西亚和欧洲语言的起源、历史和联系的介绍性论文"，其首先探讨亚当和夏娃用什么语言彼此交谈，然后由此阐述了他关于所有语言起源的理论。不仅如此，他们还在某种程度上往伤口上撒盐，添加了沃克的《希腊语、拉丁语和经文专有名词经典发音符号说明》，这是韦伯斯特的大忌。不可否认，这是一部胜过1828年四开本的词典，而且更实用。此外，它的售价为6美元（约为今天的150美元），这个价格是成千上万买不起20美元四开本的人所能承受的。该词典立即大卖，并在一段时间里不断印刷，在1836年，印刷达到了第15次。1844年又出版了古德里奇全权掌控下的全面修订版。

为了了解伍斯特和古德里奇对韦伯斯特定义的压缩，我们可以再看一看前面四开本中引用的定义（见第四章第九节）。在考虑它们的时候，我们要牢记，古德里奇在耶鲁大学的主要角色是牧师和宗教顾问。education（教育），现在精简到了韦伯斯特定义的前两行，或者前四分之一："教养，如对孩童的教养；教导；礼仪的养成。"marriage（婚姻），完全除去了韦伯斯特关于上帝在婚姻中的角色的描述（最后6行）。编者另外给marriage增添了两种意义："在婚姻之际举行的盛宴"，以及《圣经》中神学上的释义"基督及其教会通过恩典之约的结合"。purpose（目的），四开本中对"上帝"的所有提及都被删除了；虽然韦伯斯特的五种释义都保留了下来，但它们被大幅删减，其中一个被判定为"很难与前者区别开来"。29行被缩减为9行。韦伯斯特关于war（战争）的43条长篇大论现在被压缩成11条，不过保留了他的6种释义。woman（女人）从14行缩短为3行；韦伯斯特的两种释义依然存在，但他的宗教和警示信息被删除了。没有提到女人的"柔弱、温和、可怜、善变"。仅从这些例子来看，很明显，这些定义已经清除了韦伯斯特对这些和数千个其他主题的个人观点。

在该版本的序言中，如同在其后来的编辑工作中一样，古德里奇展示了对发音复杂性的特别兴趣，在他看来，这比韦伯斯特的正字法怪癖更难理清。他写道："作为发音指南，这些单词被仔细地划分了音节。在大多数情况下，可以立即决定各音节中元音的正常发音；如果元音偏离了这一正常发音，则使用一个带点的字母，表示它们在这种情况下的发音。"这就不需要"重新拼写单词，作为发音指南……"至于有争议的发音，"通常会给出不同的形式"。古德里奇说："但伍斯特先生的概要更充分地展示了这些多样性，并从一个角度给出了最受认可的发音词典关于大约800个原始单词的决定，当然，这些单词决定了大量派生词的发音。"结果是"几乎所有英语正音法的重要差异点"都有所描述，读者可以自行决定采用哪一种。

当韦伯斯特看到完成的作品出版时，他大惊失色。他怎么会让这样的事发生？八开本使他看起来就像是写了一本书的初稿，其中的观点前后矛盾且不成熟，需要专家介入，清理混乱之处，使之适合出版。这扰乱了他对自己作为美国首屈一指的英语权威的看法，使他成为一长串相互竞争的词典编纂者中的最新一员。他的情绪开始转向反对温和而毫无戒备的伍斯特和他那令人讨厌的"概要"。伍斯特写道："'概要'的目的是一览最著名的英语正音法学者对发音有疑问、有争议或各种各样的单词发音方式。"仅此一点就足以激怒韦伯斯特，他认为太多的选择只会让用户感到困惑。他对古德里奇的严重犯规也颇为生气，认为他女婿对自己词典的拼写和发音的校订达到了触目惊心的程度，更不用说定义了。他越想越来气。

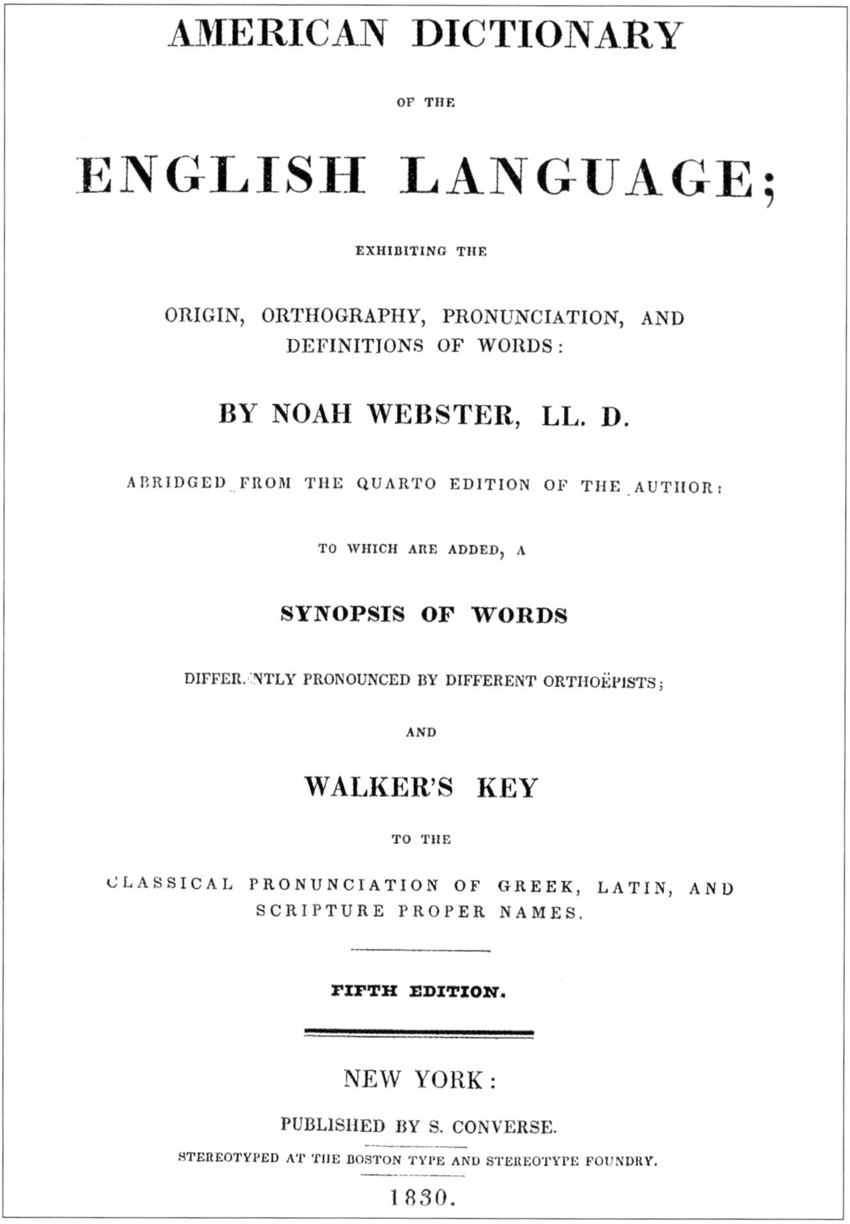

上篇　诺亚·韦伯斯特的战争

AMERICAN DICTIONARY

OF THE

ENGLISH LANGUAGE;

EXHIBITING THE

ORIGIN, ORTHOGRAPHY, PRONUNCIATION, AND
DEFINITIONS OF WORDS:

BY NOAH WEBSTER, LL. D.

ABRIDGED FROM THE QUARTO EDITION OF THE AUTHOR:

TO WHICH ARE ADDED, A

SYNOPSIS OF WORDS

DIFFERENTLY PRONOUNCED BY DIFFERENT ORTHOËPISTS;

AND

WALKER'S KEY

TO THE

CLASSICAL PRONUNCIATION OF GREEK, LATIN, AND
SCRIPTURE PROPER NAMES.

FIFTH EDITION.

NEW YORK:
PUBLISHED BY S. CONVERSE.
STEREOTYPED AT THE BOSTON TYPE AND STEREOTYPE FOUNDRY.
1830.

图5　1830年诺亚·韦伯斯特的《美国英语词典》八开本删减版的扉页，由昌西·艾伦·古德里奇和约瑟夫·爱默生·伍斯特编辑。由印第安纳州立大学特色馆藏，科尔德尔词典收藏提供。

2

韦伯斯特在1843年4月回首往事时对福勒说:"我太后悔让《美国英语词典》被删节了,不仅在利润方面,而且在其实用性方面我都经受了痛苦。"这个八开本"根本不能算是我的词典,尽管它的大部分内容取自我的词典",他补充说,无论如何古德里奇的八开本远比不上他的四开本,因为它缺乏"语言的历史"以及"我用来纠正其异常现象所采用的重要原则"——更不用说对他的修改的删减,在他看来,这些修改往往漏洞百出。[1]

在韦伯斯特看来,伍斯特-古德里奇的八开本就是场灾难,他认为要开始恢复他受损的信誉和势头至少有一个方法,那就是立即用他自己的小十二开本(也称为方形八开本,大约5或7英寸见方)进行恢复,即《英语语言词典:供小学和会计室使用》(*A Dictionary of the English Language, for the Use of Primary Schools and the Counting-House*,1829年),该书于1829年底由希西家·豪而不是康弗斯出版。韦伯斯特决定让康涅狄格州当地出版商豪,而不是纽约的康弗斯来出版这部学生用词典,他的决定很可能是出于对康弗斯的反感,因为他认为康弗斯在古德里奇的批准下越俎代庖,让伍斯特担任了八开本的编辑。这是他和康弗斯之间不可挽回之隔阂的开始,这大大出乎康弗斯所料。在怒不可遏的情况下,康弗斯写信给韦伯斯特:"要不是我,您的词典到现在还只是手稿的样子——这其中似乎有一种特别的担忧,唯恐我会从我的巨大劳动和时间、金钱的花费中有所收获,我想这就是您宁愿选择他人的原因了。"韦伯斯特的自负让他不乐意接受其出版商以这种方式给他提供建议。但当康弗斯警告他,他试图自己出版这本书会是一场灾难时,韦伯斯特在康弗斯信的背面写下了"恐吓信",并永远对他不理不睬。[2]

韦伯斯特的学生用词典共532页，有4.7万个词条。这本词典原本设想就是为韦伯斯特带来更多收入，而且它做到了：词典的页数比四开本的减少了约75%，最后还增加了表格；所有的定义似乎都被缩短为一行（above：更高，更多；blistering：起水泡；bloated：肿胀，隆起，浮肿；dejection：情绪低落，忧郁）；符号简化为18个；字数减了一半；"不常见"的技术词汇被省略，派生词和"原始的"（很少使用或已经过时的）词汇也被省略；（除不规则动词外）规则动词的分词形式也几乎被完全省去。该版本在整个十九世纪进行了多次修订和出版。

1829年12月在韦伯斯特写序言时，他为自己辩护，说被这本非法的八开本搞得萎靡不振（demoralized），并称该词语是唯一一个他杜撰的词。他承认，1828年的四开本和这本修订的学生用词典之间有太多拼写和发音上的差异，因为在四开本中，他大部分时间都花在了研究词源和定义上，而没有在发音和拼写上投入足够的时间。读者不必担心。他去除了词典中的不一致之处，并向读者保证，如果他有机会"监督"八开本的话，他也同样会去除里面的不一致之处。因此，这部学生用词典，并不像那部八开本，它具有权威性，因为它"全是由我自己编写和修订的"，而且"被认为包含了……我最认可的正字法和发音"。当然，这是个颇有风险的防御性论点，会让读者开始怀疑他的整个事业。[3]

1829年圣诞节没过几天，他告诉福勒（此时在米德尔伯里学院任教，很快就取代了古德里奇成了他的知己）："只要能做到这一点，他的拼写书和（学生用）十二开本就会一模一样，只要前者的一些错误能被纠正……"凭借它们之间更多的一致性，他希望能在教育机构，尤其是大学赢得更多青睐："康弗斯先生最近去过波士顿，我从他那里了解到，坎布里奇大学（哈佛大学）校长和教授都向他们的学生推荐了我的词典。我真诚地希望你们的米德尔伯里绅士在这项改革和统一的工作中与哈佛大学和耶鲁大学合作。如果我们的大学携手并进，作品就会大获成功。"这样,当他访问文学机构时,他就可以昂首挺胸了。他抱怨说,沃克主义(沃克词典认可的发音)"就像扇了我一记耳光一样"。⁴

然后,他告诉家人,他可能出售那骇人听闻的八开本的版权,从此与它一刀两断,不再有任何瓜葛,这着实令其家人诚惶诚恐。古德里奇很担心,因为韦伯斯特不是商人,他可能真的会不管不顾,把八开本的版权卖给家族以外的人,就像他当初对拼写书一样。接下来发生的事情似乎说明了古德里奇与韦伯斯特同住一条街的优势。1829年7月10日,古德里奇在韦伯斯特家饮了几杯茶,之后他怂恿岳父将八开本的版权卖给他。这样的话,版权始终还在家族之内。他觉得,他拥有版权是合乎逻辑的,因为毕竟他是该词典的主编。他提醒韦伯斯特,他的劳动还没有收到任何报酬。⁵

韦伯斯特屈服了。一直以来古德里奇都瞒着家族成员,尤其是福勒,他以极低的价格拥有了八开本词典的版权。福勒曾明确要求古德里奇承诺,如果真的要卖八开本词典版权的话,千万不要在他缺席的情况下做出决定。当他得知古德里奇的所作所为时,他火冒三丈。十多年后,古德里奇在向他的连襟埃尔斯沃斯解释他购买的理由时指出,购买版权对他自己和他的家庭来说并非没有经济风险。当这个想法首次出现时,他坚持说:"我对朱莉娅说:'如果这部作品失败,由于发音和拼写怪异存在风险,咱们一辈子都将背负沉重的负担;如果它成功了,并在与风险相应的程度上获得了利润,咱们将有可能被指责从父母身上捞钱。'"这是一个公道的解读。⁶

康弗斯连续四年担任古德里奇这本词典的出版商,但八开本所增加的收入仍然无法让他避免在1833年破产,古德里奇不得不匆忙寻找另一家出版商。乔治·梅里亚姆和查尔斯·梅里亚姆当时是马萨诸塞州斯普林菲尔德的小型出版商,但后来成了主要的词典出版商,他们也没有答应他。古德里奇很难找到人取代康弗斯,因为潜在的出版商担心韦伯斯特可能会突然决定为院校使用刻板印刷另一部1828年四开本删减版，与这部八开本竞争同一个市场。这种情况很容易发生，因为刻板印刷使打印机能够快速且相对便宜地打印，而小型学生用词典尤其如此。对八开本删减版最感兴趣的出版商，即纽约的诺曼·怀特和约瑟夫·怀特，正是出于这个原因对承接该词典有所保留。怀特兄弟敦促古德里奇向韦伯斯特索要一份正式的宣誓书，明确表示他永远不会为学校或其他任何类机构出版一部可与之竞争的八开本。因此，古德里奇又一溜烟来到韦伯斯特家，一边喝茶一边唤起岳父的公平正义。既然他已经向岳父支付了八开本的版权费，要是某天他再出版另一部八开本删减版来危及他的投资是不是有损体面呢？是把他的岳父一下子说通还是花了几个小时才说通，我们不得而知，但韦伯斯特同意在1833年5月7日在韦伯斯特的妻子丽贝卡的见证下签署所需的法律文件。在文件中，韦伯斯特承诺"在没有与古德里奇达成某种协议的情况下，将不会出版或允许出版八开本词典，即我不会通过降低作品的价格，取代市场上的八开本词典，使他和任何可能与他有关联的人受到这种出版可能造成的任何伤害"。怀特兄弟仍不满意，在他们的敦促下，几个月后，古德里奇让韦伯斯特写得更加精确："本人，康涅狄格州的诺亚·韦伯斯特，鉴于女婿昌西·艾伦·古德里奇在购买本人的八开本版《美国英语词典》的版权和印版时产生的损失和牺牲，在法律规定的该作品版权归我所有的剩余期限内……特此将本人在上述著作的版权溢价中的所有权利和利益授予并分配给上述昌西及其妻子，即本人的女儿朱莉娅及其子女。"[7]

确定无疑的是：韦伯斯特签字放弃了可能会变成一笔小财富的东西，为了确保没有人能指责他逼迫韦伯斯特，古德里奇让他在签名后加上了这句明显不实的陈述："本人特此证明，本人是在未经任何人的请求或事先不知情的情况下自发做出此项授予。"但是，即使是协议的第二句话，特别是"八开本形式"——可以解读为一本形式看起来像八开本但实际上不是八开本的书,也比古德里奇和他的出版商想要的更模棱两可一点。所以古德里奇又去强迫韦伯斯特。这一次韦伯斯特拒绝了。尽管如此,古德里奇和怀特兄弟还是乐得于1833年6月1日起草一份对八开本进行修订和再版的合同。[8]

<h2 style="text-align:center">3</h2>

此时康弗斯已经与韦伯斯特的词典失去了任何联系,但更重要的是,他成了一个不受欢迎的人。韦伯斯特曾指责他对各种服务收费过高,未能在到期时交出版权收入,没有向他提供合同规定数量的四开本,并且由于他在八开本中的股份,没有充分宣传四开本:"美国有五分之一的地区没有收到这些词典的供货。"当然,这样的评论忽略了一个尴尬的事实,那就是康弗斯印刷的四开本并不畅销。1830年12月,当韦伯斯特前往华盛顿推动国会通过即将提交的版权延期法案时,他得知古德里奇也邀请了康弗斯陪同他前往,于是非常愤怒。"我未见到他,而且我希望不要碰见他。"他给丽贝卡写信说。[9]

1830年至1833年间康弗斯和古德里奇之间的几封信证明了康弗斯在韦伯斯特家族是多么不受欢迎,最终连古德里奇也不待见他了。这些信件还表明,古德里奇在他的知识道德高地上是多么不屈不挠。他有自己的观察,也有自己的结论,但他对康弗斯的看法肯定会受到韦伯斯特的"报告"的影响。1830年11月,康弗斯拼命试图澄清事实,写信给古德里奇,说他感到"又冤枉又委屈",并受到了韦伯斯特"深深的伤害",还说他并没有"忘记韦伯斯特先生作为一位作者的权利,也没忘记我作为一个人和一个基督徒的品格和义务,以至于对他的作品进行诋毁……纽黑文对我的诽谤倾盆而下,每每想到此,和我在此地所遭受的纯粹冤屈,我都会从灵魂深处对我曾经热爱的地方感到厌恶"。然而,他向古德里奇保证,他没有因韦伯斯特没有给他学生用词典的合同而产生"报复的倾向"。相反，他总是对这位词典编纂者表现出"行为和动机上的善意"。他承认，韦伯斯特的"伤害之痛"让他在极度误解的情况下给他写了两三封愤怒的信，此后他一再请求韦伯斯特原谅，但都是徒劳。韦伯斯特无意原谅他。[10]

康弗斯一败涂地。他试图恢复古德里奇对他的好感，结果却反而弄巧成拙。他最大的错误是把八开本的印版抵押给了纽约的造纸商艾姆斯兄弟。这两个人不是出版商，但他们想象着将来或可利用这些印版赚点钱。他带着借来的钱，轻率地去了英国，希望在那里进一步发展他的出版事业。出国期间，其经济上仍然捉襟见肘，并因不断恶化的财务状况而分心和沮丧，他拖欠了对艾姆斯兄弟的抵押贷款。由于联系不到他，他们主动写信给古德里奇，说康弗斯即将丧失这些印版。由于古德里奇出于莫名的原因选择不去帮助康弗斯，艾姆斯兄弟开始对被迫放弃的印版行使所有权。

当康弗斯回到纽约时，他沮丧地发现，他能收回这些印版的唯一方法就是从艾姆斯兄弟那里买回来。但他没有这笔钱，要买回等于把他逼上绝境，因为最先是他对这部词典进行刻板印刷，而且付出了高昂的代价。他向古德里奇求助，但古德里奇被艾姆斯兄弟所说的话唬住了，他自己与艾姆斯兄弟达成了购买印版的协议："显然，除非能从他们手中拿回所有权，否则我的版权将一文不值。"在没有告诉康弗斯的情况下，古德里奇向艾姆斯兄弟提出了一个他们无法抗拒的价格——1.1万美元（接近今天的27.5万美元），这样他成了版权和印版的所有者。1833年6月1日，摆脱了康弗斯的古德里奇，联系了新成立的出版商怀特、加拉赫，他们"同意接受出版物和印版，允许我在后者中拥有一定的权益，条件是版权费应与出版权合并，不再作为一个独立问题保留"。这是书商最感兴趣的条款，古德里奇对埃尔斯沃斯讲。在八开本版权的剩余二十四年里，怀特兄弟将保留独家出版权。他们还将聘用古德里奇在这段时间里编辑和修改这部作品。古德里奇在1844年12月写道:"当我将它出售给怀特先生时,只要他(怀特)选择重新用铅版印刷这部作品,我就要准备一份带有额外单词的修订版本。"[11]

　　康弗斯不停地恳求,但都是枉然。古德里奇没有带有善意地接受康弗斯的抗议,他回答说,他给康弗斯足够的时间试图找回印版:"你在上一封信中对我的辱骂比比皆是,以及你将我购买印版的动机用卑鄙和可恶的言辞总结,根据君子之间交往的一般原则,我有理由对你的来信和其中的请求默不作声并表示蔑视。但是鉴于你写信时被满腔的怒火左右,我愿意再给你一次机会,在你陷入更深的困难之前,对你的所为予以三思。"然后,他解释说康弗斯认为自己仍然有权使用这些印版纯属妄想,是对所发生的一切的误解:"你认为如果不是我,你可能已经收回了所有权……当我开始安排这次购买时,我认为你早就失去了所有权,就好像你已经长眠地下一样。至今我仍然这么想。"康弗斯不久就被遗忘了。[12]

第七章
拼写战争：莱曼·科布的崛起

1

古德里奇迅速且（韦伯斯特认为）霸道地控制了韦伯斯特八开本删减版，雪上加霜的是，十九世纪二十年代，韦伯斯特被迫硬着头皮接受一场咄咄逼人的擂台赛。挑战者直指他用于自称的美国校长和语言学行家之名。挑战主要针对他的拼写书，这对他的词典产生了重大影响。挑战者是莱曼·科布（Lyman Cobb），纽约上州一位名不见经传却自以为是的教师，他比韦伯斯特年轻42岁。

科布年轻时没有接受过什么正规的教育，很可能在纽约农村的一所原木结构的校舍就读，他16岁时就开始在一所同类学校教书。他对课堂上迫不得已而使用的教科书很不满意，其中包括韦伯斯特的《美国拼写书》——1804年的新版成了走红的畅销书。在1821年，年仅21岁的科布出版了自己的拼写书，《包含英语语言基础知识的英语发音标准……穿插简单阅读课程的简单拼写和发音方案……旨在教授沃克的正字法》(*A Just Standard for Pronouncing the English Language Containing the Rudiments of the English Language... an Easy Scheme of Spelling and Pronunciation, Intermixed with Easy Reading Lessons... Calculated to Teach the Orthography of Walker*)。1825年修订再版后，它被广泛地称为"科布拼写书",直到十九世纪五十年代还作为韦伯斯特的《初级拼写书,美国拼写书进阶版》的主要对手占领市场。到那时为止,售出了不少于400万册,其中大部分在纽约州、费城和巴尔的摩。不幸的是,和韦伯斯特一样,为了快速获利,科布数次出售了他的拼写书-读物的版权,从而使自己损失了大量财富,并最终陷入了近乎贫困的境地。[1]

科布的书主要是通过阅读方案来教拼写,正如其标题所暗示的那样。拼写书的前瞻性战略使它在改革派教育运动中占据了一席之地,取代了像韦伯斯特拼写书这样的老式教科书。诚然,威廉·罗素(William Russell)作为1826年创刊的进步杂志《美国教育期刊》(American Journal of Education)的创办者兼编辑,他对韦伯斯特持批判态度,不过他对科布依然过于依赖基于重复的记忆技术的行为也很失望。尽管出现了更先进的教育方法,但韦伯斯特的拼写书在整个十九世纪仍然很受欢迎,这说明,词典对美国人的想象力有持久的吸引力。[2]

在这场拼写书的竞赛中,除了科布,韦伯斯特还有其他竞争者,尤其是丹尼尔·克兰德尔(Daniel Crandall)的《哥伦比亚拼写书》(The Columbian Spelling-Book,1819年)——科布大量借鉴了该书,以及伊莱休·F. 马歇尔(Elihu F. Marshall)的《马歇尔的英语语言拼写书;或美国教师小助手》(Marshall's Spelling Book of the English Language; or the American Tutor's Assistant,1821年)。除此之外,这些版本基本上忽视了韦伯斯特的拼写改革,而捍卫了沃克的发音体系。可以说正是对沃克的这种拥戴,对韦伯斯特广泛的语言改革构成了鲜明而大胆的威胁,引发了随后的拼写之战。1829年,韦伯斯特带着新版本的拼写书重返战场,稳固了他对受沃克启发的对手的持续反对。他深知拼写是他声誉的基石,如果他在拼写战争中失利,他很可能会败给像伍斯特这样的竞争对手,并目睹他整个美国语言事业的瓦解。

2

科布认为，将韦伯斯特赶下宝座的最好办法就是为自己的拼写书打开市场，持续公开揭露据称是韦伯斯特之书的明显不一致和荒谬之处。1827年和1828年，他在《奥尔巴尼观察报》（*Albany Argus*①）以"审核者"名义发表了几篇针对韦伯斯特拼写书的文章，后来他收集成名为《致教师、学校委员会或督学、牧师及正确基础教程之友》（*To the Teachers, School Committees or Inspectors, Clergymen, and to the Friends of Correct Elementary Instruction*）的小册子并加以传播。在书中，他的语气接近詹妮弗·莫纳汉所描述的"怒不可遏"，猛烈抨击了他所谓的韦伯斯特的错误和缺陷，认为在他的拼写书和词典的几个版本中，韦伯斯特没有遵循他自己关于拼写和发音的建议，没有在其拼写书和词典之间达到拼写和发音的统一，而这在学校教学中是至关重要的，几十年来他所做的不过是设法令美国人，特别是教师和儿童困惑。韦伯斯特的"自命不凡……表明一个人的迂腐和自负远远大于他迄今所享受的公众的鼓励和支持，这令我很痛心"。鉴于这些缺陷，他请求教育工作者考虑是否应该在造成更多损害之前，使用科布的拼写书代替韦伯斯特的拼写书。科布的动机不仅是要接管拼写书市场，还旨在揭露韦伯斯特作为词典编纂者的变化无常。³

起初，韦伯斯特采取了有分寸的报复，他在1827年12月给《奥尔巴尼观察报》的编辑写了一封长达8页的信。他简单解释说，1782年以

---

① Albany，奥尔巴尼，美国城市名；Argus，希腊神话中的百眼怪兽，头上长有一百只眼睛，每逢睡觉时都只闭上一两只眼睛。因此，本书中译成《奥尔巴尼观察报》。——译者注

来，他对拼写书和词典进行了大量的修改，并强调在经过大约四十六年之后，"作品中存在一些错误、缺陷和不一致之处，也不足为奇"。他提醒读者，所有英语词典都有类似的错误和不一致之处，包括沃克的词典，他略带夸张地对此进行描述："从头到尾都充满不一致之处，企图把它作为标准的做法而对语言造成的讹误为近五百年年之首。"他可以很随便地引用"沃克词典中标注的8000—10000个元音的错误发音实例"。他补充说，自那以后，至少出版了三部词典来更正沃克的错误，不过他没有说是哪几部。"但是我们语言学的弊端更深，仅仅涉及发音的话，这些弊端是接触不到的。"他警告说。正字法"没有定论：没有两位作者的观点是相同的……也没有一部词典本身是一致的"。单词的定义也是五花八门，词汇表"非常不完整"，语法的"情况同样糟糕"。但是他正在用即将出版的四开本来拯救这一现状，它将"呈现出从某些讹误中净化出来的语言"，并阻止方言的形成，提供"类似规律的东西"，帮助实现美国语言的统一。4

科布从他的进攻中收获了更多的关注。几个月后，韦伯斯特的词典面世了。1829年，科布再次出击，仍匿名，这次在更加引人注目的《纽约晚间邮报》（*New York Evening Post*）①上刊登了一篇文章，向韦伯斯特1829年出版的《英语语言词典：供小学和会计室使用》和《初级拼写书，美国拼写书进阶版》一并发起攻击。科布声称，韦伯斯特最近雇用了助手帮助他就《奥尔巴尼观察报》提出的问题进行修正，暗示可能抄袭了其他人作品的韦伯斯特已经惊慌失措，他的词典有着无可救药的缺陷。1829年7月4日，他勇猛地展开了闪电战，以"调查者"（inquirer）的名义在纽约的《先驱晨报》（*Morning Herald*）上一连串

---

① 当今的《纽约邮报》即*New York Post*。——译者注

发表了不下17篇文章。他的目标特别指向韦伯斯特视自己为清除美国语言不规范性并建立一致性的代表的说法。科布称，他对韦伯斯特出版物的各种版本进行了认真的梳理，找出了数百个韦伯斯特拼写不一致的单词，以及更多基于突发奇想和冲动的拼写创新，称他"想一出是一出"。例如他展示了韦伯斯特是如何删掉单词结尾字母的，如sherriff中的ff和crumb中的b。至于单词ache，科布表明，韦伯斯特永远无法决定是用原本的拼写方式还是把它拼写作ake。他认为，任何值得在教室或家中占有一席之地的词典，必须有基于明确规则的一致正字法，并用可理解的符号和变音符号进行说明，除非用"不规则"标签标识，否则就不应肆意创新。同样的单词也不应该在不同的页面上出现不同的拼写。科布得出结论，韦伯斯特在这些方面都没有通过考验。此外，通过他"有害创新的影响"，他"比五十年内在美国出版的其他所有作品都更多地引入了正字法的不规则性"。[5]

在他的第13篇文章中，科布还额外引用了韦伯斯特的一位朋友丹尼尔·H. 巴恩斯（Daniel H. Barnes）所说的一段他认为极具毁灭性的言论。从1827年开始，在《美国英语词典》出版之前，巴恩斯曾一度帮助韦伯斯特修订新版中的拼写，主要是针对科布《奥尔巴尼观察报》文章中指出的问题，直到他在1828年末的一次事故中丧生。他当时正在彻底审查韦伯斯特的词典，可能还是在校对阶段，但那时要进行实质性的修改为时已晚，他无法抑制自己对无数纠缠不清的正字法和其他问题的惊讶。科布引用了巴恩斯对该词典大量拼写矛盾和变体的惊讶：

> 这些我都在韦伯斯特先生视为其最佳作品的那本词典中做了标记，如此骇人听闻的数量，如果不是我亲眼所见，亲力亲为，简直无法想象或相信……韦伯斯特先生根本不清楚

他作品中的大量错误……我没有看到这个庞然大物的任何骨头。词典主人担心如果在整个骨架被架起之前就已经暴露，它们会轰然倒塌，散成一地碎片。他对我说，"在词典出版过程中，绝不能进行类似的讨论"。（但）迟早会真相大白。我希望它不是什么虎头蛇尾，空中楼阁。

——韦伯斯特先生不会拼写，至于会不会其他，让我们拭目以待。

——阅读他的词典，彻底摧毁了我对他的所有期望：充其量他也就是为一部好词典收集了一堆资料。[6]

不久之后，尚未完全脱离韦伯斯特圈子的出版商谢尔曼·康弗斯，在1829年8月27日的《先驱晨报》上对科布进行了反击，为韦伯斯特辩护，或者更准确地说，为他自己的投资辩护。虽然当时人们普遍认为科布是一位不断抨击韦伯斯特的匿名散文家，但康弗斯力排众议，公开揭露科布纯粹是出于自身利益挑起争端。他谴责了科布对巴恩斯记忆里的麻木不仁，坚持认为巴恩斯真心认可韦伯斯特的词典。他声称巴恩斯告诉他，科布实际上赞成韦伯斯特在词典中的正字法原则，一周后，科布在《先驱晨报》上回复说，他从未与巴恩斯进行过这样的对话，当时他几乎不可能赞成韦伯斯特词典的正字法原则，因为他还没有看到他现行的手稿。至于科布所揭露的问题，康弗斯提醒读者，韦伯斯特的书成于很多年前，语言一直在不断变化，在如此巨幅的词典中，不可能察觉所有的失误。[7]

在完成了《先驱晨报》关于韦伯斯特正字法的17篇文章后，科布将这些文章与他在《奥尔巴尼观察报》中的文章整理在一起，1831年出版了一本56页的小册子，标题为《对韦伯斯特博士的英语语言系统教程系列丛书包括他以前的拼写书和初级拼写书的正字法的评述》（*A Critical Review of the Orthography of Dr. Webster's Series of Books for Systematick Instruction in the English Language Including His Former Spelling-Book and the Elementary Spelling-Book*）。他在小册子中附上了一个表格,列出了他从韦伯斯特数十年出版的几个版本的拼写书和词典中挑选的720个单词,以证明他的不一致性范围,包括1782年的拼写书、1806年的《简明英语词典》、1828年的四开本、1831年的八开本和十二开本,以及1829年修订的《初级拼写书,美国拼写书进阶版》。他把这本小册子寄给了他所知道的曾经认可韦伯斯特作品的国会议员、大学教授和法官,要求他们根据他小册子中的证据客观地检查韦伯斯特的作品。多年来,科布通过不断攻击韦伯斯特的正字法使他的生活苦不堪言。他开展的反对韦伯斯特的活动至少取得了部分成功,他自己的书销售了数百万册就是明证。[8]

3

至于韦伯斯特本人,他在1831年11月的一封公开信《致公众》中针对科布的小册子进行了简短的自我辩护,并没有对康弗斯所提供的内容有太多补充。他写道,科布对他作品的贬低,并非出于崇高原则的激励和动机,而是出于商业需要"为引进自己的教材铺平道路"。他只要求把事实说清楚:

> 作者将我旧书的正字法与我新系列书的正字法进行了比较,这些书是在我的四开本词典之前出版的,其中有些是三四十年前出版的。这显然有失公正。我最近出版的作品是为了纠正以前的版本,它们之间的区别不是错误而是改进。由于我已经不再出版我的旧书,而且其中一些已经绝版,在这种比较中引入它们就像引入乔叟的《坎特伯雷故事集》一样不妥。因此,科布小册子中的大部分内容之基础是站不住脚的。

这是一种貌似合理的辩护，尽管人们可能会对改进和错误之间的区别有一丝纷争，如果改进是源于错误的话。韦伯斯特承认，当他开始编写《美国英语词典》时，他还没有"确定某些不同写法的单词类别的正字法系统"，但即使是"最好的作者"，其作品中也充满了拼写变化：civilize-civilise（文明）、gulf-gulph（海湾）、inchant-enchant（使入迷）、inclose-enclose（附上）、inquire-enquire（询问）、insure-ensure（确保）、intrust-entrust（委托）、risk-risque（风险）、surprise-surprize（惊讶）。其中"一些被我和帮助我的先生漏掉了"，他如此解释。他的抱负是让他书中的所有单词"统一写法"，但"我相信，我的词典现在包含了有史以来呈现给公众的最统一、最正确的英语单词正字法"。鉴于科布的720个例子，这是一个冒险的说法，但他警告读者要当心科布"字母猎奇"。[9]

在经受了科布多年的辱骂之后，为摆脱不断的挫败感和愤怒，韦伯斯特开始报复，至少在已知的1836年和1837年的两封私人信件中对科布展开了人身攻击（从未发表过）。这些信几乎是完全相同的，让人觉得他很可能发出了更多封与它们相似的信函。其中一封是1836年10月26日写给田纳西州诺克斯维尔一家报纸的出版商亨利·亨里克（Henry Henrick）的感谢信，感谢他发表了《韦伯斯特之告诫》一文，提醒读者要警惕他拼写书的盗版，因为其中含有未经授权的修订。甚至远在爱尔兰的都柏林，也出现了很多这样的造假版本。韦伯斯特在给亨里克的信中肆意展开了对科布的人身攻击：

> 他是个怪人。对他的历史，我们可以做简短的概括。他是马萨诸塞州雷诺克斯的一个穷小子……后来他作为奥尔巴尼的博斯沃思（Bosworth）先生的下人和他住在一起，但我听说他撒谎成性，因此被鞭打。后来他逃走了，博斯沃思从他

那里听到的第一件事就是,他写了一本拼写书。他似乎去了西部,被学校收留,然后在沃克的词典里采用了他的拼写和发音计划。在他自己的拼写书出版之后,他开始攻击我的拼写书,标出了我与沃克所有的不同之处,出版了一系列针对我的文章,首先是在奥尔巴尼的报纸上,然后在一本小册子中,并将小册子寄发到各个地方。在我的词典面世之后,他又在纽约的一篇报纸上对我发起攻击,挑剔我正字法的差异,(并)出版了一本小册子,你肯定看过这本册子了。在他的(拼写)书中有……许多对我词典的剽窃……[10]

1837年,他给俄亥俄州牛津市迈阿密大学的威廉·霍姆斯·麦格菲(William Holmes McGuffey)教授写了一封大致相同的信,该教授是美国教科书界的领军人物,因其著名的《麦格菲初级读物》(*McGuffey Readers*)而闻名。该书是一套分级启蒙读物,教授1—6年级的阅读和道德规范,从十九世纪三十年代开始出现在俄亥俄州辛辛那提。韦伯斯特写道,麦格菲"可能会觉得好笑",科布是"天底下最百折不挠的人……出身低贱……公立学校的呆板书生……现在,他本人或他的书都说明他出身低贱,或没有受过什么高等教育。但这些事实表明了他的指责特别针对我的原因,他在粗俗地辱骂我,以及散布对我的书的不实之词时缺乏最基本的教养"。[11]

这个传记小故事最基本的概述可能与科布的背景出入不大,但其最煽情的特点是揭示了韦伯斯特在临近80岁生日时痛苦和怨恨的程度。历经千辛万苦之后,"竞争和剽窃剥夺了我的大部分的回报",他向麦格菲抱怨。四年后的1841年,也就是他去世的前两年,韦伯斯特仍然对科布耿耿于怀,在1841年11月30日《新罕布什尔州公报》(*New Hampshire Gazette*)上刊登的匿名文章《拼写书时代》中对这一指责稍加提炼,称科布是一位"胸无点墨"的教师,一个纯粹的"书匠"。他宣布:"科布一败涂地并令纽约三分之一的城镇多年来一直受到束缚。"文章署名为"Teacher"(教师)。

4

公众大多站在韦伯斯特这一边。他能感受到公众的支持,比如在其1831年推动新版权法案的华盛顿之行中。他在华盛顿期间,安德鲁·杰克逊总统(他的民粹主义政治让韦伯斯特深恶痛绝)邀请他在1830年12月28日与其他30人共进晚餐,其中大部分是参众两院的议员。一向对伟人持怀疑态度并对公共社会活动保持谨慎的韦伯斯特称,他"无法推辞"参加晚宴。他不仅仅谴责杰克逊的政治,还觉得杰克逊俗不可耐。实际上杰克逊特别赏脸,让他坐在自己的右手边进餐,但对于韦伯斯特来说,这顿饭纯属矫情的虚设。在美国总统官邸里,几乎没有什么美国的东西。他在给女儿哈里特(福勒的妻子)的信中愤愤地写道,"根本就不是什么真正意义上的总统宴请",因为盛行的"外国习俗"——非美国主流的食物——令"美国宾客反感"。[12]

抛开食物和总统的招待仪式,韦伯斯特高兴地发现"两院的议员……都很高兴见到我",并称赞了他作品的实用性。"这让我相信我的同胞们认为我是他们的恩人和美国的恩人。"他写信给福勒说。为了坐实这一点,他还精明地为自己的词典撰写了一份代言,并说服了许多国会议员签字,后来他在为自己的书做广告时也广泛使用了这份代言。其中一段将词典描绘成一个毫不妥协的"标准":"对于要居住在美国广袤大地上的万千大众,使用一种标准词典是非常可取的……我们很高兴《美国英语词典》能够成为这样一种标准……"但是,科布对韦伯斯特至高无上地位的挑战不会消失,韦伯斯特不得不适应科布抽走他拼写书的数百万册销售量。[13]

在韦伯斯特的拼写改革点燃了这些拼写战争和许多其他与他使语言美国化的努力有关的激烈争论之后，公众比以往任何时候都更清楚，英美两国的拼写差异已经成为两国之间的问题，这个问题短时间内不会消失，而且从过去一直到现在都很激烈，但这种对拼写的关注也激发了美国独特的教育创新——拼字竞赛（the spelling bee）。虽然拼字竞赛的起源可以追溯到十九世纪的前十年，当时被称为"拼写比赛"（a spelling match），一旦这些比赛在全国社区公开举行，它们就成了十九世纪五十年代以来美国中小学教育的一大特点。竞争可能变得很激烈，甚至在学校里也是如此——不过，也许还没有像美国作家和幽默大师布雷特·哈特（Bret Harte）在1878年以"诚实的詹姆斯"（Truthful James）的口吻叙述的诗歌《天使酒吧的拼字游戏》（*The Spelling Bee at Angels*）中所描绘的那样混乱和危险（整首诗参见附录D）。我们无法确定韦伯斯特对此会怎么想，但这首诗天马行空的幽默感正是马克·吐温所喜闻乐见的那种。在诗中，韦伯斯特和伍斯特的词典都扮演着不太受欢迎的角色。像phthisis（肺结核）这样的词造成了灾难，但是当eider-duck（绒鸭）一词出现时，场面大乱，各种参与者都争相冲向出口，险些造成暴动。"三指杰克锁上门大喊"，阻止他们离开：

"都别走，是爹娘生的，就把这个词拼到底！"
但话到嘴边时，他呻吟了一声，痛苦地倒了下去。
胸有韦伯斯特，心怀伍斯特，可还是痛苦地倒了下去。[14]

必须承认，分量可不轻啊。

第八章
"国民公贼"

1

比科布对韦伯斯特权威的挑战更难对付的是来自伍斯特新词典的竞争,他对韦伯斯特词典的成功和他在美国历史上的地位构成了更严重、更持久的威胁。对韦伯斯特来说,科布带来的困扰相对还比较容易摆脱,而伍斯特无意中带来的困扰和愤怒则影响了他的余生。众所周知,伍斯特是一位扎实可靠的学者,在哈佛大学和波士顿都有举足轻重的朋友。他敢于冒险涉足韦伯斯特的地盘,并为美国公众提供了一个极为强大的词典编纂替代品。

韦伯斯特因与科布之争而伤痕累累,对批评和竞争越来越偏执,他对伍斯特通过编辑古德里奇的八开本而侵入他的词典编纂领域深恶痛绝。从那以后,他就对伍斯特心怀不满,威胁要把私愤发展成公愤。伍斯特无意中给自己树了敌,不久就为自己向康弗斯和古德里奇让步感到后悔。整件事情让他觉得,他从修订八开本中赚取的2000美元是罪恶之酬。在他看来,正如我们将看到的那样,这笔钱对于后来他所遭遇的厄运来说只是少得可怜的补偿。

比古德里奇的八开本更让韦伯斯特感到不安的是1830年在波士顿出版的《综合发音和解释性英语词典》(*A Comprehensive Pronouncing* and Explanatory Dictionary of the English Language），伍斯特因此第一次有资格赢得了美国词典编纂界的关注。这是一部小词典，打算用于让学校为学生购买。紧接着在1831年就出了第二版，1835年又再版。就在1830年该词典出版后不久，弗吉尼亚大学第一位医学教授、托马斯·杰斐逊的私人医生罗伯特·邓格利森（Robert Dunglison）在《美国每月评论》发文，称赞词典的实用价值，特别是其医学术语："就我检查过的所有词典而言，我可以毫不犹豫地将适用性最强的优点授予这本词典。换句话说，这是我所见过的最好的袖珍版发音和解释性词典，因此值得广泛发行。"几年

图6 约瑟夫·爱默生·伍斯特，韦伯斯特在词典领域的劲敌。他的照片从未出现在他自己在美国出版的词典中；在他去世后，该照片被收录在伦敦版他的词典中。由印第安纳州立大学特色馆藏，科尔德尔词典收藏提供。

后，《普通学校期刊》（Common School Journal，霍拉斯·曼创办并任编辑，此人是纳撒尼尔·霍桑的妹夫，兼公立学校运动的积极捍卫者，该运动旨在使公立学校比当时的传统学校开设更广泛的课程并改善公立学校的教育环境）对1835年版的伍斯特词典大为称赞，正如词典历史学家伊娃·梅·伯克特（Eva Mae Burkett）所解释的那样，在于"单词的数量，包括动词的未完成分词形式和过去分词形式，正字法存疑的单词列表，以及专有名词的发音词汇"。除了韦伯斯特的四开本，伍斯特的词典是当时由美国词典编纂者或其他任何人编写的最可靠的现代英语词典。韦伯斯特看到伍斯特的词典时，意识到它是个可怕的竞争对手，可能会让自己的世界彻底陷入混乱。他写道："他的词典可能会损害我的词典的销售。"其学生用词典与韦伯斯特的未删节四开本竞争，就像大

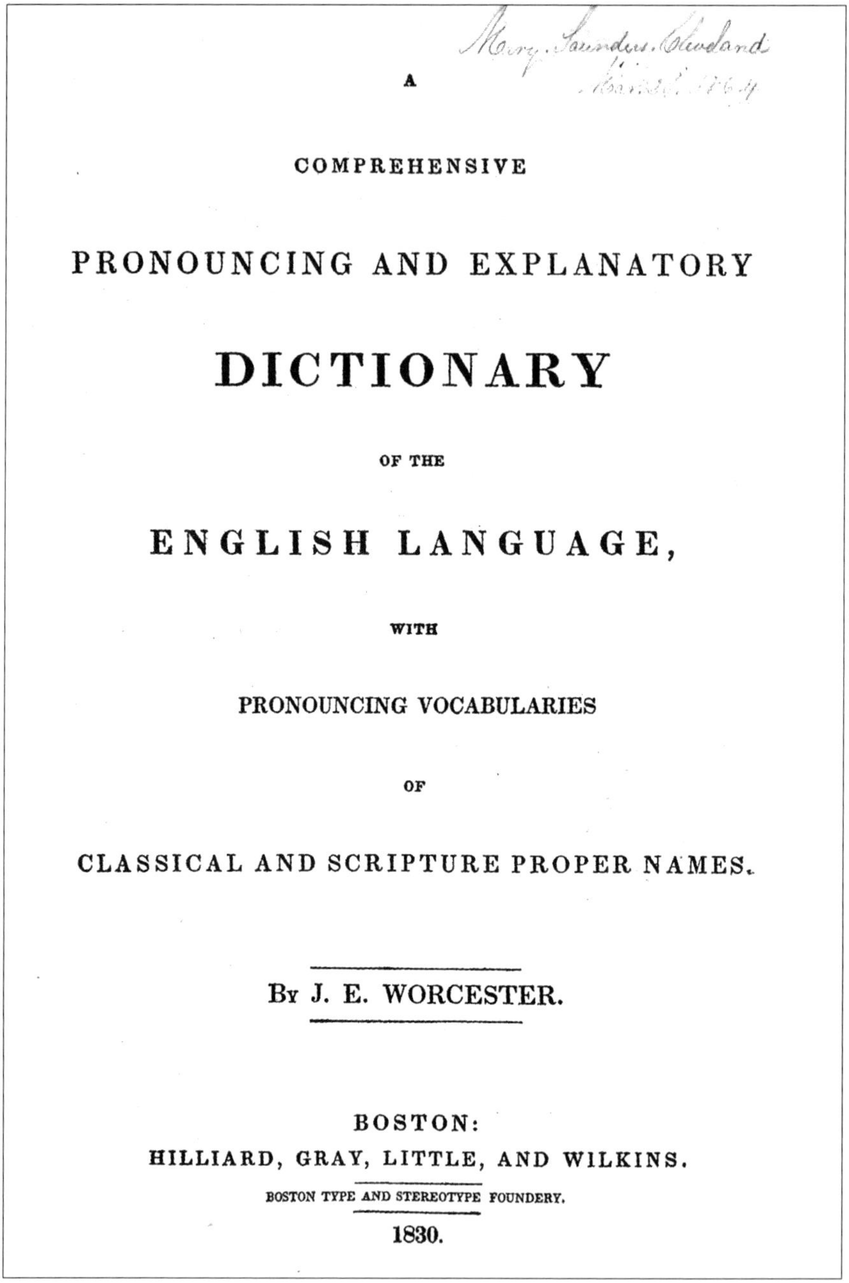
A

COMPREHENSIVE

PRONOUNCING AND EXPLANATORY

DICTIONARY

OF THE

ENGLISH LANGUAGE,

WITH

PRONOUNCING VOCABULARIES

OF

CLASSICAL AND SCRIPTURE PROPER NAMES.

By J. E. WORCESTER.

BOSTON:

HILLIARD, GRAY, LITTLE, AND WILKINS.

BOSTON TYPE AND STEREOTYPE FOUNDERY.

1830.

图7　约瑟夫·爱默生·伍斯特的《综合发音和解释性英语词典》的扉页，1830年。由印第安纳州立大学特色馆藏，科尔德尔词典收藏提供。

卫面对歌利亚①，但韦伯斯特对伍斯特有一种他本人才能觉察的恐惧，在词典战争的早期阶段，来自后者的威胁对他来说似乎非常真实。[1]

2

关于伍斯特的词典，首先要注意的是作者在序言中对韦伯斯特几年前的开创性工作表达了慷慨的感谢："这是一部具有丰富学识和研究的作品，包含了迄今为止出现的最完整的语言词汇，并且在词源和定义方面对之前的所有作品进行了大量了不起的改进。"关于韦伯斯特的词源，他可能会选择保持缄默，值得注意的是，他没有提到韦伯斯特的正字法或正音法体系；相反，他提供了自己的比较发音表，以及"各种正字法的词汇表"。他特别指出，这本词典有4.3万个词条，比最近在美国出版的沃克的《批判性发音词典》多出6000多个词条，伍斯特的词典声称增加了许多以前从未被词典收录的新词条，其中相当一部分来自广泛的行业和科学领域。然而，根据伍斯特的说法，它排除了许多淘汰的词和过时的词，他认为这些词可能会腐蚀年轻人，误导广大读者，使他们认为这些词是可以接受的，并且前景值得看好。

早在1830年11月，韦伯斯特就向他的女婿福勒抱怨说，尽管他的词典中包含的词条数量与伍斯特词典所包含的大致相同，但伍斯特却夸大了他的词条列表，事实上，其中包含了太多淘汰的词，如abalinate、abative、abauture、abearance和abregation——所有这些对于一部可能进入课堂的词典来说都是不合适的。1831年4月20日，他在给福勒的另一

---

① Goliath，根据《圣经》记载，歌利亚是腓力斯丁人首席战士，他身材高大，力气无穷，但最后被牧童大卫杀死。大卫面对歌利亚，常被用来表示处于劣势的局面，不被看好的弱者有可能反败为胜。——译者注

封信中重申了这一指责:"这些都是从词典中抄袭而来的,但已经停止使用,即使是在较大部头的作品中也不应该插入,除非是为了古文物研究者而准备的。"不过,伍斯特的书很精简,因此价格低廉,这是韦伯斯特的另一个烦恼,他明白价格越低,销量就越高。伍斯特的定义也非常简洁,而且没有词源,但伍斯特坚称,这些定义是"从词典的大小来看的,也算是全面而精确了"。很有说服力,甚至有些突兀,但它们真的是全面而精确。例如,前面引用的韦伯斯特1828年四开本和伍斯特与古德里奇八开本中的五个定义(第四章,第九节;第六章,第一节)在伍斯特词典中甚至更短:education(教育):"养育、培养";marriage(结婚):"将一个男人和一个女人终身结合的行为;婚姻;婚姻生活";purpose(目的):"意图;计划;效果";war(战争):"公开较量;公开敌意";woman(女人):"人类中的成年女性"。它们没有被词源学、说明性引文、神秘的变音符号和同义词拖累,其简洁性恰恰是学生所需要的。[2]

韦伯斯特发现伍斯特词典最让人恼火的是它对发音的强调,以及它所谓的"全面"的范围。对十八世纪正音法学者论述的大量引用,意味着韦伯斯特的词典(和其他词典)可能不那么全面。伍斯特确实一直特别强调和记录发音,并以此表明他对过去的英国词典编纂者的依赖性不减。韦伯斯特竭力地与英国词典编纂者保持距离,认为参考他们的意见只会带来混乱,而不是清晰;而伍斯特在处理发音问题时让他们拥有主要的发言权,甚至提供了比较他们所有单词发音的表格。韦伯斯特认为自己对美国语言做出了重大贡献,他提出需要就单词的发音方式达成全国性的共识,以避免出现在英国十分猖獗,甚至在美国也无法容忍的那种普遍的混乱现象。正是在这一点上,韦伯斯特在读者心目中更有优势:他赞成发音表示系统保持简洁,尽可能避免这些"难看的元音",正如词典编纂者查尔斯·理查森所说,以及大量的变音符号。而伍斯特

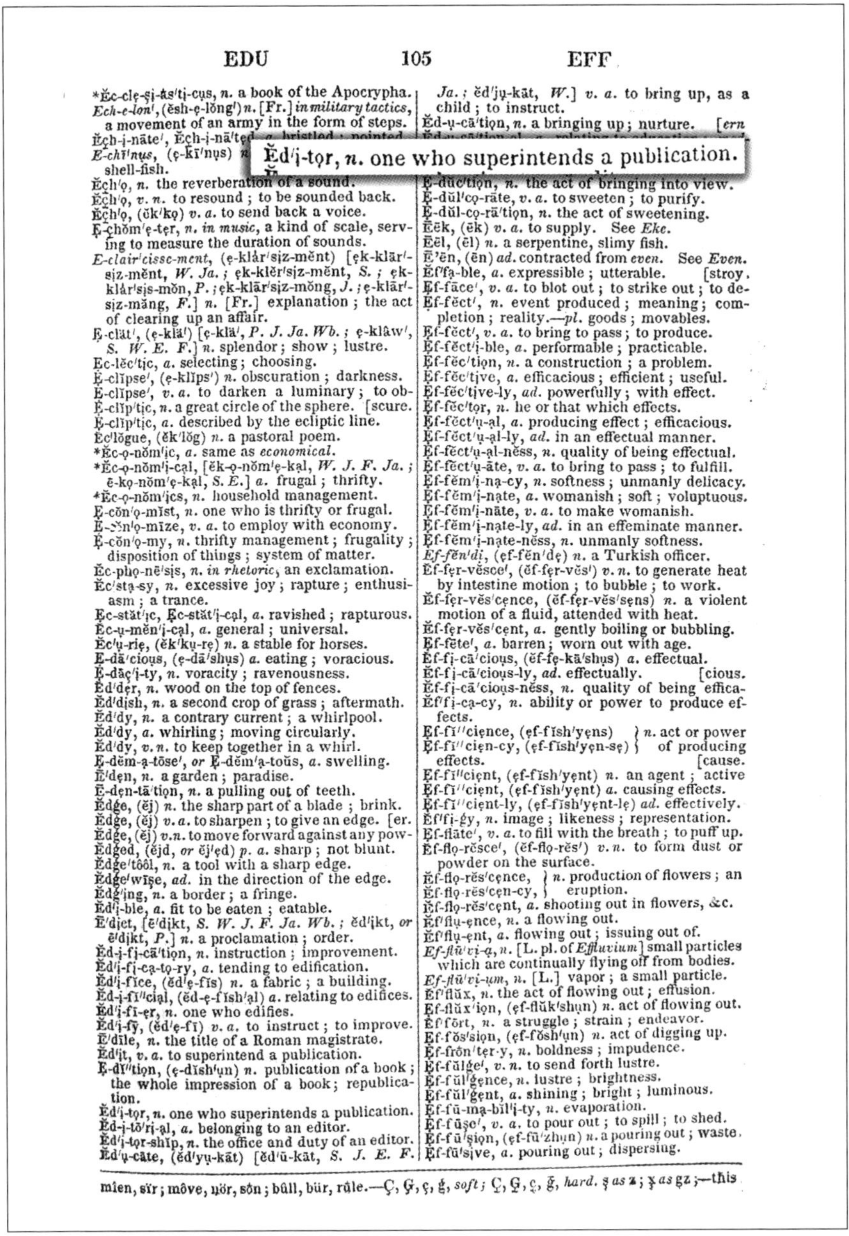

EDU 105 EFF

*Ĕc-cle-şi-ăs′ti-cus, n. a book of the Apocrypha.
Ech-e-lon′, (ĕsh-e-lŏng′) n. [Fr.] in military tactics, a movement of an army in the form of steps.
Ĕch-i-nāte′, Ĕch-i-nā′ted, a. bristled; pointed
E-chī′nus, (e-kī′nus) n. shell-fish.
Ĕch′o, n. the reverberation of a sound.
Ĕch′o, v. n. to resound; to be sounded back.
Ĕch′o, (ĕk′ko) v. a. to send back a voice.
E-chŏm′e-ter, n. in music, a kind of scale, serving to measure the duration of sounds.
E-clair′cisse-ment, (e-klâr′siz-mĕnt) [ek-klâr′-siz-mĕnt, W. Ja.; ek-klĕr′siz-mĕnt, S.; ek-klâr′sis-mŏn, P.; ek-klăr′siz-mŏng, J.; e-klăr′-siz-măng, F.] n. [Fr.] explanation; the act of clearing up an affair.
E-clăt′, (e-klä′) [e-klä′, P. J. Ja. Wb.; e-klâw′, S. W. E. F.] n. splendor; show; lustre.
Ec-lĕc′tic, a. selecting; choosing.
E-clĭpse′, (e-klĭps′) n. obscuration; darkness.
E-clĭpse′, v. a. to darken a luminary; to obscure.
E-clĭp′tic, n. a great circle of the sphere.
E-clĭp′tic, a. described by the ecliptic line.
Ec′lŏgue, (ĕk′lŏg) n. a pastoral poem.
*Ĕc-o-nŏm′ic, a. same as economical.
*Ĕc-o-nŏm′i-cal, [ĕk-o-nŏm′e-kal, W. J. F. Ja.; ē-ko-nŏm′e-kal, S. E.] a. frugal; thrifty.
*Ĕc-o-nŏm′ics, n. household management.
E-cŏn′o-mĭst, n. one who is thrifty or frugal.
E-cŏn′o-mīze, v. a. to employ with economy.
E-cŏn′o-my, n. thrifty management; frugality; disposition of things; system of matter.
Ĕc-pho-nē′sis, n. in rhetoric, an exclamation.
Ĕc′sta-sy, n. excessive joy; rapture; enthusiasm; a trance.
Ec-stăt′ic, Ec-stăt′i-cal, a. ravished; rapturous.
Ĕc-u-mĕn′i-cal, a. general; universal.
Ĕc′u-rie, (ĕk′ku-re) n. a stable for horses.
E-dā′cious, (e-dā′shus) a. eating; voracious.
E-dăç′i-ty, n. voracity; ravenousness.
Ĕd′der, n. wood on the top of fences.
Ĕd′dish, n. a second crop of grass; aftermath.
Ĕd′dy, n. a contrary current; a whirlpool.
Ĕd′dy, a. whirling; moving circularly.
Ĕd′dy, v. n. to keep together in a whirl.
E-dĕm-a-tōse′, or E-dĕm′a-toŭs, a. swelling.
Ē′den, n. a garden; paradise.
E-den-tā′tion, n. a pulling out of teeth.
Ĕdge, (ĕj) n. the sharp part of a blade; brink.
Ĕdge, (ĕj) v. a. to sharpen; to give an edge.
Ĕdge, (ĕj) v. n. to move forward against any power.
Ĕdged, (ĕjd, or ĕj′ed) p. a. sharp; not blunt.
Ĕdge′tōōl, n. a tool with a sharp edge.
Ĕdge′wīşe, ad. in the direction of the edge.
Ĕdg′ing, n. a border; a fringe.
Ĕd′i-ble, a. fit to be eaten; eatable.
Ē′dict, [ē′dikt, S. W. J. F. Ja. Wb.; ĕd′ikt, or ē′dikt, P.] n. a proclamation; order.
Ĕd-i-fi-cā′tion, n. instruction; improvement.
Ĕd′i-fi-ca-to-ry, a. tending to edification.
Ĕd′i-fice, (ĕd′e-fĭs) n. a fabric; a building.
Ĕd-i-fĭ′cial, (ĕd-e-fĭsh′al) a. relating to edifices.
Ĕd′i-fī-er, n. one who edifies.
Ĕd′i-fȳ, (ĕd′e-fī) v. a. to instruct; to improve.
Ē′dile, n. the title of a Roman magistrate.
Ĕd′it, v. a. to superintend a publication.
E-dĭ′tion, (e-dĭsh′un) n. publication of a book; the whole impression of a book; republication.
Ĕd′i-tor, n. one who superintends a publication.
Ĕd-i-tō′ri-al, a. belonging to an editor.
Ĕd′i-tor-shĭp, n. the office and duty of an editor.
Ĕd′u-cāte, (ĕd′yu-kāt) [ĕd′ū-kāt, S. J. E. F. Ja.; ĕd′ju-kāt, W.] v. a. to bring up, as a child; to instruct.
Ĕd-u-cā′tion, n. a bringing up; nurture.
Ĕd-u-cā′tion-al, a. relating to education
E-dŭc′tion, n. the act of bringing into view.
E-dŭl′co-rāte, v. a. to sweeten; to purify.
E-dŭl-co-rā′tion, n. the act of sweetening.
Ēēk, (ēk) v. a. to supply. See Eke.
Ēēl, (ēl) n. a serpentine, slimy fish.
Ē′en, (ēn) ad. contracted from even. See Even.
Ĕf′fa-ble, a. expressible; utterable.
Ef-fāce′, v. a. to blot out; to strike out; to destroy.
Ef-fĕct′, n. event produced; meaning; completion; reality.—pl. goods; movables.
Ef-fĕct′, v. a. to bring to pass; to produce.
Ef-fĕct′i-ble, a. performable; practicable.
Ef-fĕc′tion, n. a construction; a problem.
Ef-fĕc′tive, a. efficacious; efficient; useful.
Ef-fĕc′tive-ly, ad. powerfully; with effect.
Ef-fĕc′tor, n. he or that which effects.
Ef-fĕct′u-al, a. producing effect; efficacious.
Ef-fĕct′u-al-ly, ad. in an effectual manner.
Ef-fĕct′u-al-nĕss, n. quality of being effectual.
Ef-fĕct′u-āte, v. a. to bring to pass; to fulfill.
Ef-fĕm′i-na-cy, n. softness; unmanly delicacy.
Ef-fĕm′i-nate, a. womanish; soft; voluptuous.
Ef-fĕm′i-nāte, v. a. to make womanish.
Ef-fĕm′i-nate-ly, ad. in an effeminate manner.
Ef-fĕm′i-nate-nĕss, n. unmanly softness.
Ef-fĕn′di, (ef-fĕn′de) n. a Turkish officer.
Ĕf-fer-vĕsce′, (ĕf-fer-vĕs′) v. n. to generate heat by intestine motion; to bubble; to work.
Ĕf-fer-vĕs′cence, (ĕf-fer-vĕs′sens) n. a violent motion of a fluid, attended with heat.
Ĕf-fer-vĕs′cent, a. gently boiling or bubbling.
Ef-fēte′, a. barren; worn out with age.
Ĕf-fi-cā′cious, (ĕf-fe-kā′shus) a. effectual.
Ĕf-fi-cā′cious-ly, ad. effectually.
Ĕf-fi-cā′cious-nĕss, n. quality of being efficacious.
Ĕf′fi-ca-cy, n. ability or power to produce effects.
Ef-fĭ′cience, (ef-fĭsh′yens) } n. act or power
Ef-fĭ′cien-cy, (ef-fĭsh′yen-se) } of producing effects.
Ef-fĭ′cient, (ef-fĭsh′yent) n. an agent; active cause.
Ef-fĭ′cient, (ef-fĭsh′yent) a. causing effects.
Ef-fĭ′cient-ly, (ef-fĭsh′yent-le) ad. effectively.
Ĕf′fi-ġy, n. image; likeness; representation.
Ef-flāte′, v. a. to fill with the breath; to puff up.
Ĕf-flo-rĕsce′, (ĕf-flo-rĕs′) v. n. to form dust or powder on the surface.
Ĕf-flo-rĕs′cence, } n. production of flowers; an
Ĕf-flo-rĕs′cen-cy, } eruption.
Ĕf-flo-rĕs′cent, a. shooting out in flowers, &c.
Ĕf′flu-ence, n. a flowing out.
Ĕf′flu-ent, a. flowing out; issuing out of.
Ef-flū′vi-a, n. [L. pl. of Effluvium] small particles which are continually flying off from bodies.
Ef-flū′vi-um, n. [L.] vapor; a small particle.
Ĕf′flŭx, n. the act of flowing out; effusion.
Ef-flŭx′ion, (ef-flŭk′shun) n. act of flowing out.
Ef-fŏrt, n. a struggle; strain; endeavor.
Ef-fŏs′sion, (ef-fŏsh′un) n. act of digging up.
Ef-frŏn′ter-y, n. boldness; impudence.
Ef-fŭlge′, v. n. to send forth lustre.
Ef-fŭl′gence, n. lustre; brightness.
Ef-fŭl′gent, a. shining; bright; luminous.
Ef-fū-ma-bĭl′i-ty, n. evaporation.
Ef-fūşe′, v. a. to pour out; to spill; to shed.
Ef-fū′sion, (ef-fū′zhun) n. a pouring out; waste.
Ef-fū′sive, a. pouring out; dispersing.

mīen, sĭr; mōve, nŏr, sŏn; bŭll, bür, rûle.—Ç, Ģ, ç, ģ, soft; C, G, c, g, hard. ş as z; x as gz;—this

Ĕd′i-tor, n. one who superintends a publication.

图8 伍斯特1830年版词典的样页，它提供了比韦伯斯特的词典更为复杂的符号系统。详情：editor（编辑）的定义比韦伯斯特1828年版的词典要短得多。由印第安纳州立大学特色馆藏，科尔德尔词典收藏提供。

则倾向于查阅众多的英国正音法学者著述，并提供一个更复杂的（至少对读者而言）符号体系。韦伯斯特愤愤不平地说，伍斯特居然把发音"作为他的主要对象"，并加以"特别关注"：把多样性作为一种优点，仔细记录了各种不同的发音，并以辨析和细微的方式引用了大约26部词典和其他发音来源。韦伯斯特认为其对手对发音的处理是倒行逆施。韦伯斯特抗议，伍斯特的符号体系"是在阻挠我的统一计划"：他自己的一个"主要目标是清除复杂的符号方案……"而伍斯特过去的正音法学者的群英谱，则相当于对过去英国词典编纂的一项普查：谢里丹、沃克、佩里、琼斯、贝利、约翰逊、肯里克、恩蒂克、纳雷斯等许多人，"除我们的同胞韦伯斯特博士外"。两人之间的战线已经逐渐拉开，而韦伯斯特正是拉开战线之人。[3]

3

在伍斯特词典问世后的几年里，韦伯斯特因版权法案在国会的通过，以及他的新修订版《圣经》（基于詹姆士国王钦定版）——《对含旧约和新约的通用版本〈圣经〉的语言修正》(*The Holy Bible, Containing the Old and New Testaments, in the Common Version with Amendments of the Language*，1833年）的完成而心烦意乱。他主要是为了去除他认为有冒犯性的词语，特别是年轻一代和正式的社交场合中生人的冒犯性词语："对审慎甚至体面有冒犯性的短语。"他写道："如果在社交中使用的语言有违礼仪或良好教养的规则，就会使经文遭到不相信者的嘲笑，削弱经文的权威，使我们神圣宗教的敌人增多并坚定他们的信念。"例如：fornication（通奸）变成了lewdness（淫荡）；putrefy（腐烂）变成了 offensive（冒犯）；stink（恶臭）被换成了odious（可恶的）（现在是个形容词）；sucked（吸吮）被换成了nursed（哺育）；whore（妓女）被换成了lewd woman（淫妇）。在某些地方，他似乎对 womb（子宫）一词没有好感，因为"took me out of the womb"（叫我出母腹）（《诗篇》22）变成了"brought me forth into life"（赐给我生命），"grow in the womb"（在怀孕妇人的胎中成长）简化成了"conception"（怀孕）（《传道书》11）；在其他的地方，他留着这个词没动。在同一行，"the young one that cometh out from between her feet"（她两腿中间出来的婴孩）简化为"her own offspring"（她的子女）①。这种改变被称为去俗存雅的删改（bowdlerization），在十九世纪早期的美国风靡一时，尤其是在《家庭版莎士比亚集》(*The Family Shakespeare*) 问世之后，该书是汉丽埃塔·玛丽亚·鲍德勒（Henrietta Maria Bowdler）1807年编辑的一个删节版，但长期被认为是她的弟弟托马斯·鲍德勒所为。韦伯斯特讨厌莎士比亚的"粗俗"语言，并注意将其排除在他的词典之外，这与他的《圣经》版本是一致的，更笼统地说，是对语言的整顿。

在对《圣经》的这种关注下，韦伯斯特也与十九世纪初新教福音派"第二次大觉醒"（Second Great Awakening）和美国的宗教环境保持一致。对美国礼仪和思想颇具洞察力的观察家阿历克西·德·托克维尔（Alexis de Tocqueville）在美国旅行时对此印象特别深刻。他在《论美国的民主》(*Democracy in America*，1835年；第十七章) 中写道："在美国，至高无上的权威是宗教的……基督教保留的对人类灵魂的影响在美国比世界上任何一个国家都大。"他声称，"美国人追求一种奇特的崇拜形式，源于习惯而非源于信仰"，无论是否属实，宗教在美国文化的中心地位无论对外国游客还是对美国人都非常清楚。

但对韦伯斯特来说，他有关《圣经》的迂回不仅仅是一种宗教体

---

① 此句话出现在《申命记》28中。——译者注

验。虽然他认为这是二十五年前他宗教皈依的顶峰，但他还设想，这部关于《圣经》的新作品与他为美国语言所做的毕生努力之间有明确的联系：两者都是为了教育和宣传，都是为寻求权威的公众而写。词典对韦伯斯特来说实际上就是"圣经"，它是为美国公众而服务的，他们在词典中可以读到各种智慧和知识，而美国又是一个崇尚"词典编纂学"（指对词典权威的崇敬，近乎偶像崇拜）的国家。[4]的确如此，在某种程度上，今天的词典仍然被认为是《圣经》的世俗对应物，正如词典历史学家琳达·马格尔斯通（Lynda Mugglestone）最近所阐述的："公众舆论倾向于赋予词典编纂者的字眼以某种与上帝之道相同的力量，以至于词典和《圣经》常常被视为双重的（、无可争议的）权威来源，一个是世俗的，另一个是神圣的……""是笔墨与讲坛之间的相互作用"，用另一位评论家的话来说，这是韦伯斯特心智的一种本能和根深蒂固的特点，当然，在他的那个时代比现在更为普遍："在一个文人通常担任教士的世界里……词典具备（而且至今对许多人依然保留着）一种《圣经》的品质不足为奇……特别是当《圣经》是学习阅读的主要原因之一时。"[5]

韦伯斯特起初不想对伍斯特的新词典做出回应。他身体欠佳，注意力和意志力都跟不上，并且（他认为），除了给家人和朋友写信发发牢骚，无暇为之烦恼。"如果公众大多赞成我的计划，而且我的计划比他的简单得多，"他写信给福勒说，"那么他的发音符号会对他的词典起反作用。"韦伯斯特相当傲慢地问道："真理，作为学习的唯一目标，什么时候才能战胜习俗和偏见呢？"他确信伍斯特"从我的词典里借用了很多东西"，这种行为"算不上什么不光彩或不道德，因为这是常事"。奇怪的是，在做出这样的评论的时候，他居然无视自己对《约翰逊词典》的大量借用。[6]

几个月后，在版权法案通过，从华盛顿返回纽黑文之后，韦伯斯特开始为主动出击和投身战斗的想法预热。次年4月，他在给福勒的一封信中详述了他认为伍斯特犯了严重错误的几个方面——这表明他可能已经准备好向公众发起他的"民主"诉讼：

——收录了"不再用和一些在我们语言中从未使用"的词：下面是伍斯特所列的古往今来的古体词；其他的是在我们词典中没有也不存在的词，比如abactor（偷牛者）、abalienate（让渡）、abature（雄鹿穿过时被践踏的草和树枝）、abregate。

——插入了拉丁语和希腊语的词汇，在韦伯斯特看来这些词"不适当"，不属于常用词词典："在一部为非英语学校制作的小词典中插入拉丁语和希腊语词汇，在我看来毫无用处——其中很大一部分是英语读者从未见过的。但关于这一点，人人都可做出自己的判断。"此外，伍斯特的许多技术词汇，如acidulae（碳酸矿泉水）、acroteria（山花雕像座）、agger（土堆）、albugo（角膜白斑）、Alguazil（西班牙司法官员）、anamorphosis（歪像）和apogacum，不属于学生用词典或技术性词典以外的任何词典："如果该词典的目的是包含所有技术词汇，那么还有成千上万词的欠缺；如果不是，那么就没有理由插入这些词汇和其他数百个类似的词汇，就像没有理由收录科学领域所有的技术词汇一样。"

——"遗漏了大多数常用英语单词的分词"，这是所有读者都想要的，以便容纳只有"纯英语"读者想要的词汇，比如adapting（改编）、adding（添加）、assessing（评估）、congregating（聚集）、purifying（净化）和travelling（旅行），以及其他数百个单词，所有这些都包含在韦伯斯特1828年版四开本中，而伍斯特的《综合发音和解释性英语词典》（1830年）中却一个也没有。伍斯特在其前言中指出，他词典中的规则的例外情况是不规则动词的分词。

——"定义上的错误。"

——包含"丹蒂主义用词和受到谴责的词语"："因此，插入了suit和suite——两者实际上是同一个词，但发音不同。"

——伍斯特的"复杂的"且基本上"无用的"符号体系让年轻人非常困惑："符号的方式非常糟糕。该体系很难，而且其中很大一部分是完全无用的……谁想在abandon（放弃）的第一个字母a下面或第二个音节的a上面加符号？……我的主要目标之一是消除英国（正音法学者）复杂的符号方案。在英国对我词典的评论中……我的方案受到了赞许。"

他还说，无疑是迫于压力，他很遗憾地同意，在"我的八开本"中插入了"许多单词的不同发音方式"，以"供成年人使用"，但"伍斯特的方法肯定令师生感到困惑，而且它倾向于使发音永远没有定论"；这对他为统一的国家提供统一的语言的使命也造成了打击。韦伯斯特在他自己的学生用词典中的确呈现了不同的发音，更简单而且没有杂乱的变音符号。[7]

这不会是伍斯特最后一次因为在他的词典里展示英语正音法而受到攻击。这是一个必然会在普通读者心中和课堂上引起共鸣的论点，尤其是在"普通"或公立学校中。

4

1833年，韦伯斯特在完成他的《圣经》版本后，也就是在伍斯特出版自己第一部词典四年多之后，韦伯斯特郁积的敌意爆发了。当时，如果不是因为他持续的财务困境和对自己被挤出词典市场的担心,他对伍斯特、古德里奇、康弗斯、科布、沃克、约翰逊,有时似乎是对整个世界的愤怒早已冷却。1834年11月26日的《伍斯特守护神》(*Worcester Palladium*,以马萨诸塞州出版城命名,与约瑟夫·爱默生·伍斯特没有丝毫关系)刊登了一篇文章,标题为《韦伯斯特词典》,表面上看是该报编辑写的,但很可能是韦伯斯特本人写的,他指责伍斯特"严重剽窃"了他的词典。这篇文章的印刷错误表明它可能是仓促印刷的。该文章类似于广告宣传,但写此文比广告宣传更唯利是图。这是一次卑鄙的人身攻击,将伍斯特诬蔑为"国民公贼"。韦伯斯特在其中扮演的角色是理应在经济上得到回报却没有得到回报的语言救赎者。

韦伯斯特在《伍斯特守护神》的这篇文章标志着两人之间的争吵首次在公共论坛上爆发,这是两人在公开且剑拔弩张的词典和语言战争中打响的第一枪,而这场战争一直持续到韦伯斯特去世之后。它提醒公众据称属于伍斯特的剽窃方法,其中第一部分需要引述,以充分了解其辛辣刻薄的内容:

> 约瑟夫·爱默生·伍斯特先生对诺亚·韦伯斯特先生的文学财产进行了一次严重的剽窃。众所周知,现今年迈的韦伯斯特先生毕生都在写一部英语词典,他于1828年出版了这部两卷四开本的词典。此后,共做了三部删减版:一部是八开本形式;另两部更小,用于家庭和小学。为了帮助完成制作这些删减版,韦伯斯特先生雇用了伍斯特先生,而伍斯特先生在熟悉韦伯斯特先生的计划后,立即着手用韦伯斯特先生宝贵的劳动、知识和作品为自己谋利。此后,他出版了一部词典,近乎是韦伯斯特词典的仿制品;而我们痛惜地得知,这部词典已经被引入了我国的许多小学。我们对此表示

> 遗憾,因为公众在不经意间对一个为国家提供了宝贵服务、理应从他的劳动中获得全部利益的人报以非常不公正的行为。

文章接着又回到了版权的主题:"如果我们有一部法规来惩处那些窃取思想产品的人,就像我们的法律惩处普通的小偷一样,伍斯特先生恐怕很难逃脱惩罚。无论如何,在人们买他的商品之前,他们最好询问他是怎么弄来的。"该文中的个人情感、行文的细节、自嘲的口气、对伍斯特据称的无耻行为的傲慢,以及侮辱性的措辞等都伪装得如此拙劣,以至于熟悉韦伯斯特的作品或者他本人的读者很容易就能认出他就是作者,而不是某个编辑说服他把这篇文章当作自己发表的作品。[8]

在开篇的猛烈攻击之后,文章列举了韦伯斯特四开本的种种优点,其首要主题是(正如这些年来韦伯斯特的许多信件中所说的那样),因为韦伯斯特做了那么多工作,自己花了那么多钱在词典上,所以他是当之无愧的"美国人的恩人":"他的作品是艰苦耐劳、巨大代价和个人牺牲的产物,是孜孜不倦地运用欧洲和美国为一部完美的英语词典所能提供的一切手段完成的……如果文学窃贼盗取了他的金钱权利,他们就不能再窃取他应得的名誉。"在这次攻击以及随后在《伍斯特守护神》的"交火"中,韦伯斯特不仅声称自己在词典市场上拥有专利权,而且声称自己和以往一样,是阴谋、剥削和失实陈述的不幸受害者。不管怎么说,在谈论词典时,剽窃充其量只是一种脆弱的、难以证明的指责。[9]

人们不禁要问,在这样的时候,他是否会想起自己一年前说过的一句话,即塞缪尔·约翰逊在《漫游者》中写给曾经年轻的他留下的印象:"约翰逊博士说得很好,勿怕(约翰逊原话大致是'无惧')别人的目光,勿疑别人的口舌,这是无罪的巨大特权,只有始终如一的美德才可使罪豁免。五十五年前我就将约翰逊博士的这句话铭刻在心,它对规范我的道德行为产生的影响不容小觑。"[10]

这篇文章立即遭到了反击,反击并不来自伍斯特,他还没有看到这篇文章;反击来自他的朋友西德尼·威拉德(Sidney Willard),哈佛大学希伯来语和其他东方语汉考克教授。威拉德是第一个把这件事告诉伍斯特的人。威拉德曾于1817年在《北美评论》上发表文章抨击韦伯斯特,以反击韦伯斯特就美国英语问题致函约翰·皮克林时恶言相加的"信"。韦伯斯特的诽谤性文章发表十多年后,伍斯特讲述了威拉德干预的始末:"当时,在波士顿出版的《基督教之声》(*Christian Register*)是由西德尼·威拉德教授编辑的,他跟圈子里几乎所有的先生一样碰巧熟悉我的词典编纂工作以及与之相关的情况。他以他认为恰当的方式回应了这一(他称之为)'凶猛的攻击',那时我还不知道有这样的攻击。"在他的几次辩论和反驳中,威拉德强调了他所说的伍斯特实用、明智的词典编纂方法:他从不为了创新、投机、个人形象、政治和宗教意识形态而违反决定"语言规律"的语言习惯或普遍用法,或出于任何个人动机肆意窃取词典编纂者的东西。这里的关键是伍斯特的信誉,威拉德不仅通过阐述伍斯特的个人和业务上的信誉以及他作为学者的坚定性来捍卫他的信誉,还对韦伯斯特的过火行为进行了旁敲侧击。[11]

伍斯特的性情不适合在新闻界进行公开争论。然而,这封信激怒了他。他不能再保持沉默。12月10日,《伍斯特守护神》发表了他的回应。他虽然心存怀疑,但接受了编辑撰文的事实:"编辑先生,由于您对我不了解,我不得不相信您是在不知情的情况下发表了一份虚假的声明,却被告知是实情……"他迅速澄清了事实:"而我知道,并宣布这完全是虚假的,我有足够把握在任何公正的法庭上证明这一点。"他犀利地看出了韦伯斯特的意图,补充道:"我不知您依赖的是谁的证据,但我知道,不管是谁让您相信该陈述的真实性,都是在竭力左右您的判断。"接着他告诉公众他是以怎样的权威和背景来编写自己的词典的。他向读者保证，他没有必要也没有动机剽窃韦伯斯特："我非但没有把韦伯斯特博士的劳动成果据为己有，我还可以向任何人发出挑战，请他们在我的词典中列举十几个单词，看我是不是能轻易提出除韦伯斯特博士之外的其他权威，或者选出十几个在正字法或发音方面……我完全或主要受其权威支配的词。"恰恰相反，"我拥有我所知的任何个人或任何图书馆所收藏的最广泛的英语词典编纂作品，而且很长时间以来我都一直关注这类文献。我之所以这样说，不是以炫耀为目的，而是为了表明，在准备我所出版的词典时，我几乎没有机会欠韦伯斯特博士的情"。无论如何，他的词典"远不是韦伯斯特博士词典的'近乎仿制品'。两者之间存在巨大的差别……差别主要在以下几个方面：单词的选择，以及大量单词的正字法完全不同；发音符号完全不同；发音的处理方式也截然不同"。他坚称，在他的词典出版之前，他从未见过韦伯斯特的两部"较小的"学生用词典，其中一部刚好出版于他的词典出版之前，而另一部出版于1833年，比他的词典晚了至少三年。如果被传唤，他"有丰富的手段证明我获得材料的合法性，正如韦伯斯特博士自己获取资料的合法性一样"。在这种情况下，伍斯特并没有把韦伯斯特称为骗子，也没有攻击他的词典，或者借此机会宣传自己的词典。他让韦伯斯特来决定他是否要更深入地涉足如此危险的水域。[12]

他没等多久就得到了答复。一周后，12月17日，韦伯斯特在《伍斯特守护神》上给编辑写了一封简短的信件，称早在1831年3月，他就直接问过伍斯特，他是否从他的词典中借用了"许多"定义和单词，伍斯特在3月25日对其做出答复："不太多。"这就是韦伯斯特一直寻找的开场白。他把这解释为承认有罪，恶意地补充说，如果伍斯特从他那里借用更多的话，那他的词典就会"缺陷更少，正确更多"。奇怪的是，韦伯斯特坚持认为，毫无疑问，伍斯特从他那里借用了一些单词和定义，因为这些单词和定义在其他词典中找不到，这可能是因为他有些倚老卖老，或者他没有现成的词典来检查自己说法的准确性。事实上，几乎所有单词和定义都可以在其他几本词典中找到。也许伍斯特认为，这一指责不值得他屈尊给予答复，但那些了解韦伯斯特性格的人应该告诉过他，更多类似的恶毒攻击肯定会接踵而至。[13]

12月24日，在这次爆发之后伍斯特所剩无几的圣诞喜悦，无疑又被《伍斯特守护神》的另一篇社论攻击所破坏。开篇就间接地提到了西德尼·威拉德和其他来自"哈佛大学排外圈"的人，可以预见他们会站出来为伍斯特辩护。社论随后就肆无忌惮地断言，由于伍斯特在完成古德里奇八开本修订后不久就出版了他的词典，他"毫无疑问"剽窃了21个据称在其他任何词典中都找不到的单词。社论认为，这份清单是从伍斯特词典的"粗略审查"中汇编出来的，除此之外，还应有更多的词汇。文章还指责伍斯特词典不完整，因为韦伯斯特的大部头词典中还有许多没收录在他词典里的单词。社论最后宣布，韦伯斯特的词典现在是一部"标准作品"，被国会议员广泛使用（社论承认，"他们并非总是最好的裁判"），而且"舆论导向对其非常有利"。文章向读者保证，对于谁的词典更好，或者哪部词典最终将被认定为国家的"标准"，这不牵扯"一丝一毫的个人利益"。这篇社论的作者所担心的是："通过不懈努力和长期劳动积累起来的智慧产品，会被'下山摘桃'的劳动者掠夺并占为己有。"[14]

5

1835年1月25日，韦伯斯特在《伍斯特守护神》上公开发表了一封署名信，直接写给伍斯特。在这篇文章中，他将圣诞节社论中的单词表由21个扩大到121个，"初步印象是，这似乎是从我的词典里摘取的"。他强调，这只是随机收集的，而这只抽取了伍斯特词典中不到十分之一的内容——按照这个比例，整部作品中会有远远超过1000个词的借用。他的单词表包括muskrat（麝鼠）、obsidian（黑曜石）、outlay（经费）、prayerful（常常祷告的）、prayerless（不怎么祷告的）、repealable（可废除的）、rock-crystal（水晶石）、safety-valve（安全阀）、savings-bank（储蓄银行）、semiannual（半年一次的）、slump（暴跌）、souvenier（纪念品）、sparse（稀疏的）、spinning-jenny（多轴纺织机）、spry（行动灵活的）、squirm（蠕动）、succotash（豆煮玉米）、tirade（长篇大论）、tomato（西红柿）、volcanist（火山学者）、waffle（废话）和wilt（枯萎）。接下来是挑战："请说明除我的词典以外，你在哪本词典里找到了上述单词，以及你从我的词典里借用了多少或哪些单词。"这正是伍斯特想要听到的挑战。这让他有机会直接面对韦伯斯特，一劳永逸地驳斥这些指责。他的回答以这样的言论开始：作为一名律师，韦伯斯特应该知道举证责任在于指控者而不是被告。尽管如此，面对韦伯斯特的诽谤，他也会"欣然地""诚恳、忠实地"回应韦伯斯特"不合理的"要求。他暗示韦伯斯特一直潜伏在《伍斯特守护神》社论的幕后，令他"宽慰"的是他终于不再遮遮掩掩："虽然我不喜欢争论，但如果我一定要被拖进报纸上的争论中，为自己在这件事上辩护，我宁愿在世界上所有人面前，与您本人和签署您名字的文章争论。"[15]

事实证明，韦伯斯特是个易受攻击的目标，因为他对其他词典的熟悉程度要比一部词典的作者应该有的少。伍斯特用整封信来解释他的单词表的来源，虽然做得很委婉，但他也暗示韦伯斯特的无能和注意力涣散：

> 先生，您显然认为您所列的这些词在您自己的作品问世之前的任何词典中都找不到；但坦白说，我对这一事实感到有些惊讶，因为从您作为词典编纂者的声誉来看，人们自然

会认为您对这类作品非常熟悉,尤其是那些自称对这类文献了解甚多的人,诸如我将要列出的几本出版物。

他补充说:"我不必走出我自己的图书馆,也不会提及我在编写自己的词典时不经常查阅的任何作品。"

他告诉韦伯斯特(和公众),在据称被盗用的词条中,他在内森·贝利(Nathan Bailey)的《大英词典》(*Dictionarium Britannicum*,1730年)中找到21个,在约翰·阿什(John Ash)的《新版完整英语语言词典》(*New and Complete Dictionary of the English Language*,1775年)中找到35个,在他自己的《托德–约翰逊词典》("在您的词典问世前出版)中找到37个,在皮克林的《词汇表》(1816年)中找到21个,在《美国百科全书》(*Encyclopedia Americana*)和戴维·布鲁斯特爵士(Sir David Brewster)的《新爱丁堡百科全书》(*New Edinburgh Encyclopaedia*,1807—1830年)中共找到大约60个。这还不包括他在图书馆里其他50部英语词典和词汇表中找到的词条。他继续说:"在您的121个单词中,据我所知,有六七个是在您的四开本词典中找不到的,而且其中一个是《托德–约翰逊词典》含的3000个单词之一,但在您的大部头作品中不存在,是我把它们插入了您词典的八开本版删减中。"

伍斯特对韦伯斯特讲,根据这一切可以得出这样的结论:"您没有见过,或者至少没有仔细查阅过许多英国词典,就像用一个单词列表来推断,因为您不知道它们在英国词典中的存在,所以它们一定像是从您的词典中抽取的一样;因为很明显,英国词典中可能有您不知道的单词。"此外,由于韦伯斯特似乎也忽略了其他来源,"我要是不借助您的劳动成果找到剩下的几个单词,那就显得不太妙了"。除此之外,在韦伯斯特的词典中,121个单词仅中只有39个引用了权威的论述,而"我可以在不走出自己的图书馆的情况下,为超过100个单词提供与您的说法不同的权威说法"——其中包括美国措辞和表达，以及描述美国生活的词语，如chowder（杂烩）、clapboard（隔板）、Congregationalist（公理会的）、grandjury（大陪审团）、griddle（烤架）、land-office（土地局）、moccason（即moccasin，软帮鞋）、pappoose（即papoose，婴幼儿，或背带）、spring-jenny[①]、winter-kill（冻死）。

伍斯特继续说，并不能因为某个词仅仅出现在韦伯斯特的词典里就认为它是属于他的专属财产；它属于"所有写和说这种语言的人，可在任何适当的场合加以使用"。他列举了韦伯斯特单词表中的一个词，semi-annual（半年一次的），该词在其他任何词典中都不曾出现过，"但您不能怀疑，在您的词典出版之前，我就对这个词很熟悉；由于我有机会在其他出版物中反复使用它，我认为自己有权将它也插入我的词典中"。只有韦伯斯特自己创造或重新拼写的词语，如canail、ieland和nightmar，他才有权称为自己的，但这没问题，人们可以想象，伍斯特在说此话时对韦伯斯特的拼写改革忍不住露出的苦笑，因为"我一直尽可能避免使用它们，因为它们是您自己的财产……我乐意您永远拥有它们全部的独家使用权"。至于说他的词典里有而韦伯斯特词典里没有的单词，他欢迎韦伯斯特把它们随意塞进他的词典，因为它们都有对"适当用法的认可"。伍斯特最后用斜体字的形式提出了一个含沙射影的问题：请韦伯斯特"告诉我，《伍斯特守护神》对我的指责是否是由您的任何声明引起的，或者您是否曾经或正准备发表任何此类声明"。在这一切当中，伍斯特注意到他的视力开始衰退——由于要努力为自己辩护，他的紧迫感和压力有所加重。对他来说，在公共媒体上挑战这样一位作家不符合他的性格，他只能希望他的信能让此事就此作罢。

---

① 疑似拼写有误，可能是spinning-jenny，意为带轴纺织机。——译者注

韦伯斯特从来都不是个临战退缩的人。一周后，这位精神矍铄的76岁老人迅速发起反击。这些词条似乎被引入了令人尴尬的死胡同，于是他又回到伍斯特被指控的其他盗用行为，以及他的定义、注释，他坚持认为这些肯定会"扰乱发音，而长期以来发音在这个国家（与英国不同）是无可争议的"——这是个惊人的论点。所有这些都"表明你插手我的书是多么不合适"——也就是编辑他的八开本。五年来，他压抑着的对那部八开本词典的怨恨现在以非常公开的方式浮出了水面，因为他要将自己有多么辛劳的旧调重弹来赢得公众的情感共鸣。"我的四开本词典花费了我二十年的辛劳和两万美元。对于这种劳动和这种开支，如果市场继续开放的话，我将永远无法得到补偿。——你曾被委托做一部节本词典，并因此获得了丰厚回报，现在却坐下来将我的一些改进引入你自己编纂的词典中，你这样做是多么不近人情啊……现在，先生，与其用这种方式对待你，我还不如去讨饭。"他为自己的发音和拼写改革辩护，称自己，而不是伍斯特，是真正肩负"责任"的美国词典编纂者："我曾想过，而且我现在仍然认为词典编纂者有责任纠正这些显而易见的错误，而不是悄悄地效仿英国词典。无论这些修正是否得到公认，我都会感到满意，因为我已经履行了自己的职责。""就你在自己的编写中使用了我词典这一点，"他挖苦道，"如果你没有良心不安，愿你能长久地享受这种心安。"[16]

韦伯斯特在这最后一封信中又提出了新的指责，伍斯特不能坐视不理。3月份，在这场争论第一次震撼了他平静的学术生活四个月之后，伍斯特再次向对手应战。他首先提醒读者，当他第一次加入这场争吵时，他曾公开表示，他无惧任何"彻底调查"，此后他"未曾见有一人正式宣称有证据证实对我不利的意见"。他指出，在某种程度上，这很令人不安，因为它表明"别处肯定有什么不大对劲"。这一点值得深思，因为"被冤枉要好过冤枉人"，他觉得韦伯斯特阵营或韦伯斯特头脑中的某些东西不对劲。但他不敢妄加揣测。

不过，他不会默默地忍受。他解释说，韦伯斯特对他提出了三项新的指责：(1) 他曾用韦伯斯特的定义来解释其他词典中的单词；(2) 他借用了韦伯斯特的正字法规则；(3) 在他词典的每一页上，他都引用了韦伯斯特在发音方面的权威。至于前两个，都是"没有证据"的指责，他警告韦伯斯特，任何进一步证实这些指责的努力"都将被发现与之前所做的类似尝试一样无效"。随便看看他的词典，就会发现他充分使用了约翰逊和沃克的资料，但"很少因为我采用的规则和正字法而欠您什么"。有充分的证据表明，无论好坏，"我决定独立于您的权威"。他并没有在每一页上都提到韦伯斯特，但的确"在很大一部分页面"上都提到了韦伯斯特以及一长串最卓越的英语正音法学者——谢里丹、沃克、恩蒂克、威廉·琼斯爵士和威廉·佩里，仅举几个为例："我以为这样做是对您的尊重，从来没想到会让您不悦。如果我知道您宁愿被完全忽略，我当时就会采取相应的行动。"[17]

对伍斯特而言情有可原，因为他需要对韦伯斯特的双重责骂进行三思——要么责骂他有时遵守了韦氏的发音规则，要么责骂他忽视了这些规则并因引用了英国权威而"扰乱了"这门语言。对韦伯斯特而言，他抱怨伍斯特引用他，主要是因为他可能在随后的版本中改变那些怪异而笨拙的正字法和正音法。韦伯斯特已经因为他不可靠的正字法而受到严厉批评，尽管他对某些类别的单词拼写改革做出了宝贵贡献。然而，伍斯特永远无法逾越的障碍，或许也是他永远无法完全理解的是，韦伯斯特想独享自己在美国的地位，不愿意让英语语言史上领先的词典编纂学家和语言学家遮住他的光环，哪怕只是一部分。由于他们中大多数都是英国人，这对事情毫无帮助。这种执念也许是使韦伯斯特的复杂个性难以捉摸的关键，也就是伍斯特感觉"不大对劲"的地方。

伍斯特在放弃这个他希望是最后一次被提起的话题之前，又重提了他在前一封信中直截了当却没有得到答案的问题：韦伯斯特是否"引发"了《伍斯特守护神》中的社论而实际上挑起了这场词典大战？韦伯斯特选择"回避问题"，同时"以受伤为由"呼吁"公众同情"。

于是迫切想拥有最终决定权的韦伯斯特，又给《伍斯特守护神》寄出了一封倦怠的短信，它更像是张便条，但不是为了回答这个问题。相反，他以clapboard（隔板）一词为例，重复了他的指责。韦伯斯特坚持说，他是第一个收录该词条的人，这个词此前从未在任何词典中出现过，无论是美国的还是英国的。伍斯特本可以很轻松地回答，他是从皮克林的《词汇表》中发现的这个词，而皮克林则是从韦伯斯特的《简明英语词典》中得到的这个词，但他没有表态。如果反驳韦伯斯特关于他（伍斯特）从韦伯斯特词典逐字复制该词定义的说法，他就会遇到更多的麻烦。韦伯斯特将他的定义"a thin narrow board for covering houses"（覆盖房屋的薄窄板）与伍斯特的"a thin narrow-board for covering houses"（覆盖房屋的薄窄板）进行比较，表明伍斯特确实有逐字从韦伯斯特那里复制这个定义的嫌疑。但同样可以说，由于clapboard确实是用于覆盖房屋的一块狭窄的木头，因此任何人都可以合理地在定义中按照这个顺序使用这些词。约翰逊在《漫步者》第143篇中写道："同一事物的所有定义都必须大致相同。"事实上，clapboard确实说明了追踪各词典之间借用的困难，当任何一部词典在历史上都是其他几部词典的混合体时，指责其他词典编纂者借用类型过多是徒劳的，也是毫无意义的。[18]

就像有关大多数报纸的争议一样，有关《伍斯特守护神》的小冲突结束时，任何一方都不是明显的赢家。就像记者们为增加发行量而挑起的许多耸人听闻的报纸争论一样，除了损害伍斯特和韦伯斯特的声誉，没有什么其他作用。这场争论在文人、大学教授、文化阶层以及任何对语言的进步和词典在年轻国家中的作用感兴趣的人中引起了广泛的关注,但它并不具有特别的教育意义。对伍斯特来说,这是一个巨大的干扰;对韦伯斯特来说,这是对那些妄想与他竞争、胆敢质疑他作为美国语言救星的命运、不同意他的改革和他对英语历史的看法的人的另一种可行的打击方式。

然而,这场争论的一个主要有益影响是,这场冲突的新闻宣传不可避免地提高了美国人对词典编纂者在美国社会中开始发挥作用的意识。虽然有关《伍斯特守护神》的争吵本身并没有揭示出1834—1835年美国词典本身的权威性——例如它们与用法的关系,或者一部词典在拼写、发音、词源和释义等词典领域成为一个国家的"标准"意味着什么,可能意味着什么,或者在定义美国人时意味着什么,但它提醒美国公众注意个体词典编纂者的复杂身份和作用。这在《伍斯特守护神》的这些版面上首次以一种有力的、个人的、在心理上揭示的方式发生。这些词典编纂者们不是为了商业利益在论战,而是旨在争论就服务大众而言,他们如何看待自己,以及希望公众如何看待他们。争论的激烈程度使公众认识到了此事本身对词典编纂者的重要性,以及为什么所提出的问题对每个人都如此重要。词典属于每个人,它们所包含的内容对社会很重要。也许这场激烈的交流中最关键的一句话是伍斯特所说的,当时他说,任何词条都不属于任何一位词典编纂者,或者(他这样暗示)属于社会的某一部分比另一部分更多,或者只属于一种宗教,或者只属于一种教育背景:语言"属于所有写和说这种语言的人"。伍斯特是在提醒公众,词典编纂者的作品,尽管是个人在孤寂中的产物,却是每个人的财产。从这些角度来看,关涉《伍斯特守护神》中争论的潜台词最终是关于民主的。英国哲学家埃德蒙·伯克十八世纪末在向伯克利勋爵(Lord Berkeley)介绍"(约翰·)沃克雄辩术"时说的话,也引起了同样的普遍注意:"沃克先生,不了解他……就等于不了解我们语言的和声、节奏和礼仪。"《伍斯特守护神》的争议不仅开启了两人之间词典战争的第一个重要篇章,它还向公众揭示了有些在过去不曾如此清晰地想到的问题在未来要加以考虑。[19]

6

在坎布里奇的整个十九世纪三十年代,伍斯特默默地进行着他的词典和其他参考书的编写。有关《伍斯特守护神》的争论使他感到不安,打破了他的些许平衡,但这并没有令他望而却步,他会继续参赛。在《伍斯特守护神》冲突发生后仅仅几个月,他就出版了《学生用基础词典:含古典、经文和现代地名的发音词汇表》(*Elementary Dictionary for the Common Schools with Pronouncing Vocabularies of Classical, Scripture, and Modern Geographical Names*,1835年;第2版,1843年)。这是伍斯特在韦伯斯特试图主导的学校市场上的大胆举动。该初级词典是本小词典(十二开本),是其《综合发音和解释性英语词典》的缩略版本,共350页,含4.4万个词条,由波士顿詹克斯–帕尔默公司出版。詹克斯后来在出版商之间爆发的激烈的词典战争中扮演了自己的角色。伍斯特在序言中解释了他是如何完成这样一部袖珍词典的:

> 这部作品实质上是《综合发音和解释性英语词典》的删减版,通过删减部分定义,不保留同义词的注释、单词的不同发音方式及其所附带的权威性,以及省略大部分过时或极少使用的单词、许多技术性词汇和一些外语单词,使其达到目前的规模。尽管省略了这些,它仍旧包含了该语言中非常完整的常用词汇和权威词汇。[20]

这部词典物美价廉,像他以前大部分的学术作品一样畅销,直到十九世纪五十年代,重印了好几版。他还继续担任《美国年鉴和实用知识库》

（American Almanac and Repository of Useful Knowledge）的编辑，这是份大众化年刊，由他的朋友哈佛大学校长贾里德·斯帕克斯（Jared Sparks）于1830年创办。

在这些年里，伍斯特一直是一个富有而文静的单身汉，最终在十九世纪三十年代末搬到了坎布里奇布拉特尔街的三层克雷吉"豪宅"（建于1759年，现在是朗费罗庄园）的大型出租房。布拉特街是一条宽敞美观而奢华的街道，被称为"托利街"，因为该街道上的大部分房屋都归在美国独立战争前被迫离境的英国保皇派所有。克雷吉庄园因为乔治·华盛顿在1775年的波士顿围攻战时将它作为总部而远近闻名。这所房子的主人安德鲁·克雷吉（Andrew Craigie）是美军第一位药剂师将军，当他于1819年去世后，其妻子负债累累，不得不接受寄宿者。

伍斯特搬进这栋房子时，另一位房客是诗人亨利·沃兹沃斯·朗费罗（Henry Wadsworth Longfellow），当时他刚刚丧偶，担任哈佛大学史密斯现代语言与纯文学教授。在一本记录他在克雷吉庄园经历的日志中，朗费罗回忆了伍斯特搬来后的情况："空房的第二个房客是地理学家和词典编纂者伍斯特先生，他（后来）买下了这份地产未被分割的四分之一，他是个身材瘦高但体态不够端正的人，不善辞令。他从不直接回答任何问题。来的时候他只是个孤苦伶仃的单身汉，但后来结婚了，在岛附近建了一所房子。1841年克雷吉夫人去世时，他成了这所房子和地产的主要租户。他喜欢园艺，以梨和歪脖南瓜为荣。"朗费罗还提到，当布拉特街上的一些杨树出现一些枯萎的迹象时，伍斯特狠狠地将它们修剪了一番，结果全都死掉了。其他寄宿者还包括哈佛大学的三位校长——贾里德·斯帕克斯、爱德华·埃弗里特和约西亚·昆西，因此在克雷吉庄园，伍斯特发现自己居住得更接近哈佛大学的高层圈子。[21]

1841年，伍斯特的生活发生了变化：57岁那年，朗费罗所称的

图9　马萨诸塞州坎布里奇布拉特街朗费罗庄园。约瑟夫·爱默生·伍斯特和亨利·沃兹沃斯·朗费罗到十九世纪四十年代一直是这所房子的房客,后来朗费罗买下了这所房子,伍斯特在其隔壁建造了自己的富丽堂皇的房子。伍斯特有时会和善地因邻居吵闹的孩子而抱怨。由国家公园管理局、朗费罗庄园华盛顿总部、美国国家历史古迹提供。

"孤苦伶仃的单身汉"结婚了。妻子艾米·伊丽莎白·麦基恩(Amy Elizabeth McKean),39岁,是已故的博伊尔斯顿哈佛大学修辞学、演讲术和雄辩术教授、哈佛大学坡斯廉俱乐部(Porcellian Club)创始人约瑟夫·麦基恩(Joseph McKean)的女儿。艾米和她的父亲一直住在他所拥有的费伊庄园(Fay House),就在克雷吉庄园路南,后来,成了拉德克利夫学院（Radcliffe College）的一部分。1818年麦基恩在哈瓦那修养身体时去世，艾米继续在费伊庄园住了几年，在大楼的一所学校里教书并担任管理。伍斯特向她求爱已有六年之久，他也许是在费伊庄园颇受欢迎的社交晚会上认识她的。哈佛大学的几名教员，如爱德华·埃弗里特和朗费罗，以及其他人，包括奥利弗·温德尔·霍姆斯和詹姆斯·拉塞尔·洛威尔都是晚会的常客。

"我的朋友和同住的房客伍斯特先生正打算冲进婚姻生活的极乐世界，"朗费罗写道，"从而说明圣徒永蒙保守的伟大教义。六年来，他一直在用渴望的目光眺望着那道围墙；他终于一跃而过，扫除了鸿沟，看来他正陶醉于养尊处优的生活。"[22]有了新婚妻子，伍斯特需要离开克雷吉庄园，所以当克雷吉的土地被出售时，他买下了32英亩的土地，包括房子西侧的一块相邻的块，里面有一个长长的、风景如画的池塘，由于他曾现身此地，这个池塘被当地人称为"词典湖"。他立即开始建造自己的"豪宅"，这是一座富丽堂皇、绵延不绝的大房子——事实上，对于他和妻子两个人，它有点太大了——是一种经过改良的希腊复兴风格的建筑。他和艾米继续租住在克雷吉庄园，直到他们的房子完工。与此同时，朗费罗的岳父内森·阿普尔顿（Nathan Appleton）购买了克雷吉庄园并将其送给了朗费罗。他的妻子范妮·阿普尔顿（Fanny Appleton）在1844年5月写道："伍斯特一家什么也没给我们留下，房间打扫得一干二净，楼梯和入口的地毯全部带走了。"伍斯特和他的新娘在此后的岁月里一直住在他们的新家里。[23]

因此，伍斯特的生活比以往任何时候都好。婚姻生活和他的新房子显然很适合他。艾米准备并乐意以任何方式帮助他工作。他感到前所未有的舒适自在，即将进入作为作家和编辑的职业生涯中一个高产阶段。在他和艾米搬进他们的"豪宅"不到两年后，他就出版了自韦伯斯特1828年第一版词典以来英美两国最重要的英语词典。

第九章
韦伯斯特的衰落

1

韦伯斯特现在举步维艰。在整个十九世纪三十年代,他一直感到愤愤不平,因为竞争和批评令他作为词典编纂者的星光黯淡,减少了他几十年辛勤工作的收入。他的大型四开本词典从未打开销路,但他的拼写书却一直畅销,古德里奇–伍斯特八开本词典在美国的销售只比伍斯特的《综合发音和解释性英语词典》略占上风——除在诸如波士顿大都会等区域市场外。然而,他意识到他从八开本中得不到任何收入,因为都归了古德里奇。他感觉自己就是个不折不扣的局外人,不得不为一丝一毫的利益和认可而争论不休。除了钱,他觉得自己最需要的是重新回到博弈中,准备一个新版的四开本,其中将包含他知道自己必须进行的所有修订和更正。然而,很难找到出版商,用于出版的资金也很匮乏。

他已经步入耄耋之年,如果我们相信他信中的说法,他的健康状况正在恶化。他在1835年11月给女儿哈里特的信中的这段自述听起来无精打采:"从20岁起,我的心跳就多少有点不稳;但现在比以前更加严重。走路时,有时我得停停歇歇;但只要安静地待着,我就会舒服些。这可能与我的胃虚有关,而我的胃又明显受到心脏的影响,以至于,你明白吗，我只能安静地做些研究——至少要适度。"他补充说，如果她的丈夫福勒能"练习一下书写，或者寄给我们破解他笔迹的答案"，或者让女儿为他誊写一下她丈夫的信件，可能会有所帮助。另一方面，他的孙女形容他80岁左右在纽黑文时玉树临风的样子："高大修长、挺拔，但身材或脸庞并不消瘦。年轻时，他有双棕色的，有时被形容为灰色的眼睛，一头浓密而精心梳理过的赤褐色头发，而他那白皙红润的皮肤与其红红的头发相映生辉。"他红润的脸庞和浓密的红发"似乎给他带来了热情洋溢的气质和胆汁质的稳定和坚韧"。当时有一位家里的朋友形容他"在熟悉的耶鲁大学前面美丽的草坪上散步"，"身材高大、修长挺拔、步履轻盈"。当被问及养生秘诀时，他回答说，日落而息，鸟鸣则起，脑力劳动和身体锻炼相结合，秉持"仰不愧于天，俯不怍于人"。正如韦伯斯特最近的传记作家约书亚·肯德尔（Joshua Kendall）所说，人们很容易认出漫步在纽黑文的韦伯斯特，他那"火红的头发，笔挺的仪态，使他成为一个引人注目的人物。他身穿早就不时兴的长尾外套和褶边衬衫"。[1]

2

无论健康状况怎样，在《伍斯特守护神》发表最后一封信的仅仅五个月后，韦伯斯特就开始全力宣传他的词典，使之继续保持竞争力。他担心他对词典市场的控制正在逐渐消失，公众也不再接受他其他的书，特别是学校。1835年，他很欣慰"耶鲁大学的教学人员最近决定，在新生入学考试时要（根据）我的文法——恢复英语学习状态的另一个证明"，但他担心未来属于像伍斯特这样的年轻人，他们有精力和资源坚持斗争下去。他所能做的就是把希望寄托在1828年新版的四开本上，坚持纠正词典中"错误"这份苦差，并不断写信宣传自己。那年11月，他为新版词典撰写了一则完整的广告，

"采用某部词典作为英语正字法标准的原因"——他指的是自己的词典。他希望他现今的忠实心腹兼非正式代理人福勒把这则广告刊登在报纸上。广告声称,他所有的作品都是"按照统一正字法的计划构建的",包括"他的词典、基础拼写书……语法和其他学生用书"。考虑到他曾受到科布和其他人野蛮抨击的拼写和发音不一致性——他将其归结为"疏忽或遗忘"——他承诺在今后的版本中把它们全部纠正过来。[2]

他的广告再次振臂高呼对公众屡试不爽的反英主题,并对"英国书籍中最糟糕的错误"发起了正面攻击。他把矛头指向了十八世纪下半叶英国人对这种语言的使用:贵族和知识分子对文雅和绚丽英语的权威性和浮夸性使用与普通百姓的语言不同;造作、迂腐的语法鼓励了对死语言(希腊语和拉丁语)的研究;文学语言凌驾于大众语言之上,主要体现在约翰逊博士的拉丁语句法和爱德华·吉本的《罗马帝国衰亡史》(The Decline and Fall of the Roman Empire)故弄玄虚的修辞上。韦伯斯特一直鄙视约翰逊高雅的文风、转弯抹角的表述、对"外来语"和多音节词的喜爱、浮夸的措辞,以及在由平衡或平行的单词、短语和句子组成的复杂句子中对观点的公式化阐述。对他来说,这等于是"错误的"做法,是他眼中可感知的优雅清晰的英语的衰退。话又说回来,我们回忆一下,他总体上是反对十七世纪戏剧的,因为莎士比亚使用了粗俗的词语。正如他在1809年告诉托马斯·道斯的那样:"约翰逊选择莎士比亚作为他词典的主要权威之一是极其不明智的。剧作家在描写低俗场景和下流人物时,使用的语言不适合正式的社交场所,他们的污言秽语败坏了我们的言论和公共道德。我已经强调拒绝使用这种性质的文字,

并将根据规范语言的要求肃清腐败现象①。"³

他在这则最新的广告中又罗列了他所有的旧主题,到了十九世纪三十年代,它们听起来又枯燥又过时。他谴责把"上流"英国社会所制定和编纂的发音和拼写标准当作权威标准。他还承诺要消除英国正音法学者,特别是沃克,所造成的"巨大伤害"。他旧调重弹,但说的仍然不对:"我们现在了解到,沃克的发音现在不是,也从未是公认的英国上流阶层的发音;而是(颇具)地方怪癖的发音,或更恰当地说,是丹蒂主义②发音……以至于在我们的孩子们受了三四十年的丹蒂主义教育后,现在我们又被英国权威带回到了老式的发音。美国的谄媚暂且不提;但沃克犯下的罪行半个世纪都纠正不完。"美国教师们很无奈,他们不知道有什么良策:"他们错了,应该对这种强权进行评估。"他宣布他将继续代表美国而战。⁴

3

伍斯特出现的时机对韦伯斯特来说既相宜又尴尬。韦伯斯特可以让他扮演自封为王的篡位者:英国强权的主要拥护者、美国的破坏者、一种美国特洛伊木马,旨在颠覆韦伯斯特不屈不挠开创的新国家语言的发展进程和命运。

关于韦伯斯特试图通过改革使语言正常化,伍斯特早在1807年8月

---

① cleansing the Augean stable:清理"奥吉亚斯的牛圈",奥吉亚斯(Augeas)是古希腊西部厄利斯(Elis)的国王。他有一个极大的牛圈,养了3000多头牛,将近三十年从未清洗过,直到赫拉克勒斯将其清洗。——译者注

② dandyism:十九世纪后期的一种文学艺术风格,其特点是矫揉造作和过分雕琢。——译者注

的宗教月刊《盛装卫士》中就曾为一位"博学的""英国绅士"最近发表在《折中评论》(Eclectic Review)杂志上的关于《简明英语词典》的评论——"词典编纂者的职责是寻找真理，禁止错误，消除不规则现象"进行反击。关于正字法，他心目中的"真理"是"常见用法"。不过，英国人和美国人不是都拒绝了建立国家语言学院的运动吗？原因就在于不可能用理论和程序，或者用人格力量来操纵语言趋势，特别是正字法和发音。你可以根据自己的意愿来给语言立法，但你永远无法战胜"语言本身的生命"。学者伊丽莎·塔马金（Elisa Tamarkin）写道："韦伯斯特希望通过一套精心制定的语言规则来定义并最终形成的美国口音，远比哈佛大学所教授的或载入伍斯特词典的英国口音要规范得多。"她补充道："韦伯斯特可能倾听了美国人说话的方式，但只是为了把他听到的东西编纂成一套抽象的语言法则，供所有美国人遵循。"塔马金解释，另一方面，伍斯特既非失聪之人，亦非对美国人的日常用法漠不关心，他有决心"向英国看齐，不仅仅是因为他把惯例置于语言民族性的抽象概念之上，而且是因为他的出发点是假设语言只应按世界创造的样子存在，所以更加保守"。然而，在将近半个世纪后，韦伯斯特又重装上阵，依然拒绝卸下塑造美国语言的使命，依然迫切要求语言改革，依然为了语言的民族主义利益不肯面对语言历史的现实。不过，我们将看到，他并非孤军奋战。尽管许多人对他的威权态度以及有时看似大刀阔斧的改革和创新规模感到不满，但他们还是同意要让美国语言独立于母国，并减少对它的吹毛求疵。几年前，也就是1818年，爱德华·埃弗里特在哈佛大学发表了不赞成的评论："美国人在英语方面的创新是事实上的讹误，而英国人的则是进步；在这方面……我发现谴责一切美国事物的决绝态度相当普遍。"[5]

4

韦伯斯特促进自己的词典和教科书销售的一种方式是与他的书商和出版商赢得并保持有利的竞争地位。他可以说服他们将他人的图书排除在外而专卖自己的书。他甚至还想让自己的家人为这一事业献身。1836年7月，福勒告诉他，他正琢磨着辞去米德尔伯里学院的教学工作去开设一家书店，韦伯斯特很开心，因为他认为此举可服务于自己的利益："如果你改行从事图书销售业务，不仅能帮我一把，也会给我们全家带来好处。"福勒主要考虑的是在费城或纽约创业，而韦伯斯特所想的是让他去辛辛那提，对韦伯斯特至关重要的西部市场的枢纽城市——到十九世纪二十年代，辛辛那提因其迅猛的发展而被人们称为"西方皇后"——他可以和韦伯斯特的儿子威廉一起从事图书销售业务。韦伯斯特坚持认为，必须立即采取措施来挽救词典和教科书市场："现在这场危机很重要，因为我的小学课本是否将被普遍用作永久性教科书的问题将在一两年内被决定。如果采取适当的手段，我应该颇有胜算。康涅狄格州和佛蒙特州无疑是站在我这边的……无论如何都要保留西部的支持。我现在占有这个市场，千万不可失去。"[6]

在辛辛那提的威廉本应为这项伟大的事业鞠躬尽瘁，但他却不这么想，很快就在印第安纳州的一家银行找到了一份出纳员的工作。在剑桥大学他为父亲做校对时视力已经受损，显然他认为父亲的要求太高了。1837年12月8日，韦伯斯特写道："我一直希望我的儿子能成为一名书商，我的孙子也能积极参与维持我的努力成果，但我很失望。我们听说，威廉现在做了银行出纳员……"一个月后，他仍然执着于他希望得到的帮助，但结果证明，在图书销售业务上，他不会得到家人的帮助。1838年1月9日，他向福勒倾诉："市场需要一个四开本的版本，没有一家出版社愿意出版，因为会花费很多钱……我希望通过某种方式可以组建一个可能对出版我的书有利的图书销售机构……让我所有的书都可互为支持。但我必须依靠拼写书和词典……如果几年前我的朋友们在纽约或费城开设一个好的书店，那对我的家人来说将是一个很大的收获……（因为）现在书籍的成功在很大程度上或主要取决于书商……"3月10日，他仍然寄希望于可怜的福勒："我觉得我的女婿们应该更多地考虑这个计划。虽然你不是书商，但如果你举家搬去（费城），我也会搬过去，或者在那里花很多时间，试着为我的书建立一个机构。"福勒准备在暑假里帮助岳父推销书籍，但他最终还是明智地决定不放弃教书。[7]

韦伯斯特认为，如果要他的词典最终不被遗忘，就必须对1828年原版的四开本进行重新修订。1836年9月19日，他在《纽黑文先驱报》（*New Haven Daily Herald*）上发布公告，1828年版的词典已经售罄，任何想要购买词典的人只能等待仍在印刷中的英国版本。由于没有可供出售的词典，美国只剩下古德里奇-伍斯特的八开本和袖珍版的学生用词典为子孙后代传递他的信息，但古德里奇完全控制了前者。韦伯斯特感觉越来越绝望，于是求古德里奇同八开本的出版商诺曼·怀特谈谈，看看他是否有兴趣出版一部修订版的四开本，但怀特不想参与其中："我们认为，这种需求绝不是目前出版一个版本的理由。"怀特对他所谓的"韦氏体系"的正字法（当然是由古德里奇修改的）持温和的接受态度，他准备将它保留在八开本内继续出版，当然不会同时控制八开本和烧钱的四开本。[8]

5

到1836年初，韦伯斯特已经下定决心，赞成在他的1828年版四开本的基础上，制作一个稍小的两卷（八开本）版。这个新版本将没有四开本那么笨重，可以被更广泛地使用并（大概）有销路，而且会让出版商更有兴趣。这样的版本将比古德里奇-伍斯特八开本略大。在他的监督下，他们也不会像他认为的那样做糟糕的删节，因为删节违背了他对英语的许多想法，这对他是一种侮辱。这很重要，因为他可以告诉自己，根据法律条文，这样的版本不会破坏他和古德里奇签署的协议，即他永远不会出版竞争性的八开本。他的家人对任何新版的费用都很担心。当他向福勒宣布他"愿意"为支付新版本的费用抵押或出售他们的房子，搬到一个小点儿的地方时，即使是他的妻子，一向顺从而善于自我牺牲的丽贝卡也表示反对。他四处筹钱，于1839年2月27日向福勒吐露："我有时会想请你和哈里特为此借钱给我……"埃尔斯沃斯并不乐意提供财政援助，韦伯斯特也不指望古德里奇能帮什么忙。看来，韦伯斯特不得不独自承担经济风险："我现在宁愿拥有一栋大约只有我现在房子一半房间的房子，在里面度过我短暂的余生……我不觉得把换房所得投入词典编纂事业是件难堪的事。"9

到了7月，地平线上出现了一丝曙光。韦伯斯特觉得新版本的市场已经好转，随着他的《初级拼写书，美国拼写书进阶版》的销量猛增，他的希望也随之高涨。就像过去一样，尽管受到科布的攻击，但他的拼写书还是他新词典的资金靠山。他设法为新版词典找到了一家印刷商，而且"我很确定我将在9月或10月开始印刷我大型词典的新版本"。他求助于忠实的福勒，让他提供矿物学和地质学以及其他任何他"认为适合插入"的新词，以及它们的定义："我希望你做一本纸质书，按字母顺序排列，在其中插入适合的单词，标出重音和简短的释义。要是你怕我会弄错你的字母，你可以先写在一张纸上，让埃米莉（韦伯斯特的女儿）把这些字母抄到本上……如果你能这样或以其他任何方式帮助我，我会……补偿你的劳动。"他强硬地命令威廉和他的妻子从印第安纳州搬回康涅狄格州，以帮助他完成这个版本，在这个过程中耗尽了他儿子儿媳几百美元的储蓄。10

然而，比起福勒或威廉的帮助，更重要的是古德里奇的援手。显然在韦伯斯特确保新版本不会侵害他的八开本删减版词典的利益后,古德里奇同意分担一部分工作,(看在家族的份上)帮助他年迈的岳父,但只能按他自己的兴趣参与词典工作,鉴定古怪的拼写,筛选出必须纠正的错误,并寻找新词。急于出书的韦伯斯特同意了。这是一个将在很大程度上决定古德里奇未来二十年职业生涯进程和基调的决定。十八个月后,他们完成了这项工作。

"我相信不会发生让我尴尬的事,"韦伯斯特说,"销售可能会慢一些,但肯定有销量。这

图10 丽贝卡·格林利夫·韦伯斯特。油画,由贾里德·布拉德利·弗拉格(Jared Bradley Flagg,1820–1899年)创作。由耶鲁大学贝尼克珍本与手稿图书馆,保罗·莱斯特·福特文件提供。

个作品目前没有替代品,要想做出这样的作品也不是件容易的事。"[11]

在持续依靠福勒和威廉的情况下,韦伯斯特还不忘抽时间来满足自己的虚荣,为自己订购了一座青铜半身像。石膏模型出自昌西·布拉德利·艾夫斯(Chauncey Bradley Ives),一位多产、受欢迎的雕塑家,当时在纽黑文生活并从事雕刻,后来在国际上享有盛誉。"据说画像活灵活现,"韦伯斯特7月9日对福勒说,"埃米莉和其家人对此都很满意。威廉已经给你寄去了一份。"然而,这座半身雕像不仅仅是为了家族:"如果阿默斯特学院校方允许在图书馆或其他房间内摆放一座,我将为此向学院提供一座。鉴于我对该学院成立所投入的兴趣,把我的半身塑像放入其中的一个公共区域,就算说不上合适,至少也没什么不合

适。"一座韦伯斯特半身塑像的复制品如愿以偿地被正式摆放在了该学院的图书馆里。[12]

两卷本的《美国英语词典》被称为皇家八开本，尺寸约为6.5×10英寸，比普通八开本（6×9英寸）略大，由怀特和谢菲尔德出版社于1841年在纽约出版，比1828年版的词典晚了十三年，比古德里奇–伍斯特八开本删减版晚了十二年。该词典共1079页，定价为15美元。扉页上宣布其中包含了"（1828年）四开本中的全部词汇，并对其进行了更正和改进，而且新增了1.5万个词条"。该版本印刷了3000册。从印数角度来看，1828年的四开本为美国市场出版了2500册，为英国市场出版了3000册，所以在这几年里，关于销售的低预期并没有太大变化。

奇怪的是，鉴于韦伯斯特自其《英语语言论文集》问世以来对约翰·沃克的持续指责，以及他对伍斯特的敌意，沃克的《希腊语、拉丁语和经文专有名词经典发音符号说明》居然在该版本中占有一席之地，甚至在扉页上占据重要位置——这表明沃克在美国仍然很受欢迎，也说明了古德里奇的影响力。同样出乎意料的是，该版本还收录了伍斯特的14页"概要"——六位正音法学者约850个"有争议发音"的单词，除韦伯斯特外都是英国人，他们的发音也在原来的基础上被添加到了这个版本中，这很可能是古德里奇的主意。"概要"在收录和放置时只字未提这是伍斯特十三年前编写的，这就造成了一种印象（至少对那些不知道古德里奇–伍斯特八开本的人来说），即韦伯斯特是其作者。这很可能是古德里奇的决定。毫无疑问，在韦伯斯特所鄙视的他和伍斯特的八开本修订版中加入古德里奇的序言也是古德里奇的决定，因为其中提到了伍斯特在那次修订中的突出作用。

尽管有了新增的词汇，尽管是在古德里奇和福勒的帮助下完成的，该词典基本上与1828年四开本一模一样，这是本用十八个月完成的"仓促之作"，远远没有达到古德里奇和在他之前的康弗斯所了解的四

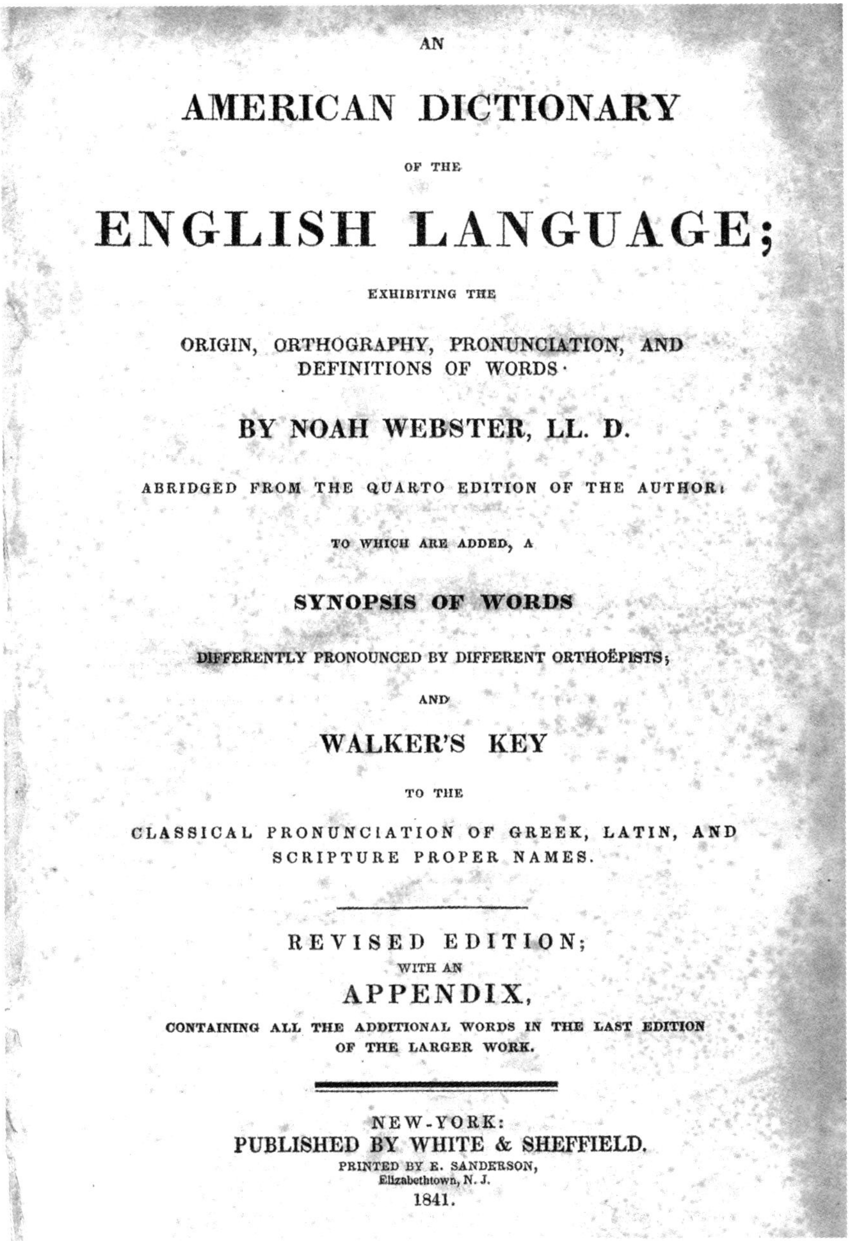

AN
AMERICAN DICTIONARY
OF THE
ENGLISH LANGUAGE;

EXHIBITING THE

ORIGIN, ORTHOGRAPHY, PRONUNCIATION, AND
DEFINITIONS OF WORDS.

BY NOAH WEBSTER, LL. D.

ABRIDGED FROM THE QUARTO EDITION OF THE AUTHOR;

TO WHICH ARE ADDED, A

SYNOPSIS OF WORDS

DIFFERENTLY PRONOUNCED BY DIFFERENT ORTHOËPISTS;

AND

WALKER'S KEY

TO THE

CLASSICAL PRONUNCIATION OF GREEK, LATIN, AND
SCRIPTURE PROPER NAMES.

———

REVISED EDITION;
WITH AN
APPENDIX,
CONTAINING ALL THE ADDITIONAL WORDS IN THE LAST EDITION
OF THE LARGER WORK.

———

NEW-YORK:
PUBLISHED BY WHITE & SHEFFIELD.
PRINTED BY E. SANDERSON,
Elizabethtown, N. J.
1841.

图11　1841年版《美国英语词典》修订、扩充、删节的两卷本的标题页，由昌西·艾伦·古德里奇在诺亚·韦伯斯特的协助下编辑。由印第安纳州立大学特色馆藏，科尔德尔词典收藏提供。

开本急需的全面修订的程度。由于韦伯斯特对词典中包含太多科学和技术术语持保留态度，第二卷的附录中插入了大约1.5万个单词，其中大部分是外来词，还有主要从耶鲁大学医学教授（并非福勒）那里收集到的一系列科学术语。古德里奇做了些敷衍的尝试，改变了拼写和发音，以支持更传统的用法，因为这些东西对词典编纂很重要。他，或者韦伯斯特，或者两者都决定废除韦伯斯特早期的许多正字法怪癖，例如maiz恢复成了原来的模样maize（玉米），而suveran也变回了sovereign（君主）。尽管如此，韦伯斯特还是拒绝改变诸如aker（acre，亩）、grotesk（grotesque，怪诞的）、porpess（porpoise，豚）和tung（tongue，舌头）等词的拼写方式。[13]我们被告知，"为符合……最近的用法"对"概要"中一些"有争议的词"的发音进行了修改，并被写入了词典的正文。定义有所扩展，引入了新的释义，科学词汇的定义也得到了纠正。

在这一版本已经准备印刷时，韦伯斯特仍在为"补遗"撰写说明，其中包括新增的词语及其定义，这些主要出现在哈珀兄弟出版公司出版的1844年版本中，该版本由1841年版本的未售资料组成。然而，其中一些也可在1841年版的附录中找到。[14]

1841年7月，韦伯斯特起初对销售满怀希望，报告新版词典"在我们的大城镇市场被看好"，虽然"对很多牧师和老师来说价格太高"——15美元，价格比韦伯斯特原本希望的高出3美元，与1829年古德里奇–伍斯特词典6美元的标价相差甚远。对于普通公众来说价格太高了。韦伯斯特的余生都在为增加它的销售量做着这样或那样的徒劳努力："我不得不独自挣扎，我不能也不愿一直这样下去。"他知道在他辞世之前也不会看到他的词典享有经济上的成功了。他在客厅的会客室同福勒进行了他们最后一次谈话，他说，古德里奇"永远也没有权利修改我的词典了"。就像他的许多预言一样，这一预言并不准确。韦伯斯特去世后，古德里奇修订词典的"权利"会增加，而不是减少。[15]

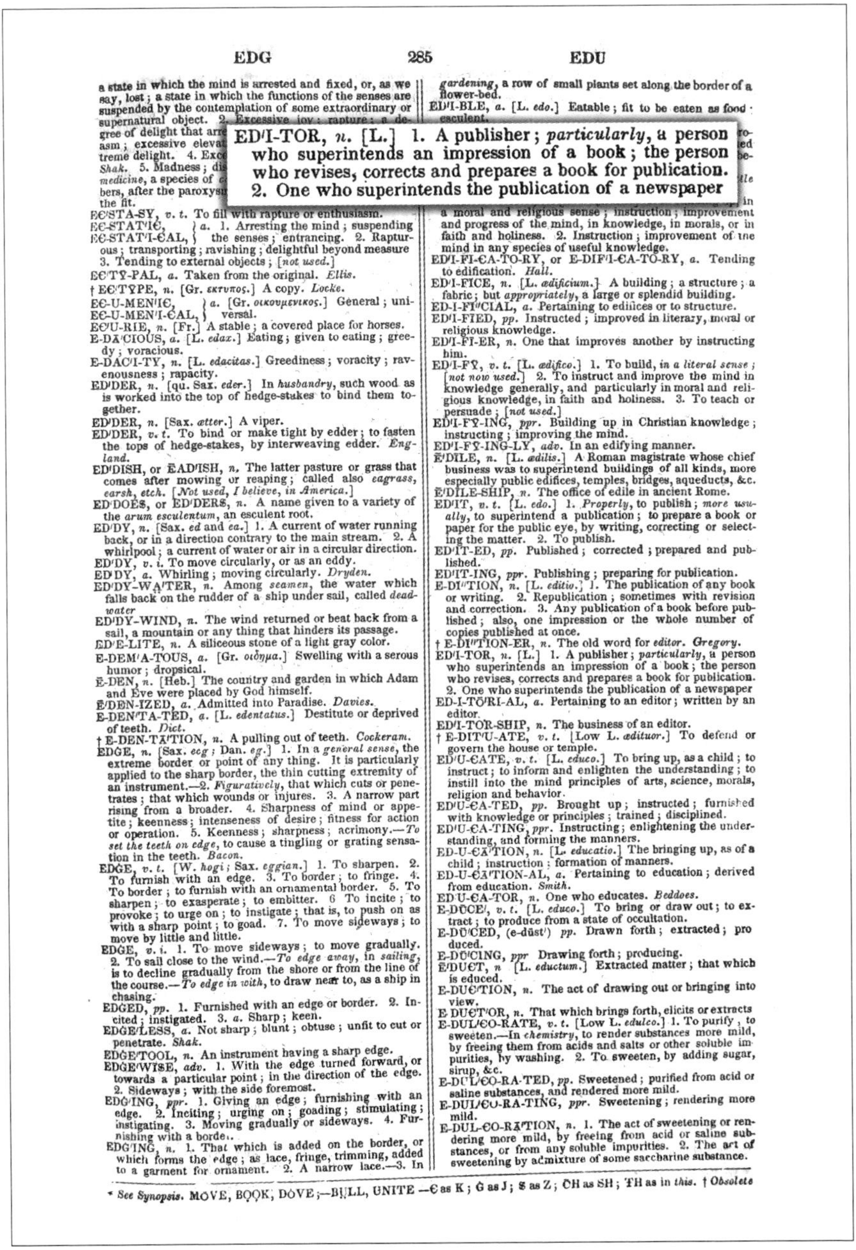

EDG　　285　　EDU

a state in which the mind is arrested and fixed, or, as we say, lost; a state in which the functions of the senses are suspended by the contemplation of some extraordinary or supernatural object. 2. Excessive joy; rapture; a degree of delight that arr… asm; excessive elevat… treme delight. 4. Exc… *Shak.* 5. Madness; di… *medicine*, a species of … bers, after the paroxys… the fit.

EC'STA-SY, *v. t.* To fill with rapture or enthusiasm.

EC-STAT'IC, EC-STAT'I-CAL, *a.* 1. Arresting the mind; suspending the senses; entrancing. 2. Rapturous; transporting; ravishing; delightful beyond measure 3. Tending to external objects; [*not used.*]

EC'TY-PAL, *a.* Taken from the original. *Ellis.*

† EC'TYPE, *n.* [Gr. εκτυπος.] A copy. *Locke.*

EC-U-MEN'IC, EC-U-MEN'I-CAL, *a.* [Gr. οικουμενικος.] General; universal.

EC'U-RIE, *n.* [Fr.] A stable; a covered place for horses.

E-DA'CIOUS, *a.* [L. *edax.*] Eating; given to eating; greedy; voracious.

E-DAC'I-TY, *n.* [L. *edacitas.*] Greediness; voracity; ravenousness; rapacity.

ED'DER, *n.* [qu. Sax. *eder.*] In *husbandry*, such wood as is worked into the top of hedge-stakes to bind them together.

ED'DER, *n.* [Sax. *ætter.*] A viper.

ED'DER, *v. t.* To bind or make tight by edder; to fasten the tops of hedge-stakes, by interweaving edder. *England.*

ED'DISH, or EAD'ISH, *n.* The latter pasture or grass that comes after mowing or reaping; called also *eagrass, earsh, etch.* [*Not used, I believe, in America.*]

ED'DOES, or ED'DERS, *n.* A name given to a variety of the *arum esculentum*, an esculent root.

ED'DY, *n.* [Sax. *ed* and *ea.*] 1. A current of water running back, or in a direction contrary to the main stream. 2. A whirlpool; a current of water or air in a circular direction.

ED'DY, *v. i.* To move circularly, or as an eddy.

ED'DY, *a.* Whirling; moving circularly. *Dryden.*

ED'DY-WA'TER, *n.* Among *seamen*, the water which falls back on the rudder of a ship under sail, called *dead-water*

ED'DY-WIND, *n.* The wind returned or beat back from a sail, a mountain or any thing that hinders its passage.

ED'E-LITE, *n.* A siliceous stone of a light gray color.

E-DEM'A-TOUS, *a.* [Gr. οιδημα.] Swelling with a serous humor; dropsical.

E-DEN, *n.* [Heb.] The country and garden in which Adam and Eve were placed by God himself.

E'DEN-IZED, *a.* Admitted into Paradise. *Davies.*

E-DEN'TA-TED, *a.* [L. *edentatus.*] Destitute or deprived of teeth. *Dict.*

† E-DEN-TA'TION, *n.* A pulling out of teeth. *Cockeram.*

EDGE, *n.* [Sax. *ecg*; Dan. *eg.*] 1. In a *general sense*, the extreme border or point of any thing. It is particularly applied to the sharp border, the thin cutting extremity of an instrument.—2. *Figuratively*, that which cuts or penetrates; that which wounds or injures. 3. A narrow part rising from a broader. 4. Sharpness of mind or appetite; keenness; intenseness of desire; fitness for action or operation. 5. Keenness; sharpness; acrimony.—*To set the teeth on edge*, to cause a tingling or grating sensation in the teeth. *Bacon.*

EDGE, *v. t.* [W. *hogi*; Sax. *eggian.*] 1. To sharpen. 2. To furnish with an edge. 3. To border; to fringe. 4. To border; to furnish with an ornamental border. 5. To sharpen; to exasperate; to embitter. 6 To incite; to provoke; to urge on; to instigate; that is, to push on as with a sharp point; to goad. 7. To move sideways; to move by little and little.

EDGE, *v. i.* 1. To move sideways; to move gradually. 2. To sail close to the wind.—*To edge away*, in *sailing*, is to decline gradually from the shore or from the line of the course.—*To edge in with*, to draw near to, as a ship in chasing.

EDGED, *pp.* 1. Furnished with an edge or border. 2. Incited; instigated. 3. *a.* Sharp; keen.

EDGE'LESS, *a.* Not sharp; blunt; obtuse; unfit to cut or penetrate. *Shak.*

EDGE'TOOL, *n.* An instrument having a sharp edge.

EDGE'WISE, *adv.* 1. With the edge turned forward, or towards a particular point; in the direction of the edge. 2. Sideways; with the side foremost.

EDG'ING, *ppr.* 1. Giving an edge; furnishing with an edge. 2. Inciting; urging on; goading; stimulating; instigating. 3. Moving gradually or sideways. 4. Furnishing with a border.

EDG'ING, *n.* 1. That which is added on the border, or which forms the edge; as lace, fringe, trimming, added to a garment for ornament. 2. A narrow lace.—3. In *gardening*, a row of small plants set along the border of a flower-bed.

ED'I-BLE, *a.* [L. *edo.*] Eatable; fit to be eaten as food; esculent.

… in a moral and religious sense; instruction; improvement and progress of the mind, in knowledge, in morals, or in faith and holiness. 2. Instruction; improvement of the mind in any species of useful knowledge.

ED'I-FI-CA-TO-RY, or E-DIF'I-CA-TO-RY, *a.* Tending to edification. *Hall.*

ED'I-FICE, *n.* [L. *ædificium.*] A building; a structure; a fabric; but *appropriately*, a large or splendid building.

ED-I-FI'CIAL, *a.* Pertaining to edifices or to structure.

ED'I-FIED, *pp.* Instructed; improved in literary, moral or religious knowledge.

ED'I-FI-ER, *n.* One that improves another by instructing him.

ED'I-FY, *v. t.* [L. *ædifico.*] 1. To build, *in a literal sense*; [*not now used.*] 2. To instruct and improve the mind in knowledge generally, and particularly in moral and religious knowledge, in faith and holiness. 3. To teach or persuade; [*not used.*]

ED'I-FY-ING, *ppr.* Building up in Christian knowledge; instructing; improving the mind.

ED'I-FY-ING-LY, *adv.* In an edifying manner.

E'DILE, *n.* [L. *ædilis.*] A Roman magistrate whose chief business was to superintend buildings of all kinds, more especially public edifices, temples, bridges, aqueducts, &c.

E'DILE-SHIP, *n.* The office of edile in ancient Rome.

ED'IT, *v. t.* [L. *edo.*] 1. *Properly*, to publish; *more usually*, to superintend a publication; to prepare a book or paper for the public eye, by writing, correcting or selecting the matter. 2. To publish.

ED'IT-ED, *pp.* Published; corrected; prepared and published.

ED'IT-ING, *ppr.* Publishing; preparing for publication.

E-DI'TION, *n.* [L. *editio.*] 1. The publication of any book or writing. 2. Republication; sometimes with revision and correction. 3. Any publication of a book before published; also, one impression or the whole number of copies published at once.

† E-DI'TION-ER, *n.* The old word for *editor*. *Gregory.*

ED'I-TOR, *n.* [L.] 1. A publisher; *particularly*, a person who superintends an impression of a book; the person who revises, corrects and prepares a book for publication. 2. One who superintends the publication of a newspaper

ED-I-TO'RI-AL, *a.* Pertaining to an editor; written by an editor.

ED'I-TOR-SHIP, *n.* The business of an editor.

† E-DIT'U-ATE, *v. t.* [Low L. *ædituor.*] To defend or govern the house or temple.

ED'U-CATE, *v. t.* [L. *educo.*] To bring up, as a child; to instruct; to inform and enlighten the understanding; to instill into the mind principles of arts, science, morals, religion and behavior.

ED'U-CA-TED, *pp.* Brought up; instructed; furnished with knowledge or principles; trained; disciplined.

ED'U-CA-TING, *ppr.* Instructing; enlightening the understanding, and forming the manners.

ED-U-CA'TION, *n.* [L. *educatio.*] The bringing up, as of a child; instruction; formation of manners.

ED-U-CA'TION-AL, *a.* Pertaining to education; derived from education. *Smith.*

ED'U-CA-TOR, *n.* One who educates. *Beddoes.*

E-DUCE', *v. t.* [L. *educo.*] To bring or draw out; to extract; to produce from a state of occultation.

E-DU'CED, (e-dūst') *pp.* Drawn forth; extracted; produced.

E-DU'CING, *ppr* Drawing forth; producing.

E'DUCT, *n* [L. *eductum.*] Extracted matter; that which is educed.

E-DUC'TION, *n.* The act of drawing out or bringing into view.

E-DUCT'OR, *n.* That which brings forth, elicits or extracts

E-DUL'CO-RATE, *v. t.* [Low L. *edulco.*] 1. To purify, to sweeten.—In *chemistry*, to render substances more mild, by freeing them from acids and salts or other soluble impurities, by washing. 2. To sweeten, by adding sugar, sirup, &c.

E-DUL'CO-RA-TED, *pp.* Sweetened; purified from acid or saline substances, and rendered more mild.

E-DUL'CO-RA-TING, *ppr.* Sweetening; rendering more mild.

E-DUL-CO-RA'TION, *n.* 1. The act of sweetening or rendering more mild, by freeing from acid or saline substances, or from any soluble impurities. 2. The art of sweetening by admixture of some saccharine substance.

* *See Synopsis.* MOVE, BOOK, DOVE;—BULL, UNITE —C as K; G as J; S as Z; CH as SH; TH as in *this*. † *Obsolete*

图12　1841年版《美国英语词典》去掉了韦伯斯特的一些正字法的怪癖。详情：editor（编辑）的定义相比1828年版本略有修正。由印第安纳州立大学特色馆藏，科尔德尔词典收藏提供。

6

1843年，死神在慢慢靠近韦伯斯特。在他生命的最后几个月里，他没有遭受任何疾病的纠缠或身体虚弱的阻碍。他也有酸痛感，但看上去比实际年龄年轻。他在家中依然很活跃，仍在资助儿子威廉，对园艺的兴趣也不减当年，并定期拜访他的女儿们和耶鲁大学的老友，包括本杰明·西利曼（Benjamin Silliman）教授、詹姆斯·卢斯·金斯利（James Luce Kingsley）教授以及前大学校长以斯拉·斯泰尔斯。就在前一年，他还收集了自己大约五十年来写的散文，合订成册，还添加了注释，题为《关于政治、文学和道德主题的论文集》(*A Collection of Papers on Political, Literary and Moral Subjects*，1843年)，在他去世前几天才出版。5月初，他甚至完成了新版拼写书的一些修正。5月22日，在一个晴朗而寒冷的日子里，他拖着坐在摇椅上时弄伤的脚，两次一瘸一拐地步行四分之三英里去了当地邮局。他第二次挣扎着回家时，受了风寒，很快恶化为胸膜炎，一种肺部炎症。他感觉呼吸困难，就躺在了书房的床上。

关于他最后的日子，我们从他的女儿伊丽莎那里得到了详细的记录。她和家里的许多其他成员一样在他临终时守在他身边，并记录了他们最后的一些谈话。他对她说："我曾在许多困难中挣扎。有些困难我想办法克服了，有些困难我无法战胜。我犯了不少错，但我爱我的国家，我为我国的青少年鞠躬尽瘁……"他对伊丽莎说，他的"文学辛劳都结束了"。据她说，他没有特别提到自己的词典编纂工作——这可能表明他认为这些工作经不起时间的考验。他把一本珍贵的早期版本拼写书送给了他外孙中的一个。他谈到了他一贯的爱国主义和与上帝的亲密关系。"我准备好要去了，"他小声说，"我的工作都做完了，我知道我一直信赖谁。"当他的一个女儿问他是否感到剧痛时，他意味深长地回答:"亲爱的,痛苦并不剧烈,但有一种无法形容的不安。"几小时后,1843年5月28日,他告别了人世,手里捂着一本比他的词典更让他出名的拼写书。[16]

整个纽黑文,那个他和家人一起生活了四十多年的地方,似乎都在哀悼。纽黑文绿地中心教堂和阿默斯特学院为他举行了几次追思大会。长长的送葬队伍包括他的家人、耶鲁大学全体教职员工和学生,以及来自纽黑文和周边社区的学童。他被安葬在他家附近的格罗夫街公墓,那是许多耶鲁大学校长的长眠之地,他的妻子丽贝卡在四年后跟他合葬在了一起。在他去世后不久,本杰明·西利曼在日记中写到了他的老朋友韦伯斯特:"他在丰盈的名誉、健康、精神力量和基督信仰中死去。他将名垂青史。数以百万计的人得到了他著作的指导,还有数百万人将在未来的岁月里学习这些著作。他遭遇到了不小的反对,这既源于他个人的怪癖,也是由于他的想法大胆而新颖。他为学校编写的初级作品得到了普遍的认可,还有许多其他作品仍在指导人类……"

下篇

梅里亚姆兄弟参战

第十章
去除韦伯斯特的韦伯斯特词典：
从家族仇怨到梅里亚姆兄弟

1

　　韦伯斯特的死暴露了其家族中暗藏的争斗，这些纠纷花了数年时间才被理顺。正如我们所看到的，家庭内部的猜忌和误解，在女婿之间，韦伯斯特本人和古德里奇之间已经存在了一段时间。女儿们尤为怨恨的是，父亲多年来为支持其唯一的儿子威廉在各种不成功的商业活动中花费了大量资金。1837年2月13日，福勒的妻子哈里特毫不客气地说："我都为我弟弟感到羞愧，他就那么心安理得地接受年迈父亲源源不断地给他预付的资金。他本该去找份工作。"就在韦伯斯特去世前夕，他做出了惊人之举，将拼写书——真正的摇钱树——的所有权授予了威廉，这一决定让威廉的姐姐姐夫和妹妹妹夫更加愤怒，因为这危及了他们在遗产中的所得。然而，大部分怨恨都是针对韦伯斯特的女婿古德里奇的，他们认为他是机会主义者，他通过哄骗老人获得了古德里奇-伍斯特八开本版权（和利润）的独家权利，不公平地占了老人家便宜。更糟的是，该版本对任何韦伯斯特新版词典的进展都构成障碍，直到1857年其版权保护到期。当韦伯斯特的遗嘱被宣读时，他的女儿朱莉娅每年的遗产收入被扣掉了古德里奇-伍斯特八开本的收入部分。怨恨再次爆发。韦伯斯特觉得古德里奇的妻子朱莉娅从古德里奇–伍斯特系列的继承中所获得的超过了她的遗产份额，按理说，那应该是整个家族的财产。[1]

古德里奇惊呆了。他最终勉强同意"以金钱上的损失"放弃利润，条件是朱莉娅要恢复与她的兄弟姐妹平等的遗产权。但还不止如此，1843年10月，他坚定地为自己辩护，总结了令人不悦的删减版的出版历史，镇住了他的连襟埃尔斯沃斯——韦伯斯特遗产首席执行人。古德里奇对埃尔斯沃斯说，他从未像他们所有人想象的那样从中赚取过这么多钱：九年来，平均每年出版两个版本，每次只出版1000册，总共赚了6468美元。"它的成功程度使我承担的风险和麻烦得到了丰厚的回报"，但"任何熟悉该行业的人都会说，对于风险和忧虑来说，利润非常有限。我料想我的一些朋友（即家人）认为能赚取更多利润……"任何图书从业人员都可以告诉你："在大规模销售的作品中，利润最大的是书商，而不是版权持有人。我认为艾姆斯兄弟的收购堪称极其幸运之事，在怀特兄弟成为出版商后，他们的活动更令我庆幸。我的主要利润是从这次收购上得来的，而不是……我从韦伯斯特岳父那里的收购得来的。"他说，在编写八开本删减版时，他花了5000美元往返波士顿，与伍斯特合作，并为韦伯斯特添加新素材，更不用说他从耶鲁大学的教授职务中挤出无数的业余时间，来编辑整本书并使之顺利出版。他辩称自己的动机一直都是无私的："天地良心，在我与韦伯斯特博士或其子女打交道时，我从来没有被自私的动机所驱使。我是应他的迫切请求购买的版权……我完全相信，他的医生和朋友们所说的救济给（他）带来的宽慰对他完成（修订）大部头作品工作所需的健康情况至关重要。"他从韦伯斯特那里获得版权时的通信清楚地表明，这并不是在韦伯斯特所声称的"迫切请求"下实现的，但因为这件事发生在大约十年前，这家人现在不得不相信古德里奇的话。[2]

这些交流的兴趣和重要性不在于谁是谁非的细节，而是在于在这般险境下,古德里奇所表现出来的机敏和效率。他的信件体现出用精心设计的、在道德上看似合理的论点来压倒其对手的无穷能力。从开始与伍斯特合作到继续修订韦伯斯特的作品,他所表现出的决断、敏锐和洞察力,使他在十九世纪的韦氏传奇故事中赢得了几乎与韦伯斯特一样重要的地位。即使在韦伯斯特本人还健在的时候,他已然成为所有与韦伯斯特词典有关的核心与掌控角色。而在韦伯斯特去世后,未来的韦伯斯特词典出版商都离不开他的效力。

2

韦伯斯特的遗嘱列出了五名执行人:韦伯斯特的妻子丽贝卡、他的儿子威廉、他的女婿威廉·埃尔斯沃斯、古德里奇的出版商亨利·怀特、罗杰·鲍德温(Roger S. Baldwin,后来是康涅狄格州州长和美国参议员)。古德里奇刻意没有被提及。鲍德温从未参与韦伯斯特遗产分割的执行或继承人随后的争吵。其中,威廉·埃尔斯沃斯将成为主导人物。作为首席执行人,他发现自己被赋予了一个繁复而不值得羡慕的工作。首先,在某个仓库里,仍有上次留下的1200份未装订的1841年版皇家八开本在等着交给出版商,但在古德里奇-伍斯特删减版即将出版的情况下,谁会来买它们呢?其次,由于韦伯斯特三心二意的努力和劲头不足的计划,在他的各种作品——拼写书、学生用词典、1828年版的四开本和最近仓促完成的皇家八开本中,一直存在着拼写和发音不一致的问题。他坚持说,如果没有这种一致性,他永远不会看到有一天"这个国家所有人民都遵循同一部词典(当然是他的)和拼写书,以便保持说写一致。这是一个关乎国家利益的大事"。韦伯斯特的正字法还远未得到全面修订。所有这些都将带来巨额花费,当然,前提是韦伯斯特遗产的执行人能够找到一个有足够资源的出版商来完成这项工作。显而易见,第一步是鼓励古德里奇承担,或者说,继续承担从韦伯斯特词典里

去除大部分韦伯斯特本人编纂内容的任务。³

因此,埃尔斯沃斯发现自己处于统帅地位。作为一名律师和康涅狄格州前州长,他有权利和技巧承担起就版本、编辑和出版商、版权、遗产、利润和韦伯斯特的声誉等方面统一家族的艰巨任务。他处理家族关系的方式以及他在这些关键时刻必须做出的决策,将决定韦伯斯特词典的未来以及后代对他的看法。一切都很容易出错。为了理顺问题,他开始一封又一封地写信,一直写到十九世纪五十年代。由于他不是词典编纂者,对这一问题也没有什么兴趣,他不得不依

图13 威廉·韦伯斯特,诺亚·韦伯斯特的儿子。由纽黑文博物馆和纽黑文历史学会提供。

靠别人的建议和判断。在这方面,唯一能影响他的三个家庭成员是威廉·韦伯斯特、古德里奇和福勒。威廉全心致力于推广父亲的书,不管这对他本人和自己的小家庭有多少不便,他还是把自己作为遗嘱执行人的角色边缘化了。他再次搬家,这次是举家搬到纽约,就在父亲去世前不久,他希望能经营一家自己的书店,让自己最有效地充当父亲的代理人。现在,家里其他人对父亲把拼写书全权交给威廉非常不满。父亲经常为其独生子的金钱困境和一向缺乏专注而忧心,一半是由于父亲的率性和倾向,一半是由于威廉本身的不善经营,这也致使他在辛辛那提和印第安纳州的工作屡屡失败。鉴于拼写书是摇钱树,必须马上从威廉手中夺走对它的控制权。1843年7月6日,埃尔斯沃斯很不耐烦地写信给

他，指出把拼写书交到他手中是疯狂之举。他坚称，拼写书"必须交由积极有效的书商来打理"，暗示威廉在图书销售业务中从未成功地证明自己"积极有效"。埃尔斯沃斯坚持说，威廉现在主要从事"其他的生意"，他不能给拼写书它所需的关注度。他很快就会"把拼写书搞垮"。家族不会允许这种情况发生。此外，他补充说："你父亲从未对你管理拼写书进行深思熟虑。"在短短几个月内，其他遗嘱执行人就通过收购一家出版商而成功地夺回了拼写书的所有权。威廉为了得到一些快钱，已经把拼写书的部分版权授予了该出版商。[4]

3

对古德里奇–伍斯特删减版"几乎毁了大型词典"牢骚满腹的埃尔斯沃斯，很高兴为那些未出售的书册找到了一位买家，特别是在被其他14家出版商拒绝后。1843年底，阿默斯特的J. S. & C. 亚当斯公司同意花费2800美元购买这些书册。拥有这家公司的兄弟从韦伯斯特住在阿默斯特时就与他交好。埃尔斯沃斯向其家人保证，他们是镇上"三家出版社中名声最好的"。埃尔斯沃斯当时的主要想法，正如他在1844年12月告诉威廉的那样，就是把这些书册的权益出售，这样"之后我就不会和它有任何联系了"。此话听起来足够直率。他幻想着这些书册的出版可以在全国市场上填满韦伯斯特的作品，"以此排斥伍斯特目前正在做广告宣传的新大型词典"。根据出售条款，亚当斯兄弟在三年之内可以处理这些书册，之后遗嘱执行人就可保留自己为全新版本寻找出版商的权利。[5]

亚当斯兄弟铤而走险的收购失败了。一年之后，他们终于松了一口气，将剩余的未装订的书册卖给了坚定的兄弟查尔斯·梅里亚姆和乔治·梅里亚姆，价格比他们自己支付的价格高出了1000美元。1797年以来，梅里亚姆兄弟的父亲丹尼尔和其兄弟埃比尼泽就开始经营一家小型印刷厂和图书销售机构，印刷机曾属于马萨诸塞州中部西布鲁克菲尔德的本杰明·富兰克林。该机构虽是小本经营，但足以使丹尼尔把他的两个儿子送到波士顿去当印刷学徒。最终，他和埃比尼泽放弃了这个行当，但他的儿子们，在12岁以后就没有接受过正规教育的两兄弟，于1831年在马萨诸塞州斯普林菲尔德开设了自己的印刷书店。他们受过印刷和装订方面的培训，特别是相对新的印版工艺培训；同样重要的是，他们最终被证明是具有独到商机眼光的出色而精明的商人。

到十九世纪四十年代初，雄心勃勃的梅里亚姆兄弟在生产和销售法律书籍、教科书、《圣经》和其他各种书籍方面创造了一个成功的企业。在十九世纪三十年代早期，他们因为手头资金短缺而无法购买古德里奇删减版的韦伯斯特词典，错过了一个赚钱的机会。但是在1843年，当他们注意到亚当斯兄弟试图出售韦伯斯特未售出的书册时，他们瞄准了一个利用这些书册的机会。他们知道古德里奇删减版的韦伯斯特词典销路很好，并认识到他们可以利用"韦伯斯特"的名气。如果处理得当，韦伯斯特词典的新版本很可能会让他们赚些钱。他们认为冒险是值得的，于是购买了那些书册。

拿到那些书册后，梅里亚姆兄弟迅速行动起来。他们立即写信给埃尔斯沃斯，说他们希望签一份合同，立即出版1841年《美国英语词典》（皇家八开本）的新版本。虽然埃尔斯沃斯准备支持他们，但他还是有些疑虑。1844年3月4日，他回答说，事情并不那么简单。他很了解韦伯斯特家族不好对付的本性："如果没有与所有健在的人签订有约束力的合同，你们就无法实现你们现在的愿望……我相信，试图从继承人和遗孀那里获得一份安全、有约束力的合同是徒劳的。"尽管如此，他还是自愿与"韦伯斯特博士的遗孀和孩子们"一起"提出你们感兴趣的方面"。埃尔斯沃斯没有食言，通过强调可能的经济利益，他热心地向其家人陈述了这一情况，并最终说服了所有人，让他们相信这是一个不容错过的大好机会。[6]

梅里亚姆兄弟只是看到了这一机会，但没有看到前方布满荆棘的道路，途中充斥着韦伯斯特家族内部竞争对手和料想不到的合同纠纷。三年后的1847年，仅有后见之明的他们写信给埃尔斯沃斯，提醒他在这几年中他们对韦伯斯特家族所付出的辛苦——在所有迹象都表明新版本可能成为他们的沉重负担时，他们承担了该项目的艰巨任务。有人听梅里亚姆兄弟中的一位说，1841年皇家八开本的书册"像鲁滨逊·克鲁索的船一样一直搁浅在荒岛，船只太大以至于造船者无法下水"。由于伍斯特和古德里奇的删减版词典，"在韦伯斯特博士去世后的一年半里一直没有买主，或者据我们所知，没有报价"，是他们支付了词典出版权的费用。在"把一生中生意最旺的三年"投入手边的新版之后，我们不断受到"焦虑根源"的困扰，并涉及超过2.5万美元（今天超过50万美元）的投资。他们抱怨说，"几乎没有任何商业诱因会诱使我们再次经历"那样的考验。[7]

当他们开始含糊其词地谈论为预定版本所做的修订时，埃尔斯沃斯把连襟古德里奇和福勒都形容为"能干的学者和明智的批评家"——建议古德里奇担任编辑。其实他完全不必这么做。梅里亚姆兄弟已经决定，没有其他学者比古德里奇对这本词典更熟悉。而古德里奇似乎也蓄势待发。多年后，古德里奇在给福勒的一封信中写道，他对请他做编辑一事感到很惊讶，"我从未就任何问题与梅里亚姆兄弟有过丝毫交流，事实上，他们两人我谁也没见过。"他自然认为是他在耶鲁大学的人脉让这对兄弟想到了他，尽管鉴于他与伍斯特在八开本上的合作，他们能想到请他似乎也不足为怪。在这一点上，无论是梅里亚姆兄弟，埃尔斯沃斯，还是古德里奇都没有看到古德里奇八开本删减版和梅里亚姆兄弟心目中新大型版本之间存在任何无法逾越的利益冲突，也没有看到他们与作为未来两个版本的编辑的古德里奇之间的利益冲突。如果古德里奇对梅里亚姆新版的修订能与其他韦伯斯特词典的修订版本相协调，那么这会带来全方位的好处，从而在这些词典之间建立起曾有过的拼写、发音和定义的一致性，而这也是为何韦伯斯特在其有生之年不再对一致性的推广抱任何希望。[8]

古德里奇不确定是否要承担这项艰巨的任务，因为它很可能决定他余生的走向。他主要有三方面的顾虑：为赢得大家对韦伯斯特词典的尊重的好口碑所需的大量工作；八开本及其出版商怀特兄弟如何融入该计划；韦伯斯特家族的某些成员出于对词典编纂者的忠诚，可能会对古德里奇所设想的修订形成的阻力。他希望得到滴水不漏的保证，即在其修订词典的过程中得到全家人和受托人的支持。他不想容忍一而再地猜测，因利益冲突而分散精力，以及任何可能会造成延期的争端。他在1844年1月写信给埃尔斯沃斯说，除非家族同意他的条件，否则这个项目就无法进行。他的措辞非常尖刻：韦伯斯特的语言学和词典编纂的许多原则都是如此离奇，令人难堪，以至于哈佛大学和普林斯顿大学都对此怀有敌意，他没有提到耶鲁大学，因为那里一直都对韦伯斯特比较支持——那些原则经常被援引为"畸变英语的样本"。埃尔斯沃斯站在他这一边，但家里的其他人无疑对古德里奇关于韦伯斯特作品的批评感到怀疑和犹豫。古德里奇可以被信任吗？埃尔斯沃斯去做他们的工作，设法让他们安心。所有人最终都决定全力支持古德里奇，除了韦伯斯特的知己福勒，他坚持要求古德里奇必须定期暂停工作向家人通报词典修订的详情。[9]

虽然起初古德里奇的出版商怀特兄弟对他和竞争对手搞在一起有些担忧，但古德里奇向他们保证，他为梅里亚姆版所做的所有工作，一经梅里亚姆兄弟同意，就会被用于八开本删减版的更新，于是他们同意梅里亚姆兄弟进入这一复杂版本的组合之中。而且这些更新对另一方同样有效。两个版本的修订将在拼写、发音、定义和词源方面保持一致。古德里奇让梅里亚姆兄弟不必担心怀特兄弟，他们的八开本最近销量下降，因此他们会很高兴能被大型词典的新马力拉动："如果你们能和怀特先生妥善安排，没什么可以阻止我监督这项工作，并为这个设计贡献数年的研究成果。"他告诉他们，再没有另外一个人能让这两个版本"相互匹配"。梅里亚姆兄弟马上采取了后来成为他们的商标的闪电行动，迅速给诺曼·怀特写信，收到他的回信，并在六天内答复了古德里奇。怀特对任何一项安排都没有异议，因为他明白，如果这几本词典的拼写和发音不统一，复杂的韦伯斯特词典印刷品将永远存在致命缺陷，这很可能会使公众远离韦伯斯特词典。梅里亚姆兄弟对韦伯斯特词典的修订考虑了眼前和长远的利益，尤其是对它的正音法的修订："我们认为，在这个时期（为八开本删减版）改变或从根本上修改韦伯斯特所采用的正音法是欠考虑、不可行的。但我们想，为准备出版更大的（足本的）著作，这样做也不是不可以。"[10]

4

梅里亚姆兄弟正在使自己成为新版韦伯斯特词典的引擎和注资人，以及反对伍斯特的新举措的发起者。他们的目标是把韦伯斯特职业生涯的核心和灵魂——足本的四开本打造出市场价值。他们不会放过任何机会，会对出现的问题立即采取行动，并寻求他们能找到的最佳建议和编辑方面的专业知识。"立即行动！"是他们的座右铭。其他出版商原本可以接受足本词典带来的挑战和生财机遇。这一直是一扇敞开的门，但只有梅里亚姆兄弟有勇气跨过门槛。

古德里奇需要确切地弄清楚他们对他抱有多大期望——梅里亚姆兄弟想要什么样的版本。1844年12月19日，他写信给他们："如果没有确切说明要做的事情，我不可能提及为出版社编纂韦伯斯特博士的词典应该收到多少报酬。"当他们谈及"添加"发音时，他们是什么意思？他表明，他们需要"完全理解"韦伯斯特的发音规则，以便了解修改发音所需的巨大工作量。他也不清楚他们是否打算增加词条数量并修改定义。"如果我提到韦伯斯特博士没有想到的单词和释义，你们会感到惊讶，而且你们会立刻说这些应该能在词典里找到。比如关于check 的释义，就是有轨电车的车票，这个释义在词典中没有。在词汇中省略了chief justice（首席法官）一词，但插入了chief justiceship（首席法官职位/任期）。"他提醒梅里亚姆兄弟，太多类似例子需要填入，但要通读整本词典，辨别并补充这些遗漏的词，将是一项"非常艰巨的任务"，更不用说修改正字法了。这是一份令人清醒的报告，却并不是梅里亚姆兄弟乐于听到的那种，因为他们没有想到会有接近这种规模的修改。古德里奇是想打消他们修改的念头吗？他们很可能搞不清他是站在哪一边讲话的。[11]

古德里奇甚至抨击了一直以来被人看好的韦伯斯特词典的定义，他从中看到了令人担忧的弱点。他感叹道，"定义中不准确之处"比比皆是，仅在最后100页中就有大约100个"明显的错误"，这是韦伯斯特不明智地依赖"旧权威"这一不幸事实而造成的，例如"chuckle（笑），我们都知道它的意思是以一种压抑的方式笑，或是暗自笑"，但韦伯斯特把它定义为"痉挛性的笑"。由此展开，他转向了一个主要问题，词典对正字法的处理。他们必须摆脱韦伯斯特怪异的非正统拼写，比如：用beleev替代believe（相信）、cloke替代cloak（斗篷）、determin-determine、giv-give、greef-grief、groop-group、iland-island、korus-chorus、neer-near、nightmar-nightmare、soop-soup、steddy-steady、stile-style、thum-thumb、tung-tongue、turnep-turnip、wimmen-women——这个列表似乎没完没了。然而，古德里奇并不打算彻底扫除韦伯斯特所谓的拼写改革。其中某些类别的改革，例如在ck中消除k，在某些词中消除u，已经在美国站稳了脚跟。我们已经看到，用er代替re来拼写某些词尾在美国也已经是普遍的做法。

对于以上和许多其他类型的大修，古德里奇坚持认为梅里亚姆兄弟所接手的词典必须赶上他的删减版——十五年前，那本词典就已经开始使韦伯斯特版更接近常规的美式（和英式）拼写。想到梅里亚姆兄弟可能担心韦伯斯特是否是一名真正称职的词典编纂者，古德里奇缓和了批判的语气，补充道："我只能说，词典必然有其不完美之处——没有一个人可以始终如一保持他的想法。"韦伯斯特的作品无疑是该行业的丰碑，古德里奇写道："但他所有朋友都知道，仔细的修改可能会带来重大的改进。许多不当之处可能会被排除，许多错误可能得到更正。"至于这条路要走多远，这取决于梅里亚姆兄弟，但古德里奇文学界的友人告诉他，要么现在，要么永不。如果现在不经彻底的修改就被印刷和"论定"，那么到1856年版权到期时，它可能就已经不再具有竞争力了。到那时，伍斯特可能会成为美国词典编纂的新偶像，进而巩固他作为美国最值得信赖、也最具学者风度的新兴词典编纂者的地位，并偷走梅里亚姆兄弟大部分的市场。[12]

古德里奇还向梅里亚姆兄弟表示，如果他真的投入到这一具有丰碑式意义的过程中，他不希望他们或怀特兄弟抱怨谁的版本在修订过程中变得更出色。他也告诉他们，一定不能走捷径。事实上，这正是梅里亚姆兄弟起初的想法——在伍斯特完成他正在进行的那部人人皆知的作品之前，拿出一个快餐式的版本。毫无疑问，古德里奇警告他们：如果发生这种情况，批评者会对他们发起攻击。由此产生的劣质产品将使伍斯特以其谨慎、彻底而卓越的学术研究获胜，并为他开辟更广阔的道路。

古德里奇和梅里亚姆兄弟交换了几份不同版本的合同，直到古德里奇确信他们之间达成了完全的谅解。他们终于在1845年1月30日签署了一份合同，后来成了一项为期三年的工作，而古德里奇的劳动报酬为2000—3000美元。相比之下，1828年，康弗斯和韦伯斯特只花了八个月的时间，就向伍斯特支付了2000美元，以完成八开本的删减工作。[13]

5

福勒支持新版本的计划，但也仅此而已。他对古德里奇的嫉妒是如此之深，以至于古德里奇有一段时间甚至不愿意邀请他的孩子们到纽黑文与他和妻子住在一起，以免福勒以为他试图讨好他们，这会对他们的父亲不利。韦伯斯特对福勒绝对信任。1836年7月，他曾写信给在辛辛那提的儿子威廉："至于你对福勒先生的偏见，我丝毫不在乎。咱们家没有比福勒先生更好的朋友，他对维护我的出版物的重要性深有感触——没有人在对这件事情的影响上超过他。"1837年和1838年，他多次试图说服福勒成为1841年皇家八开本的联合编辑。福勒认真考虑了这个提议。他后来从相对默默无闻中脱颖而出，凭借其《英语语言的元素与形式》(*English Language in Its Elements and Forms*，1850年)的面世而成为全国语言学的权威之一。在韦伯斯特的敦促下，他甚至向纽约哈珀兄弟出版公司单独谈及此事，该公司喜欢出版这个提议的新版本，前提是他们能够做到"不受古德里奇先生（因为八开本删减版）对它的牵制"。如果能安排的话，他们答应给韦伯斯特一笔"可观的财富"。然而，古德里奇挡了道——没有其他办法，哈珀别无选择，只能放弃这个想法。韦伯斯特去世后，福勒对他所认为的古德里奇在确保八开本删减版版权方面奸诈的阴谋感到不满，这是他们之间长期不和的根源，让福勒比古德里奇更为焦躁不安。[14]

基于岳父对他作为"神圣"词典保护者的信任和信心，福勒独自为他自己的十二开本（与韦伯斯特1829年版的《英语语言词典：供小学和会计室使用》大小差不多）找到了一个出版商，他称之为大学版，这是纽约 F. J. 亨廷顿-萨维奇出版公司于1845年出版的删减本（1850年出版了修订版）。[15]对于该版本，他首先决定不做任何会玷污和违反韦伯斯特拼写和发音体系的修订，而且（万一有人在听的话）他坚持认为，计划中的梅里亚姆版本的拼写应该完全以他自己的大学版本为指导，而不是古德里奇-伍斯特的删减版词典。他担心韦伯斯特的词典编纂会被全盘拆解。因此，他的全部理由是不惜一切代价捍卫韦伯斯特，保护他词典编纂的遗产。如果他成功了，他就会正中伍斯特下怀。

福勒在1845年发行了私下流传的小册子《已印刷但未出版》（*Printed, but Not Published*），其中他重述了对其连襟的不满，详细描述了古德里奇声称的如何使韦伯斯特的计划夭折，以及作为韦伯斯特最信任的文学执行人，福勒本人如何被排挤的过程。古德里奇的"精明和诡计"，他写道，使他能够与韦伯斯特达成"狡诈的交易"。福勒恳求古德里奇让他参与其中，与韦伯斯特分享一部分版税，并解除禁止韦伯斯特出版类似规模的竞争性删减版本的具有法律约束力的协议，但他没有成功。古德里奇的主要辩词是，他将版税用于耶鲁大学的"神圣目的"，并向耶鲁大学捐赠了5000美元，作为在那里获得新的神学教授职位的捐赠——顺便说一句，他被授予了该职位。福勒的合理答复是，该家族更愿意找到自己的方式来花费本应属于韦伯斯特及其家族的版税。[16]

福勒的小册子是如此令人不安，以至于古德里奇百感交集地在日记中为此撰写了一篇祈祷文。这证实了他内心深处的宗教天性，以及福勒对他的试探。"我不能怀疑，我正需要这一考验来净化我的灵魂。自满的深渊无法洞穿……这里是可以触动我的最温柔的地方。我希望在上帝面前，我可以说……首先，我从未像为这次攻击的作者那样，为任何人热切地祈祷。在祈祷中，我的心为他变得温暖……其次，我对世俗的事物，特别是对公众的评价，更加不悲不喜，这正是我所需要的。"[17]

埃尔斯沃斯再次告诉福勒，他太过吹毛求疵了，他应该与古德里奇开始建设性的合作。奇怪的是，福勒将其解读为受托人让自己全权控制所有版本的修订工作——"因此，我毫无保留地把全部修改的问题都承揽了下来",并开始表现得好像古德里奇有义务按自己说的做。福勒坚持定期开会并要求他们之间保持通信联系,还坚决要求所有的修订必须先经他过目,才能寄给梅里亚姆兄弟。他随时准备反击古德里奇预想的修正、删除和添加。[18]

他很快发现自己根本不是古德里奇的对手。他在后来的一篇文章中描述了古德里奇是如何技高一筹的:"我收到古德里奇先生的来信,说他即将为梅里亚姆兄弟编辑这部大型作品,并要求我授权他在不咨询任何人的情况下进行修改!……我认为这是一种对我明目张胆的傲慢,作为大学版的编辑,我有充分的权利进行修改。"福勒怒气冲冲地从米德尔伯里赶往纽黑文,亲自与古德里奇商讨此事。他们聊了几个小时,一直聊到深夜。几年后,古德里奇提醒福勒,让他记得自己在午夜时分对他说过的话:"你来到纽黑文,并提议要作为这一修订本的联合编辑与我联合。我拒绝了,指出这样做完全划不来,因为如若是这样,你就必须住在这里,但我反对的理由主要是上面提到的,即要想促使这项事业成功,必须得有一位责任编辑进行监督。"想到福勒要辞职来到纽黑文,以无休止的分歧纠缠他,古德里奇感到如坐针毡。他们陷入了僵局,所以第二天他们两人分头去哈特福德找埃尔斯沃斯,后者设法让他们同意至少合作几个月,至少使大学版和梅里亚姆版的正字法相同。即使是这样安排,古德里奇也难以忍受。这些纠纷使进度一下子放缓了,而这正是古德里奇所担心的。[19]

埃尔斯沃斯写信给古德里奇:"我知道,你能为你设想的改动提出充分的理由,这些理由会影响我。"但福勒不会善罢甘休。"上次在哈特福德的时候,我跟你说过"拒绝与福勒担任联合编辑,气急败坏的古德里奇在2月份给埃尔斯沃斯的信中写道,他对"其他任何人"都会那么做,且对自己作为编辑所做的事没有什么好隐瞒的。"我会欣然地向福勒先生提交……我在拼写和发音方面所做的改动……"这时最为意想不到的事情是，福勒刚刚抵达纽黑文便出现在了他家的门口，硬塞给他一份文件让他签字，要求古德里奇定期向他提交所有的修订，而且他有权利推翻任何他不喜欢的修订。古德里奇拒绝签字。可怜的埃尔斯沃斯对此感到无助，因为他无法让两个好斗的连襟修好，但埃尔斯沃斯私下向古德里奇保证，他大部分时间都可按自己的方式行事。最好的办法是无视福勒，继续修改，把修改提交给受托人和家族，然后给印刷商付印。[20]

人们从没怀疑过古德里奇会在这场内讧中获胜，但福勒的插手对编辑和古德里奇的精神和身体健康都造成了伤害。其他家庭成员对他的态度莫衷一是。他准备退出这场纷争，只和怀特兄弟打交道，专心在耶鲁大学履行教师和牧师职务。他写道："我所能做出的拼写上的改变，使我因这方面的阻力而感到相当痛苦，在其他方面的改变也必将使我经历更多的痛苦。我的健康已因此受到影响，我预计它将受到更大的影响。"福勒"敌视任何大一些的改变，以及你们交给他的工作"。他告诫梅里亚姆兄弟。他们的版本"基于他所信奉的原则……与伍斯特的相比一定会处于极大的劣势"。目前来看，他会坚持下去，并对得到最好的结果心存希望："我的意思是，上帝赐予我力量，敦促我做出我自己认为应该做出的一切改变，以利于工作，并促进你们的利益。"[21]

古德里奇和梅里亚姆兄弟关于必须不惜一切代价对韦伯斯特进行大幅修订的协议在1845年9月得到了证实，古德里奇回忆说，当时"全国各地都对韦伯斯特的正字法进行了猛烈的攻击，此处的正字法显然是指梅里亚姆兄弟广为宣传的即将推出的版本。罗切斯特也报道并传播了一份报告，以最强烈的措辞谴责韦伯斯特博士的体系"。《纽约福音传道者》（*New York Evangelist*）也有"针对我们的尖锐言论"，甚至得到先前"曾是我们朋友"的编辑的支持。特别有破坏性的是，《纽约观察家报》（*New York Observer*）编辑整理了一份报告，用"极度蔑视"的态度痛斥了韦伯斯特的拼写。梅里亚姆兄弟确信，有人正在暗处处心积虑地搞垮他们新版的计划。他们方寸大乱，开始将报刊上类似的报道发送给古德里奇，坚持要他疯狂地对韦伯斯特正字法进行彻底的检查——说服他并不需要大费周章。[22]

到目前为止，这些貌似无法克服的问题（部分是由所有这些延迟造成的）涉及了对韦伯斯特所有版本的统一目标。古德里奇写信给福勒说："我告诉了梅里亚姆兄弟，我觉得为时已晚。大学版的印版制作工作已经完成，任何改变当然都会破坏我们所要达到的一致性，除非我们在印版上也做出相应的改变"——这是一个代价很高的提议。古德里奇拒绝花费更多的时间进行统一的修订，除非福勒的出版商亨廷顿同意让梅里亚姆版先行，让大学版出版时保留其不完美的文本，或者支付修改印版的费用。[23]

10月28日，梅里亚姆兄弟和不靠谱的威廉在纽黑文召开了另一次紧急会议，威廉现在发现自己与古德里奇和梅里亚姆兄弟意见一致。梅里亚姆兄弟、威廉、古德里奇、亨廷顿和埃尔斯沃斯都出席了会议。福勒似乎没有听说过这次会议，或者他被故意排除在外。在他缺席的情况下，亨廷顿同意改变他大学版的印版，采纳古德里奇已在进行的广泛修订。当福勒得知会议是在他不在场的情况下举行时，他气急败坏："他（古德里奇）违背了信仰，违背了荣誉，违反了他与我的协议……他把他对韦伯斯特博士体系的改动强加在我编辑的书中，并称它们是我的改动……因此他犯了文学上的伪造罪……"古德里奇不会接受这种无稽之谈："两位梅里亚姆先生和（威廉·）韦伯斯特先生将作证，会议是由他们发起的，而不是由我发起的。"为了慎重起见，他还说："如果有谁曾经想要保护他人的权利，那么在这种情况下，我想的是保护你和亨廷顿先生的权利。"福勒认为，最大的侮辱莫过于1850年亨廷顿出版大学版时，其扉页上甚至没有他的名字。[24]

为了澄清事实，九年后，古德里奇在1854年1月写给福勒的一封信中愤怒地回忆说，到1846年2月，古德里奇已经完成了300页的修订，准备由韦伯斯特家族批准，福勒再次要求他同意在将其发送给韦伯斯特家族批准之前让他过目。福勒还要求，校对稿须由波士顿的印刷商直接寄给他，以便他能够跟踪工作进度。对于这个要求，古德里奇冷冷地回答说，到时候他可以跟家族一起在哈特福德看校对稿。不过，他还是做了让步，认为如果梅里亚姆兄弟和埃尔斯沃斯同意，他不反对把校对稿寄给他，前提是必须明白古德里奇不能因为等待他的建议而被耽误。他想要的只是"和谐与安宁"。几天后，福勒指责古德里奇在没有咨询他的情况下，就鬼鬼祟祟地进行最后的印刷工作："毋庸讳言，我感到深受伤害……我在此郑重并正式地对你在这件事情上的做法提出抗议，因为它侵犯了我的权利，这属于背信弃义。"这对古德里奇来说太过分了："从你的信来看……你（已经）创造了我们之间现在的分歧。你事情做得太绝了。你所用的语言绝非君子之间的措辞，除非是打算绝交……我从未对你怀有不好或怨恨的感情；一如从前，我从未停止过为你和你孩子的幸福和成功祈祷。"[25]

福勒继续做着他会对梅里亚姆版施加影响的黄粱美梦。最终，即使是埃尔斯沃斯也受够了。"在我和福勒先生之间通了大约6封信之后，"他在1847年2月给威廉写信说，"我对今后与他的所有亲切交往或友好合作都感到绝望……他是我见过的最不同寻常的人……他对所有事情都不赞成——这正是他的行动原则。他最近给我写的信简直就是侮辱。"福勒的故事结束了。他被剥夺了编辑职能，随着他妻子哈里特的去世，到1844年时，他甚至不再是继承人，因此在法律上也失去了从韦伯斯特的作品中获得收入的资格——尽管这个家族宽大为怀，在进行了大量的深刻自我反省后，把他列入了继承人之列。[26]

古德里奇对韦伯斯特词典的完全编辑控制权的追求，无论多寡，终于取得了成功。他做了笔吃亏的买卖，但他可以将编纂顺利进行下去，不必经常担心有人使坏。这并非梅里亚姆兄弟的初衷：他们原本设想这本词典不用花太多时间即可面世，从古德里奇-伍斯特删减版中改头换面便可重登舞台。但古德里奇的计划可能要求梅里亚姆兄弟在向公众提供任何新版本之前，对整个韦伯斯特词典的编纂工作进行彻底清理。

第十一章
等待伍斯特

1

从梅里亚姆兄弟对韦伯斯特词典产生兴趣的那一刻起,他们最担心的就是伍斯特。只要是伍斯特染指的作品,无论是历史的、地理的还是词典编纂的,每一部都获得了普遍认可、高度赞扬和商业成功。包括古德里奇在内的很多人都承认他在词典编纂方面比韦伯斯特更优秀。毫无疑问,伍斯特正处于权势的巅峰时期,还在不断上升,但他没有预料到乔治·梅里亚姆和查尔斯·梅里亚姆的商业敌意和异常强烈的创业精神。[1]

伍斯特即将出版的1846年版词典令他们发愁。他们可以立即采取措施通过再次上演对伍斯特的指责,重提韦伯斯特在1834年至1835年期间在公众面前惊人的指责,玷污伍斯特的名誉。1846年3月2日,查尔斯·梅里亚姆在给埃尔斯沃斯的信中写道:"你知道,伍斯特被韦伯斯特博士雇来对其作品进行删减……(而且)通过这种方式,他充分了解了韦伯斯特博士的计划和词典编纂的所有窍门。"伍斯特的行径简直不可思议:在韦伯斯特还健在的时候,梅里亚姆继续写道,伍斯特一直鬼鬼祟祟,不让人知道他打算编写自己的词典,害怕被"社会认为是不真诚,甚至不光彩、有违道德的"。现在,梅里亚姆补充道,韦伯斯特去世了，伍斯特可以自由地窃取韦伯斯特的作品："如果韦伯斯特博士没有撰写他的大型词典的话……没人相信伍斯特能坐下来编写他即将出版的这样一部作品，这无疑会严重影响韦伯斯特词典的销售。"伍斯特当然完全有权编写一部英语词典——不管韦伯斯特在做什么。无论如何，伍斯特肯定觉得他在托德-约翰逊词典上的工作比韦伯斯特的作品对他的版本的启发更具指导意义，因为截至目前，约翰逊的英语观念比韦伯斯特的更符合他的英语观念。[2]

梅里亚姆兄弟甚至考虑对伍斯特采取法律行动，但由于成本问题，他们放弃了这一想法。他们想来想去，最好的选择就是以其人之道还治其人之身，也就是从伍斯特的词典中掠取："因此，古德里奇教授的观点是，当（他的书）出版时，我们应该审视伍斯特，并在法律和道义允许的范围内利用他的劳动，这样他的作品就不会兼有韦伯斯特的和他自己的劳动成果，而我们的作品也不会只有韦伯斯特的成果。"[3]法律上也许可以，但道义上不行。棘手的问题是，韦伯斯特对伍斯特剽窃的指责从未得到证实。相反，伍斯特在第一次面对这些指责时，就公然对此进行了驳斥，并表示韦伯斯特受到了严重的误导，对英国词典编纂或其他任何地方的词典编纂都异乎寻常地陌生。

查尔斯坚持认为，古德里奇早就确信伍斯特会"在很大程度上利用韦伯斯特博士的劳动"。事实上，真相正好相反。查尔斯明确指出，梅里亚姆兄弟宁愿忽略古德里奇就在几个月前对他们所说的话，如果真有借用的话，也是反过来。"听着，事实上，"古德里奇告诉他们，"韦伯斯特博士确实直接大量借用了八开本删减版里面我和伍斯特先生放进去的内容。"他做了一些统计，并未加详细说明地列举了"我们从其他词典中插入的3000个单词"，以及许多各种词典最新录入的单词及定义。[4]

每个人都知道伍斯特即将出版一部有望重塑美国词典格局的新词典。但梅里亚姆兄弟不知道这个词典何时可能出版，对其也没有足够了解——因而缺乏制定有效战略所需的细节。他们在波士顿网络中各种探查，看看是否能发现一些内幕信息，最后看到了几张伍斯特词典的印刷页，并弄清了伍斯特还需要多久才能完成目前的版本；查尔斯·梅里亚姆在1846年3月写信给埃尔斯沃斯说："伍斯特的作品还没有面世，由于他在精心制作的过程中付出了非常谨慎而艰苦的工作，所以推迟了……印版的制作现在进行到了字母w，估计还需要三个月才能出版，也许需要更长时间。"他们还真没想错。伍斯特正在制作一部出色的词典："我们看过一些单页，古德里奇教授也看过。他（伍斯特）对韦伯斯特的借鉴很明显，但他自己的额外劳动也不容抹杀。"没有举例说明，梅里亚姆提到"有一页上面，伍斯特词典就有19个单词不在韦伯斯特词典中；另一页上则有30个，等等"。他们必须知道伍斯特词典何时可能出版，以便他们能够规划自己的出版和广告策略。"我们真要静等伍斯特词典的面世吗？"梅里亚姆疑虑重重。只要他们遵守了推出新版本的合同条款，埃尔斯沃斯不会太在意他们是否等待。他又问了古德里奇，说要他再等几天。最后，他们决定等待，以防伍斯特的版本里列有证据表明他们希望从韦伯斯特处借用内容的程度，并将其用于针对梅里亚姆版的负面广告宣传的一部分。[5]

2

他们并没有等太久。1846年，伍斯特终于与波士顿出版商威尔金斯-卡特公司出版了他的《通用型批判性英语语言词典》（*A Universal and Critical Dictionary of the English Language*）。这是一部比他的《综合发音和解释性英语词典》稍大的八开本词典（947页，其中76页是序言内容），以托德-约翰逊词典为基础，整合了沃克的《批判性发音词典》，其中新增词条不少于2.7万个，共约8.3万个，比任何一部带韦伯斯特名字的词典词条都要多——没有借助其他词典中的做法，将数千个以

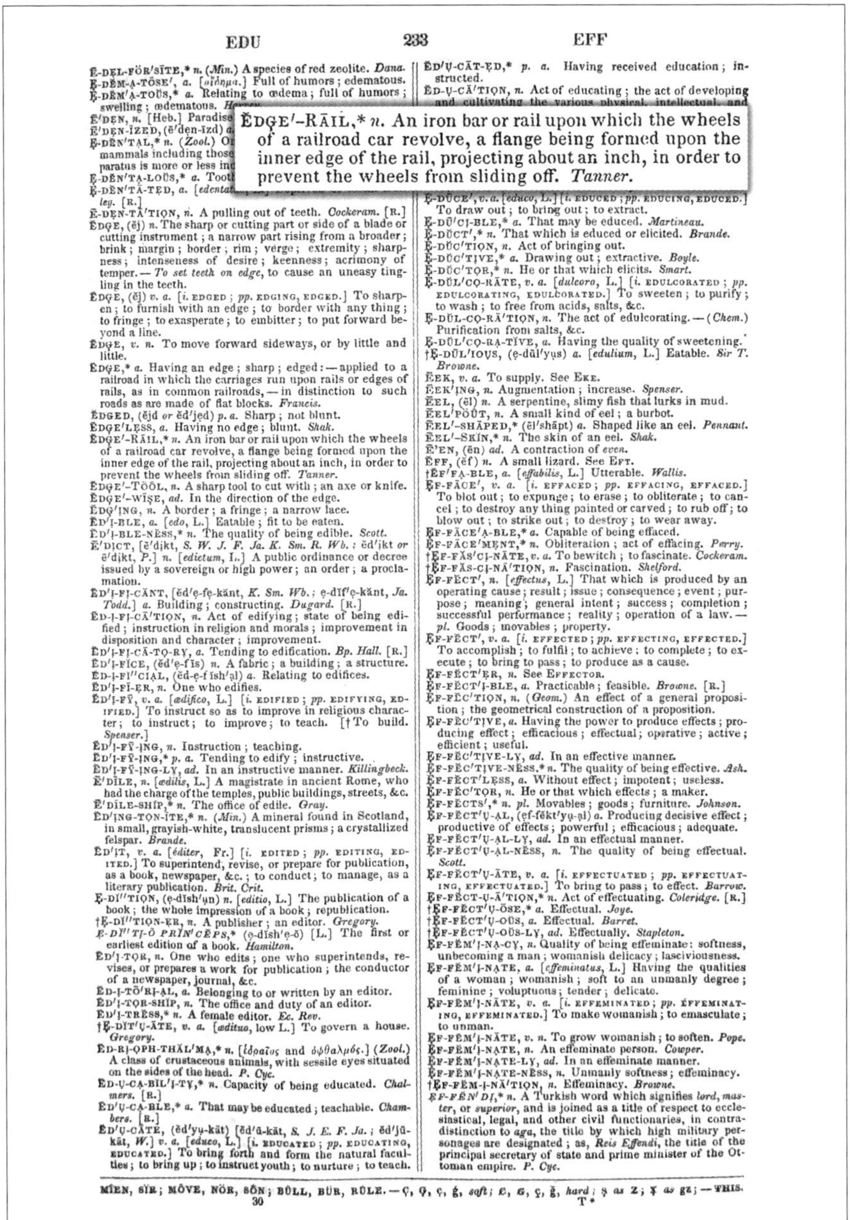

EDU　　233　　EFF

Ē-DEL-FÖR'SĪTE,* n. (Min.) A species of red zeolite. Dana.
E-DĔM-A-TŌSE', a. [οἴδημα.] Full of humors; edematous.
E-DĔM'A-TOŬS,* a. Relating to œdema; full of humors; swelling; œdematous. H...
Ē'DEN, n. [Heb.] Paradise...
Ē'DEN-ĪZED, (ē'den-īzd) a...
E-DĔN'TAL,* n. (Zool.) O... mammals including those... paratus is more or less in...
E-DĔN'TA-LOŬS,* a. Tooth...
E-DĔN'TĀ-TED, a. [edentat... ley. [R.]
Ē-DEN-TĀ'TION, n. A pulling out of teeth. Cockeram. [R.]
ĔDGE, (ĕj) n. The sharp or cutting part or side of a blade or cutting instrument; a narrow part rising from a broader; brink; margin; border; rim; verge; extremity; sharpness; intenseness of desire; keenness; acrimony of temper. — *To set teeth on edge*, to cause an uneasy tingling in the teeth.
ĔDGE, (ĕj) v. a. [i. EDGED; pp. EDGING, EDGED.] To sharpen; to furnish with an edge; to border with any thing; to fringe; to exasperate; to embitter; to put forward beyond a line.
ĔDGE, v. n. To move forward sideways, or by little and little.
ĔDGE,* a. Having an edge; sharp; edged: — applied to a railroad in which the carriages run upon rails or edges of rails, as in common railroads, — in distinction to such roads as are made of flat blocks. Francis.
ĔDGED, (ĕjd or ĕd'jed) p. a. Sharp; not blunt.
ĔDGE'LESS, a. Having no edge; blunt. Shak.
ĔDGE'-RĀIL,* n. An iron bar or rail upon which the wheels of a railroad car revolve, a flange being formed upon the inner edge of the rail, projecting about an inch, in order to prevent the wheels from sliding off. Tanner.
ĔDGE'-TŌŌL, n. A sharp tool to cut with; an axe or knife.
ĔDGE'-WĪSE, ad. In the direction of the edge.
ĔDG'ING, n. A border; a fringe; a narrow lace.
ĔD'I-BLE, a. [edo, L.] Eatable; fit to be eaten.
ĔD'I-BLE-NĔSS,* n. The quality of being edible. Scott.
Ē'DICT, [ē'dikt, S. W. J. F. Ja. K. Sm. R. Wb.; ĕd'ikt or ē'dikt, P.] n. [edictum, L.] A public ordinance or decree issued by a sovereign or high power; an order; a proclamation.
ĔD'I-FI-CĂNT, [ĕd'e-fe-kănt, K. Sm. Wb.; e-dĭf'e-kănt, Ja. Todd.] a. Building; constructing. Dugard. [R.]
ĔD-I-FI-CĀ'TION, n. Act of edifying; state of being edified; instruction in religion and morals; improvement in disposition and character; improvement.
ĔD'I-FI-CĀ-TO-RY, a. Tending to edification. Bp. Hall. [R.]
ĔD'I-FĬCE, (ĕd'e-fĭs) n. A fabric; a building; a structure.
ĔD-I-FĬ''CIAL, (ĕd-e-fĭsh'al) a. Relating to edifices.
ĔD'I-FĪ-ER, n. One who edifies.
ĔD'I-FȲ, v. a. [ædifico, L.] [i. EDIFIED; pp. EDIFYING, EDIFIED.] To instruct so as to improve in religious character; to instruct; to improve; to teach. [†To build. Spenser.]
ĔD'I-FȲ-ING, n. Instruction; teaching.
ĔD'I-FȲ-ING,* p. a. Tending to edify; instructive.
ĔD'I-FȲ-ING-LY, ad. In an instructive manner. Killingbeck.
Ē'DĪLE, n. [ædilis, L.] A magistrate in ancient Rome, who had the charge of the temples, public buildings, streets, &c.
Ē'DĪLE-SHĬP,* n. The office of edile. Gray.
ĔD'ING-TON-ĪTE,* n. (Min.) A mineral found in Scotland, in small, grayish-white, translucent prisms; a crystallized felspar. Brande.
ĔD'IT, v. a. [éditer, Fr.] [i. EDITED; pp. EDITING, EDITED.] To superintend, revise, or prepare for publication, as a book, newspaper, &c.; to conduct; to manage, as a literary publication. Brit. Crit.
E-DĬ''TION, (e-dĭsh'un) n. [editio, L.] The publication of a book; the whole impression of a book; republication.
†E-DĬ''TION-ER, n. A publisher; an editor. Gregory.
*E-DĬ''TI-Ō PRĬN'CĔPS,** (e-dĭsh'e-ō) [L.] The first or earliest edition of a book. Hamilton.
ĔD'I-TOR, n. One who edits; one who superintends, revises, or prepares a work for publication; the conductor of a newspaper, journal, &c.
ĔD-I-TŌ'RI-AL, a. Belonging to or written by an editor.
ĔD'I-TOR-SHĬP, n. The office and duty of an editor.
ĔD'I-TRĔSS,* n. A female editor. Ec. Rev.
†E-DĬT'U-ĀTE, v. a. [ædituo, low L.] To govern a house. Gregory.
ĔD-RI-OPH-THĂL'MA,* n. [ἑδραῖος and ὀφθαλμός.] (Zool.) A class of crustaceous animals, with sessile eyes situated on the sides of the head. P. Cyc.
ĔD-U-CA-BĬL'I-TY,* n. Capacity of being educated. Chalmers. [R.]
ĔD'U-CA-BLE,* a. That may be educated; teachable. Chambers. [R.]
ĔD'U-CĀTE, (ĕd'yu-kāt) [ĕd'ū-kāt, S. J. E. F. Ja.; ĕd'jū-kāt, W.] v. a. [educo, L.] [i. EDUCATED; pp. EDUCATING, EDUCATED.] To bring forth and form the natural faculties; to bring up; to instruct youth; to nurture; to teach.
ĔD'U-CĀT-ED,* p. a. Having received education; instructed.
ĔD-U-CĀ'TION, n. Act of educating; the act of developing and cultivating the various physical, intellectual, and...

ĔDGE'-RĀIL,* n. An iron bar or rail upon which the wheels of a railroad car revolve, a flange being formed upon the inner edge of the rail, projecting about an inch, in order to prevent the wheels from sliding off. Tanner.

E-DŪCE', v. a. [educo, L.] [i. EDUCED; pp. EDUCING, EDUCED.] To draw out; to bring out; to extract.
E-DŪ'CI-BLE,* a. That may be educed. Martineau.
Ē-DŬCT',* n. That which is educed or elicited. Brande.
E-DŬC'TION, n. Act of bringing out.
E-DŬC'TIVE,* a. Drawing out; extractive. Boyle.
E-DŬC'TOR,* n. He or that which elicits. Smart.
E-DŬL'CO-RĀTE, v. a. [dulcoro, L.] [i. EDULCORATED; pp. EDULCORATING, EDULCORATED.] To sweeten; to purify; to wash; to free from acids, salts, &c.
E-DŬL-CO-RĀ'TION, n. The act of edulcorating. — (Chem.) Purification from salts, &c.
E-DŬL'CO-RA-TĪVE, a. Having the quality of sweetening.
†E-DŪL'IOUS, (e-dūl'yus) a. [edulium, L.] Eatable. Sir T. Browne.
ĒEK, v. a. To supply. See EKE.
ĒEK'ING, n. Augmentation; increase. Spenser.
ĒEL, (ēl) n. A serpentine, slimy fish that lurks in mud.
ĒEL'PÖŪT, n. A small kind of eel; a burbot.
ĒEL'-SHĀPED,* (ēl'shāpt) a. Shaped like an eel. Pennant.
ĒEL'-SKĬN,* n. The skin of an eel. Shak.
Ē'EN, (ēn) ad. A contraction of even.
ĔFF, (ĕf) n. A small lizard. See EFT.
†ĔF'FA-BLE, a. [effabilis, L.] Utterable. Wallis.
EF-FĀCE', v. a. [i. EFFACED; pp. EFFACING, EFFACED.] To blot out; to expunge; to erase; to obliterate; to cancel; to destroy any thing painted or carved; to rub off; to blow out; to strike out; to destroy; to wear away.
EF-FĀCE'A-BLE,* a. Capable of being effaced.
EF-FĀCE'MENT,* n. Obliteration; act of effacing. Perry.
†EF-FĂS'CI-NĀTE, v. a. To bewitch; to fascinate. Cockeram.
†EF-FĂS-CI-NĀ'TION, n. Fascination. Shelford.
EF-FĔCT', n. [effectus, L.] That which is produced by an operating cause; result; issue; consequence; event; purpose; meaning; general intent; success; completion; successful performance; reality; operation of a law. — pl. Goods; movables; property.
EF-FĔCT', v. a. [i. EFFECTED; pp. EFFECTING, EFFECTED.] To accomplish; to fulfil; to achieve; to complete; to execute; to bring to pass; to produce as a cause.
EF-FĔCT'ER, n. See EFFECTOR.
EF-FĔCT'I-BLE, a. Practicable; feasible. Browne. [R.]
EF-FĔC'TION, n. (Geom.) An effect of a general proposition; the geometrical construction of a proposition.
EF-FĔC'TIVE, a. Having the power to produce effects; producing effect; efficacious; effectual; operative; active; efficient; useful.
EF-FĔC'TIVE-LY, ad. In an effective manner.
EF-FĔC'TIVE-NĔSS,* n. The quality of being effective. Ash.
EF-FĔCT'LESS, a. Without effect; impotent; useless.
EF-FĔC'TOR, n. He or that which effects; a maker.
EF-FĔCTS',* n. pl. Movables; goods; furniture. Johnson.
EF-FĔCT'U-AL, (ef-fĕkt'yu-al) a. Producing decisive effect; productive of effects; powerful; efficacious; adequate.
EF-FĔCT'U-AL-LY, ad. In an effectual manner.
EF-FĔCT'U-AL-NĔSS, n. The quality of being effectual. Scott.
EF-FĔCT'U-ĀTE, v. a. [i. EFFECTUATED; pp. EFFECTUATING, EFFECTUATED.] To bring to pass; to effect. Barrow.
EF-FĔCT-U-Ā'TION,* n. Act of effectuating. Coleridge. [R.]
†EF-FĔCT'U-ŌSE,* a. Effectual. Joye.
†EF-FĔCT'U-OŬS, a. Effectual. Barret.
†EF-FĔCT'U-OŬS-LY, ad. Effectually. Stapleton.
EF-FĔM'I-NA-CY, n. Quality of being effeminate; softness, unbecoming a man; womanish delicacy; lasciviousness.
EF-FĔM'I-NATE, a. [effeminatus, L.] Having the qualities of a woman; womanish; soft to an unmanly degree; feminine; voluptuous; tender; delicate.
EF-FĔM'I-NĀTE, v. a. [i. EFFEMINATED; pp. EFFEMINATING, EFFEMINATED.] To make womanish; to emasculate; to unman.
EF-FĔM'I-NĀTE, v. n. To grow womanish; to soften. Pope.
EF-FĔM'I-NATE, n. An effeminate person. Cowper.
EF-FĔM'I-NATE-LY, ad. In an effeminate manner.
EF-FĔM'I-NATE-NĔSS, n. Unmanly softness; effeminacy.
†EF-FĔM-I-NĀ'TION, n. Effeminacy. Browne.
*EF-FĔN'DI,** n. A Turkish word which signifies *lord, master*, or *superior*, and is joined as a title of respect to ecclesiastical, legal, and other civil functionaries, in contradistinction to *aga*, the title by which high military personages are designated; as, *Reis Effendi*, the title of the principal secretary of state and prime minister of the Ottoman empire. P. Cyc.

MĪEN, SĬR; MÔVE, NÖR, SŎN; BÛLL, BÜR, RÛLE. — Ç, Ģ, ç, ḡ, soft; C, G, ç, ḡ, hard; Ş as Z; X̧ as gz; — THIS.
30　　T*

图14　伍斯特的《通用型批判性英语语言词典》于1846年出版。详情：关于科技术语 edge-rail（护轮轨）的定义。由印第安纳州立大学特色馆藏，科尔德尔词典收藏提供。

ing和ed结尾的分词作为词条收录。这一版给古德里奇和梅里亚姆兄弟带来的思虑比他们所料想的还要多。（顺便提一下，值得注意的是，与韦伯斯特无休无止的自我宣传不同，伍斯特没有在这部词典里，也没有在任何在美国印刷的词典里，用自己头像雕刻画来做卷首插图。这一直是韦伯斯特的行事方式，而非伍斯特的做法。）

伍斯特在序言中解释说，早在1828年开始准备他的《综合发音和解释性英语词典》时，他就"采用了记录他遇到的所有知名作家使用英语单词的做法，这些单词都是托德–约翰逊词典中所没有的单词"。他对新词典的最初打算仅仅是扩充他的《综合发音和解释性英语词典》，但"发现在任何词典中都没出现的单词太多了"，数量超出了他的预想，于是决定出一部含有"他所能编纂的、拥有尽可能完整的语言词汇"的新词典。这一决定背后可能还有其他更私人的因素，比如要对梅里亚姆兄弟进行反击的人之常情，因为自从他们出现在韦伯斯特舞台上之后，他们的行为让他觉得有些不"义"。无论如何，这对韦伯斯特的命运来说都不是好消息。他从十八世纪和十九世纪早期的英语词典中，特别是从约翰·阿什、查尔斯·理查森和本杰明·汉弗莱·斯马特（Benjamin Humphrey Smart）的词典以及几部科学著作中，摘取了许多单词。另一个重要来源是威廉·艾伦（William Allen），鲍登学院和达特茅斯学院前校长，哈佛大学图书馆助理，他在1809年撰写了《美国传记与历史词典》(An American Biographical and Historical Dictionary)。他收集了1万多个在任何标准词典中都找不到的单词，其中许多是技术性词汇。起初，艾伦同意以每100个单词10美元的费用向梅里亚姆兄弟提供这些单词，但最终却没有出版多少，因为这部词典里大量的词都是复合词，所以它被认为"没什么价值"。艾伦随后将手稿转交给了伍斯特，后者从中又获得了1500多个他遗漏的单词。[6]

艾伦的收集是当时美国业余爱好者对词汇的关注和迷恋的一个例

子,在很大程度上有别于词典编纂者的工作:收集、计数、评估、分享、普及、哲学化、政治化以及撰写有关词汇的文章。这是一个英语语言民主化浪潮兴起的时代,这表现在识字率的急剧增长和机械化印刷带来的各种文学作品的普及,对《圣经》语言的新兴趣,"公立学校"和公共图书馆的建立,创造新词的加速,以及技术、科学和医学的发展。英语词汇已经实现了民主化,成为社会的平衡器,它再也不仅仅是学者和社会精英所关注的问题。普通公众对词语也有了所有权。1万个单词听起来像是一个很大的数字,对业余爱好者而言的确如此,但对于词典编纂者来说,这个对词汇的兴趣激增的时代是个大显身手的机会。词汇如雨后春笋般在各地涌现。词典编纂的工作就是持续了解词汇的最新信息并把它们加以整理。如果词典编纂者能夸耀自己词典里的单词比其他任何词典的都多,他售出的册数可能会更多。必须承认的是,伍斯特比韦伯斯特更幸运,他的生活、收集和写作都更加深入到这个新的词汇世界中,尽管他对舍旧纳新并无兴趣。另一方面,韦伯斯特在与美国新的爱国情操、民主语言趋势相联系这方面领先一步,以人民的代言人自居。他的遗产在未来几十年里通过他的编辑们的工作得以永续。[7]

在《通用型批判性英语语言词典》的长篇介绍中,伍斯特令人钦佩的学术成就得以展示。它包括:词汇丰富的章节,如发音、正字法、语法、英语语言历史、美国英语和方言(以及古语);清晰的英国和美国词典编纂历史;两个目录,一个是十五世纪的"英国词汇词典",另一个是"美国英语词典"——这两个目录主要来自他世界级的私人词典收藏。这本词典的亮点在于学术性和实用性的高度一致,他那源于健全的研究和机敏的词典编纂的文雅而权威的基调。人们觉得他们可以信任伍斯特。1846年,他的朋友,哈佛大学的学者西德尼·威拉德总结了伍斯特的成就:"他不属于那些与确立语言规律的习惯开战的激进词源学家军团。相反,他对这些规律表现出应有的忠诚,对革命精神则似乎不屑一顾。我们没有发现他改变词的正字法以使其符合假设理论的例子。在这些方面,无论我们如何追根溯源,他都高度忠于我们所接触的语言,这使他值得被完全信任。"⁸

尽管他冒着惹怒率真的爱国主义读者和忠实的韦氏信徒的风险,伍斯特在他的序言中毫不隐讳地指出,他引用的大多数词条的权威"主要是英国人"——主要是约翰逊和沃克。事实上,或者说,他引用的是"具有同等甚至更高声望的"英国作家而非美国作家,因为"对于一个新的、不常见的或尚存疑问的单词,知道它不是美国作家所特有的不难,但如果可以引用有威望的英国权威来支持它的使用,这会让许多读者感到满意"。对此,韦伯斯特可能会回答:"我们自己使用的词汇为何首先需要英国人的支持?"但是伍斯特对词典各个方面都采用了"中庸之道"的方法,如一位评论家所说。在经历了韦伯斯特不止一次的伤害之后,伍斯特不想再冒险,他担心韦伯斯特的"鬼魂"以一家新的、敌对的出版商的口吻,对他展开老一套的攻击,所以在伍斯特的序言中,他回顾了他是怎样、何时、为何开始编写词典的。韦伯斯特的作品他没有计入,他说:"关于韦伯斯特足本词典,本人在几年前就对其进行了删减,我很清楚自己没有从那部作品中借用一个词或词的定义……"我们一定记得,在1831年《伍斯特守护神》的争论中,他曾就此为自己大力辩护,反驳韦伯斯特对他剽窃作品的指责。鉴于词典编纂的性质和词典编纂者之间长达几个世纪的互相"借用",他的说法是否可信实际上也无证可查。然而,伍斯特辩称,他特意避免从韦伯斯特那里取词或借用定义。但是关于发音"有争议"的单词,他已经连同一些著名的英语正音法学者,赋予了韦伯斯特词典应有的"权威"。⁹

伍斯特就发音问题再次对韦伯斯特词典提出了一个更尖锐的反对意见:"发音标准不是任何词典的权威,也不是任何正音法学者的权威……它是文学界和有教养社会的现行用法。"当然,这一论点似乎与韦伯斯特的民粹主义信念相矛盾,即至少为了国家的统一,美国的发音标准必须是"普通"人的发音标准。但韦伯斯特所关注的并不是人民的言语和正字法,而是他自己的语言理论——部分是政治和民族主义上的,部分是哲学上的,还有部分是词源学上的,哲学部分源于声名狼藉的约翰·霍恩·图克(尽管他在后来的工作中远离了这位导师)和查尔斯·理查森。伍斯特真正反对的是韦伯斯特根据"理性"或程式化语言概念对语言的感知操纵。伍斯特没有也从未描绘社会、政治、哲学或程式化的语言原则。他可以被看作一位"保守的"语言学家,并非因为他是英国语言用法的捍卫者,或者是塞缪尔·约翰逊和约翰·沃克的拥护者,而是因为他厌恶为所欲为的处世法则。事实上,伍斯特一直关注美国语言的用法,尽管他从未将他的书冠以"美国"词典的标签。韦伯斯特推动"激进"的语言学计划,以类比和本质上不正确的词源学为基础来确定拼写和发音,而伍斯特词典编纂的目的则是编写词典,记录美国现有的语言。他从未反对过美国词汇。这样做的必然结果并不是他必须摒弃以优雅性和正确性作为文学和言语的典范的观点——否则,他就不可能成为人民的词典编纂者了。他写道,词典必须包含"语言中所有词汇",这句话让人想起了他在《伍斯特守护神》争议中的评论,即任何词条都不属于词典编纂者。事实上,这些战争的双方——在报纸、大学、学校、文学家的著作、政治以及"最高文学文化"的男女言论中——一致同意,正如肯尼斯·卡米尔(Kenneth Cmiel)所说:"英美文学,广义上是指以书籍出版的散文,是坚实的英语词典的基础。"有一种东西叫作"真正的优雅"。在所有进行中的语言斗争中,伍斯特仍然在1846年版词典的序言中对韦伯斯特表示敬意,大度地称他为"自约翰逊以来最伟大和最重要的"英语词典编纂者,并将他的四开本词典形容为"伟大的学问和研究",且"在词源和定义方面都有许多重大改进"。然而,在写完这些之后,伍斯特还悄悄插进了一句告诫:"作者(意思是韦伯斯特）的品位和判断力通常不被视为与其勤奋和博学相称。"[10]

伍斯特的"中庸之道"在许多方面都很明显。首先，他决定在有用的地方少加些词源，而不是将其作为一项独立的研究与定义并行处理。他的原则是，由于盎格鲁–撒克逊语是英语的"母语"，而且大多数常用词来源于它，只是"或多或少地改变了它们的正字法"，他省略了这些词的大部分词源。他当然不会像韦伯斯特一样踏上耗费大量时间的词源学之旅，不是因为他没有能力这样做，而是因为他不相信词典是检验这些理论的合适场所。他解释说，在词汇方面，他新增的大部分词条都来自他本人常年的阅读以及约翰逊和沃克的作品——他在那些不是从他们作品中提取的数以千计的单词上面都加上了星号——但他对所有这些词都"在正字法、发音、词源和定义方面做了费心费力的修订"。与以往出版的其他任何词典相比，这部词典也新增了大量与艺术和科学相关的词汇。不错，他再次从约翰逊那里提取了精华，但有数百个单词是他从百科全书和美术、战争、医学、技术、制造、采矿、园艺和农业、商业、建筑、建筑、考古、化学、矿物学、助产学、解剖学、兽医学、军事和海洋生物等专业词典中提取的。他几乎对所有这些词"都给出了全新的定义"。[11]

伍斯特选择收录了大量的外来词，更有争议的是，收录了古语和"许多已经过时的词，以及许多低级或不值得赞同的词"，但他坚持认为，既然读者在阅读中经常遇到这些词，他们会很感激能在英语词典中查找到它们。他预计，许多评论家会觉得他太"自由"了，在提取词的时候把网撒得太远太广。对他来说，这不是最近才有的担忧。事实上，韦伯斯特曾严厉斥责他在1830年出版的《综合发音和解释性英语词典》中收录了众多过时、古老、外来与关于科学的词汇；但是，正如他所写的那样，"一部旨在成为现在所有阅读英语书籍所需的完整词汇表的词典，必须包含"许多此类的单词。[12]

当所有的利弊都考虑到时,读者最感兴趣的还是词典里的定义。释义的长度相差很大,至少一半的只有一行,其他的(很少)则多达二十行或更多行。在一个定义中,几个相关的词接连出现,这一特点往往说明他对不精确性的零容忍,因为他耐心地选择了一个又一个词来引入释义,尽可能详尽地解释词条的意义。以下是他一些定义的样本:

Function:执行;工作;办公室;职业;机构成员的办公室;地方;掌管、教员;权力;一种参照其形式进行思考的数学表达式(函数)。

Mother:生育过后代的雌性;女性家长;与儿子或女儿有关的;产生任何东西的东西;在时间上领先的,如小教堂的母教堂;对主妇或老妇人的熟悉称呼;……在酒中或在醋中形成的一种黏稠物。

Patriot:热爱并忠诚地为国家服务的人。它有时被讽刺性地使用(就像约翰逊把'爱国主义'定义为'政府的派系扰乱者一样')。

Pauser:停顿或审慎的人。

Thin:不厚;稀少;不密集;不紧密;由大空间隔开;不紧密压实或堆积;流放;小;不粗糙;不厚实,如薄薄的面纱;不丰富;不胖;不粗大;瘦;纤细;苗条;微薄;轻微;无实质的。

一个长达近30行的特别长的定义总是包含一些词源,比如在sirloin中,他引用了约翰逊定义的一部分,并将该词的词源与其正字法联系起来:"这在约翰逊以前的任何英语词典中都找不到,它的正字法是surloin。内森·贝利的词典里给出的surloin of beef(牛里脊肉),与法语的surlonge de beouf（牛腩）相对应，后者可能是词源。罗伯特·安斯沃斯（Robert Ainsworth）也曾给出surloin。这个词在兰德尔·科特格雷夫（Randle Cotgrave）的词典中反复出现过，该词典于1611年首次出版，其正字法是surloine和surloyne。"

对于那些仍然反对他和古德里奇八开本删减版的人，伍斯特坚称这不是他的主意，他是"被劝诱去做韦伯斯特博士的《美国英语词典》的八开本删减版工作的"。在编辑方面，除了他与古德里奇达成谅解的"规则"，他"没有任何责任"。一吐为快之后，他显然觉得自己远远超越并远离了这场争斗，可免受韦伯斯特自发的捍卫者们进一步狙击。不久他就发现自己远没想象中那么安全。[13]

3

1846年，伍斯特的《通用型批判性英语语言词典》刚出版不久，梅里亚姆兄弟就刻意地持续搜罗疑似可证明伍斯特剽窃的证据，甚至希望在他们的词典出版之前就能使竞争对他们有利。威廉·韦伯斯特人在纽约，远离马萨诸塞州这样的利益冲突的温床，但他们还是写信给他寻求帮助。他们指示他，全面检索伍斯特的《通用型批判性英语语言词典》，从中寻找伍斯特从韦伯斯特那里获得"一模一样的语言"的证据。威廉仔细阅读了伍斯特的新词典，却没找到。令他尤为惊讶的是"他的定义的贫乏"，威廉从中得出结论，伍斯特并没有从韦伯斯特那里窃取东西，梅里亚姆兄弟大可不必担心。这并不是梅里亚姆兄弟想要听到的。他们想刻画的是罪恶的伍斯特，而不是善良的伍斯特。[14]

他们还呼吁耶鲁大学毕业生、1846年以来在那里担任道德哲学和形而上学教授的诺亚·波特（Noah Porter）带头攻击伍斯特。波特于1871年成为耶鲁大学的校长。作为哲学家和神学家，他在世界范围内享有盛誉，他的著作涉及广泛的主题。他最著名的著作《人类智慧》（*The*

Human Intellect）于1868年出版。除了耶鲁大学的人脉，以及这场冲突正在形成一定程度上耶鲁大学与哈佛大学较量的事实，如果不是受梅里亚姆的委托，他没有明确理由在这个特定的时刻反对伍斯特。就算古德里奇建议他不要对他朋友的诚信进行任何攻击，波特也不理会他，因为他在1847年5月出版的《北美评论》杂志上发表的一篇没有署名的评论性文章中相当直率，该杂志对韦伯斯特特别有利。他写这篇文章是收取了费用，还是代表着耶鲁大学教员普遍支持韦伯斯特的那部分，我们不得而知。

波特的论述描述了他认为所有现代英语词典到21世纪中叶都应该追求的目标。在文章开头他相当中立："这样一部词典所需要的是英国和美国有教养和有理智的人所使用的英语语言的好用法——不是沙龙的极端和不切实际的装腔作势，不是演员僵硬的或精心编排过的夸张表演或自诩的博士发音，不是城市里优雅或粗俗的伦敦腔，也不是旧英格兰或新英格兰那种随意而不雅的地方口音；而是讲英语之人的明智优雅的实际用法。"他同意伍斯特的观点，认为应该更多注意英国人的用法而不是美国人的用法，但不要将"英国人做作的"的语言习惯引入美国语言中："我们宁愿因地方性的无知而犯错，也不愿因惺惺作态的模仿者而犯错。"

波特将其后面的评论分为四个部分：发音、正字法、新词和定义，主要是致力于找出伍斯特的不足之处。他赞扬伍斯特扩充了词典以反映艺术和物理科学的进步，但他坚称，他太自由了——因为在他的词典收录的2.7万个新词条中，有些是最新版《约翰逊词典》中不曾收录的词，或者是英美作家曾经仅仅使用过一次的词，甚至是为了即时效果而生造的词，无论那是多么做作、多么荒谬的词。他列举的伍斯特词典所收录的冒犯性词语包括：cantankerous（脾气坏的）、cutter（刀具）、dandyize（丹蒂主义）、dyssillabification（不良音节划分法）、

facsimile（传真）、scruff（后颈）、shopocracy（购物狂）和squirearchy（乡绅），而这些都是我们今天词典的一部分。（波特说得对，除了其中一个，这些词在伍斯特1830年的《综合发音和解释性英语词典》或韦伯斯特1841版词典中都没有被提到，但两个词典都有cutter一词。）他推测伍斯特这样做只是为了通过增加词条数量使其本畅销。他无比夸张地声称，对于韦伯斯特收录的每一个词，伍斯特都会用一百个词来充斥语言。

波特继续说，至于下定义，那是韦伯斯特的强项，伍斯特"不可同日而语"，他的定义大体是正确的，但往往是在罗列同义词，而不是进行说明，他"很少注意词义的发展"，而这对于更全面地理解一个词至关重要。波特辩称，在定义词语的艺术性方面，伍斯特与韦伯斯特相差甚远，甚至靠不上边。然后，他通过25个例子准确地评论了伍斯特定义的不完整性或讹误，如neology（新词）："在德国，用于《圣经》解读新体系的术语。""这里传达了什么信息？"波特问道，"为什么不讲清楚解读什么体系？"波特还质疑伍斯特将saddle-cloth定义为"马鞍盖"，这不是马鞍垫的"更常见的意义"；而对于kraal，伍斯特将其定义为"南非部落的一间尖顶或圆顶的简陋小屋"。[15]波特说这不对："是有这样小屋的村庄，但从来都不是单独的一间。"（伍斯特接受了这些更正，并在其1860年版的词典中进行了扩充或更正。）[16]

波特的"书评"的最后一页，与其说是对伍斯特词典的分析，不如说是为韦伯斯特所做的辩护，以及对即将出版的古德里奇-梅里亚姆版词典的广告宣传。通过这次书评，波特巩固了他在梅里亚姆兄弟眼中的地位，如果有需要的话，他便可以成为未来韦伯斯特词典任何版本在耶鲁大学的有力捍卫者。

4

新的古德里奇–梅里亚姆四开单卷本《美国英语词典》共1281页，于1847年底出版，标题为《诺亚·韦伯斯特美国英语词典……由昌西·艾伦·古德里奇修订并扩充》(*The American Dictionary of the English Language by Noah Webster...Revised and Enlarged by Chauncey A. Goodrich*)。将其作为四开本出版是为了让它给人留下比伍斯特1846年八开本更深刻的印象。为了做成单卷本，梅里亚姆兄弟不得不使用较小的字体。它被以6美元的低价投放市场（今天超过150美元）——比韦伯斯特1828年四开两卷本的20美元价格要低得多，与伍斯特1846年版的价格相同。古德里奇在序言中说，这是"将近三年的汗水和心血的成果"。因韦伯斯特家族担心新的梅里亚姆版本会对韦伯斯特的词典进行大范围的修订，同时也因福勒希望在古德里奇的工作中担任要职而使自己的工作变得更加复杂，所以古德里奇特别声明，他"没有……自作主张、自行其是，而是不时地将页册出示给家族的其他成员供他们审视。……"[17]

与韦伯斯特和伍斯特不同，古德里奇在本版的序言中并没有沉迷于数字游戏，夸耀他增加了多少新词。他只提到"几千个"。更重要的是，他警告说，不要将新术语和创新"草率地引入"词典中，以免产生破坏性影响："目前在这个问题上该词典存在着大胆的创新，特别是在英国，创新起来近乎肆无忌惮……我们的词汇已经不堪重负，有大量的词汇从未构成英语文学的永久性组成部分。"他补充说，再插入任何新词，都会是一种"严重的罪恶"——鉴于当时新词在美国语言中出现得如此之快，这句话很贴切。伍斯特深有同感。然而，培根、斯宾塞、莎士比亚等作品中发现的过时和古老的词语并不是问题所在，如果要继续理解英国伟大作家的著作，就应该收录这些词。古德里奇断言，所谓的美国英语并不是问题所在，因为它们中鲜有几个值得录入的词典，而且其中大部分都来自英国。[18]

按照古德里奇序言中的说法，这部新词典"旨在以缩小的规模清晰、准确、全面地展示《美国英语词典》的所有部分"。本词典面向广泛的市场，供学院和其他高等院校、会计师事务所（商业会计所和统计局）和家庭使用，并可作为辅助写作和发音的工具。定义浅显易懂，释义表达简略，主要是"简短的描述性句子和从句"，适合广大用户。1828年四开本中像是没完没了的散文、漫无目的东拉西扯和有浓重个人风格的定义等弊病一去不复返了。古德里奇强调，这本词典现在已经被编成了一部"同义词词典"："所有从事文学创作的人有时觉得，需要这样一部作品……对同类词语在意义上的细微差别加以区分……在每个重要的词下面都呈现了一份意义大体相同的扩展词单供选择使用……我们希望，这种安排对于能够熟练写作的人也适用；同时，它将为年轻作家获得优美、多样和丰富的措辞提供重要帮助。"例如abiding：居所、停留、持续的、持久的、等待中；peaceable：平和的、太平的、宁静的、安静的、泰然自若的、安详的、柔和的、静止的。沿着伍斯特的足迹，此后同义词辨别成了韦伯斯特词典的主要内容。[19]

古德里奇在序言中还强调了该版本在澄清和确定发音方面的重要作用。他选择继续使用伍斯特的"概要"（扉页上有提及，但没有注明是伍斯特的）作为主要权威，对有争议的发音则引用了英美许多杰出的正音法学者的不同发音。但他补充道，现在情况已经被"完全重塑"了。现在的主要权威是斯马特和伍斯特本人，"他在这个问题上的长期努力使他的决定得到了高度重视"。为了慎重起见，序言中包含了题为"发音原则及符号说明"的部分。但是沃克的《希腊语、拉丁语和经文专有名词经典发音符号说明》得到了"扩充和改进"，新增了伦敦和牛津英语专业学者补充的3000多个单词。不仅在处理发音方面，而且在整

下篇 梅里亚姆兄弟参战

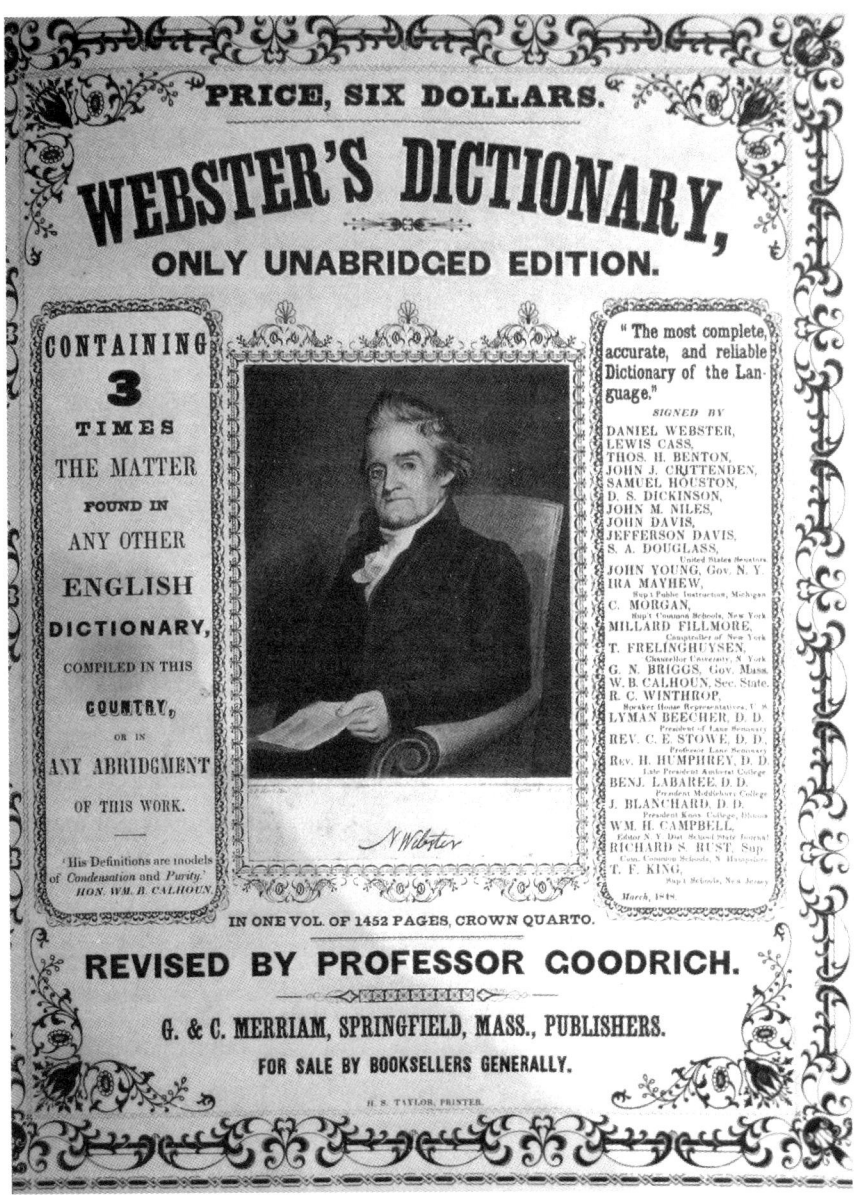

图15　1847—1848年出版的第一版梅里亚姆版韦伯斯特词典的广告，宣传了古德里奇为编辑。由耶鲁大学贝尼克珍本与手稿图书馆，梅里亚姆兄弟出版公司文档提供。

个版本中，我们都可以直接追溯到伍斯特的《批评性发音词典》在美国的流行的影响，他在担任1829年原版词典删减主编时关注发音，并在那个八开本中突出使用沃克的《希腊语、拉丁语和经文专有名词经典发音符号说明》，并将其列入附录中。沃克的《希腊语、拉丁语和经文专有名词经典发音符号说明》在这部新的古德里奇–梅里亚姆版中的出现，相当于对广为人知的韦伯斯特早期对沃克的憎恶，以及他所认为的后者对美国语言和拼写的负面影响的一次重大否定。[20]

至于正字法，古德里奇收录了韦伯斯特的有争议和普遍接受的拼写，解释说在1828年的四开本词典出版后，经过十二年的反思，他曾经（在1841年版中）拒绝韦伯斯特的许多创新。1849年，他写信给《信使晨报和纽约问询报》（*Morning Courier and New York Enquirer*），不像在词典序言中那么委婉，公开告知了广大公众一个惊人的消息：1847年梅里亚姆第一版的正字法"根本不是韦伯斯特的正字法"，而且在他最新的版本中"韦伯斯特原来体系中最具冒犯性的怪癖被搁置一边；实际上，已经没有什么可以被恰如其分地称为他的了"。尽管这一说法不能全部信以为真，但考虑到词典存在大量有争议的拼写，以及古德里奇说服梅里亚姆兄弟彻底扫除所冒风险，应当说他基本上是正确的。韦伯斯特家族读完这些之后也许会有些畏缩，但古德里奇知道，如果不彻底肃清，后果将不堪设想。某些归功于韦伯斯特的美国拼写，如offense（冒犯）和pretense（假装）等词中的s，之所以能保留下来，是因为古德里奇允许它们进入他的1847年版韦伯斯特词典。至于frolick、magick、mimick、physick和traffick等词中的ck拼写，即使在约翰逊的时代也被认为是古怪的拼写，在约翰·阿什和本杰明·马丁的词典中则被列为次要拼写，古德里奇曾允许韦伯斯特在1841年的皇家八开本中保留这些改革举措，但决定在1847年版的词典中将它们完全删除。[21]

1847年的古德里奇–梅里亚姆版代表了韦伯斯特词典史上的一个重

要转折点。该词典非常畅销,在版权续期后,梅里亚姆兄弟出版公司能够向韦伯斯特家族支付相当可观的版税。半个世纪后,一位评论家回顾了这一版本并做出判断:"接受了,或最终影响了韦伯斯特词典的所有版本和开本……"[22]该版本不仅删除了韦伯斯特的"创新"之处和总是拖累其词典的过激主张,还表明美国词典的专有功能,是在不过分专制的情况下,帮助各行各业的人了解如何说和写这种语言。这一功能从未如此重要。1790年至1820年间,大约有100万移民来到美国,但仅在十九世纪四十年代,这一数字就上升到了100多万。1840年至1890年间,大约有1500万人涌入美国,其中大多数是德国人、爱尔兰人、英国人和斯堪的纳维亚人。古德里奇在他的序言中声称,新版词典"是迄今为止在美国或英国出版的最大众化的词典",这话的意思主要是,他把它变成了一部实用的单词汇编,没有令人困惑的拼写创新,很好地选择了当下美国最新的词汇,并提供了比伍斯特词典更具规范性的发音指南,伍斯特词典引用了多位正音法学者的意见,让用户自行决定听从谁的意见。该版本最受公众欣赏,尤其是受涌入该国的数百万移民欣赏的特点,是它为他们提供了指导和权威参考。

　　古德里奇和梅里亚姆兄弟认识到,在对韦伯斯特词典的编纂进行了如此大规模的修订之后,他们必须要巩固韦伯斯特的声誉。古德里奇无疑得到了梅里亚姆兄弟和家族的一些帮助,于是在他的序言后面加上了韦伯斯特一生中最值得品味的一篇回忆录。在将近半个世纪中,这篇回忆录和他的肖像都一起被印在梅里亚姆版韦伯斯特词典的每个版本中。(伍斯特的版本一直没有他的回忆录或肖像,这些直到很久以后才被添加。)当梅里亚姆兄弟接手韦伯斯特的词典时,韦伯斯特的名字已经很有威望,但他自诩的偶像地位需要粉饰,因为他在生命的最后十五年里挑起的词典编纂方面的争议,已经通过新闻报道广为人知。梅里亚姆兄弟知道报纸和杂志上会有更激烈的斗争,因为他们自己也打算为词典战争升温。需要提醒公众韦伯斯特是一个多么伟大的人。回忆录的大部分细节都是韦伯斯特本人于1833年为《美国杰出人物国家肖像馆》（*The National Portrait Gallery of Distinguished Americans*，1834年）撰写的。古德里奇对此进行了补充，并将韦伯斯特奉为早期美国的圣徒。该回忆录是朝着韦氏神话的永久化、品牌化迈出的一步，这个神话至今仍在为写有他名字的词典提供动力，并为伍斯特私下可能抱有的任何超越韦伯斯特成为美国词典编纂领袖的希望带来了巨大的阻力。日复一日，年复一年，我们在长达8页的双栏回忆录中关注韦伯斯特的生活，其中许多内容不是很有启发性，但显然被编纂者们认为有必要，以便使他大肆宣传的排除万难的道德和精神描述人性化。下文所述可以让我们领略颂词的风采："诺亚·韦伯斯特的大名……是美国家喻户晓的名字，除了'美国国父'，再没有任何一个人的名字比他的更为耳熟能详。他因此获得的影响力，一直被用来促进其同胞的最佳利益。"[23]

令人耳目一新而且颇为诙谐的是，马克·吐温表达了对这部四开本词典体积和重量的兴致。（正是因为四开本的大小才使他很可能为此版本撰文。）在他的游记《艰苦岁月》（*Roughing It*，1872年）中，他用诙谐的笔触描写了庞大的词典给他带来的问题。1861年准备从密苏里州到内华达州旅行时，他收拾好随身物品，并与其哥哥西行。他哥哥突发奇想，要带上韦伯斯特大型词典，该词典重6磅①，带来了严重的行李超载问题，因为驿站马车规定，乘客每人行李限重25磅："我们还有另一个麻烦，那就是足本的（韦伯斯特）词典。它重约1000磅，运载它是一笔毁灭性的开支，因为这家驿站马车公司按盎司②收取行李超重费

---

① 磅：英美制质量或重量单位，1磅等于16盎司，合0.4536千克。
② 盎司：英美制质量或重量单位，1盎司等于1/16磅，合28.3495克。

用。这本词典超重的费用都够我们养上一段时间的家——而且这本词典也没什么了不起的——里面没有现代词汇——只有诺亚·韦伯斯特小时候人们曾经使用过的淘汰了的词汇。"麻烦还不仅如此,在途中,"每次我们从马车一端轰然倒向另一端时,那个足本的词典也会随之倾倒——每次它都会伤到别人"——有一次它撞到了马克·吐温的肚子。当然,在他写《艰苦岁月》时,他很可能也会对伍斯特的四开本说同样的话。[24]

5

伍斯特多年来一直被视力问题困扰,最后几乎什么也看不见了。古德里奇很体谅他,并在1847年12月1日告诫梅里亚姆兄弟,应该同情伍斯特,而不是攻击他:"因为常年盯着词典极小的字体,伍斯特先生伤了眼睛。他住的地方不能见光,且他的眼睛已经做了多次手术。"从1847年到1849年,伍斯特几乎失明,在给右眼做的三次手术失败后,又给左眼做了两次手术,现在只有左眼恢复了部分视力。这些年来,他几乎做不了什么研究和写作,此外,他既不能在波特文章发表时亲自阅读,也无法实时掌握梅里亚姆兄弟和出版商兼评论家威廉·德雷珀·斯旺(William Draper Swan,稍后更多地介绍他)在新闻界炮制的死灰复燃的词典争议。正如伍斯特在几年后解释的那样:"据我所知,报纸和文学期刊上的词典存在着相当大的争议,尤其是在纽约市;但那时我的视力已经不怎么管用,我几乎什么也看不到。在我的词典印刷的过程中,我的一只眼睛因白内障失明,不久之后,另一只眼睛也以同样的方式失去了视力……"[25]

直到1849年初伍斯特恢复了部分视力时,他才看到波特对他的攻击。他争论的语气和内容让他目瞪口呆,他惊讶地发现,耶鲁大学的教授居然会受梅里亚姆兄弟的唆使,成为他们的词典的"公共倡导者"和他自己的版本的诋毁者,而且主要不是为了进一步促进美国词典编纂的理解和进步，而是出于商业广告的原因妄加褒贬。他后来写道，他有理由"完全满意"人们对他词典所做的大量评论，除了《北美评论》上波特关于这部词典的文章，"这与对该作品的其他任何评论都形成了鲜明的对比"，而且梅里亚姆兄弟发现，其中大部分内容"都适合插入……他们的宣传册"。伍斯特在波特的评论中诙谐地挑出了一个"坦率而真实的样本"，他觉得有必要对此进行特别评论。他引用了波特针对其主要创新之一的批评，即在词典中解释发音的内容。"他（伍斯特）……收集每个重要单词并附上了作家们所推荐的每一种发音方法，无论该作家名气大小，是自以为是还是见多识广，是目光如炬还是矫揉造作。"伍斯特抗议道，这不是事实。况且，如果波特读过伍斯特在他的词典序言中的论述，他肯定知道自己在歪曲事实，他说他的资料来源不是不加区别地选择出来的作家，而是11部最著名的英语发音词典，以及至少12位词典编纂者，除了"杰出的美国词典编纂者韦伯斯特博士"。[26]

查尔斯·梅里亚姆反驳说，伍斯特弄不清楚到底是谁使现在愈演愈烈的"战争"骤然升级，乃至进入新阶段这一事实，尽管这并不是他自己的过错。他声称，这并不是波特按他们的要求挑起的争端，而是伍斯特的新出版商詹克斯、希克林（Hickling）和斯旺打响的开战的第一枪。梅里亚姆兄弟居高临下地认为伍斯特是一位优秀但天真的学者，尤其是在他失明的情况下，他根本不知道他的出版商意欲何为。他们说得没错。在伍斯特失明期间他对报纸和更广泛的文学世界所知信息甚少，但将这种不知情与所谓的完全无知联系起来，听起来就有些用心险恶了："如果伍斯特先生知道本案的实情，并打算将波特教授视为雇用兵，他是被雇来做'我们作品的公共倡导者'的，那么他就做了'任何一个正直或诚实的人都不会做的事'。（但）我们确信，他并不知晓'本案实情'，就如他不知道其他细节一样。"

第十二章
博恩事件

1

1853年8月，伍斯特偶然在一份英文杂志上看到1851年在伦敦出版的一部词典的广告，"词典上我的名字与诺亚·韦伯斯特博士的连在了一起，我不明白，也无法解释"。接下来，在8月5日的《波士顿每日广告报》(*Boston Daily Advertiser*)杂志上，他看到了一则令人不安的公告，梅里亚姆兄弟卷土重来，再次指责他抄袭。他们声称："现在请留意这个事实，伍斯特词典的一个版本近期要在伦敦出版，他们试图将它在那里推广……该词典的广告上赫然写着'韦伯斯特批判性发音词典及其他，由伍斯特扩充并修订'。在扉页上，韦伯斯特的名号以大号字体排在第一行，随后伍斯特的名号以小号字体排在第二行；书的封底印有'韦伯斯特和伍斯特词典'的字样！"这个版本实际上是伍斯特1846年的版本。伍斯特写道，所有这些"对我来说都是闻所未闻、出乎意料的，我根本不知道我的词典在伦敦出版了"。[1]

既困惑又愤怒，他立即赶往了出版商所在的波士顿办公室。威尔金斯（Wilkins）和卡特（Carter）当时都不在，但他知道威尔金斯确实有一部伦敦版的词典。那么，为什么威尔金斯从未跟他讲过这件事呢？几天后，威尔金斯把他手中的那本词典寄给了他，没有附加任何说明。

当伍斯特看到扉页，读完序言时，必定会大惊失色。一位声名狼藉的伦敦出版商亨利·G. 博恩（Henry G. Bohn）刻意大幅修改了他的扉页，更改了原书的名称，并声称这本书是根据诺亚·韦伯斯特的"素材"编写的。更让伍斯特感到不安的是，博恩或他的雇主还奸诈地"断章取义并大量篡改"了他的序言，遗漏了很多内容。鉴于梅里亚姆兄弟的攻势已经形成，序言中博恩把话说得大义凛然，而这话最具破坏性，他硬要说自己"没有从韦伯斯特的词典中借用一个词或它的定义"。这种欲盖弥彰背后的原因明显是，博恩认为韦伯斯特在英国比伍斯特更出名，因此他更愿意让公众相信该书本质上是伍斯特版本的韦伯斯特词典。[2]这正是华盛顿·欧文曾说的"书商的把戏"。如果博恩在序言中保留伍斯特的反驳，那么他就会破坏这一策略，暴露他的欺诈行为。正如伍斯特对威尔金斯所说："改编书名和序言的人……一定知道他的所为与我在序言中的陈述相矛盾。"[3]

卡特所能提供的解释是，博恩在六年前的1846年底，曾为了出版伍斯特词典的"特权"，与他和他的合作伙伴进行了接触，之后不久，他们就与他达成了协议，并于10月将印版寄给了他。此后词典编纂杳无音信，在他们催促出版时，他们收到了一个莫名其妙、含糊其词的答复，说他很抱歉让他们费心寄来印版——他从未归还这些印版。与此同时，博恩还让伍斯特词典的情况雪上加霜——他推出了1847年伦敦版韦伯斯特词典。发现该词典没有市场之后，他决定再次碰碰运气，最终在1852年以韦伯斯特的名义出版了伍斯特的词典。博恩的推理很明显，尽管韦伯斯特版本的销量不好，但韦伯斯特在英国的名气比伍斯特的名气更大，因此，既然他已经拥有伍斯特的印版，不如干脆将伍斯特的词典张冠李戴，打开销路。

卡特承认他错误地认为博恩是"一个值得尊敬的人"。这是一个不计后果、代价高昂的假设。只要对博恩在伦敦的交易稍加研究，他就会发现，博恩是做旧书生意和书籍拍卖的，而且他是精明的廉价再版书出版商，在伦敦出版界声誉不佳。结果证明，博恩对韦伯斯特词典有过往记录：他曾是1840年韦伯斯特词典和梅里亚姆兄弟1847年版词典的伦敦出版商，且拥有梅里亚姆兄弟版词典在伦敦的出版执照——如果真是这样的话，那可是个糟糕的选择。威尔金斯不无尴尬地向伍斯特坦言："您可能会觉得奇怪，我当时没有提醒您注意这一被强加于自身的负担；但是，因为我没有看到任何可以弥补这一罪过的方法，而且我知道您的眼睛状况不佳，也不能为您所用，所以没急着为这件事麻烦您。"威尔金斯补充说，博恩做生意的方式"在商业上为人所不齿，一如在文学事业上的欺诈和不光彩行为一样"。4

博恩事件表明，在十九世纪中叶，英国和美国的出版事业依然混乱无序。博恩认为，他只是在重复美国出版商的不正当做法，他们在没有恰当的国际版权限制的情况下，通常以低价在美国出版英文图书。1853年《伦敦新闻画报》（*Illustrated London News*）的一段话很有启示意义，它描述了美国和英国出版商之间为廉价出版彼此的图书而进行的激烈而混乱的竞争的氛围。这次，文章将大部分责任归给了英国人：

> 目前……整个英国书商一族，除了少数几个值得一提的例子，都是比美国人更大的文学海盗。一本稍微不错的书一经在美国面世，英国出版商就全部纷纷猛扑上去，你争我抢地看看谁能最先将其投放到市场上。作者得不到丝毫报酬，但图书交易一路畅通，英国公众有廉价的"汤姆叔叔"[哈里特·比彻·斯托（Harriet Beecher Stowe）1852年的畅销书《汤姆叔叔的小屋》]。与此同时，英国作家在自己的国家的市场表现比以往任何时候都大打折扣，在社会的阶梯上又下沉了一个台阶。5

直到十多年后，博恩才公开为自己的行为辩护，奇怪的是，他在1864年修订的W. T. 朗兹（W. T. Lowndes）的《英国文学书目手册》（*The Bibliographer's Manual of English Literature*）中，居然厚颜无耻而又傲慢地影射了伍斯特的宣传册和词典："伍斯特先生抗议我将他（韦伯斯特）的名字与……词典联系在一起，他声称这本词典完全是他自己的。我只能说，当我在1846年参与购买这本书时，根据书页的样本，我了解到这是他之前以韦伯斯特的名义编纂的（古德里奇-韦伯斯特）删减本的扩充版和英化版。在广泛宣布它是一部联合制作的作品之后，我无法改变我的广告，否则会造成很大的不便。"对此的合理回应可能是："怎么会呢？"尽管博恩是梅里亚姆兄弟版词典在伦敦的特许经营者，但他后来认为伍斯特的作品比韦伯斯特的好。他在书中写道，韦伯斯特的拼写是"天马行空"，"只要稍加审视，就能说服任何学者相信（伍斯特词典）优越性"。无论如何，1864年，他目光短浅地将自己的韦伯斯特词典的库存卖给了出版商贝尔（Bell）和达迪（Daldy），后来又卖给了乔治·贝尔父子出版公司，几十年来，他们作为梅里亚姆兄弟出版公司的韦伯斯特词典的英国发行商大发横财。[6]

博恩-梅里亚姆的争议凸显了英美出版业的问题，因为没有一部国际版权法可以保护美国和英国的作者和出版商，使他们的书不被折价销售。美国图书在英国市场很强劲，尤其是那些价格较低的图书。例如韦伯斯特1828年的四开本被送到英国销售的数量超过了在美国的销售量。（英国人对它很感兴趣，因为它是自《约翰逊词典》以来最强大的综合性语言词典）。然而，在英国，美式拼写一直是个问题，英国出版商总是很谨慎地将美式拼写改成英式拼写。当然，这是词典的一个复杂问题，涉及关于"美国英语"的存在及其合法性的更大辩论。大卫·米克勒斯维特为这场辩论提供了一个有趣的视角，他认为可能在纽约哈珀兄弟出版公司大胆地采用古德里奇1847年梅里亚姆版授权的美式拼写来出版托马斯·巴宾顿·麦考莱（Thomas Babington Macaulay）的《英国史》

（*History of England*，1848年）之后，英国的对立情绪令博恩多年来不敢再版伍斯特的词典。米克勒斯维特引用了英国驻地记者焦虑地写给梅里亚姆兄弟的信，实际上信中是警告他们的话："我发现英国对所有的美国词典都抱有很大偏见，而且美国期刊上关于麦考莱在美国改动词典的报道大大加剧了这种偏见——你们不知道自从这个问题被唤醒后，英国人对它的感觉有多么强烈。"[7]

2

伍斯特认为，至少同样邪恶的是，现在梅里亚姆兄弟正在通过"尽力利用这位伦敦出版商的不诚实行径来伤害我"以延续其欺诈行为。在其1853年5月出版的名为《韦伯斯特与伍斯特的英语词典》(*The English Dictionaries of Webster and Worcester*)的宣传册中，他们嘲笑伍斯特1846年的版本，称该版本"为了流通，作为韦伯斯特的仿品在英国糊弄人"——这可能是在影射1850年新近再版的梅里亚姆1847年版词典。他们真正的意思是要在英国靠韦伯斯特的名声赚钱。"这件事该怎么办？"伍斯特问威尔金斯，"你不会认为我应该放任不管吧……我有权受到保护，免受伤害。"他补充说，通常情况下，"我极其反感与我自己的出版物有关的任何争议出现在公众面前……我习惯于把我的书交给出版商管理，不为其受到的任何攻击进行辩护，也不做任何事情来损害可能与它们竞争的任何作品；我不希望偏离这一方针。"尽管他最不想做的事情就是通过刺激他的出版商来挑起一场词典争论，但梅里亚姆兄弟发起一项独特的挑战。自从视力恢复以来，伍斯特目睹了这对兄弟的进攻性和急切性，为了打败他，他们可以提供和宣传任何言论，无论真假。所以，还是小心谨慎为妙。他在公开回应中写道："我不希望在促进我的文学出版物的发行工作中，出现任何不符合真理和礼节，或可能对任何人构成冒犯的言行。"毕竟，他补充说，在美国，有足够的空间容纳不止一部所谓的国家词典，因为韦伯斯特经常喜欢这样描述自己的词典："世界足够宽广，对有用图书的需求也足够大，可以为所有文学工作者提供就业机会，他们利用适当的手段来编写将促进社会进步的书籍。我认为没有充分的理由在制作这种书籍的人之间或在出售这种书籍的人之间进行恶意竞争。"[8]

令伍斯特感到遗憾的是，梅里亚姆兄弟并不认为这个世界宽广到足以容纳两部词典共同争夺美国和英国文学市场的霸权。"恶意竞争"是他们的作案手法。伍斯特知道博恩的欺骗行为对他来说有可能是灾难性的。他知道这势必会引起公众对他的怀疑，他将被卷入自己的出版商和梅里亚姆兄弟俗不可耐的对峙中，遭受无休止的攻击并发起反击。虽然威尔金斯和卡特显然对延长冲突没有兴趣，但他觉得自己别无选择，只能回击；无论如何，是他们的无能让博恩这样的人有机可乘。韦伯斯特去世后，不仅没有出现伍斯特所希望的词典之间的公平竞争，反而令韦氏遗产的支持者和伍斯特（以及他的出版商）之间的冲突达到了有史以来最尖锐、最广泛的程度。然而，此时威尔金斯和卡特已经厌倦了作为伍斯特的出版商所肩负的重担，也厌倦了要他们承担部分责任的争论——他们的公司也遇到了财政困难——所以在1851年，他们将词典的所有权都卖给了波士顿出版商詹克斯、希克林和斯旺。有了这些新的、更神通广大的、更具挑衅性的出版商，伍斯特挺身而出，于1853年10月出版了一本宣传册进行反击，该宣传册题为《严重文学骗局曝光——与在伦敦出版的伍斯特词典有关》（*A Gross Literary Fraud Exposed, Relating to the Publication of Worcester's Dictionary in London*）。[9]

3

在《严重文学骗局曝光——与在伦敦出版的伍斯特词典有关》中，伍斯特在美国公众面前表达了对梅里亚姆兄弟商业经营方式的厌恶:"韦伯斯特词典的出版者似乎非常强烈地暗讽……就像他们在其他场合所做的那样。"他窃取了韦伯斯特的单词和定义,而他对这一指责的否认是"不正确"的。到底还要他说多少次?他用斜体字重复道:"在了解韦伯斯特博士准备抱怨他的作品被不当使用之后,我决定在编写我的词典时,放弃使用可能源于他作品的材料带来的所有优势——这样我就不会给这类指责任何机会,并能做出我确实做出过的声明,就此我可驳斥任何人的指责。"为了慎重起见,他在第一次印刷的宣传册中添加了一个附录,其中包含了1834—1835年他和韦伯斯特在《伍斯特守护神》上的交锋极为详尽的说明。然后他又提到了梅里亚姆兄弟在他们的宣传册、广告和《波士顿每日广告报》中的其他"虚假陈述":"由于它们没有被公开反驳,这无疑在许多人心中对我造成了伤害。"他写道,梅里亚姆兄弟坚持重新提起老旧的指摘,说他受雇于韦伯斯特或其家人(而不是受雇于康弗斯),承担了韦伯斯特删减版的主要编辑工作,据称他表里不一、背信弃义,还用"其他伤害性的评论"来美化事实。[10]

于是,这演变成了一个至关重要的问题。不过,从某种意义上说,伍斯特正在为梅里亚姆兄弟的抹黑阴谋做嫁衣,他们只想引诱他进入另一段不得不捍卫自己荣誉的时期。如果他没有上钩,他们就不太可能让韦伯斯特的剽窃指责死灰复燃,让反对他的阴谋变本加厉,提醒公众和专业文坛这一切,并无情地将伍斯特逼向一种不讨人喜欢又无法战胜他人的防御姿态。如果梅里亚姆兄弟能够证明,在编辑删减版时,他对韦伯斯特雇用他负有道德义务,他们可能会进一步加深对他的指责,即他违反了韦伯斯特对他的信任和投资。当然,韦伯斯特对伍斯特并没有给予这样的"信任",对古德里奇倒是有或多或少的信任。据我们所知,韦伯斯特和伍斯特几乎没有就删减版进行过沟通。然而,梅里亚姆兄弟可以且确实认为,在进入韦伯斯特的圈子时,伍斯特获得了特权,这样的特权使他能够随意从韦伯斯特那里窃取内容,以利于他自己即将出版的词典。

  1853年10月25日，伍斯特给梅里亚姆兄弟寄出了一份他的宣传册，自以为他们希望了解事实，即使这些事实令人难以接受。在他收到宣传册两周内，并被不可避免地告知有关欺诈的事实后，他们出版了自己的宣传册，题为《以韦伯斯特词典为幌子在英国出版的伍斯特词典》（*Worcester's Dictionary Published in England under the Guise of Webster's Dictionary*）。在这本书中，他们假装同意美国有足够的空间出版两部或两部以上的主要英语词典，但还是决定与伍斯特一决雌雄，无视或至少不理会伍斯特的事实陈述，明目张胆地声称他曾密谋在伦敦搭乘韦伯斯特的顺风车的勾当："（在英国）伍斯特的声望很低，而韦伯斯特受到高度尊重，所以伍斯特的词典只有打着韦伯斯特的幌子才能成功出版。"如果伍斯特有不同看法，他"要么对事实不知情，要么就是被误导了"。梅里亚姆兄弟将伍斯特描述为不谙世事的人，建议他醒悟过来，"关注事实"，并勒住其出版商之口，让他们不要"诽谤"和"诋毁"韦伯斯特，称他为"胖手胖足的美国佬"，并给他冠以其他恶名。然而，实际上，让梅里亚姆兄弟对博恩争议感到不安的并不是对韦伯斯特的诽谤，而是他们认为这个出版骗局使伍斯特在伦敦利用韦伯斯特的名字赚钱。当然，伍斯特没有从该骗局中获利；相反，他被骗走一些钱。在他看来，在伦敦出版的博恩版除了引发梅里亚姆兄弟对他人身攻击，还特别可鄙，因为该词典利用他的心血以及他和许多知情的公众认作他卓越的学术成果的东西来为韦伯斯特的名声谋利。[11]

  伍斯特在自己的宣传册中坚称，梅里亚姆兄弟令人发指的言论"子虚乌有"，雇用他的出版商谢尔曼·康弗斯本人就是证据，他还明确表示，在过去的十五年中，他只见过康弗斯一次。为了唤醒远离世俗的康弗斯，并让他为自己的辩护提供砝码，伍斯特追踪到了在新泽西州过着贫困潦倒的生活的康弗斯，将自己的宣传册和梅里亚姆系列攻势的样本一并寄给了他，就删减版词典的问题询问他是否知道有"任何错误或不齿之事"。他将他写给康弗斯的信以及康弗斯即时而坚定的回应完整地翻印在了他另一版本宣传册的附录中。[12]

康弗斯成了伍斯特最具活力和权威的公共辩护人。康弗斯强调，是他本人，而不是韦伯斯特，花重金雇用了伍斯特为其工作。韦伯斯特刚开始甚至不想做那个八开本，后来是被古德里奇说服才继续做的，结果它带来了丰厚的利润。康弗斯表明，说服伍斯特加入项目中并非易事。他至少有一次和古德里奇一起去他在坎布里奇的家中拜访他，和他当面交谈，才说服他参与进来。他对伍斯特说："我们会谈的结果是你同意为我删减韦伯斯特的四开本词典，并允许我使用您的'概要'，同时明确将其作为您自己的成果，在您自己的词典中的使用权……我可以说您在删减版中的表现令我完全满意，而且我相信古德里奇教授也非常满意，因为我从未听到任何相反的暗示。"[13]

伍斯特可以诉诸的另一个确凿的证人就是古德里奇本人。他毫不怀疑古德里奇会站出来为他辩护。当然，古德里奇跟康弗斯和伍斯特一样清楚删减版的历史，所以伍斯特也寄给他一份他的宣传册，并随宣传册寄去了一封信，后来他在1854年1月出版的宣传册的第二个附录中引用了这封信，他写道："您从未向我暗示，您认为我在那部作品中做了什么错事或不当之事，包括在删减作品的劳动过程中，或此后。我毫不怀疑您认为我受到了不公正的谴责，并认为我没有什么理由担心在这个问题上受到最严格的审查。我不知道我的品格在那些最了解本案实情的人中受到了多少影响；但毫无疑问，许多人都已经对我的虚假指责信以为真。"他还提到了博恩欺诈的问题，特别是梅里亚姆兄弟因此给他造成的苦恼。[14]

于是，大概是在古德里奇的允许下，伍斯特在他的宣传册上加上了他朋友1853年11月2日的"礼节性"回复。古德里奇的支持没有一丝含糊不清的痕迹。事实上，这是对梅里亚姆兄弟的强烈谴责，伍斯特认为，这本应该让他们收声，并永远结束这场争吵：

> 我片刻都未想过，并且认为您的任何朋友也从未想过，您对博恩先生修改您词典的扉页有丝毫了解，或者与那笔交易有任何关系。正如您所说，一点不假，我完全满意您在删减《美国英语词典》中所做的安排并对此报以敬意。我一直高度赞扬您在处理这一棘手问题时的精确性和细致入微。
>
> 我一直觉得，也一直表示，我没有任何理由可指责您，说您在制作自己的词典中不当地使用了韦伯斯特博士的词典。相反，我始终表示，在我看来，您在这个问题上表现得非常谨慎，如果在这两部作品之间发现任何巧合，我相信您不是有意为之。

到目前为止，一切都还好——但接着古德里奇又为查尔斯·梅里亚姆辩护。古德里奇在斯普林菲尔德短暂拜访了查尔斯，在那里他们谈到了"伦敦版的扉页和序言"。古德里奇向伍斯特保证，梅里亚姆"说话的方式表明他毫不怀疑您与那笔交易有关……他整个谈话的主旨向我表明，他无意对您个人评头论足"。伍斯特对此不以为意。梅里亚姆兄弟对他的看法和私下里说的话对他来说无关紧要。他们在报刊上关于他的传闻是另一回事。他感到很失望，因为他的老朋友说梅里亚姆兄弟认为"宁我负人，毋人负我"。古德里奇还敦促伍斯特牵制他的出版商，他们才是这次公开冲突中的唯一肇事者："我也应该秉持公道地替两位梅里亚姆先生说一句话，他们在与我的谈话中，一致强烈反对与您的出版商发生任何冲突。他们是有着虔诚信念的品格高尚之人"，"如果他们有什么过错，我确信，他们是出于疏忽而非刻意。"伍斯特正是这么做的，他恳求他的出版商做出退让，但他根本不相信梅里亚姆兄弟传播错误消息是出于疏忽。这次交流说明了古德里奇在处理其朋友伍斯特和其雇主梅里亚姆兄弟的纷争以及事情的真实经过之间，是多么步履维艰。[15]

伍斯特没有在其宣传册中列入古德里奇信中赞扬梅里亚姆兄弟那一段，原因显而易见。他在11月21日给古德里奇回信时不加掩饰的愤怒，影射了这一点。他将这一答复添加到了他宣传册的第二个附录中供阅读公众了解："我想冒昧地请教您，如果您完全不认识的人到处发表与您有关的极具贬损性的不实之词，您是否可能把他们看作饱经世故的无耻之徒，而不认为他们是'己所不欲，勿施于人'的人？——您是否可能把他们归入后一类，直到他们愿意公开宣布做出补偿，就如同他们公开给出错误的信息一样？"至于他的出版商，他补充道，"也许您会觉得，当他们（梅里亚姆兄弟）提出你所说的抱怨时，出于对利益的考虑，您可以让他们参考《马太福音》（7：5）：'你这伪善的人！先去掉自己眼中的梁木，然后才能看清楚，去掉你兄弟眼中的刺。'"[16]这些段落中流露出的对古德里奇的愤怒表明，学术道德问题对伍斯特是何等重要，更不用说他认为的词典编纂原则和价值对国家有多么重要，以及它在出版商制造的疯狂商业混战中受到了多大的威胁。

梅里亚姆兄弟不但没有做出伍斯特认为应做的"补偿"，反而在12月针对伍斯特的宣传册印制了另一本宣传册，再次对他和他的出版商发起了攻击。他们矛头直指伍斯特，直截了当地声明："我们是本着公平的意图和精神，向您和公众提交的陈述，它不是子虚乌有的，而且您就是被韦伯斯特博士或他的家人，通过他们的代理人康（康弗斯）先生雇用，对他的词典进行删减的。"梅里亚姆兄弟的厚颜无耻令伍斯特如雷击顶："他们非但没有做出任何赔偿，反而在'虚假和错误'上添油加醋，试图为他们所发表的内容进行辩护；尽管我认为我可以有把握地说，他们没有推翻，也无法推翻我的任何一个说法……因此，我没有任何理由修改我所说的任何内容。"[17]

1853年12月13日，他再次写信给康弗斯："是这样，还是不是这样？您是唯一与我承担这项工作有关的人，我认为您是在履行您自己的责任，就像在处理您自己的事情一样。"12月19日，康弗斯毫不犹豫地答复："我没有充当任何人的代理人……我决定为这部作品制作印版；由于这项工作的全部责任都靠我一个人承担，对于这样一个涉及如此巨大风险的删减工作，我只能想到一个我愿意交托的人。您的造诣和追求使您非常有资格承担这项任务，如果可能的话，我就立即聘请您。"除了古德里奇强烈支持康弗斯对伍斯特的选择，"韦伯斯特先生的家人并没有参与这两件事"。既然韦伯斯特没有参与选择，只是后来勉强同意了，那么怎么能认为他"雇用"了伍斯特？[18]

梅里亚姆兄弟比大多数人更明白，攻击对手的最佳方式是对人们普遍认为的他的强项提出质疑。就伍斯特的情况而言，他们盯上了他的词典的正字法和发音，梅里亚姆兄弟宣称这与他在修订托德–约翰逊词典时所列的"不一致"。他们指责伍斯特不受"他自己的任何制度或原则"指导，而是寻求"融入时下不断变化的实践……"[19]

一派胡言，伍斯特回答说："正如这部词典的正字法是约翰逊的正字法一样，我所做的韦伯斯特词典删减版的正字法是韦伯斯特的正字法，其中的变体是由'他的代表'（古德里奇）所决定的，对此我没有任何控制权。我唯一负责的正字法就是我自己词典里的正字法。"至于梅里亚姆兄弟指责他在担任韦伯斯特的"学生"和"助手"时机械地将韦伯斯特的"独特性"引入自己的词典，他尖锐地回答说："我没有意识到采用了任何韦伯斯特博士的独创成果，无论是正字法还是发音；如果在我的词典里确能找到任何这样的内容，我肯定不会认为它们增加了作品的价值。"他"一生中"与韦伯斯特的交谈也不过"三四次"，那么他怎么可能是他的学生和助手呢？他威胁说，他可以像康弗斯一样揭人隐私，并引用他所掌握的韦伯斯特的信件，而这些东西的发表"恐怕并非韦伯斯特博士的朋友所愿"。（顺便提一下，这些信件尚未被曝光。）他补充说，目前他还不想向公众透露这些信息。不过，他的确感到疑惑，在1847年韦伯斯特词典的最新版本中，是否"对使用我的内容保持了我使用韦伯斯特的内容时一样的节制……在这个问题上，我并不畏惧最严格的审查"。他请求读者做出决断："是见过比这更没有证据支持的严重指责，还是见过比做出这样的指责更不可信的人？"[20]

4

伍斯特现在正处于宣传册之战中，而他对这样的战争总是唯恐避之不及。梅里亚姆兄弟不断为剽窃的争议推波助澜，并对古德里奇施压，要他提供伍斯特的罪证，尽管伍斯特看到古德里奇的言论中悄然出现了一些推诿之词，他仍然抱有某些希望，认为他可以指望古德里奇的支持。1854年1月31日，他迫不及待地给古德里奇寄去了他的第二个附录，以寻求进一步的确认，他确信这将唤醒古德里奇的公平感。至于古德里奇是否认为继续为梅里亚姆兄弟辩护是合适的，伍斯特写信给他："您当然会自己判断；但您最好让我相信，如果是您处于我的位置，对他们的行为您不会比我有更好的看法，也不会比我更耐心地忍受。"关于梅里亚姆兄弟指责他在编写自己的1830年版词典时窃取了韦伯斯特1828年版的四开本，伍斯特觉得他是叫天天不应，叫地地不灵："我不相信您在文学史上见到有人如此严格地避免使用以前作品的材料（为编写新作品提供如此宝贵的材料），像我借鉴韦伯斯特博士词典时所做的那样。"他有权要求古德里奇"从头到尾免除他与此事有关的所有责任"。[21]

古德里奇不想参与梅里亚姆兄弟的游戏。"我看不出这一切与现在任何问题有丝毫联系。我一直都说伍斯特先生的删减版编制得很好……

它跟在英国出版伍斯特的词典没有任何关联。就我所见，这一切只是试图把公众的注意力转移到另一个方向……除了那个删减版，伍斯特先生不会要求记任何文学功劳。其他所有的改变都是韦伯斯特先生通过我实现的。"他接下来对梅里亚姆兄弟所讲的话，对他们的宣传和攻击来说显然是个大麻烦："当一个基督徒公开宣称'很清楚自己没有从韦伯斯特的词典中借用一个词或一个词的定义'，我觉得一定要相信他，尽管我看到有一些明显相似的例子。"[22]

伍斯特似乎没有意识到，古德里奇的利害关系远不止伍斯特的友谊；或者，他认为自己和古德里奇之间在近三十年的时间里相互的友谊和尊重肯定会胜过古德里奇与梅里亚姆兄弟和韦伯斯特家族之间的任何纠葛。但古德里奇代表韦伯斯特和韦氏家族为梅里亚姆兄弟所做的工作，以及作为耶鲁大学长期忠于韦伯斯特及其词典代表的身份，最终让他几乎没有选择，只能站在梅里亚姆兄弟一边。对家族和商业利益的忠诚胜过了个人友谊。具有讽刺意味的是，似乎正是伍斯特自己那一针见血的宣传册，促使古德里奇向梅里亚姆兄弟无休止地恳求让步。实际上，这本宣传册让古德里奇颇为震惊，它有效地揭露了梅里亚姆兄弟的意图，并对韦伯斯特和他们自己的声誉构成了威胁。越战越勇的伍斯特超过了其出版商，成为古德里奇和梅里亚姆兄弟更大的对手。

无论古德里奇怎么恳求，梅里亚姆兄弟都不会缓和对伍斯特的攻击。1854年3月，他们出版了第三本宣传册，被称为《严重文学骗局曝光——与在伦敦出版的以韦伯斯特词典为名的伍斯特词典有关》（*A Gross Literary Fraud Exposed; Relating to the Publication of Worcester's Dictionary in London, as Webster's Dictionary*）——不要与伍斯特的同名宣传册混淆。在宣传册中，他们对康弗斯进行了大量的批评，抨击据说是伍斯特出版商编造出来的谎言，并对伍斯特的诚信提出大量质疑。在出版之前，他们像以前一样，给古德里奇寄送了一份草稿征求意见。在其答复中，他试图扮演调解人的角色，向他们提供了一些战术性建议，他确信这会平息伍斯特的愤怒。例如他建议梅里亚姆兄弟尊称其对手为"伍斯特博士"，因为他获得了哈佛大学荣誉博士学位，而且他和他哈佛大学的朋友们很可能会把遗漏视为"刻意的蔑视"。(伍斯特还于1847年获得了布朗大学法学荣誉博士学位，并于1856年获得达特茅斯学院法学荣誉博士学位。)古德里奇还敦促梅里亚姆兄弟指出，他们相信伍斯特从未了解古德里奇-伍斯特删减版词典合同的所有事实，因为康弗斯不让他知道。他说，这将赢得伍斯特的感激，同时进一步抹黑康弗斯的品格，尽管古德里奇告诫梅里亚姆兄弟不要像在草稿中那样对康弗斯那么刻薄，因为公众可能会把这解读为"落井下石"——事实正是如此，"滋生这种敌意"会让他们吃不了兜着走。[23]

即使伍斯特意识到古德里奇仍流露出反对他的迹象，古德里奇也发现这场争论比以往任何时候都更令人厌恶和难以忍受。在1854年春天写给查尔斯·梅里亚姆的信中，古德里奇对兄弟俩的行为表达了更强烈的不满和失望。毫无疑问，这封信是在伍斯特的道德施压下写的。他的健康状况每况愈下，他不想再参与战斗。他再次告诉查尔斯·梅里亚姆："没有理由让我卷入这件事。"他对伍斯特的背叛比他想象的要严重得多，但他对梅里亚姆兄弟的忍耐也已经到了极点："我相信，任何进一步的企图都会对你们造成伤害……伍斯特博士是我一生的私交。"他直截了当地告诉他们："当然，很少有人会像他这样节制；倘若他不是被雇来做八开本的删减版，他也完全没有必要那么节制。"古德里奇一边滔滔不绝，一边提醒梅里亚姆兄弟，他和韦伯斯特在1841年的皇家八开本中都从伍斯特词典中借用了很多，就像他为自己1847年版本中所做的那样，那么为何伍斯特就不能一报还一报，从韦伯斯特词典中借用呢？他重复道："我不能同意被卷入与伍斯特博士的任何个人冲突。"[24]

古德里奇警告梅里亚姆兄弟，千万不要低估这位谦谦君子伍斯特，如果把他逼到死角，无论是作为词典编纂者还是作为斗士，"伍斯特博士可以对韦伯斯特系列著作造成的伤害比美国多数人所造成的都要大。他现在会觉得在利用韦伯斯特博士的劳动成果方面可以免除一切保持谨慎的义务……他现在正在编写一部四开本的词典；以他的智谋和勤奋，他可以把韦伯斯特博士在定义方面的所有改进转用到他自己的作品中……如果继续争执下去，他可以找我们的词典的毛病，因为任何此类作品都有许多不完善之处；而且在国内没有人像他这样能够察觉这类缺陷"。他写道，如果此人感觉"被我和韦伯斯特博士的家人冤屈，他可能会就八开本删减版给我们造成巨大且无法弥补的伤害……同他和他的家族决裂可能会给我们所有人带来最为灾难性的后果，牵涉四开本的间接结果"。他最后说，让我们不要进一步"火上浇油"了。[25]

5

然而，联手攻击伍斯特的压力太大，最终迫使古德里奇无法拒绝，他踏上了摧毁性的梅里亚姆战车。1854年3月31日，他给他们提供了持续进攻的弹药：

> 现在有机会……可对伍斯特先生提出更有力的指责，并以此来攻击他最自吹自擂的地方，即他对主要词汇的发音给出了不同的权威说法……几乎没有什么对我们语言的扭曲比这个更严重了。谁会读懂这样的发音？Ingkubus（incubus）、sangtify（sanctify）、fung-shun（function）和其他数百个同类单词……但伍斯特先生在这一点上不断自相矛盾。他列出了singk（sink）、sungk（sunk），但没有给出dringk（drink）、drungk（drung）……事实上，沃克的发音从未按这种方式重新拼写，而且在英国和美国也没任何人这么做。

事实上，这些都是相当不错的现代音标，但这种批评攻击了伍斯特作为词典编纂者的一个主要优势，古德里奇写道："他极力吹嘘自己的这个计划，即就发音给出不同的权威说法，这是伍斯特先生词典最糟糕的特点。这只会让人困惑……还有什么比这更有害而无益，尤其是在教科书中。""有害而无益"一词显然太过强硬，但他说得有道理：所有这些权威正音法对公众有多大用处？它们仅仅是让读者感到困惑吗？[26]

为了说明1846年伍斯特版的发音与1847年韦伯斯特版的发音不同，古德里奇在他的"概要"中记录了一长串由几位正音法学者给出的单词的不同发音。人们从他那冗长的表格中得到的主要印象是韦伯斯特的简洁性和伍斯特的超级（但没有那么夸张）复杂性。在两位词典编纂者几乎整个生涯中，韦伯斯特都极力主张把词语的用法作为其主要指南，而伍斯特则依赖（并引用）许多英国正音法学者的发音。（如果涉及正字法，情况则通常相反：伍斯特参考美国用法，而韦伯斯特则是以单词之间的类比为指导。）

古德里奇显然针对近期一直没有消息的伍斯特提出了某种看似更险恶的威慑。"我希望我最后一封信至少能劝他保持沉默。"古德里奇在5月3日向查尔斯·梅里亚姆预示性地吐露。他似乎曾威胁过伍斯特要公开曝光些什么，但没有记录表明曝光的可能是什么。"他没有给我答复，我想他一定敏锐地感受到了其威慑力。我相信他不愿意让我把在信中告诉他的事公之于众。"古德里奇猜得没错。伍斯特拒绝再发表任何一篇反驳文章。1854年9月他停止了自己的争辩，并在《严重文学骗局曝光——与在伦敦出版的伍斯特词典有关》中呼吁公众："现在，我只要求每个对这场争论感兴趣的人，阅读双方发表的所有文章，并扪心自问：我有什么过错得到了证实；或者我所做的什么陈述被推翻了；我怎样才能以一种比我所做的更无害的方式从事我的文学工作；以及在我所写的这一令人不快的事件（因为个人争论对我来说是极其不快的）中，我是为了伤害他人，还是只为保护自己不被谣言和谎言伤害。"[27]

伍斯特因古德里奇的倒戈而受伤，或多或少放弃了从他那里获得支持的希望。他们之间的关系已经跌倒了最低谷，他们的友谊（据我们所知）从未重归于好。在梅里亚姆兄弟的第三本宣传册中，他们指责他与博恩勾结，他们将博恩认定为其出版商，读完这一再次发起的攻击之后，极度心烦气躁的伍斯特于1854年4月14日写信给古德里奇，直奔主题。他断然拒绝了任何关于这种强词夺理的暗示，对古德里奇的两面三刀感到愕然："他们提出的指责我从未做过，而且当时我也不知道有任何了解我的人做过，而您居然答应为他们辩护，这让我实在意想不到。我参与了那场'文学骗局'这一假设似乎过于荒谬，任何有头脑的人都不会相信；您或其他任何人会怎么看待我谴责两位梅里亚姆先生对我的指控，我不得而知。"伍斯特用"严厉的语言"驳斥他们关于他从韦伯斯特处窃取的指控，"但您却置之不理"。[28]

伍斯特和古德里奇之间再无保留下来的通信来往。关于这场争论，已经无须赘述；彼此都伤害了对方，而且话已出口，覆水难收。无论在此之前美国人对词典战争的关注程度如何，这场造假的喧嚣——带着耸人听闻的个人仇恨、四处的漫骂，以及在他们眼前展开的私密剧情——正是报纸和杂志急于渲染的那种情节，让美国公众欲罢不能。词典和语言现在的状态是最接近舞台中央的。然而，一反常态的是，伍斯特在他的辩护词结尾处忍不住加上了一个精心设计的隐秘威胁，目的是让古德里奇和梅里亚姆兄弟有所顾忌，并让他们停止对博恩事件的攻击。"我再次暂时放弃这场争论——我希望永远都不再提起它。我还保留了一些书后附录，也许以后会有机会提出来；但我希望没有这个必要。"[29]

伍斯特正在尽最大努力，不让博恩事件耗尽他全部的注意力。

他正在抓紧出版他词典的新版本。他最近刚刚出版了《综合发音和解释性英语词典：附古典、经文和现代地名词汇表》(*Comprehensive Pronouncing and Explanatory Dictionary of the English Language, with Vocabularies of Classical, Scripture, and Modern Geographical Names*，1853年)，而且现在正在大胆向一部大型的、足本的四开本词典迈进。这将是他的鸿篇巨制，他希望这是他对词典编纂最终也是最具影响力的贡献。他任由古德里奇自生自灭，听天由命，让出版商们出来正面对决。另一方面，康弗斯还不甘心放弃斗争——无论如何，至少现在还不想——而且他在美国语言历史的这个时代扮演的角色虽然不大，却很重要，让我们不得不到他所在的新泽西州默默无闻的孤独角落再次拜访他。[30]

第十三章
康弗斯的抱怨

1

一旦康弗斯被卷入了博恩事件发酵的公众纷争之中,二十五年前被韦伯斯特和古德里奇拒绝的痛苦回忆就又重新萦绕在他的脑海中。他独居在新泽西州莫里斯敦。1845年,他的第二任妻子去世,他25岁的独子正忙于他在波士顿的教学生涯。几年来康弗斯一直痛苦不堪,生活上勉强糊口,身体患有风湿,举步维艰,吃了上顿没下顿,无亲无友,只有一名护士不时来照看他一下。1851年3月3日,他写信给在纽约市的儿子:"我的老腿也不见好,可能腿上的劲儿在一天天恢复和增强,不过我感觉不出来。"[1]

但他惊奇地发现,他还没有完全被世界遗忘。他突然收到了伍斯特的来信,要求他支持伍斯特与梅里亚姆兄弟的纷争。几个月来,伍斯特的信让活在记忆中、心情极度沮丧的老年康弗斯重新焕发生机。这些信还重新唤回了他对刻薄、讽刺性的散文的品鉴能力。平素他是个虔诚的宗教信徒,也乐得把人们往好处想,但当他发现梅里亚姆兄弟的意图时,他的痛苦变成了愤怒。

康弗斯写道,他"对这些先生从未抱有偏见";然而,令他震惊的是,多年以后,梅里亚姆兄弟居然挑起同他的争斗,发起"无礼且无端的攻击"。在梅里亚姆兄弟的第二本宣传册中,他们提到了康弗斯"十分自负的信",大概是因为,他作为一个早就被韦伯斯特传奇遗忘的主角,竟敢再次现身,叙述他是如何组织删减本,并拯救即将湮没的韦伯斯特四开本于水火的。梅里亚姆兄弟的宣传册提醒公众,他们从韦伯斯特家族那里收到了康弗斯和伍斯特1828年版词典的合同的副本,白纸黑字写明伍斯特的雇主是韦伯斯特,而不是康弗斯。梅里亚姆兄弟嘲笑道,"关于康弗斯先生,就讲这么多。我们认为无须浪费时间"对他发表进一步评论。他们建议康弗斯和伍斯特的出版商为自身着想,最好自己先看看《马太福音》,这"将使他们更为仁慈。不过,我们推测伍斯特博士从未见过这份合同……我们不会在他对事实不诚实这件事上指责他"。

康弗斯以一封致伍斯特的信再次加入了这场争斗,该信被印在了《严重文学骗局曝光——与在伦敦出版的伍斯特词典有关》上,标题是《康弗斯先生的回函》。伍斯特称,梅里亚姆兄弟"断章取义地发表了康弗斯先生给我的第二封信",评论康弗斯"品行不端;而且他们还试图证明,并声称证明了他的一些陈述不属实"。伍斯特写道:"康弗斯先生感觉深受伤害,为了证明他陈述的真实性,他不惜发表后面的回函。"康弗斯满怀激情地写下了他的回函,并将其寄给了伍斯特,正如伍斯特所指出的那样,要求他将其插入其宣传册的第三个附录中,"或以适当的方式印刷,单独传发"。[2]

"很抱歉,有必要进一步深究此事。"伍斯特在该宣传册的第三个附录中给了康弗斯一个面对梅里亚姆兄弟为自己辩护的机会。他对康弗斯所经受的这一切深表遗憾,因为"当我写信给他时,我没有料到他会因此而受到伤害……也没有料到像他这样一位不幸地被持续的慢性疾病所困扰,但又不得不为糊口而苦苦挣扎的绅士,要为他'仅仅是出于责任感'而做的事(用他自己的话说)而经受这样的烦恼和代价,我对此感到不胜遗憾；人们会认为其他相关人员应该'扪心自问'，"伍斯特写道。由于没有证据表明梅里亚姆兄弟想过"扪心自问"或任何形式的天然怜悯之情，伍斯特说，他无奈之下决定"现在正是时候"，把韦伯斯特对剽窃不负责任的批评的始末再讲述一遍。在此之后，他补充说，更多的是带着希望而不是信念，"我再次暂时放弃这场争论——我希望永远都不再提它"。他重复了自己的威胁，声称他还"保留了一些书后附录，也许以后会有机会提出来；但我希望没有这个必要"。[3]

2

康弗斯的"回函"，以致函伍斯特的方式，对梅里亚姆兄弟进行彻底妖魔化："真是万幸，梅里亚姆风声大雨点小，而'我还活着'。"他控诉说，梅里亚姆兄弟的宣传册没有发表他写给伍斯特的第一封信，而且在发表的第二封信中还遗漏了关键性内容。他像伍斯特一样威胁说，如果被逼急了，他很可能会进一步披露他与韦伯斯特之间不为外人所知的交易："向你们说明韦伯斯特为什么未能设法在美国、英国或法国出版原著……"他似乎保留了与那些被遗忘的有关谈判的通信，并做好了准备，如果挑衅升级，就将其公布于众。然而，他和伍斯特现在的交战对手是梅里亚姆兄弟，而不是韦伯斯特。由于梅里亚姆兄弟在二十五年前并未参与此事，也许公开这些通信不会带来太大的益处。他说，目前，他只会简略地讲述他是如何出版韦伯斯特词典的，以及在他接手之后该词典的滞销状态。[4]

康弗斯回忆说，韦伯斯特从英国回来后不久，对自己词典的出版前景感到"非常绝望，至少是极其心灰意冷"，古德里奇问康弗斯是否会愿意出版它。"我的回答是愿意，"他说，前提是他要保留出版带有重要修订的删减本的权利。韦伯斯特同意了，但这只是一项协议，如果确有其事，韦伯斯特并不会守约。康弗斯接着讲述了他作为删减本的出版商，克服公众对韦伯斯特的语言改革和词典编纂的偏见是多么困难，并解释了韦伯斯特的正字法在其职业生涯中是如何在很大程度上引发了公众对他作为词典编纂者的"全面误解"和"根深蒂固的偏见"。[5]康弗斯讲述他是如何被迫"亲自与全国各地的许多主流文人和有影响力的人进行磋商"，以便获得足够的订阅者以使他能够在继续印刷这本词典之前"消除他们的顾虑"。他列出了其中14个人的名字，以及费城威斯塔俱乐部（Wistar Club of Philadelphia，仅对美国哲学学会成员开放）的尊贵会员和来自全国各地的几名国会议员。由此，他形成了"对新词典中流行或不流行内容的相当正确的评估"，于是决定立即开始八开本的删减工作，"如果韦伯斯特博士同意进行各种修改的话"。[6]

韦伯斯特并不同意。"这让我想到了与韦伯斯特博士交往中的一段经历，一段我不便透露真相的历史，"康弗斯继续说，"他已经长眠地下，再无他人可以见证我们的会谈。"他们因词典变更的冲突而发生了口角："韦伯斯特博士并非有意对我不善或不公，而是我让他陷入了痛苦的两难境地，我相信如果不是因为想帮我一个忙，再加上古德里奇教授为我所做的善意工作，他是不会做出这样的让步的。""整个问题的结果是，"康弗斯接着说，"如果我能找到的话，他允许我雇用一个合适的人来做删减。他还允许我……在他规定的范围内，从原著中引入这样的修改。"康弗斯还引用了1828年7月27日韦伯斯特给伍斯特的一封信，他确信可以把谁"雇用了"谁这个问题彻底摆平："康弗斯先生聘请您删减我的词典。"万一这还不够清楚，康弗斯还引用了韦伯斯特给他的信，"我将把修改提交给古德里奇教授和你本人酌情决定，（因此）我可以不作为作者对它们负责，我将把著作权交给另一个人"——当然是古德里奇。

这场冲突促使康弗斯用强硬而不耐烦的语言来让韦伯斯特理智地行事。他坚持说，他是以"生意人"的身份行事的，推动词典的修改

"要么可以增加作品的人气,要么可以保护它,使其免受伤害性的批评"。他知道整体上需要做什么,并得到了古德里奇的支持,他"对我全盘接受"。但古德里奇对"不要僭越"相当敏感。康弗斯说他确信,伍斯特会记得伍斯特和古德里奇到坎布里奇他租的房间拜访他时的情景,"他(古德里奇)起先没有同意我做的某项修改,直到他专程到纽黑文咨询韦伯斯特博士之后"。[7]

梅里亚姆兄弟曾声称,要相信,如康弗斯所暗示的那样,韦伯斯特曾给康弗斯的"绝对的许可"简直"荒谬"。康弗斯对这一断言忍无可忍:"就连只懂简单英语的小学生都不会说我的信暗指对删减本不加丝毫限制……就算是呆头呆脑的人也不至于糊涂到弄不懂作者同意和授权删减或出版其作品的必要性。"他记得,在韦伯斯特不知情的情况下,他已经为此书忙碌了半个月,直到词典编纂者最终给他"执行我已开展的工作的权利"。二十五年后的今天,康弗斯体味到了与梅里亚姆兄弟争斗的乐趣,并在不经意间开始了嘲弄,他继续说道:"我绝对不相信这两位先生会明目张胆或明知故犯地说谎;我倒是希望他们在摘录我的信时能多加小心,把真相隐瞒起来。"梅里亚姆兄弟作为词典和各类书籍近十年的出版商,人们会理所当然地觉得他们懂得"授权一方做一件事是一回事,聘请一方作为其代理人做同样的事是另一回事"。至于他们的行为,他鼓励他们研究一下礼貌和坦诚两个词的含义。

这场争论持续了几个月,康弗斯对个人攻击变得非常犀利:"他们从陈年的尘封和宁静中,扒出了一份与他们毫不相干的私人合同;他们侵犯了应该严守的机密,对此他们无可辩驳;他们对其简单的语言进行曲解,试图通过更糟糕的论据来支持一个糟糕的动机。他们侵犯了私人感情的圣地,把与争论主题毫无关系的秘密交易和个人不幸扯出来,在宣传册和报纸上大肆宣扬。"他声称,他们之所以这样做,是因为他曾试图澄清1828年自己与伍斯特之间的事情,而对此,梅里亚姆兄弟作为这方面的新人,对此事的第一手信息一无所知。康弗斯把自己看作梅里亚姆兄弟权宜之计的替罪羊,使他们能够利用第二手或第三手信息构建一个虚假描述,宣传自己是韦伯斯特及其词典的捍卫者。他们的所作所为是对他落井下石。[8]

康弗斯接下来以更达观的笔触写道,在梅里亚姆兄弟"如此肆意攻击的时刻,他们本应招致比我的口诛笔伐更严厉的鞭笞……心中有这样的敌人一定像天堂里有撒旦的感觉,甘之如饴却让灵魂苦不堪言"。他承认梅里亚姆兄弟家族事业有成,但"人有旦夕祸福……他们拥有的财富,如果不是命运弄人,本应该是我的"。他认为梅里亚姆兄弟"与其歪曲和辱骂我,不如给我寄一本装订精美的词典,并附上一张金额不菲的银行支票,同时附上一张请求我接受这两样东西的友好说明,以感谢从该词典的大型版本中获得的财富,因为他们能够拥有这些财富主要是多亏了我的努力和不幸遭遇"。他补充说,他们可以轻而易举地发发善心,而且他们也应该争取做到"公正"。梅里亚姆兄弟的回应既不友善也不公正。他们不认为有任何相关的正义感,可以迫使他们按照康弗斯诙谐地提出的要求去做,尽管人们希望他们能够承认康弗斯在将近三十年前首次将韦伯斯特词典公布于世时所起的关键作用。[9]

3

梅里亚姆兄弟在这一系列攻击和反击中推出了第三本宣传册,不但没有偃旗息鼓,反而越斗越勇,指责康弗斯嘲笑韦伯斯特及其词典和出版商——康弗斯的确这样做了,还指责他对韦伯斯特的行为进行"暗讽"。康弗斯在1854年8月30日的答复中并未同梅里亚姆兄弟短兵相接,此答复也出现在了伍斯特的《严重文学骗局曝光——与在伦敦出版的伍斯特词典有关》的第三个附录中:"我听说两位梅里亚姆先生都宣称信奉基督教。"他开始说道:"坦白说,我倍感惊诧。当我看到他们在(最近）宣传册中公然针对我的评论时，我实在禁不住要问：'这两位先生真的神志清醒吗？'"他补充说，令人难以置信的是，1854年，梅里亚姆兄弟居然自以为是地就很久以前发生的事件"教导我和公众"，而他本人才是其中至关重要的角色。至于"暗讽"，他再次引发了深入揭露的幽灵，"事关重大"，这使他至今无法"揭开整个历史的面纱"。[10]

为什么梅里亚姆兄弟要继续"断章取义"，拒绝自由地传播康弗斯写给伍斯特的信？他问伍斯特："在他们与您的争论之中，我与之无关系，对之无兴趣，而他们却把我当成当事人，这符合正义或真理吗？"他说，而他们竟敢大言不惭地指责他给"他们造成了伤害！这太神奇了，不是吗？就您和我之间1828年的事情，我给您作证来证明您的正直和荣誉，居然会在1854年对两位梅里亚姆先生造成如此严重的伤害！"[11]

4

在悄无声息多年后，康弗斯的怒火再现，迫使古德里奇重新审视自己的动机和感情。在十九世纪三十年代初，他是否不留情面地把康弗斯从韦伯斯特的事业中扫地出门？他是否曾以基督徒的方式行事？他现在是否既背叛了伍斯特，也背叛了康弗斯？他是否过多地听信了韦伯斯特对这位出版商的谴责？出于一时的悔恨，他提出在为梅里亚姆兄弟辩护的同时，代表康弗斯向他们说情。康弗斯对此无动于衷，1854年4月3日，他给古德里奇写了一封信，字里行间弥漫着感伤：生平未实现的夙愿、错失的机遇、几乎完全被埋没的成就。他没有心情和解——"我由衷地感谢您的好意，提出在我和梅里亚姆兄弟之间进行调解，"他开始写道，"但是，在您给我寄了两封为他们辩护的信后，在您还决心反对我的时候，您大可不必指望我请求您来调解。"梅里亚姆兄弟胆大妄为，拒绝撤销任何一项对康弗斯的指责，让古德里奇所提出的调解变得可笑："情况一清二白，两位梅里亚姆先生……不会承认或道歉，除非我承认我错了而他们对了,但事实恰恰相反……您说他们是品格高尚之人,我也不想对此表示怀疑,但他们对我的信的断章取义与他们的荣誉相左。"按康弗斯的说法,古德里奇需要做的只是诚实而大可不必那么左右逢源:"当我写信给您,要求您说明在我的两封信中我讲的是否是实情时,我把此事交给您,满怀信心地认为您会坦率而果断地"说出真相——"认为这将了却我和两位梅里亚姆先生之间的事情。"

让康弗斯感到困惑的是,古德里奇竟然听从梅里亚姆兄弟的唆使:"您那清醒的头脑居然看不清事情的真实面目,这着实令我吃惊。"他暗示古德里奇"误解了梅里亚姆兄弟,也误解了我自己",而且"一旦我的答复公布于世",他会让公众更清楚地了解事情的真相。这是另一个让古德里奇和梅里亚姆兄弟不安的威胁:"我早年间曾被误解、被歪曲、被诽谤,但当时的境遇令我无法为自己辩护。"现在他没有什么可以失去的——没有韦伯斯特词典的赌注,也不必保护韦伯斯特的名誉——所以他可以畅所欲言。他写道:"我现在认为我没有义务屈服于两位梅里亚姆先生的攻击而不予回击,一旦我完成了为自己所做的辩护,我将心甘情愿将此事交由公众决断。"

正如他自己所说,疾病缠身,痛苦辛酸,但他对天国的恩赐充满希望,他在信中云淡风轻地反思岁月如何从那本词典中骗取了他应得的物质回报:"我与您感同身受,我现在已经是风烛残年,日暮之影正在迅速向我靠拢,但愿在这漫长而黑暗的夜晚我能安息,并且在夜色中仍怀着希望和期待迎接绚丽的黎明。"他继续写道:"尊敬的先生,时光回到了您和我一起'含辛茹苦'的时刻,想到那些场景,万般思绪便不由自主地涌上心头。"他哀叹道,他本该在恰当的时候一吐为快,但现在他的厄运已经注定:"在后来的日子里,您的思想,无论是对于我的行为还是动机,都被(韦伯斯特)极大地误导了。很长时间以来,我打算跟您讲明为什么会那样。但是岁月流逝,我们分崩离析,往事还不如不提，一切随缘吧，我不再介怀。"现在，他觉得也不必再试图澄清事实，因为古德里奇的态度已经变得强硬，他的编辑利益和商业利益都使他与梅里亚姆兄弟保持同盟关系。倒不如回想一下他们第一年的关系，一起看到韦伯斯特词典付梓时的激动，一起去坎布里奇说服伍斯特承担删减工作时的兴奋，以及与伍斯特一起为删减本组成得力三人组时的喜悦，这些还能给他带来些许成就感："尽管回忆如此痛苦，但每当杂乱的记忆将您带入我的脑海时，早期的联想都会赋予我对您特殊的兴趣（钦佩），而且我希望这种兴趣永远不消失，无论是在今生还是来世。"

康弗斯的个人生活一塌糊涂："我现在虽然身残体弱，却依然要日日操劳来填饱肚子。我没有家，也（无处）可以栖身，只有白天挣够了钱才能买点吃的，夜晚找个地方歇息……我早年的巨大辛苦，都给别人做了嫁衣，但'这个天涯沦落人'却无人记起。"在信的结尾，他表达了继续战斗的决心，"只要有口气，我就要为我的真实性辩护到底"。[12]

如果康弗斯希望唤起古德里奇对他厄运的同情，那是他一厢情愿。诚然，古德里奇是除伍斯特和康弗斯本人之外唯一一个健在的，能够全面、坦率地揭露韦伯斯特四开本及其删减版神秘出版史的人。但与康弗斯不同，古德里奇不能这么做，因为这会危及他一生大部分的工作。他无能为力，他可以给康弗斯寄些钱，但他没这么做。他也未能说服——就算他真的试图这样做了——梅里亚姆兄弟停止公开诽谤他和伍斯特。1854年5月3日，他告诉梅里亚姆兄弟："康弗斯先生没再给我写信。我的最后一封信涉及他在信中提到的他早年生活的某些方面……我回信的方式是在刻意唤起强烈【正面】情绪，我希望能安抚……我希望他仍能三缄其口。我强烈希望他们中的任何一方都不做答复，这样你们就可以在公众面前完全开脱，而不需进一步争辩。"[13]

梅里亚姆兄弟一定要强辩到底。他们没有听从古德里奇的建议，反而冒着让公众针对他们的风险，宣布如果康弗斯公开承认自己的错误和判断失误，他们会给他"一份精美的韦伯斯特足本词典"，并给予他的草稿100美元的奖励。康弗斯没有理会这一侮辱性的贿赂，并于1854年8月30日对伍斯特讲，他相信"他们会付双倍的金额，好实实在在地相信他们没有冤枉我，而且他们自己完全没有过错"。[14]

这是我们最后一次从康弗斯口中听到关于梅里亚姆兄弟的情况。他不是一个报复心很强的人，他更倾向于为他的对手祈祷，而不是试图击溃他们，但当时他已经心力交瘁，健康状况每况愈下，而且痛苦不堪。看情形，康弗斯已经鸣金收兵，古德里奇颇感释然。康弗斯悄悄地退隐了。

1863年，康弗斯搬到了波士顿与儿子住在一起。虽然他一生最后十年几乎足不出户，但在他生命中的最后几天，他搬回了那个曾一度带给他幸福的纽黑文。他死后被埋在第一任妻子的墓旁，就在古德里奇家附近。

第十四章
儿童、金钱、"垃圾"

1

在博恩事件发酵最激烈的时期,对伍斯特来说,至关重要的是其出版商詹克斯、希克林和斯旺做好了带头反攻梅里亚姆兄弟的准备。然而,该出版公司只有一名成员——威廉·德雷珀·斯旺,他为伍斯特英勇战斗,明知前方战况复杂,依然深入虎穴。斯旺早先是石匠出身,后来又做了小学老师,然后投身政治,现在又转为出版商,他已经因撰写学校课本而发了一笔小财。他深谙词典战争和语言学概论,急于抗击梅里亚姆兄弟。从一开始,他就被学术勇士古德里奇、波特以及韦伯斯特的爱国主义追随者所压制。但事实证明,斯旺是梅里亚姆兄弟的一个狡猾而战斗力超群的对手。他打的是商业战,更多是出于个人原因,他自己的拼写书和读物与韦伯斯特的作品构成直接竞争关系,他可以通过败坏或至少是贬低韦伯斯特的名誉做到满盘皆赢。

到1854年初,斯旺受够了梅里亚姆兄弟在博恩事件后对伍斯特的无情攻击。同年,他卷起袖子发动了对梅里亚姆兄弟的全面反击,发表了45页的轰动性宣传册——《驳梅里亚姆兄弟两位先生对伍斯特博士品格及其词典的攻击》(*A Reply to Messrs. G. and C. Merriam's Attack on the Character of Dr. Worcester and His Dictionaries*)。这是第一次有出版权的人为伍斯特辩护。斯旺认为,韦伯斯特说到底也算不上个多么优秀的词典编纂者。虽然他的定义"展示了大量的辛勤工作",但文学界却认为他的拼写和发音"显然是失败的"。斯旺正确地指出,到1854年,已经很少有人熟悉韦伯斯特词典的原创内容,因为它的许多内容在后来的版本中都被删除了:他"真正(独自)编写"的词典"现在已经变得非常罕见"。[1]

通过削弱韦伯斯特作为词典编纂者的声誉,斯旺巧妙地暗示,韦伯斯特去世后几乎没有其他作品可以与伍斯特目前编纂的词典竞争。但正如古德里奇所知道并不断告诉梅里亚姆兄弟的那样,他们要做的事情还很多,就像过去一样,去除韦伯斯特词典中韦伯斯特编纂的内容。韦伯斯特的一些拼写创新仍然存在,但由于古德里奇在韦伯斯特生前就把其中许多的创新排除了,此后几乎所有作为词条的拼写创新都被废除了,它们变得不那么惹眼了。而且韦伯斯特混乱的词源,到那时已经受到严重怀疑,关于它们也有大量工作要做。几年来,正如我们所看到的,即使是韦伯斯特的定义,也因为其冗赘性、宗教色彩和道德动机,一直被列入古德里奇的目标清单,尽管它们仍然被普遍认为是韦伯斯特词典最强大的特征。随着科学技术的进步及大量词汇的涌入,如果没有古德里奇的帮助使之与时俱进,韦伯斯特的词典早就不可避免地退出历史舞台了。

拼写是斯旺尤其热衷的主题,他本人也是拼写书和读物的作者。他了解它们在课堂上的价值,也懂得哪些拼写策略行之有效,哪些没用。例如斯旺反对古德里奇将传统拼写与韦伯斯特的正字法创新并排放在一起,这是梅里亚姆兄弟在最后一版中所采用的一种做法。该版本试图让读者意识到这些选择,并由他们做出自己的选择,但斯旺认为这是疯狂之举,会让人彻底陷入困惑,尤其是学童。事实上,把小学生引入辩论中,成了他和其他伍斯特捍卫者试图抬高争议基调的方式,将其从许多人认为的已经沦为一场有辱人格的卑劣商业战争中解放出来。

2

在那个时代，霍勒斯·布什内尔（Horace Bushnell）出版的《基督教儿女养育观》（*Views of Christian Nurture*，1847年）是普及读物，其中对儿童的幸福和教养极为关注，斯旺可以提醒人们注意，错误的引导可能给美国儿童带来的伤害。如果说这是拼写书的时代，那么它也是儿童教育的时代。在美国迅猛的文化变革中，少年儿童成了大众高度关注的焦点。使这种关注更加鲜明的复杂因素包括为支持这些文化转变而发展起来的趋势和材料：教育理论、有效的儿童教学指南、家庭育儿手册、有关家庭生活的一般书籍、关于阅读的论述如威廉·霍姆斯·麦格菲的《阅读方法论》（*Treatise on Methods of Reading*，1833年）、教科书出版速度的加快、教师学院的建立、宗教在养育儿童方面重要性的提高，以及教会和牧师在儿童教化方面发挥的作用，所有这些都证明了儿童在社会中的地位得到了更高的评价。这一专注的核心是一种哲学-宗教观念，即所有儿童都有一个道德自我，一种与生俱来的道德能力和"自然的虔诚"，必须加以珍惜和滋养。[2]

韦伯斯特曾在其拼写和阅读教科书中谈到道德问题，但那是在早期，是在美国开始出版关于儿童发育的书籍之前他所塑造的鲜明的美国形象。此外，韦伯斯特对儿童教育的兴趣与新民族主义有关，其首要主题就是美国爱国主义和独立于英国的文化。随着美国词典的发展，教育工作者越来越关注语言在文化和道德上对儿童教育的贡献。这一切都是一场运动的一部分，也是一个新的研究和实践领域，到了十九世纪中叶，代表了韦伯斯特拼写书朴素的道德内容的巨大进步。

十九世纪初，苏格兰人约翰·威瑟斯庞是道德教育最坚定的支持者之一，作为一名苏格兰移民及后来的新泽西学院（现普林斯顿大学）

校长，他对美国的教育思想产生了重大影响。他写道，宗教"可雕琢普通人的品性"，而有宗教的家庭生活是孩子启蒙教育和未来幸福的宝贵要素。1765年，他发表了《教育论信札》（Letters on Education），截至1822年此书在美国重印了五次，并引起了美国公民的强烈共鸣。

凭借其教育背景，斯旺作为一名出版商，在反击梅里亚姆对作为严肃教育家的伍斯特的批判中处于有利地位。在词典战争中，他扮演的不仅仅是语言学家或为商业利益而战的斗士；他还有课堂经验，可以讲出学生在教室里使用词典的方式。在《驳梅里亚姆兄弟两位先生对伍斯特博士品格及其词典的攻击》中，他对厚重到几乎拿不动的词典，如韦伯斯特词典四开本在课堂上的用途提出了质疑："当学生们纷纷离开座位去查阅词典时，学校很难维持良好的秩序。"斯旺引用了波士顿学校委员会1851年的一份报告，该报告指出，这本放在教室讲桌上的大词典"还不如放在得克萨斯州"。（斯旺在这里轻易忽略了韦伯斯特还专门为学童制作了一部删减本的事实，而且他1841年的版本没有大到必须摆在老师讲桌上的程度。）[3]

梅里亚姆兄弟争辩说，韦伯斯特词典确实在不断进步：该词典的编纂者已经将拼写书和词典中许多令人困惑的拼写删除，因此学童根本接触不到它们。梅里亚姆兄弟称，当下的问题是哪部现行的词典对学童最好。他们声称，韦伯斯特词典绝对是公立学校、政府机构、大学、公民个人、学者以及文学界大多数人的压倒性首选。

梅里亚姆兄弟通过推荐书和其他销售数据来支持他们的主张，尽管他们提供的销售数据是他们自己的猜测，而且他们调查的图书经销商并没有将伍斯特词典销量单独计算。他们将伍斯特词典相对少的销量列入了一个更小的类别——"除韦伯斯特之外的所有词典"。尽管如此，大量涌入梅里亚姆兄弟金库的资金也证实了他们正在轻而易举地赢得商战的胜利。韦伯斯特的名字，以及甚至在1828年第一版出版之前就附在词典上的爱国主义色彩,仍然保证了他们所向披靡。[4]

3

不过,梅里亚姆兄弟还是顾虑重重。他们看到西部阴云笼罩,意识到他们需要重新调整广告策略。1853年9月5日,查尔斯·梅里亚姆写信给古德里奇,他似乎对纽约和波士顿的新闻战已经向有利于伍斯特的方向转变感到恐慌,但他主要担心的是伍斯特的出版商似乎准备在西部采取行动,到那时为止,伍斯特在那里还鲜为人知——"完全不为人知",按照梅里亚姆兄弟的说法——而且梅里亚姆兄弟长期以来一直雄霸着该地区的词典市场。[5]他们需要投入更多的资源和精力来争取西部市场。梅里亚姆用军事用语宣布他们必须采取行动:"如果我们(在西部)能有个公平的战场,我们就可以用我们的对抗坑道来对付他们的地雷坑道,并在地面被过度占领之前开始系统而彻底的行动。"他们还需要搜罗更多支持,并加强对伍斯特及其词典的攻击。[6]

查尔斯·梅里亚姆决心"以与所涉利益的规模和重要性相称的精力,继续推进我们的计划"。但他需要内幕信息,需要加强对竞争的监视,以便构建更为巧妙和精确的广告和出版策略。在美国南北战争爆发之前,出版商为了获得正在印刷的对手手稿的有关信息而贿赂印刷商、记者、其他出版商以及任何有能力提供内幕信息者的做法并不罕见——而他正在得到这样的信息:"我们的一个朋友(对方不知道他是我们的朋友),"他写信给古德里奇,"最近在西部与伍斯特代理交谈时得知,他们正在为伍斯特争取西部市场,希望很大,还特别指明了艾奥瓦州、威斯康星州等。"他还需要知道伍斯特作品的进度如何,以及他那部大型的、足本的鸿篇巨制何时可能出版。[7]

虽然查尔斯·梅里亚姆公开嘲笑斯旺称韦伯斯特的正字法可能会给儿童教育带来危害的响亮警告,但私下里他也对此表示担忧。他知道这仍然是韦伯斯特的致命弱点："坦白讲，我对现存的韦伯斯特正字法的独特性是否能最终占上风颇有疑虑……最近在波士顿的论战中，《波士顿每日广告报》等报纸正在强调这些独特性。"梅里亚姆兄弟知道韦伯斯特词典比1843年他们接手时已经有了更坚实的基础，但其中仍有韦伯斯特"独特性"的痕迹，这让他们无法容忍。经过三年的修订，古德里奇在1847年版中仍然没有将这些问题处理干净。最让查尔斯·梅里亚姆震惊的是，有影响力的出版商和报纸界仍在其出版物中拒绝韦伯斯特的正字法："我认为，期刊出版社和图书出版商仍然普遍遵循旧的（英语）模式，至少在很多情况下都是如此。"1851年9月刚刚创刊的《纽约时报》更喜欢伍斯特的"旧模式"。他担心，这肯定是一个征兆，除非彻底肃清，将韦伯斯特的拼写改革从梅里亚姆兄弟词典中根除，并让公众认识到肃清已完成，否则他和他的哥哥最终会败给伍斯特。[8]

查尔斯·梅里亚姆很清楚战争的胜负取决于课堂："战场……主要与学生用词典系列有关，因为即使是韦伯斯特最刻薄的敌人也承认，他的大部头作品尚有其他可取之处，使之对成年学者有价值。""现在我们要把精力放在新罕布什尔州、俄亥俄州、威斯康星州等。"他继续说道，而且要针对学校。为了赢得纽约、马萨诸塞、俄亥俄、爱荷华、宾夕法尼亚、伊利诺伊和威斯康星等州的学校市场，梅里亚姆兄弟决定放手一搏，以期压制伍斯特在任何时候、任何地方可能出现的人气。[9]

至于区域动态，南方的公立学校一般更喜欢伍斯特，他们对韦伯斯特的激进主义唯恐避之不及，尽管这对伍斯特没有特别的帮助，因为那边的学校体制还不怎么发达，而且州立法机构很少购买词典，不管是谁编纂的。直到十九世纪五十年代，在南方的任何地方，无论是学校还是普通民众，都很少使用词典。在康涅狄格州，特别是耶鲁大学及其西部地区，情况完全不同，正如梅里亚姆兄弟的推荐书和证言所证明的那样——尽管他们断言伍斯特的声誉在西部基本上是一片空白有点离谱。[10]

4

　　斯旺对自己能在学校里占上风持乐观态度,并对绝大多数美国著名作家更喜欢伍斯特的常识抱有希望。梅里亚姆兄弟称这些作家更喜欢韦伯斯特的说法纯属一派胡言:没有任何"在学术上小有成就的人在其他发表的著作中把韦伯斯特的正字法作为标准"。他在《驳梅里亚姆兄弟两位先生对伍斯特博士品格及其词典的攻击》中写道:"即使是在去韦伯斯特的状态下,最纯粹的英语作家也拒绝承认韦伯斯特词典是纽约州乃至全国的标准。"华盛顿·欧文发现自己被卷入了词典大战,因为在一个新的广告活动中,梅里亚姆兄弟利用了他对韦伯斯特词典的评论。1851年初,在收到他们寄给他的一本1847年版词典后,欧文立即回复表示感谢,并赞扬了其作为参考书的实用性,但他补充说,他没有把它作为自己的拼写标准,而且像韦伯斯特这样试图偏离伦敦"标准用法"的美国人有可能被认为是偏狭的。话虽如此,他还是想把话说得明明白白:"我不想假装参与报刊界此时正在进行的关于这个问题的论战。"[11]

　　梅里亚姆兄弟总是在寻找优势或机会,好好地利用了一下欧文的赞语,将它醒目地放入了他们的广告宣传中,但(意料之中地)省略了他的保留意见。这种"书商的把戏",正如欧文后来所说,让他很恼火,但他一直听之任之,直到1851年6月,他收到纽约州参议院议员、纽约州文学委员会主席、纽约历史学会最早的成员之一詹姆斯·W. 比克曼阁下(Hon. James W. Beekman)的质询。梅里亚姆兄弟在1851年曾刊登广告,声称当纽约州立法机关考虑向全州"公立"学校推荐和提供词典时,韦伯斯特的词典被采用,而"伍斯特的词典一次也没被提到或想起"。他们收录了欧文对1847年版的赞语。比克曼知道梅里亚姆兄弟对会议议程的叙述是在误导读者。他出席了那次会议。而欧文的赞语听起来并不真实。他想知道欧文到底给梅里亚姆兄弟写了什么，于是向他询问。

欧文曾赞同伍斯特的词典是他所说的"好斗的字典"，并认为它在满足"公立学校的需要"方面会特别有价值，但他以前从未越界，或在这场词典战争中发表过自己的观点。他想澄清自己的立场，于是在1851年6月25日写信给比克曼："尊敬的先生，从我收到了乔治·梅里亚姆和查尔斯·梅里亚姆两位先生寄来的一本韦伯斯特四开本词典已过数月。在答谢收到词典的同时，我明确告知他们，我没有把它作为我的正字法标准，并向他们说明了我没有这样做的原因，以及我认为美国作家采用这一标准不妥的原因。同时，我注意到这部作品在许多方面都很有价值，因此我把它变成了一本随时可供参考的手册、指南或说明书。"他们采用了他的话，并且"有心机地仅仅摘取了我强调的部分意见，并把它插入他们的吹嘘和广告中，好像我对该作品给予了普遍而绝对的认可"。韦伯斯特词典不应该被引入课堂，他说："不建议'权威人士'将其作为正字法的标准引入学校。"[12]

比克曼把这封信寄给了《波士顿每日广告报》的编辑，该报于1853年7月29日在一篇社论中发表了这封信。这使得梅里亚姆兄弟似乎没有多少回旋的余地，但他们险中求胜，在该报纸的下一期，即1853年8月5日的广告中将其装扮成了一篇客观性的文章。他们虚假地宣称，他们对欧文拒绝韦伯斯特的正字法保持沉默的唯一原因是不让他陷入争论之中。另一方面，伍斯特的追随者们，"臭名昭著的利益相关方"却没有表现出这样的克制，"从他（欧文）那里巧妙地取得了这封信"。欧文突然惊骇地发现，他正处于一场民粹主义争论的中心，而这是他所深恶痛绝的。[13]

梅里亚姆兄弟还尝试了一些民粹主义主题：受过教育的人和"半文盲"之间的冲突、精英与普通人之间的冲突，以及语言如何反映这种分裂。他们所采用的路线，是伍斯特在哈佛大学的象牙塔人脉将他与精英阶层联系在一起，而韦伯斯特的词典则属于一个更广泛的群体或文化——同时他们忽视了，韦伯斯特在耶鲁大学的象牙塔人脉。耶鲁大学的教员一致支持他的词典，并不断为他们的后续版本贡献专业知识。兄弟二人拙劣地把哈佛大学称为"坎布里奇大学"，沾沾自喜地将词典战争表述为阶级冲突："虽然……我们非常珍视有关韦伯斯特博士或他的家人的记忆、他的品格的纯洁，以及他作品中所展示的智慧和勤奋，但我们必须承认，他犯下了一个不可饶恕的罪行——他并没有毕业于坎布里奇大学……我们希望这不会被视为对他、他的记忆和他的文学继承者永远的开战理由。"我们不知道伍斯特对这一言论的反应，但这不难想象。[14]

在纽约，1851年7月，比克曼将欧文之信充分利用，将其纳入了提交给纽约立法机构的长篇报告中，对立法机构授权用州政府的钱为该州所有地区提供指定的词典而排斥其他所有词典的做法提出异议。他直言不讳地描述了韦伯斯特的威胁，重新唤起了被野蛮话和粗俗语包围的文化语言的主题：如果人们允许韦伯斯特继续用他的"创新"来"扰乱"语言，那么这个国家的课堂上就会出现混乱，美国人很快就会看到他们街区图书馆的书架上堆满了"像韦伯斯特之友声称的，连无知的乡下购书者都不想选用的肮脏垃圾"。为了阐明这一点，他讲述了一个男孩的故事，他拒绝老师纠正他将build一词拼写为bild的错误，理由是韦伯斯特是这样拼写的。当老师允许他去图书馆查阅拼写时，男孩"带着翻到此处的韦伯斯特词典，得意扬扬地证明自己是对的"。[15]

5

斯旺所提到的大多数为伍斯特辩护的主要作者和杰出的文豪都来自美国东北部和南部，如欧文、西德尼·威拉德、丹尼尔·韦伯斯特、朗费罗、霍桑、奥利弗·温德尔·霍姆斯和威廉·卡伦·布莱恩特，仅举几个例子。文学期刊和比较受人推崇的报纸也对伍斯特极为青睐。梅里亚姆兄弟手上堆积如山的推荐信,有的来自美国国内的几位著名政治家,大约104位国会议员,有的来自几位教授,甚至还有几位小文学家。对他们来说,得到这些推荐信根本不在话下。斯旺告诉他的读者,其中大多数是"对一份装帧精美的文学礼物的礼貌致谢",即1847年版的书册。他禁不住补充道:"我们有理由指出,虽然美国总统和国会议员对政治有卓越判断,神职人员对宗教事务也有同样良好的评判,报刊撰稿人有资格对便利的百科全书大加赞赏,但这些阶层在文学方面却不能算作权威。"[16]

当时美国最受欢迎的两位作家是奥利弗·温德尔·霍姆斯和威廉·卡伦·布莱恩特,而且都在马萨诸塞州长大。波士顿是霍姆斯文学和文化中心。他本能地相信"波士顿具备足够的英伦风范,在那里可以编出一部好的英语词典……"[17]正如他在其著作《早餐桌上的独裁者》(*The Autocrat of the Breakfast-Table*)中所描述的那样,他将这个大都市与"正确的英语拼写习惯"联系在一起。布莱恩特也通过位于波士顿的《北美评论》与波士顿保持着重要的联系,该刊物多年来刊载了他的许多诗歌。[18]

霍姆斯长期以来一直对词典情有独钟。对他来说,词典是语言的大祭司,传播文明的文化传播者。早在1831年11月,当年22岁还住在寄宿公寓在波士顿医学院读书的他,就在《新英格兰杂志》(*New England Magazine*)上发文介绍自己的《早餐桌上的独裁者》,后来进行深加工,从1858年开始创作"早餐桌上的"系列丛书。在1832年2月发表的第二篇文章中,他写道:"每当我心血来潮想读诗歌时,我就取来词典。词的诗文和句子的诗文一样优美。作者可以把这些瑰宝安排得井井有条,但它们的形状和光泽则是拜岁月的磨砺所赐。"在1852年7月的一封信中,他列出伍斯特最新版词典中没有的词,让他收录在其下一版的词典中。作为对大众文学宝库的回报，他补充道："我一直觉得我应该尽微薄之力……在英语语言方面，我认为您是国内的高级警官，如果您允许，我将继续保持我对英语语言的警惕，我还会……在有限的观察范围内，（汇报）旧时公民的所有违规行为以及可疑陌生人的出没。"[19]

在词典战争达到高潮时，霍姆斯在其庄严又诙谐的《早餐桌上的教授》（*The Professor at the Breakfast-Table*，1860年）中再次提到了这个话题，在书中，他谴责了那些为英语而争吵，并向英国英语的"贵族性"宣战的人。他旁敲侧击，试问耶鲁大学和哈佛大学更愿攀比哪本词典，并嘲笑韦伯斯特在美国英语中造成的拼写混乱。一天早上，在早餐桌上，一位"外省"的年轻绅士——就是说，波士顿以外的人——"天真地"要求用"韦伯斯特的足本词典"来确定一个词的意思。一位"小绅士"为突如其来的"韦伯斯特"闯入波士顿早餐桌上的高谈阔论感到羞辱，他大声说出了三个单词，其中最后两个来自"韦伯斯特的足本词典"，第一个词是重读单音节词。他表示歉意地说道："请原谅，如果真要用词典来裁决，我们觉得还是找部英国词典吧。先生，我不能信任对法定货币的裁剪！①……先生，韦伯斯特先生不懂拼写，或者不愿懂拼写，先生——至少，他没有好好拼写；结果就是一些版权所有者对这门语言的尊严发起了挑战，这可是我们从英国先父那里继承的崇高语言……我们太清楚语言在波士顿意味着什么了，岂敢恶搞……先生，我跟您一样受不了这种乱来！"他承认："但对于这位老词典编纂者毕生的努力，也有很多值得骄傲的地方，我们不能忘恩负义。此外，我们别再自欺欺人了——词典战争只不过是城市、大学，尤其是出版商之间

---

① coin，在这里是一语双关，本身有硬币的意思，另外暗指韦伯斯特对拼写的创新。——译者注

掩人耳目的竞争。"即使在早餐桌上，关于词典的谈论也能让室内气温升高。[20]

十二年后，霍姆斯在他的"早餐桌上的"系列书第三本《早餐桌上的诗人》（*The Poet at the Breakfast-Table*，1872年）中又回到了英语词典的主题。在这里，他暗指梅里亚姆兄弟在支持康涅狄格州的韦伯斯特对抗波士顿的伍斯特时的"广告小说"。在另一次早餐桌上的谈话中，有人发现，有个特殊的侮辱性的单音节词，他没有具体指明是哪一个，"被英国贵族和绅士阶层视为不雅，而且这个词不在伍斯特先生的词典里。众所周知，根据特别法规，这个大都市的文人可以把手放在该词典上代替圣经起誓。我认识一个人，除了这本词典，他从未拿其他任何词典起誓，更不对任何广告小说起誓"。[21]

当时的词典大战对霍姆斯来说非常重要。他担心这种恩怨会贬损两位词典编纂者的形象，他们正在成为流言蜚语和调侃的谈资，就像他本人在1866年的一首诗中以打趣的形式赞扬在巴尔的摩创建了乔治·皮博迪图书馆（1982年转给约翰斯·霍普金斯大学）的实业家、银行家和慈善家乔治·皮博迪（George Peabody）一样。霍姆斯写道，他简直无法用言语恰当地赞扬皮博迪，甚至连伍斯特和韦伯斯特的词典都帮不了他，他们的出版商一直在极力摧毁对方：

> 一穷二白——搜肠刮肚！
> 言辞难表对他的赞语！
> 伍斯特和韦伯斯特都已穷尽！
> 赞美的词语一贫如洗！[22]

第十五章
战况升级:"我们有国家语言标准吗?"

1

在此前的三百年间,无论是在英国还是美国,没有任何一种英语词典的编写像在当时的美国一样,作为公共领域的一部分,如此强烈而持久地爆发。到十九世纪中叶,美国出版的报纸数量急剧增加,读者群体也不断扩大,不仅包括精英和受过良好教育的人,也包括来自所有社会、经济和种族的读者群体的扩大,使这种爆发成为可能。到1800年,全美大约有200份报纸出版发行,比如费城有6份日报;纽约市,5份日报;巴尔的摩,3份日报。到1850年,这个数字已经上升到2000多份,发行量空前。1828年至1840年间,报纸的发行总量翻了一番多,从6800万份增加到1.48亿份。十九世纪三十年代,阿历克西·德·托克维尔写道:"美国的期刊和半期刊发行数量超出了想象,几乎任何小镇都有属于自己的报纸。"[1]这种猛增的部分原因是识字率上升,而印刷技术的进步也至关重要:生产连续卷纸的长网造纸机(发明较早,但在1827年引入美国)、1832年的蒸汽动力圆压平印刷机(比手摇印刷机有了相当大的进步)、蒸汽动力滚筒纸平板印刷机(1847年获得专利)。报业的发展,也表现出公民文化的传播和美国社会的日益多元化。

并非所有人都对公共媒体在词典战争的报道中使用的英语心悦诚

服。温文尔雅的谈笑风生哪里去了？韦伯斯特和伍斯特的支持者都认为报纸是挑起争议、愤怒和粗暴言语的罪魁祸首。1868年《纽约时报》在一篇题为《论新闻业的优雅风范》的社论中写道："我们认为报纸的语言不应有别于高雅社会的语言，不应有别于君子日常交往中使用的语言。"爱德华·古尔德（Edward Gould）曾为《纽约晚间邮报》工作，正如我们将看到的，他代表伍斯特写了大量的文章，并对公众媒体如是说："在作家中，造成最大伤害的人是那些错误的始作俑者，也就是那些常为报纸撰稿的人。"古尔德感叹，权威信息的主要来源不是书籍，而往往是歪曲事实的报纸。亨利·沃德·比彻（Henry Ward Beecher）用暴力的意象做比喻："罗马有角斗士，西班牙有斗牛，英国有纵犬斗熊，而美国——有报纸！"词典战争的展开正是出于这种对民粹主义竞技场的热衷。[2]

2

在《驳梅里亚姆兄弟两位先生对伍斯特博士品格及其词典的攻击》中，斯旺精心挑选了一篇威廉·卡伦·布莱恩特在1854年6月20日的《纽约晚间邮报》上发表的一篇文章，布莱恩特从1829年到1840年一直担任该报的编辑。对于英语的使用和误用，布莱恩特是一个所谓的纯粹保守派，他利用自己的编辑身份来宣传自己的观点。在这种情况下，他更加有力地宣扬自己的观点："韦伯斯特词典远远没有得到学者和社会的普遍接受，而那些在我国和世界各地使用我们共同的语言，即我们称为高尚思想载体的英语，并对其纯洁性给予适度关注的人中，一百个里面也挑不出十个人'赞成'以韦伯斯特的词典作为语言的标准；不但如此，他们中的大多数实际上对其并不熟悉。"[3]

在此语境下的标准指的是"国家"标准，一部几乎被当作美国语言最高权威而普遍接受的词典。梅里亚姆兄弟一直把"国家"词典的主题作为其战斗口号之一，以将词典战争带入政治领域，因为对韦伯斯特来说，美国语言一直是一个民族自豪感的问题。许多作家，包括欧文、霍姆斯和布莱恩特，都对这一主题固有的民族主义表示痛惜。他们认为，英语是一种去政治化的遗产，一种能够且应该适应美国生活现实的语言，它不应受到变幻无常的民族主义或个人理论和意识形态的影响。

正是布莱恩特提出的"语言标准"的主题促使梅里亚姆兄弟在1854年出版了另一本宣传册《我们有英语词典编纂的国家标准吗？或，韦伯斯特词典和伍斯特词典的主张之对比》(*Have We a National Standard of English Lexicography? Or, Some Comparisons of the Claims of Webster's Dictionaries, and Worcester's Dictionaries*)。该宣传册指出，伍斯特的词典几乎没有成为国家标准竞选的候选者：伍斯特在拼写上遵循"现行用法"的原则而不是美国用法的原则。退隐到坎布里奇的飞地里，他甚至从未倾听过美国人真正的说话方式。这条路的前方布满荆棘。该宣传册忽视了伍斯特在1846年版词典的序言中对美国英语和英国英语复杂关联的解释："美国人创造了一些新词，他们给一些旧词赋予了新的意义；同时他们保留了一些在英国已经过时的词，引入一些英式方言并广泛使用。在英国和美国都有很多新词，其中部分是新词，部分是有新含义的旧词，很难确定它们源自哪个国家。"[4]

在其1846年的版本中，伍斯特至少收录了与韦伯斯特词典同样数量的美国英语，但该宣传册对此只字不提。梅里亚姆兄弟称，不是美国词汇增加了伍斯特的词条数（约10万个），而是"众多的复合词"，如short-fingered（短指的）、short-legged（短腿的）。一旦熟悉这种套路，"在一半英语单词前加上short的前缀而无限扩大词单就不是什么难事"。（大多数这样的词都被允许出现在后来的韦伯斯特词典中。）宣传册列出了从伍斯特词典中挑选出来，据说任何"知识分子"或"青年教师"都不会赞成纳入英语的数百个词条，从squeezable（可压缩的）、

strengthfulness（力量）、suitability（适合）到听起来像淘汰了的词，如jiggumbob（某东西）、pish-pash（瘦肉粥）和somberize（使……昏沉）。至于定义——宣传册称，鲜有超过两行的，但这种说法是错误的——伍斯特词典便于使用的简洁性，排斥了读者为达到"思维准确性"所需要的细微精确性。为了说明，他们引用了acceptable（可接受的或受欢迎的；受欢迎的；感激的；令人愉快）、lampate（由基极灯酸形成的物质）、landlocked（内陆）、Landmark（界碑；地标）。梅里亚姆兄弟问，一部词典怎么能用如此生硬的定义让读者去分辨词义的细微差别呢？

梅里亚姆兄弟还略过了伍斯特给出的关于单词变换形式的技巧，以及他对包含该词的惯用动词短语的用法记录。例如在come单词的条目下，伍斯特列出了下列短语并给出了释义：come about（发生）、come at（袭击）、come by（得到）、come into（进入，得到）、come of（出生于）、come off（实现）、come on（加油，快点）、come over（过来）、come out（出现）、come out with（说出，公布）、come round（苏醒）、come short（缺乏）、come to（想起）、come to one's self（醒悟）、come to pass（发生）、come up（走进）、come up to（达到）、come up with（提出）、come upon（偶遇）、to come（in the future）（未来）、come your ways（获得）。这种对一个词在多种成语中的多样性用法和细微区别的记录，与同义词辨别相呼应，涵盖了诸多词汇学领域，深受学习语言或想提高语言能力的人们的喜爱。尽管这并非伍斯特独创的，但是是他率先展示了词汇的资源有多么丰富。古德里奇在1847年的梅里亚姆版词典中也成功地做了几乎同样的事情——我们还是以come为例：come about（发生）、come after（紧跟）、come again（再来一次）、come at（袭击）、come away（脱落）、come back（回来）、come by（得到）、come for（为某种目的而来）、come into（进入，得到）、come off from（实现）、come on（加油，快点）、come over（过来）、come out（出现)、come out of(从……出来)、come out with(说出，公布)、come short(缺乏)、come to(想起)、come together(相遇)、come to pass(发生)、come up(走近)、come upon(偶遇)。[5]

显然，伍斯特和古德里奇之间的竞争在促进美国词典的发展和质量提升方面还是卓有成效的。在十九世纪五十年代，报纸在追踪词典战争方面的作用越来越大，这表明公众很清楚美国的词典编纂界发生的事情。当然，美国语言的利害关系比像拳击这样的体育比赛的结果要重要得多，但有证据表明，公众将这二者视为同类的比赛，在时间耗尽之前，竞争者都在奋力争夺胜利。

在敌对行动平息了几个月之后，另一个加入战局并站在梅里亚姆兄弟一方的杰出人物是卡尔文·埃利斯·斯托（Calvin Ellis Stowe）教授，他是一位研究《圣经》和希腊语的学者，在鲍登学院和达特茅斯学院任教。斯托是应梅里亚姆兄弟之邀出战的，此时他们在为"标准语言"这一主题全力出击。1855年3月，斯托在给一家未命名的波士顿出版社的信中指出，韦伯斯特词典是美国无与伦比的标准词典，对伍斯特词典却只字未提。斯托的站队意义重大，他的名气很大，至少在美国北部各州和英国。他是作家哈里特·比彻·斯托的丈夫，斯托夫人的废奴主义小说《汤姆叔叔的小屋》（1852年）在国际出版界获得了巨大成功。1855年3月22日，梅里亚姆兄弟在给《波士顿邮报》（*Boston Post*）的一封信中，指责伍斯特出版商对斯托信函的公共谴责，并重申其主张——韦伯斯特词典是无与伦比的国家标准。他们采用了夸张的手法，并强调了"one"（一，唯一）这个词，宣称韦伯斯特是"美国最伟大的语言学家，英语语言界公认的最博学和最敬业的学者……在美国，他是除波士顿以外所有地方的权威；即使在波士顿，他也比其他任何人更有权威。在英国，他比其他任何人都更有权威，而且权威性愈来愈强……如果我们真的追求一致性，我们必须采用韦伯斯特词典，因为他的版本不能被取代，而其他人的却可能被取代"。当然，他们真正的意思是，古德里奇不能被取代。[6]

3

斯托的支持给了梅里亚姆兄弟一个机会，使他们在《波士顿邮报》发表他们的泄愤之信的同时，转载了一篇题为《词典之战》的华美文章，该文章是威廉·弗雷德里克·普尔（William Frederick Poole）为当月出版的韦伯斯特词典而撰写的贺文，发表在《商业图书馆通讯》（*Mercantile Library Reporter*）上。在波士顿，普尔绝非微不足道的小角色，他是著名的商业图书馆馆长。他后来帮助建立了芝加哥纽伯里图书馆（Newberry Library），并因推动全国各地的图书馆改革以及出版标准参考书《普尔期刊文献索引》（*Poole's Index to Periodical Literature*）而闻名。在波士顿，他是梅里亚姆兄弟的理想发言人。梅里亚姆兄弟称，他们对他一无所知，只知道他是"一位文科教育的有识之士、波士顿居民，通过与商业图书馆协会的关系，他完全有能力判断"两本对立词典的相对人气。[7]

普尔在文中援引了约翰逊、伍斯特等所谓保守派与现在而非过去生活在美国的长着一副新面孔的美国人之间与生俱来的对峙，以及未来普通公众与仍潜伏在波士顿和纽约等城市中心的以往的美国"贵族"之间的对峙。普尔写道，正如伍斯特先生所给出的那样，如果把语言的未来交给伍斯特，他会将"语言的正字法以其现在的形式搞得彻底僵化"，而古德里奇-梅里亚姆-韦伯斯特则试图通过记录语言的变化与时俱进。普尔补充说，英国人比伍斯特的保守支持者更乐于接受变革，他还对韦伯斯特极力赞赏，"如果你走进伦敦的书店，要买本最好的英语词典，店家递给你的就是四开本的《美国英语词典》。在巴黎、莱比锡和汉堡，它更是一枝独秀。韦伯斯特博士在改革语言中许多荒谬的语言学反常现象方面的成功——令本土顽固守旧的批评家们不安——在外国却备受推崇。"然而伍斯特的支持者们把韦伯斯特描述为"一个江湖郎中和一个不学无术的人"。正如我们所看到的，这一关于韦伯斯特在欧洲备受欢迎的描绘，根本不像普尔所说的那么明朗。

普尔的目标还在于平息近来流传的印象，即伍斯特是波士顿公认的权威，并且"在全国其他地区的敌人营地的几个前哨站里都有纠察队"。他说，自1848年以来，波士顿商业图书馆的桌子上一直摆放着伍斯特1846年版的《通用型批判性英语语言词典》，它看上去全新，似乎从未有人碰过，而摆在其旁边的梅里亚姆兄弟的1847年版大型词典，由于每天被查阅20次而显得破旧不堪。

普尔对词典帮助阅读和写作的用途的强调非常有效，在这方面，他与商业图书馆协会或公司的联系显得特别有益。十九世纪上半叶，随着公立学校运动的发展和蔓延，商业图书馆成了阅读和获取"有用知识"的一种制度性表现。普尔在波士顿商业图书馆，以及所有城市的商业图书馆宣布：公众都在大量使用韦伯斯特的词典，而在很大程度上忽视伍斯特的词典——他是在大力地宣扬韦伯斯特的词典可为美国的民主和教育事业提供更好的服务。他邀请人们亲自去商业图书馆看看这些词典。如果也能找出当时其他图书馆对使用这些词典的类似评论，那将会对他们大有启发。[8]

然而，梅里亚姆兄弟一方在重新发布普尔的文章时任何对公正客观的伪装都瞬间蒸发了，在《对指责的总结与反驳》（*A Summary Summing of the Charges, with Their Refutations*，1854年）中，他们将普尔的文章作为序言，给韦伯斯特冠以"合众国的校长"之名，并对他大肆吹捧。他们从《大都市概览：百部图文并茂的瑰宝》（*Glances at the Metropolis: A Hundred Illustrated Gems*）中摘取了这篇文章，该文章最初是普尔为商业图书馆画册《波士顿商业图书馆和波士顿雅典娜图书馆之馆藏词典》(*Dictionaries in the Boston Mercantile Library and Boston Athenaeum*)所写的前言。这篇颂词还出现在了1854年的《商业图书馆通讯》上，这并非是一家毫无偏见的期刊，因为韦伯斯特的铁杆支持者普尔在1852年至1856年间是商业图书馆馆长兼该期刊的编辑。普尔、韦伯斯特和商业图书馆协会之间的这种关系再次表明，"民主"的"爱国"力量，以及作为公共图书馆在全国普及的中坚力量，即商业图书馆的具象代表——民众，在给语言下定义这方面，绝对是站在韦伯斯特一边的，因为他们相信韦伯斯特所倡导的民族主义。《大都市概览：百部图文并茂的瑰宝》将韦伯斯特描绘成一个道德典范——完美地呼应了梅里亚姆兄弟的利益，因为他们广告活动的重要主题之一就是将韦伯斯特描绘为无懈可击的人及美国的世界级"瑰宝"，近乎圣人，还将其描绘为美国"伟大的老师，和美国荣誉的三位一体之一"。他被赞誉为

> 这个半球塑造一切、控制一切的创造性思想家。他随祖国一起成长，塑造了国民的思想品格……他的英语原则浸染了现在或将来美国人所说的每一句话。他的精髓主导了全国的每个场景，是普遍的和无所不能的、无所不在的。在美国大陆，韦伯斯特是相当于空气一样的存在，人人都离不开……他对我们的所作所为比阿尔弗雷德对英格兰，或卡德摩斯对希腊的所作所为还要多……只有两个人在新大陆上曾占据重要地位，他们必将名垂千古——哥伦布，新大陆的发现者，和华盛顿，新大陆的救世主。至于韦伯斯特，他现在是，未来也将是新大陆的伟大老师。这三人构成了"美国荣誉的三位一体"。

人们可能会因此想起阿比盖尔·亚当斯在1800年1月给妹妹玛丽·史密

斯·克兰奇（Mary Smith Cranch）的信中提到的公众对乔治·华盛顿的赞颂："在美国，没有任何人可担当美国救世主的尊称。"⁹

4

对于伍斯特来说，虽然博恩事件的纷争和梅里亚姆兄弟的压榨使他有些苦不堪言，但至关重要的是，在词典战争炮火雷鸣时，他必须保证新的词典版本适时问世。碰巧的是，由于他一直重视同义词在单词定义中的作用，他手头恰好准备了一部词典。1855年，他的565页八开本《英语发音、解释和同义词词典》（*A Pronouncing, Explanatory and Synonymous Dictionary of the English Language*）由伍斯特的新出版团队希克林、斯旺和布朗出版。他在序言中指出，"本书基本上是《综合发音和解释性英语词典》的扩充"，可为高中、高等教育机构和家庭所用。与1846年的《通用型批判性英语语言词典》相比，它新增了3000个词条，定义依然比较简洁，但这些定义更精悍，更完整。¹⁰

就像伍斯特的所有教育用词典一样，此书在商业上大获成功。其最重要的贡献是开创性地使用了辨别同义词的方法，此次该方法的使用，比他本人甚至英国任何一位词典编纂者之前类似的尝试都要广泛。他在序言中写道："本词典有一个新颖且独特的特点，它将英语的主要同义词纳入了考虑范围……通过这种方式，读者可以获得比其他任何方法更有用的指导，即关于被归为一类的几个词的含义和用法，以及它们相互之间的区别方式的指导。"¹¹

他建议读者看看abbey（修道院）、axiom（公理）、clergyman（牧师）、insanity（精神错乱）、language（语言）和lawyer（律师）等词条，来了解他使用同义词的例子。我们不妨看看对词条hint更简短的说明，他将其定义为"稍加提示；征兆；暗示；暗示；建议；暗讽……hint指某人品格时，为含蓄的意思，通常是贬义；allusion用于表达含蓄的意思,是具有教育意义的隐喻,典故;insinuation用于对某人的间接讽刺,贬义。一个人可以接受或抛出暗示;做出暗示;提出或遵循建议;接受或给出暗示;做出暗示或无视暗示"。[12]

他对早期的英语同义词书籍表示感谢。其中有约翰逊博士的老朋友赫斯特·林奇·(斯雷尔·)皮奥齐[Herster Lynch(Therre)Piozzi]所编的《英国同义词》(*British Synonymy*)或称《日常交流用词规范》(*An Attempt at Regulating the Choice of Words in Familiar Conversation*,1794年)及威廉·泰勒(William Taylor)的小卷本《英语同义词辨析》(*English Synonyms Discriminated*,1813年)。据《论词典:词典编纂之工艺美术》(*Dictionaries: The Art and Craft of Lexicography*,1989年)的作者西德尼·兰道(Sidney Landau)所讲,伍斯特的词典"可以说是确立了把同义词辨析作为大型词典的标准特征的原则……直到英语的词库发展到足以容纳数以千计的同义词时,同义词词典才能编写得如此有效"。[13]

伍斯特在序言中也提醒读者,他并非创新者,他的新词典并没打算对语言进行改革。他的正字法以用法、词源和类比为基础,"在决定有争议的问题时他参考了这些因素;但对于常规的和固定的用法问题,他没有尝试过任何创新"。没有简单的方法可用来规范英语正字法,英语单词拼写保持一致且易于学习。从来没有一个用法的"固定标准"可控制拼写。在他看来,试图把英语或任何语言硬塞进条条框框里是无用且有害的:"这种不稳定的拼写状态被认为是语言的耻辱。然而,这是一个不可避免的弊端……一些有独创性的人试图引入统一性,并建立一个不变的标准;但这些尝试都没有取得什么成功。"他说,他打算为自己的专门章节"正字法评论"和"各种或有疑问词汇正字法词表"写就权威性声明,"对目前英语中常见的几乎所有的正字法多样性的说明"。他列出了一份目前在英国和美国至少有两种拼写方式、不少于3600个单词的清单。[14]

"在编写这部作品的过程中，"他在前言中重申了他在1846年出版的《通用型批判性英语语言词典》前言中所说的话，"把发音作为一个特殊的对象，并且给予了特别的关注……就发音方面存在重要区别的英语单词的数量，可以说大约有2000个"——事实上，这远远低估了实际的数量。"这些单词中的许多发音有很大的不同，无论是最优秀的正音法学者，还是最好的英语演说家……任何一个对发音很谨慎的人，都不愿意毫无保留地依赖任何一个正音法学者，但他希望了解……所有有资格被视为权威的人所采用的不同发音模式。"[15]

然而，除了地区方言和语言习惯，伍斯特并不是唯一一个认为必须在有教养的美国人言谈间形成一种主导性发音模式的人。他坚持认为，"发音标准不是任何词典的权威，也不是任何正音法学者的权威"，这是对韦伯斯特和梅里亚姆兄弟声称其版本是"国家标准"的另一个影射。就像他过去写的那样，如果说确实存在一个"标准"，那就是"文学界和有教养社会的现行用法"。而那个有教养的社会在哪里呢？与约翰逊博士的理念相呼应，他说"伦敦是英国文学的超级大都市"，因为它对"数百万人说写英语"的影响"无与伦比"，比英语世界上其他任何城市都大——即使在伦敦，"上流社会"对英语的用法也不统一，甚至连英国的正音法学者也不认可所谓的伦敦标准。但伍斯特认为，只要伦敦"保持其作为英语文学超级大都会的地位"，它一定对语言本身有主导性影响。到1855年，无论是纽约、波士顿还是费城，美国还没有一座城市形成"智慧和时尚中心"，堪比"像伦敦那样的无可争议的英美文学中心"。话虽如此，伍斯特承认，与过度做作的"精确性"相比，地方话的质朴更可取——这是波特提出的观点——而且人们需要对自己的语言环境做出反应。[16]

1856年12月，伍斯特将他的《英语发音、解释和同义词词典》连同他的宣传册《严重文学骗局曝光——与在伦敦出版的伍斯特词典有关》一同寄给了伦敦的一位朋友，正音法学者本杰明·汉弗莱·斯马特。二十年前，斯马特出版了他自己关于沃克发音的重要研究成果《新批判性发音英语词典》（*The New Critical Pronouncing Dictionary of the English Language*，以"重塑的沃克"命名），并与沃克一起对伍斯特产生了重大影响，成为韦伯斯特心头大患。伍斯特特别希望从斯马特那里了解英国人对博恩事件，以及他们对当时美国国内盛行的商业同媒体界之间开展得如火如荼的词典战争的态度。

几天后，斯马特在伦敦雅典娜俱乐部回信，并附上了他本人对词典诚心诚意的支持，但奇怪的是，伍斯特和斯旺从未使用过这封信。他们错失了良机。斯马特的信至少提供了一种看待美国词典编纂之争的权威英国视角："我当然认为您有正当理由对国内的不实陈述和这里不公平的商业操纵表示不满。"他在信中说他把伍斯特最新的词典宣传册给他的朋友，《新英语词典》（*A New Dictionary of the English Language*，1836年）的作者查尔斯·理查森看，他虽然不看好《约翰逊词典》，却不止一次地对韦伯斯特进行严厉的批评。斯马特指出，他们彼此达成了共识——"他们之间的关系……看上去比在大西洋两岸编纂词典的兄弟之间的关系要好。"他在伦敦找到了博恩，并与他进行了当面对质："我见到了博恩先生，把您的宣传册递给了他，以您的名义宣布您觉得他伤害了您。他开始辩解，我听不太明白，因为很不幸，我没有时间仔细阅读宣传册……但是，我从他那里了解到，他认为自己站在法律的一边，他说如果有人受到了冤屈，那么这个人正是他本人。"[17]

5

斯旺继续施压，于1856年3月在保守派的《民主评论》（*Democratic Review*）上发表了爱德华·古尔德的一篇高调文章，该文章在几家日报上转载。在整个词典战争的传奇中,古尔德是以作家身份对韦伯斯特发出最强反对声音的人之一。十一年后,他出版了一本书——《好英语;或常见语言错误》(Good English; or Popular Errors in Language,1867年),他在书中收录了几篇之前写的文章,对他认为是美国英语的东西和人进行炮轰。古尔德早前对韦伯斯特的反对情绪,曾被《纽约晚间邮报》的编辑布莱恩特引用在1851年6月20日的该报上,那时古尔德是他的撰稿人。后来(1854年),斯旺在给纽约州参议院文学委员会主席詹姆斯·W. 比克曼的一封信中,将这篇早期对韦伯斯特的攻击悄悄地塞进了《驳梅里亚姆兄弟两位先生对伍斯特博士品格及其词典的攻击》。古尔德写道:"韦伯斯特的职业生涯是个错误,因为他的立论根基是错误的假设。他认为语言需要改革,而且认为他有能力对之进行改革;两者都是愚蠢的错误,后者更有甚之。"韦伯斯特更深一层的错误是"把词典编纂者的职责误认为是立法,而不是记录"。[18]

在《民主评论》中,古尔德全面声讨了韦伯斯特的正字法及其在词典编纂方面的碌碌无为,丝毫不顾及细微差别与谦逊,甚至优雅的品位。他把自己弄到了几乎癫狂的地步。在文学争斗中,指责的语言和主观臆断的策略没有比这更极端的了:"问题的关键是,韦伯斯特是个虚荣、懦弱、胖手胼足的美国佬,在词典编纂上没有什么真才实学,却妄想成为美国的约翰逊,而美国公众却对他的自命不凡视而不见。"他专注于正字法的争论——尽管到现在为止,这个争论已经变得又臭又长,没有任何缓和迹象——古尔德还向公众提供了自莱曼·科布以来对韦伯斯特拼写最具破坏性、最彻底的分析。古尔德嘲笑说,有家出版商,梅里亚姆兄弟出版公司,仅仅因为出版了韦伯斯特的词典,就采用了其正字法:"我简直搞不懂(马萨诸塞州)立法机构还有什么比将韦伯斯特的激进主义强加给下一代更误人子弟的了,这对大众教育造成的伤害无出其右……"古尔德声称,"任何有头脑的人都不会对"英语拼写上的不一致性"进行改革",因为这是"以珠弹雀,得不偿失";然而,他不否认"任何激进主义都有其追随者,而他(韦伯斯特)也有他自己的拥护者"。韦伯斯特的"美国精神"让他误入歧途,"和许多其他人一样,不自量力还自鸣得意,以改革者自居——殊不知鲜有人能配得上这样的称号"。古尔德坚称,英语正字法从来没有,也永远不会有什么"绝对标准"。韦伯斯特会为修改找借口——当他"改变词尾,或添加或删除一个字母,他会说因为原始的(用法)需要他这样改——因为它危及发音,当它不危及发音时——他会说因为它保证了发音,当它不保证发音时——他会说因为该单词是个名词——或因为它不是个名词——或因为它是个例外——因为(无知的人)就是这样发音的——因为弥尔顿是这样拼写的——总之,'因为'后的内容可因任何突发奇想而变动"。[19]

韦伯斯特词典的"控方证人"无非是莱曼·科布本人——目前此人虽然安静地生活在纽约扬克斯,但终究是个潜在的危险——所以梅里亚姆兄弟推断,为什么不把他拉到自己的阵营,付钱让他通读高中词典和基础词典,以及新近的1856年版足本词典以发现并纠正错误呢?就这点而言,他不是跟古德里奇一样出色吗?1856年9月7日,梅里亚姆兄弟冒险进入了敌方领域,要科布彻查这三部词典,找出潜藏的拼写异常以及拼写和发音不一致的地方,并提出一个有效的修订体系。这一迹象表明,他们对这些问题的态度有多么坚定,同时他们又是多么紧张。要拉科布入伙参与这样的彻底修订为时已晚,但这不要紧。显然科布现在手头紧,他虽然对韦伯斯特怀有敌意,但也可能会出手相助。不管怎么说,韦伯斯特多想抗议也无济于事,毕竟他已不在人世。9月11日,科布做出了答复:高中词典的编辑费,40美元;小学词典的,30美元;足本词典的,125美元。低于195美元(今天约合4900美元),"便配不上阅读和标记这三部词典"所付出的辛劳。他跟他们讲,三部词典都有很多错误,尤其是足本词典:音标符号的错误和不一致,引言中明确的"规则"与正文各部分之间存在的严重矛盾,音节上的差异,词条与释义中的单词之间的拼写差异等。他还能列出更多的问题。他向他们保证,如果梅里亚姆兄弟能付给他足够的钱,词典质量会"大大改进"。然而,梅里亚姆兄弟并不想支付那么多。个中原因很可能是,古德里奇在十九世纪三十年代就已经受够了科布,他不希望他在后期的韦伯斯特词典中扮演任何角色。科布此后再无音讯,他于1864年告别人世。[20]

6

为了回击古尔德,梅里亚姆兄弟委托埃普斯·萨金特(Epes Sargent)进行答复,他在1856年3月的短篇宣传册最先出现在一本早期名为《批评家的批评:对韦伯斯特体系评述之答复》(*The Critic Criticized: A Reply to a Review of Webster's System*)的宣传册中,随后又在6月重新发表在《民主评论》上,与古尔德的文章同出一处。萨金特是波士顿知名流行记者、传记作家、小说家、诗人和剧作家,也是教科书的作者,同时还涉猎招魂术(Spiritualism)——一种宗教或信仰体系,认为死者的灵魂可以与生者交流。他是尼克博克集团(Knickerbocker Group)的成员,该集团由华盛顿·欧文、詹姆斯·费尼莫尔·库珀和威廉·卡伦·布莱恩特等纽约作家组成。其名称取自欧文以尼克博克为笔名所写的《纽约外史》(*A History of New York*,1809年),旨在推广美国民族文化。在早期的职业生涯中,他曾任《波士顿每日广告报》的编辑,并曾为波士顿其他几家报社工作。他出版的系列教科书《标准读物》(*The Standard Reader*,1854年)、《标准听说》(*The Standard Speaker*,1857年)和《词源学读物》(*The Etymological Reader*,1872年)表明,他有资格参加词典辩论。他一直密切关注词典战争引发的骚动,并急于投身其中。然而萨金特在尼克博克集团(不可与1871年成立的尼克博克俱乐部混淆)中有会员身份,就伍斯特和韦伯斯特与英语的关系而言,他与库珀、欧文和布莱恩特等人存在分歧。

萨金特站在道德的高度上,首先指责古尔德用侮辱性的语言来强调自己的观点,称要想在"学者和正人君子的书页中"找到与之媲美的言论得花很长时间。然后他肢解了古尔德对韦伯斯特语言学原则的异议,指责古尔德的言论是"批评家不诚实的断章取义"和"小丑的伎俩"。埃普斯或许是梅里亚姆兄弟支持阵营中最杰出、最受欢迎的文学人物。在接下来的几年里,他们一直仰仗他。[21]

7

到目前为止由于美国公众对这场口水战还不厌其烦——这场战争还要再打上几年——至少有几家报纸和广为流传的宣传册仍在传播有关战报,而民众也在倾听。1860年3月,《名利场》(Vanity Fair)杂志上的一篇文章别有用意地使用了"学院派"(schoolmen)一词,来确定当时词典大战大部分怒火所在之处:"近来学院派被词典战争搞得疲于应付。'韦伯斯特来了!''韦伯斯特来了!''伍斯特救援!'战斗呐喊甚至超过了拿破仑三世大炮的轰鸣。"埃德加·爱伦·坡(Edgar Allan Poe)的密友查尔斯·昌西·伯尔(Charles Chauncey Burr)在纽约出版的《老守卫》(The Old Guard)杂志上发表了一篇文章,猛烈抨击韦伯斯特是"无知、愚蠢和欺诈的头号典范",而《尼克博克》杂志则采取了更为审慎的观点,此观点或许能更广泛地反映公众舆论:"伍斯特词典还是韦伯斯特词典?其实,它们都是扣人心弦的好词典。如果其中一位可爱的佳丽不在,我们对另外一位也会爱不释手。"——这是约翰·盖伊(John Gay)的《乞丐歌剧》(Beggar's Opera)第二幕第二场中的典故。[22]

就在这些唇枪舌剑在波士顿和纽约的报纸和杂志之间飞来飞去时,伍斯特继续他的鸿篇巨制四开本的创作,到1858年他已经写到了字母P。但他依然对词典之战漠然置之,担心自己的"健康和视力",正如

1859年1月24日给弟弟塞缪尔的信中所说："最近我仍在勤奋工作，跟退休之前没什么两样；至于我的视力，我很高兴，也应该心存感激，它还能让我坚持而且比我预期的要好得多……还有很多事情要做，但我希望，如果无碍的话，作品可能会在明年夏天完成。它是否受欢迎，或者它的出版会取得什么样的成功，我很难说；出版商对它倒是比我对它更乐观。"他的视力已经颇为好转，让他能够继续工作，但他的妻子艾米却病倒了，不能再像之前很多次那样帮他校对，因此"这使我的处境和劳动更加困难"。五个月后，他"按字母顺序排列的旅程"大大落后于预期进度，现在看来夏季结束之前，他是没希望完工了。10月，他完成了字母U的一半，并希望在年底前完成，最终他的确按期完成了。[23]

与此同时，令古德里奇感到恼火的是，当他的老朋友伍斯特正在大刀阔斧地完成他的巨著时，他自己却再次被梅里亚姆兄弟所困扰。他们继续向他施压，因为他们认为他对八开本的出版商怀特比对他们更忠诚。在古德里奇代表韦伯斯特的事业并为他们持续工作了大约十五年之后，部分是出于健康原因，他们开始怀疑他坚持到底的能力。他觉得梅里亚姆兄弟并不是百分之百地信任他，他也跟他们承认："发生了太多的事情，我感到伤痕累累，也没有往日在词典改进工作中的机敏和快感了。"[24]

总之，他已经被词典编纂耗尽了体力和精力，"我必须坦率地说，无论是谁，给多少金钱补偿，都不能（再）诱我插手这样的事了。而且我觉得我再也不能应续约者（版权的续约者，韦伯斯特家族）的要求，作为他们的代表为保护这一文学财产做更多的事情了。"过去几年来，他的"知识积累"让他颇为抢手，他定期收到哈珀兄弟出版公司和其他出版商的邀请，他们让他著书立说，那些都是更合他心意并"完全独立于任何词典"的书。他累了，放下了戒心，跟梅里亚姆兄弟承认他们说得没错——他主要忠诚于而且一直忠诚于怀特和八开本删减版："这是牵动我对词典编纂任何进一步努力的主要纽带。"他跟他们的关系一直都不轻松:"如果我们之间不进行一些调整,为未来创造信心,那么最好不要再尝试任何通力协作了。"他知道诺亚·波特是他们"热情的朋友",他们可能希望他来接手。"自从去年7月以来,我从未与他就这个问题进行过沟通。"古德里奇告诉他们,波特可能会帮助他们恢复"友好关系"。[25]

古德里奇的信令梅里亚姆兄弟诚惶诚恐。波特确实是后备力量,如果请他,他能够(但也未必完全心甘情愿地)充当主角。他们心里动过雇他的念头,但并没准备好舍弃古德里奇,尤其是面临伍斯特即将出版的四开本的威胁时,舍弃他对词典无与伦比的知识将会是莫大的损失。换句话说,古德里奇仍然是核心角色,以其家族关系和对八开本删减版的影响力可以将整个事业联系在一起。他跟兄弟俩实话实说:"如果我因带着额外的烦忧和焦虑劳动而导致身体垮掉,那么对你们自己的利益将是最大的伤害。"很难说清古德里奇在说这话时到底想要什么。也许他只是想得到他们更多的赏识。[26]

于是他们再一次弥合了分歧。1858年10月27日,查尔斯·梅里亚姆告诉古德里奇,需要完成的"伟大而重要的工作"远比相互抱怨更为重要,这要求他"批判性地审视作品正文,根据需要重新下定义,纠正错误之处……在报纸上对作品持续进行宣传……伍斯特词典面世后的工作,整理最近出版的英语词典,在面对公众之前,进行最后的修订使之在任何同类型的作品面前都具有普遍优势……伍斯特的(版本)面世后,您看看他的样本,一旦它的内文包含了我们希望看到的正字法的一致性,我们就马上制作我们的修订本的印版"。他们认为伍斯特词典将于1859年8月或9月出版,也许会更早。堆积如山的工作正在等待古德里奇,或任何接替他的人来耕耘,工作量远比梅里亚姆兄弟想象的要多得多。[27]

第十六章
"可怕的对手"：伍斯特之东山再起

1

在即将出版的四开本广告中，伍斯特的出版商——现在主要由斯旺、布鲁尔和蒂尔森负责——犯下了战术性错误，致使他们付出了惨重的代价。斯旺负责的一份声明也表明，在争夺词典霸主地位时，他可能不如梅里亚姆兄弟在制定策略时那么精细和狡猾。1858年年中，斯旺宣布，伍斯特的下一部四开本将包含数千幅木刻插图，它们会被排在所说明的词语定义旁帮助理解。出版商宣布，这将是迄今为止出版的第一部插图版英语词典。事实并非如此，因为英国已经出版了好几部配插图的词典，诸如十八世纪托马斯·布朗特（Thomas Blount）的《词集》（*Glossographia*）和内森·贝利的词典，但这将是美国的第一部插图版英语词典，这对梅里亚姆兄弟来说是个晴天霹雳。

伍斯特词典的插图，是梅里亚姆永远无法匹敌、也永远不能轻易否认的一项创新成就，因为即使他们在其后出版自己的插图词典，伍斯特也将永远被称为再次改变美国词典面貌的人。他之前的成就是做他所称的同义词"辨析"，即对具有相同或相似意思的词，或具有相似性质的词做扩展性研究。若伍斯特的出版商有效地以此亮点做广告，那么他们的词典在未来几十年里将会在市场上独占鳌头。梅里亚姆兄弟意识到，他们必须在伍斯特词典出版之前立即出版一部带有插图的新词典，但如何做到这一点呢？根本没有时间。他们正在编纂的那本大型四开本词典还有大量工作要做。况且，他们最近已经公开消息，德国语言学家卡尔·奥古斯特·弗里德里希·马恩（Carl August Friedrich Mahn）已经接受邀请，正在对韦伯斯特的词源进行全面修订，使其符合最新的学术范式。不断壮大的学者团体开始修订词典的其他各方面。这些学者中有几个是古德里奇从耶鲁大学的教员那里招募而来的。所有这一切至少需要五年时间才能完成。如果梅里亚姆兄弟希望在伍斯特之前出版四开本带插图的词典，那么他们必须走一条离奇的捷径，仓促拼凑1847年版词典的混合版，为其添加木刻插图，同时完善其他特性，使其看起来像一部全新的修订版。问题是，由于他们必须使用1847年的印版，他们不能像伍斯特那样把木刻插图加入词典，因为那样耗资巨大，必须重制整本书。

古德里奇为威廉·韦伯斯特制定了一个"可行而深远的计划"，而情急之下的梅里亚姆兄弟，"为了应对伍斯特词典问梓的紧急状况"，只好使出了他们的撒手锏：

> 他们请人刻了1500幅木刻插图，并在某种程度上对主题进行分类。它们将占据将近100页的附录，可以用合适的纸张印制上好的款式。这些木刻插图可作为对其所属词汇的参考，并且会在现有的图版上刻上一个参考标记，指出所标注的单词有木刻插图来辅助说明。……梅里亚姆兄弟也非常迫切地要求我扩展同义词辨析部分……并将其插入该附录。

梅里亚姆兄弟的这版词典充斥了市场，"在伍斯特词典出版之前的一两个月将它投放到从缅因州到加利福尼亚州的市场上"，目的是

"使其优势尽失"。他们每本词典的定价比伍斯特的低2美元,此举给了对方致命一击,因为插图和特殊纸张的使用仅限于附录。而伍斯特将木刻插图和文字结合在一起,整本词典都需要特殊的纸张,因此造价极高。古德里奇补充说,将这些插图分门别类,作为附录,将使其外观"更精彩",并使公众能够更有效地对比图像。他们决心"尽全力打赢这场仗"。此计谋使他们花销巨大,但他们希望从此"继续垄断市场"。最重要的是,古德里奇恳求威廉不要把这个计划告诉任何人:"整个事情要尽可能保密。因此,最好不要向任何人提及此处所述的内容。"[1]

2

与此同时,当卡尔·奥古斯特·弗里德里希·马恩将韦伯斯特词源全部删除的消息传出时,报纸和杂志上的冲突再次被激化。尤其是当他一再提醒公众自己用了十年研究词源时,媒体上充斥着耸人听闻的新闻,威胁到了韦伯斯特的名誉。1859年3月,爱德华·古尔德在纽约的《家庭杂志》(*Home Journal*)上刊登了一篇以《韦伯斯特词典》为题的文章,再次引领了对韦伯斯特的指责。令古尔德和许多其他人恼火的是,韦伯斯特词典在标题上强调"美国英语"。古尔德声称,这是"挑起争议的行为":"因为作者标榜自己的原创性和优越性,这种假设必然引发大西洋两岸的争议。而且,事实上,这部著作问世后的战争,无论在强度还是持续时间上,都超过了书目编年史上几乎所有的冲突。"古尔德特别提到马恩的新工作,并补充说,古德里奇和梅里亚姆兄弟是时候抛弃韦伯斯特误导性很强的词源学研究成果了。

古尔德批评韦伯斯特的正字法时,火上浇油,称其"是整个词典史上的一块绊脚石",将"恶果永存"。他承认,截至这个可悲的迟来的日子,冒犯他人的词数已经很少了,这些仅仅算得上"小小的痛苦",

所占的"比例在整个作品中如同蚊子与其所叮咬的人体比例一样"。不管是不是像蚊子,这个小小的痛苦仍然存在:韦伯斯特"已经把我们本土语言的正字法(的过去、现在和未来)搞乱,这或许已经困惑了大约三代人,这才是他真正的恶行。他在这方面从没干过一件好事"。他补充说,如果梅里亚姆的学者团队能够消除韦伯斯特词典编纂的所有痕迹,也许有一天,他会向他的朋友们推荐这本词典。但他强烈怀疑这种可能性。古尔德有很多热心的支持者,其中一个以"乔纳森"之名,4月写信给《家庭杂志》称梅里亚姆兄弟别无选择,只能使自己和这个国家摆脱韦伯斯特所有稀奇古怪的正字法;否则,他们的"可怕对手"伍斯特将击败这位过往的词典编纂者,使其湮没在历史的长河之中。[2]

一篇篇匿名文章纷至沓来,在新一波争战的激怒下,普尔给《家庭杂志》寄去了一篇为韦伯斯特辩护的文章,署名为"菲洛索斯"(Philorthos),这是一个简单的希腊复合词,意为"热爱正确的人"。编辑们厌倦了这场争议,拒绝发表这篇文章。但是,当《纽约每日论坛报》(New York Daily Tribune)把它发表出来时,引起了梅里亚姆兄弟的注意。几个星期后,他们把它作为宣传册出版了。他们巧妙地将普尔的文章改名为《正字法精灵》(The Orthographical Hobgoblin),试图缓和这场关涉拼写的争议。首先,他们同意古尔德的观点,认为伍斯特最近推出的一系列的词典和古德里奇-梅里亚姆-韦伯斯特版本词典之间的拼写差异"非常微小"。普尔把古尔德描绘成一个本质上无知的麻烦制造者,驳斥韦伯斯特的批评者极其好斗,指责他们不过是正字法幽灵的召唤师,存心"吓唬胆小和保守的人"。这些批评家已经认定韦伯斯特是"公共财产的破坏者",因此"守旧势力都会闻声而来,营救韦伯斯特"。然而,他补充道,"破坏者"的这本词典以20倍的销量完胜其他任何编纂者的词典——这是一个相当准确的估计。为了慎重起见,普尔还错误且含糊其词地诽谤伍斯特,重提伍斯特仍然遵循古德里奇-

梅里亚姆-韦伯斯特版本词典这一旧日谎言："伍斯特的正字法既非美国的，也非英国的，而是二者的结合、摇摆不定的汇编，既无目的，也无体系……尽管每一版都有所改进，但这些改进都使它们越来越趋近韦伯斯特词典的内容。"[3]

　　普尔引用了古尔德的四类正字法，并提供了比较分析，以证明对韦伯斯特拼写的批评所引起的持续混乱，充其量（或大部分）是一种虽重复不休，但已极其老套的抱怨的反复罢了；批评者没有考虑到韦伯斯特本人和其他词典编纂者（几乎完全是古德里奇）自1828年他的第一版足本词典问世以来所做的数百次正字法修正。在普尔所选的第一批20个"杂"词中，他辨识出9个"正确的正字法"和韦伯斯特在1843年最后一版中的拼写一模一样；他补充说，其中有6个，韦伯斯特给出了2种拼法，但有2个在其他任何词典里都找不到。在十九世纪五十年代末，在所有这些关于正字法的争论中，除却商业宣传需要，重要且令人眼花缭乱的事实是：美国的拼写仍处于过渡阶段，因此异常复杂，必然引发无休止的争论。无论如何，普尔的批评说明了此辩论已经被公布于众。

　　以下是古尔德的20个例子中的几个，以及普尔的评论：

"正确的"正字法	韦伯斯特正字法
1. axe	ax
普尔："ax在英语拼写中已有两百多年的历史了，韦伯斯特想保留这种拼法，因为它与单音节词如wax、tax，以及lax一致。"	
2. comptroller	controller
普尔："两百多年以来词典编纂者一直沿用controller这种拼写。"	
3. contemporary	cotemporary
普尔："这两个词长期以来都在使用，但韦伯斯特更喜欢使用cotemporary，因为它更短，更容易发音。"	
4、5、6. defence、offence、pretence	defense、offense、pretense
普尔："法语先例、类比和广泛使用要求用's'，而不是'c'。"	

"正确的"正字法	韦伯斯特正字法
7. ambassador	embassador
普尔:"包括约翰逊博士在内的许多词典编纂者都使用这两种拼法;韦伯斯特偏爱embassador,因为它与embassy一致。"	
8. height	hight
普尔:"韦伯斯特给出了二者,但偏爱hight,因其与high、highly一致。"	
9. practise(动词)	practice
普尔:"他(古尔德)错误地指责韦伯斯特没有对practice的动词和名词做出区分。韦伯斯特拒绝区分。'这种区分并没有什么益处,除了能使学童和外国人感到迷惑,在学习拼写时,他们已经身陷现存的古怪正字法迷宫而不能自拔了。'"	
10. wo	woe
普尔:"依惯例会用woe,如同 doe、hoe、foe、toe。"	

普尔用另外三个例子来说明英语拼写固有的复杂性,以及韦伯斯特如何成功将其简化,以使之适应美国的用法:(1)古尔德的单词"正确"拼写为两个l,韦伯斯特拼写为一个l;(2)古尔德的单词"正确"拼写为一个l,韦伯斯特拼写为两个l;(3)数百个以re结尾、被韦伯斯特拼写为er的单词。普尔写道,这一切都毫无玄机。他在考察结束时引用了《哈姆雷特》中的一句话:"殿下,这样一句话是用不着什么鬼魂从坟墓里出来告诉我们的。"[4]

3

梅里亚姆兄弟1859年出版的《美国英语词典》插图版中,包含木刻插图的那部分长达81页,显眼地放在词典的开头,而非像古德里奇预想的那样出现在后面的附录中。1859年的《大西洋月刊》(*Atlantic Monthly*)对这些插图嗤之以鼻,称它们为"小人书……因为它们更适合做孩子们的剪贴簿而非做学生图书馆的词典"。对于这些插图,有一些有趣的回应,如斯旺转载的《基督教倡导者周刊》(*Christian*

Advocate）上的一篇文章："毫无疑问，这张'穿箍裙的女士'的图画是为子孙后代设计的，这样我们的后代就可以看到1860年的风尚了。然而，我们不得不说，这是一幅卑鄙的人物漫画。出版人应该为如此诽谤女性而感到羞愧。"尽管如此，插图版词典销量如此之好，以至于梅里亚姆兄弟于1860年对其重印。它完全达到了他们的预期，成功抢走了伍斯特期待已久的风头，吸引了公众的注意力，并在几个月后他的第一个足本插图版四开本出版时，在一定程度上削弱了伍斯特的公众影响。就个人而言，这也使伍斯特在完成他的伟大作品时所期待的满足感大打折扣。正如查尔斯·梅里亚姆在其"回忆"中所说："经此败战，伍斯特再无还手之机。"梅里亚姆兄弟乘胜追击，把这个版本寄给了英国的几位英语专家，其中一位是斯马特，希望得到有影响力的人物的支持。斯马特并没有买他们的账。他首先向他们表示感谢，但随即陈述了一个事实，对他们多年来的广告宣传，即韦伯斯特是英国截至目前最受欢迎的词典编纂者表达了异议。并非如此，斯马特写道："从整体上看，至少在美国，这部词典应该被认为是同类作品中的佼佼者（美国最早的插图版词典）。我之所以强调在美国，是因为韦伯斯特的名字毫无疑问带有一种权威，当存在不同的观点或习惯时，例如在honour（荣誉）、favour（喜爱）等词的拼写方面，英国公众是不愿意屈服的。"然而，梅里亚姆兄弟并非全盘皆输。1860年8月7日，伦敦语言学会主席、诗人塞缪尔·泰勒·柯勒律治（Samuel Taylor Coleridge）的孙子赫伯特·柯勒律治（Herbert Coleridge）给了梅里亚姆兄弟他们想要的东西："我认为，作为一部满足绝大多数受过教育的人而非语言学学者需要的普通词典，很难再编出一部比最新版本的韦伯斯特词典更出色或更实用的词典了。"[5]

1860年1月初，伍斯特75岁时，他的代表作，两卷本足本四开本（1859年获得版权）——他的第一部四开本巨著——终于以其干脆直白的名称《英语词典》（*A Dictionary of the English Language*）问世了。售

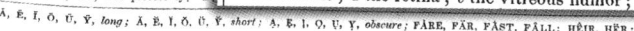

图16　伍斯特的《英语词典》出版于1860年。详情：有关eye（眼睛）的延伸定义及其插图可能反映了伍斯特由于暂时失明而对视觉产生的特殊兴趣。由印第安纳州立大学特色馆藏，科尔德尔词典收藏提供。

价7.5美元（约为今天的150美元）。尽管牛津大学盎格鲁-撒克逊语教授约瑟夫·博斯沃思和罗林森（Rawlinson）曾写信给伍斯特，称这部词典是世界上"最完整最实用的一部。我所知道的最好的、最便宜的英语词典。因此，我毫不怀疑它会成功"，但古德里奇认为词典因为木刻插图太贵而定价过高。词典一印刷好，出版商就以最快的速度装订，并向全国各地的订阅者和书商寄出了6000多本，另外还向英国寄出了数千本。[6]

伍斯特去世后，萨姆森·洛父子公司在伦敦出版的这本词典特别容易引起使用者的兴趣，因为它含有伍斯特1859年在坎布里奇写的一则"广告"、一张他的照片和一份两页的传记，而这些之前没有出现在1860年的波士顿版，也不曾出现在伍斯特在世时的任何一版词典中。这则"广告"可以被解读为伍斯特对韦伯斯特和梅里亚姆兄弟对其无情指责的最后一驳，他们认为伍斯特是博恩事件的共犯，并在其整个词典编纂生涯中进行剽窃。将这则广告放在词典中，让他比以往任何时候都更有机会向更广泛的公众传达自己作为词典编纂者所做出的艰苦卓绝的努力。事实上，在这份序言材料中，向英国公众正面介绍伍斯特并为之喝彩的方式从侧面反映出英国人意见的权重，以及伍斯特澄清有关自己职业生涯的流言的决心。奇怪的是，所有这些都出现在伦敦版，而未出现在美国版词典中。然而，博恩事件发生在伦敦，这可能部分解释了在伍斯特的合法版本中为英国公众提供事实的必要性。在陈述事实之后，"广告"总结道："无论如何令人不悦，陈述事实似乎合宜；无须任何评论，简单陈述足矣。"至于传记，即使它只是对伍斯特生平的一个简短总结，我们也应深知，他若泉下有知，一定会回避并谢绝此种关注。

1860年的词典是一个重大胜利，是一项坚实的学术成果。伍斯特在引言中分析了美国英语、方言和古语的特点，介绍了英语的历史，涵盖了对1846年版的导言中英语词典编纂历史考察的扩展，以及语法、发音和正字法的学术研究。他还利用自己无与伦比的私人收藏和哈佛大学的资源,列出了一长串美国和英国词典的目录。他在序言和引言中既重复了他1855年版中所写的很多内容,也添加了很多更加集中和广泛的新内容。整本词典就像一个便携式迷你图书馆,即把"所有必要的参考书目全部纳入一卷书中"。在编纂过程中,伍斯特和他非正式拜访过的六个助手曾请教过几位科学、医学和工业方面的权威,他们中的大多数是哈佛大学的教员。

他在序言一开始就直言不讳地陈述了词典编纂的原则:"为了完整",一部词典"必须包含该语言所有单词的正确正字法,以及它们的发音、词源和定义,并引用来自不同时期英国文学作家所使用的不同含义来举例说明……"。在词条中,他还加入了许多来自"艺术、建筑学、天文学、植物学、化学、昆虫学、地质学、鱼类学、数学、力学、矿物学、音乐、鸟类学、古生物学、动物学"等领域的专业术语。他承认,从如此众多的学科中获取词条带来了一个巨大的、潜在的争议性问题,即哪些词应该被纳入词典。在他之前,韦伯斯特已经在1828年版的词典中收录了许多词条,但伍斯特又添加了相当多的词条。一些评论家认为这些词不应被收录在内,或者此书至少不应该收录那些如此晦涩,以至于超出几乎所有人的兴趣和好奇心的词条。伍斯特坚持认为,在知识迅速膨胀的时代,完全不收录这些词汇会引起成千上万读者的不满意,也会造成词典致命的硬伤。至于读者对于古老文本中过时词语的理解能力,仁者见仁。他像1846年那样,用辩护的方式写道:"一部旨在成为所有现存英语书籍的完整词汇表的词典,必须包含许多已经过时的词汇,以及许多不值得被认可的词汇。"然而,伍斯特更多发挥了他的发音专长。在题为《发音原则》的章节中,他提供了一个标示元音、辅音发音的表格或"发音符号",随后是长达13页的"发音符号说明"。此后,他在这一复杂问题上的立场不容置疑。[7]

这是一部截至目前出版过的最大、最全面的英语词典,包含1000

幅木刻插图、1800页内容、10.4万个词条（比其1846年版多3000个词条，比最近的古德里奇-梅里亚姆版多约1.9万个词条），"（所有）词条都给出了权威说法"。易读性是其受欢迎的特点之一：每页分为三栏，词条、定义和同义词均使用了不同的字体，以便读者所查词条一目了然。因为他在早期词典中同样引用了英国权威说法，以及被他描述为"文雅的"或"有教养的"美国用法，伍斯特的正字法、发音和词源仍然相对保守。

4

事实上，对于伍斯特词典的所有评价都是热情积极的。其中，1860年5月26日《纽约时报》上的一篇匿名评论值得仔细研究，它显然出自一位研究文献学和词典编纂史的学术专家之手。评论家选择了古德里奇-梅里亚姆1847年版的《美国英语词典》，并把它和伍斯特的新版词典做比较。该评论令人过目难忘，不仅因其权威性的语气和专业知识，还因其毫不留情地指出伍斯特、约翰逊和韦伯斯特词典中存在的错误，尽管书中对韦伯斯特的作品在美国英语语言发展中所起作用的声讨不免有些严厉，但除了斯旺的《批评家的批评》，这是对这位词典编纂者有生之年出版的伍斯特词典最全面的评论和分析，它远远超越了出版社所操控的大多数带有偏见的评论，同时还提供了对美国在二十世纪中期对于语言学的态度的解读。

《纽约时报》的这篇评论一开始就提醒读者英语词典在当代美国社会中日益增长的重要性和影响力："词典是当之无愧的知识世界的王国和强国之一。"该评论家称，他无意参与当前的词典之战，故将自己撇开："'词典战争'在文学争议编年史上有可能像（乔纳森·斯威夫特）著名的《书的战争》一样威名远扬。自伍斯特博士伟大的四开本问世以来，相互竞争的出版商们就一直上演着无休止的文字战争，好战的弩炮充斥着所有的刊物……当然，在这场贬损和赞扬的风暴中，很难听到正面批评的平静之声。"他认为自己的声音就是将二者置于十八世纪和十九世纪早期的词典学和语言学大背景下的那个"平静之声"。他的总体判断，也是多年来已形成的共识是，韦伯斯特的失败一直在于"他认为自己肩负着规范英语的使命，而似乎没有意识到词典编纂者的职责永远不能真正超越记录语言的职能"。韦伯斯特已经忘记，或许从未完全明白，"对于词典编纂者来说，没有什么比接受语言这一伟大而鲜活的奥秘，满足于记录其创造性能量的变化更重要的了……试图操控或者压抑它都是徒劳的"。[8]

该评论家还在当代对语言学"江湖郎中"的蔑视中发声，称他们仍然潜伏在美国的词源学研究中，潜伏在"单词控"中，他们追逐"穿越时空的苟延残喘的音节"，并在这个过程中把英语元音强行输入希伯来语、埃塞俄比亚语、巴斯克语或汉语。他断言，他们踏上的是荒诞之旅，延续着"古老语言学家们的怪诞猜测，这些几乎使整个词汇研究受到了怀疑和蔑视"。该评论家认为，韦伯斯特是罪魁祸首之一，"韦伯斯特最主要的冒犯"是他通过类比，追踪世界各地古代语言中单词的根词或词根，徒劳地寻找英语单词的起源。沉疴痼疾难以治愈，"读起来令人窒息"。[9]

该评论家对伍斯特的定义很满意，因为他没有在其中发现任何"异想天开"之处。正如1860年4月出版的《北美评论》上的一位评论家所指出的，韦伯斯特的大部分冗长的定义都是用无关的材料填塞而成。例如，对于faith（信仰）一词，韦伯斯特给出了12个定义，而伍斯特只给出了5个定义；但是评论家针对韦伯斯特的第3个定义"福音性的、称义的或拯救的信仰"指出，该定义使得评论家称这"在任何意义上都不是对信仰的定义，而是对实用神学基本原则的启发性陈述，属于布道，而非词典范畴"。伍斯特本人也是虔诚的宗教信徒，他在前言中写道，词典的"道德影响，就算存在于这样的作品，也应该不足为奇"。[10]

5

伍斯特从美国和英国的著名语言学家和文学家那里收到了赞美、认可和祝贺的信件，在接下来的几个月甚至几年里，还有来自托马斯·卡莱尔（Thomas Carlyle）、威廉·梅克皮斯·萨克雷（William Makepeace Thackeray）、霍勒斯·曼（Horace Mann）、霍桑、霍姆斯、朗费罗、布莱恩特，以及许多他或他的出版商赠送了词典的人，或者是主动给他写信的人的热情支持。他们中的许多人认为，美国终于有了一部上乘的词典：它尊重语言历史，展示了伍斯特对其复杂性广泛而精准的认识，适合用于满足美国未来许多年的需要。他们肯定认为，词典之战至此已经结束。1860年1月10日，霍姆斯写信给伍斯特："这确实是一部不朽的作品，只要我们有一座城市、一个国家和一种语言，我们的城市和国家就可以为之自豪。您的健康和意志使您能够承受如此成就所需的巨大辛劳，并亲眼看到它大功告成，对此我感到非常欣慰。"曾任哈佛大学校长和波士顿市长的约西亚·昆西三世［Josiah Quincy III，波士顿昆西市场（Quincy Market）就是以他的名字命名的］，把伍斯特称为词典编纂之神、名副其实的阿波罗——他用诗意的语言赞美到："无须插上幻想的翅膀，也无须在帕那索斯山架起空中圣殿，躺在辛劳筑就的岩石上，你便有权像任何诗人一样欢呼：'我建成一座纪念碑，比青铜耐久。'（霍勒斯，《歌集》第3章，第30页）"[11]

他收到了以前的学生纳撒尼尔·霍桑的一封信，这使他特别高兴。伍斯特送给了他一本最新版本词典，这促使霍桑回信感谢他的老校长送给他这本"高贵的词典"，他写信的方式表明他非常清楚词典战争肆虐了大约三十年这一事实，以及韦伯斯特为改革语言所做的努力："在我看来，在所有的词典编纂者中，您既重视语言的神圣性，又承认时间和世事变迁不可避免地对其产生影响，二者结合，您做得最好。当我们的词典不再以保守为主时，道德和政治上的无政府状态的后果将不堪设想；至于我自己，除非当时这个国家的主流做法强迫我，否则我不会采用任何一种新的拼写法。除非一个词被赋予新的含义，否则我绝不愿意承认它。"回想起他的学生时代，他补充道："亲爱的校长，我清楚地记得在我上学时您对我的仁慈。看到您已建立起坚不可摧的声誉，我非常高兴。"霍桑既非词典编纂者，也非语言学家，他认为词典必须防止"不堪设想"的无政府状态，"以保守为主"，其想法未免过于简单，不能完全代表伍斯特在这个问题上更微妙的观点；但这不影响伍斯特理解这句话的精神。[12]

英国的托马斯·卡莱尔赞许伍斯特，并把他和约翰逊博士相提并论，这一定让伍斯特很高兴："据我所知，这是一部最清晰、最准确、最全面、看起来非常有用的词典，释义精确、简短、正确，木刻插图锦上添花——这一新领域的开辟是成功的，所有这些都是为了最直接地承载信息而设计的。塞缪尔·约翰逊评价自己的词典说：'谨慎的用功最终一定会迎来胜利。'我相信我也能祝贺您有信心完成大量繁重的劳动，取得圆满的胜利，也许这是我们在这个世界上可能取得的唯一真正的胜利。"查尔斯·狄更斯（Charles Dickens）告诉伍斯特，他的词典是"一部最卓越的作品，美国有理由为此感到自豪，所有学习英语的人都有理由在未来很长一段时间里尊重您的大名，并衷心感谢您"。威廉·梅克皮斯·萨克雷甚至说他已经超过了约翰逊："我一生没有任何词典，除了一本我父亲的旧（删减版的）《约翰逊词典》，每当我查阅它时，我都意识到它有数不尽的缺点。请允许我感谢您给我这本有用而精彩的词典，并感谢您认为它可以被一位回忆中对波士顿和美国充满诚意和感激的英国文人所接受。"[13]

图17　哈佛大学五位校长，摄于1861年。从左到右：约西亚·昆西三世（1829—1845年）、爱德华·埃弗里特（1846—1849年）、贾里德·斯帕克斯（1849—1853年）、詹姆斯·沃克（1853—1860年）和科尼利厄斯·康威·费尔顿（1860—1862年）。由哈佛大学档案馆，HUPSF校长（15a），W418135提供。

6

十九世纪五十年代末，尽管伍斯特在奋力完成他的足本词典，他仍然对美国的政治表现出明显的兴趣。然而，与韦伯斯特不同的是，他对政治的关注是安静而私密的。他只与好朋友，尤其是与他的弟弟塞缪尔·T. 伍斯特——俄亥俄州一位成功的法官分享自己的政治观点。他在给塞缪尔的信中，只有几封提及他个人编纂词典的辛苦，它们大多表达他对这个国家政治状况的担忧。

伍斯特在1859年1月24日给塞缪尔的信中写道："你对我说：'在我

看来，未来的政治前景比多年前的更有希望。'我认为情况仍然很糟糕；尽管我希望总统（詹姆斯·布坎南）和蓄奴统治集团的糟糕计划得以抑制。"战争似乎已经不可避免，随时可能爆发。1861年1月28日，他在另一封给塞缪尔的信中也流露出悲观情绪："我们的公共事务形势非常糟糕。各州是否都同意接受由林肯先生执政的政府存疑；如果要做出让步或妥协，那么只要奴隶制存在，我们又有什么理由期待自由州和蓄奴州和睦相处呢？"[14]

1862年2月，南北战争爆发还不到一年，伍斯特已经感到疲惫和绝望。他在给塞缪尔的信中写道："战争继续一拖再拖。即便它很快结束，或者我们打了胜仗，前景似乎也不太光明。"在接下来战火连天的几年中，他仔细地关注着战争的进展，关注着各位将军的幸与不幸，关注着胜利和失败，关注着政府和林肯政权的政治信息。他的言辞从不激烈，总是温和的，1862年6月也是如此："我不乐意对总统以及其他大多数指挥战争的主帅说三道四；但我想他们也犯了一些大错，也许这些错误也在情理之中。"[15]

与南北战争的血腥过程相比，词典战争以及要在1860年完成他的四开本带来的压力有时对伍斯特来说似乎微不足道。但是，词典战争似乎也注定要"一拖再拖"。在接下来的四年里，它们将与各州之间的重大战役同时进行，这纯粹是一种历史巧合。无论是伍斯特要对英语词典做出巨大贡献的命运，还是美国的未来，一切似乎都动荡不定。

7

伍斯特仍然避免参加出版商的新闻宣传活动，担心他在享受巨大成功的快感时，这些活动会使他卷入与背信弃义的梅里亚姆兄弟的另一场枯燥乏味的公开争吵中。他很高兴能走出自己的"象牙塔"去旅行，拜访新英格兰和中西部的朋友和家人，其中包括他在俄亥俄州的弟弟塞缪尔和分散在全国各地的几个兄弟姐妹和表兄弟姐妹。然而，树欲静而风不止。即使梅里亚姆兄弟眼看自己紧张的四开本编辑工作进入最后阶段，他们仍然决定再次让战争升温，他们希望四开本能成为无可争议的国家"标准"词典，完胜伍斯特词典。麻烦来得比伍斯特预想的要早。[16]

一位有争议的公理教会历史学家亨利·M. 德克斯特牧师（Rev. Henry M. Dexter）于1860年1月27日，在他担任编辑的波士顿宗教报纸《公理会之教友》（*Congregationalist*，1851—1866年）上发表了一篇辛辣的社论，对伍斯特发起挑衅，直白而过分地攻击伍斯特的四开本。他在社论中警告读者说，购买伍斯特词典会损害，或至少阻滞他们的精神和语言发育，换言之，其词典缺乏韦伯斯特词典中一直强调的宗教角度。这是第一次在比较词典时强调宗教的猛烈攻击。在德克斯特的社论之后，才华横溢的语言学家和文献学家乔治·珀金斯·马什（George Perkins Marsh）感到自己不得不站出来发表言论。马什是佛蒙特州人，曾出任扎卡里·泰勒总统和亚伯拉罕·林肯总统驻奥斯曼帝国和意大利的使节。他是一位环保先锋，曾在哥伦比亚大学和波士顿洛厄尔学院讲授英语史。他即将出版《英语起源与历史》（*Origins and History of the English Language*，1862年），并为后来成为《牛津英语词典》的《新英语词典》做出重大贡献。（牛津大学出版社在十多年间经历了编辑更换和其他困难，直到1879年《牛津英语词典》才得以出版。）

凭借自己作为词典编纂者的一些经验，马什在这场冲突即将结束时将词典战争的论述提升到了他们截至目前所达到的最高学术和分析水准。马什是伍斯特的坚定支持者，他认为伍斯特对词典编纂历史的掌握和他所促成的语言的进步在美国是无与伦比的。他在1860年6月15日的《纽约世界报》（*New York World*）上把伍斯特的四开本与1859年梅里亚姆仓促拼凑的插图版词典做了比较。他对韦伯斯特的批评有以下几个方面：他的词源学"既不学术，也不全面"，他对语言的狭隘表述限制了过时词汇的数量，他未能充分记录英美两国培育出的英语语言，他在拼写和发音上一直存在的任意性（即使在古德里奇多次修改之后依然存在），还有一些他所认为的其他不可信赖之处。[17]

马什的评论不可避免地引发了新一轮争论。一位署名为"平等正义"的匿名作者在1859年9月的《纽约世界报》上发表了一篇题为《两部词典或评论家评论》的文章，对他这一评论予以回击。这次猛烈攻击来势汹汹，再次撕开了巨大的旧伤口。作者对马什的反击，采取了看上去似乎意在保持学术态度的路线。他历数了涉及韦伯斯特词典的爱憎双方的反动进程和高尚动机："现在所称的'词典战争'始于一场对韦伯斯特词典恶意的、谩骂性的攻击。这些攻击时常沉渣泛滥，实际上换汤不换药……不外乎是出于经济利益的考量；渴望攻击名人或名著来使自己出名；炫耀知识；即使是有益的变化也厌恶；对旧模式、真实性和学术批评过分依恋，自始至终，再明显不过。""平等正义"继续写道："马什几乎每句话都对伍斯特词典一味予以赞扬，而一如既往地对韦伯斯特词典加以贬损，我们承认，评论并没有给我们留下好印象。"他总结说："韦伯斯特词典在词汇表中可供指摘的地方不多。在发音和正字法上，马什没有足够的材料来进行论证。在词源学方面，韦伯斯特词典是一个带有时代性错误的原创者，在这方面它至今仍然具有教育性和启发性，其中的论述往往很有见地，而且总是很全面。而伍斯特词典则显得贫乏，没有学术性，价值不大，完全落后于现有的手段。在定义方面，韦伯斯特版保持着无可置疑的优势，在同义词和插图方面也是如此。"伍斯特版在发音和正字法的优越性早就得到了广泛的承认，因此，事实上，在这两方面有很多"值得争论"的地方。在定义方面，韦伯斯特版确实在公众舆论中占了上风。但是，关于韦伯斯特词源的言论的荒谬性是显而易见的：尤其是到1854年，梅里亚姆聘请了来自德国的卡尔·奥古斯特·弗里德里希·马恩，基本上废除了韦伯斯特版整个词源部分的内容。[18]

伍斯特所担心正是词典大战的卷土重来。他不想参与其中。1860年8月6日，也就是其足本四开本出版八个月后，他写信给他的弟弟，谈及斯旺在当年早些时候出版的一本好战的宣传册："我想你可能看过（斯旺的）《批评家的批评》。我没有参与其中，我觉得我至少目前不要这样做。如果战事激化，除非迫不得已，否则我不会参与其中。"伍斯特对弟弟说："这并非我所愿，我很遗憾他们把韦伯斯特的词典和我的做了比较。"[19]他指的是斯旺3月份的新册子《批评家的批评与伍斯特的辩

图18 《春天的智慧：词典之战》，选自1860年3月10日《名利场》上的一幅漫画。由《名利场》提供。

护……伍斯特词典与韦伯斯特词典之优点比较》（*The Critic Criticized and Worcester Vindicated...Comparative Merits of Worcester's and Webster's Dictionaries*）。斯旺的文章谴责梅里亚姆兄弟不谦虚，并就"坐在审判席上对文学界发号施令的专利权"的不正当要求向这对兄弟发出了振聋发聩的指责。他被披着宗教外衣的德克斯特社论所激怒，被后者描绘的美国图景所蒙蔽，这是非常愤怒的斯旺对韦伯斯特发起的激烈抨击：一直以来，他都认为这位昔日的教师在个人魅力、智力、语言学方面都逊色于伍斯特。[20]尽管出于种种个人原因，伍斯特可能会为斯旺宣传册的出版感到懊悔，但（撇开斯旺的偏见不谈，）它是迄今为止词典"战争"历史上，出现在公众面前的对伍斯特词典和韦伯斯特词典最为彻底、有据可查且图文并茂的分析。

在伍斯特1860年的四开本出版之后,斗志旺盛的斯旺以《伍斯特和韦伯斯特四开本词典比较》(*A Comparison of Worcester's and Webster's Quarto Dictionaries*,1860年)一文再次对梅里亚姆兄弟展开了非难。他列举了一系列来自英国和美国的对伍斯特的推荐书,认为梅里亚姆兄弟对1860年以前的两部四开本词典的比较现在已经过时了,因而毫无价值。另一方面,伍斯特的推荐书是新近的,处于词典编纂进展的前沿。哈佛大学著名的动物学和地质学教授路易斯·阿加西(Louis Agassiz)对伍斯特最先进的科学词条表达了热烈支持:

> 我翻阅了您了不起的伍斯特词典,着重稽考它在多大程度上涵盖了我特别感兴趣的领域。在科学术语逐渐普及的今天,英语词典应该尽可能多地包含与我们所说的语言一致的术语,这一点非常重要。我非常惊喜地发现,您的成功远远超出了我的预期,选词恰当且具有非凡的准确性。信息之丰仅次于科学百科全书。[21]

8

在这场词典战争的最后战役中,报刊的分量仍举足轻重,此时它们在很大程度上支持伍斯特。詹姆斯·拉塞尔·洛威尔在其最近创办的《大西洋月刊》中的发文态度坚定:

> 这场持久战的赢家毫无疑问是伍斯特博士……我们支持伍斯特词典的决定性原因是:作者能够正确理解自身的作用,旨在让我们看到英语的本来面目,而非他自己希望或认为它应该是什么样……他没有强行灌输任何自己的理论……

但引用了最权威人士的意见,并在必要时简短地补充了自己的见解……就我们自己而言,我们希望同时拥有韦伯斯特词典和伍斯特词典,但如果只能拥有其一,我们会选择后者。

在英国,人们对伍斯特一如既往地好评如潮,而且似乎很可能会让梅里亚姆兄弟为韦伯斯特的摇旗呐喊偃旗息鼓。著名的英国历史学家兼编辑亨利·B. 惠特利(Henry B. Wheatley)在1865年写道,伍斯特的词典"是他赖以成名的基础",是"最令人钦佩的词典"。伦敦文学杂志《雅典娜神殿》(Athenaeum)宣称:"我们面前的每一部词典都是勤勤恳恳的体现。但对于韦伯斯特来说,是勤奋与想象力的结合;对于伍斯特来说,是勤奋、明智和判断力的结合。伍斯特词典是一部更严肃、更安全的书,称得上是现存最好的英语词典。"[22]

然而,现代英美词典编纂史学家乔纳森·格林却在英国对伍斯特的一片喝彩声中注意到了不祥之兆:"也许可以从伍斯特在英国的大获成功中看到他的词典败落的线索。"[23]那些评论对英国市场来说可能会是幸事,对美国市场来说它们可能是诅咒。对于美国来说,由于其自身独特的语言需求和多样化的人口仍然随着大量移民如雨后春笋般涌现,又由于文化需求源源不断,新编词典需要将其语言定位为美国语言,将其词典定位为本土词典,这些对伍斯特词典与英国方面的一致性发出了不和谐的声音。尽管这部词典和伍斯特早期的版本一样,也收录了很多古德里奇-梅里亚姆版韦伯斯特词典中出现的美国词汇,为许多传统词汇贡献了美国释义,并仔细地记录了美国正字法和正音法的现状。

伍斯特的足本四开本销量一路飙升。从1860年到1863年9月,共印刷了2.7万册,大大超过了1828年的韦伯斯特四开本和1841年、1847年、1859年版的销量。最为畅销的还是1829年古德里奇-伍斯特八开本修订版,属于例外。这些足本四开本的数字足以让斯旺吹嘘说,美国市场正在见证伍斯特词典的复兴，它很快就会超过梅里亚姆版韦伯斯特词典的销量。尽管梅里亚姆兄弟知道自己在学校市场上取得了胜利，销售数据也使他们在同行中处于领先地位，但伍斯特词典的成功也确实让他们担忧。他们有必要提醒公众谁是这场战争的赢家。1861年5月，他们在一本名为《两本词典》(*The Two Dictionaries*)的宣传册中公布了目前的销售数据。在最后一页上，他们炫耀了梅里亚姆兄弟自己在1860年8月和9月对辛辛那提、纽约、波士顿、费城、纽黑文、圣路易斯、芝加哥和其他几个城市的书商进行的调查结果。调查显示，至少从他们自己选择的经销商的数据中，所有人都可以看到，韦伯斯特插图版在那几个月的销量为5787本，远超销量为786本的伍斯特插图版，比例约为7比1。即使在波士顿，这一比例也是6比1，韦伯斯特词典遥遥领先。[24]

这场词典战争仍然胜负难分，但在1861年6月，伍斯特已心知肚明，尽管他的四开本词典销量良好，评论家们对他的词典不吝赞誉，更有许多人认为他的词典比梅里亚姆兄弟目前出版的所有词典更胜一筹；然而，销量势头上对方仍无可争议地成为赢家。像以往一样，只要新的梅里亚姆四开本在推出时没有出现严重失误，韦伯斯特品牌就似乎稳操胜券。

尽管梅里亚姆兄弟对伍斯特受到的高度赞扬感到不安，但伍斯特词典可以在他们彻底修订的四开本问世四年多前出版，这对他们来说是个战略优势。他们和编辑可以充分利用伍斯特的成果，把后者作为基准和来源。正如查尔斯·梅里亚姆在1883年的回忆录中所写："感谢上帝赐予我们伍斯特。"

伍斯特在他的四开本出版后就退出了词典战争，但在学术方面无所事事并不顺应他的天性。在等待梅里亚姆新版词典问世的同时，他继续修订自己的词典。他让人重印了词典并把它装订成七卷，每卷都有交错的空白页，这样他就可以不慌不忙地在空白页添加和修改文本。众所周知，他从未说过这样的话，但表面上看，他打算出版另一个版本，希望该版本能再次超越古德里奇–梅里亚姆的版本。如果他福大命大，在他从哈佛大学和其他地方找到的顶尖语言学家和不同领域学者的鼎力帮助下，他仍然可能把天平倾向永久对自己有利的方向。但种种迹象表明，情况并没那么乐观。

9

1865年春天，在林肯于4月14日遇刺之后，美国南北战争结束。超过60万士兵阵亡。在哈佛大学校园内，为建造纪念堂（纪念那些为联邦事业而牺牲的哈佛人）筹集资金的大规模活动刚刚开始。对伍斯特来说，他所身陷的战斗即将结束。4月16日，他写信给弟弟塞缪尔，说自己身体不适，感觉自己"老了""朽迈了"："我恐怕命不久矣。我身患感冒已经有五六个星期了；但现在的情况要比过去好多了。"[25]

患病不久后，伍斯特于1865年10月27日在坎布里奇平静去世，享年81岁，与爱德华·埃弗里特在同一年逝世。他死于家中，那是他布拉特尔街上毗邻朗费罗庄园的一所自建房，他和他的妻子艾米在此生活了二十多年。可能是长期感冒的并发症最终要了他的性命。关于他最后的日子历史上没有任何已知的记载。除了他的妻子，他临终前身边也没有任何家人；而他的妻子似乎也没有记载他最后的时光。他被安葬在坎布里奇的奥本山公墓。哈佛大学的新老朋友们为他竖起了一座高耸的纪念碑，墓碑上简单地写着"地理学家、历史学家和词典编纂者"几个字。伍斯特的葬礼就像他的私生活一样，非常安静。

在他去世前不久，他向美国和平学会（American Peace Society）捐赠了1000美元，以筹备一个3万美元的基金，他深深信奉该学会的宗旨。他把自己可观的遗产，包括布拉特尔大街上的房子都留给了艾米，在遗嘱中明确表示：在她去世（1881年）后，他的四开本一半的收入同样会留给该学会，另一半则留给美国圣经学会（American Bible Society），后者致力于废除奴隶制和防止圣经文本变体的宏大事业。

10

如果伍斯特活得够久，研究一下梅里亚姆兄弟的新四开本，那他就会意识到自己的伟大作品同前者相比相形见绌。巧合的是，斯旺在1864年去世，他不再率军对梅里亚姆兄弟开战，为伍斯特而战的阵营很快就烟消云散了。1877年购买伍斯特词典全部版权的费城利平科特公司于1881年出版了新的四开本伍斯特词典，在伍斯特词典的风烛残年打了一场漂亮仗。这本词典收录了1.2万多个新单词和同义词，可能是从伍斯特词典的交错卷的笔记中摘录而来，但除此之外，它只是在1860年版的基础上稍作修改。利平科特公司还在英国著名语言学家沃尔特·威廉·斯基特（Walter William Skeat）等人那时对伍斯特的词源学进行更新的基础上，于1888年出版了《新英语词源词典》（*A New Etymological Dictionary of the English Language*），该词典于1891年再版，于1908年出版学生版。遗憾的是，彼时伍斯特词典已经没有生命力，J. B. 利平科特认为继续与梅里亚姆版韦伯斯特词典出版机器竞争纯属空耗。[26]在1913年写给伍斯特–韦伯斯特传奇的早期编年史家的信中，J. B. 利平科特解释说："伍斯特的四开本词典已经有二十年或更长时间没有修订了，虽然它的基本特征让它对普通人来说算得上一部极好的词典，但它不能满足那些希望吸纳最新术语的人的要求，因为它在这方面有缺陷。我们早就停止发送有关这部词典的详情了。"[27]

一个充满争议的美国词典编纂时代一去不复返了，美国和英国开启了一个新的时代，而伍斯特的伟大词典在这个新时代作用微乎其微。尽管如此，伍斯特1860年的四开本的赫赫威名在他身后仍有公论。后来出任哈佛神学院伯西新约批评与诠释教授的以斯拉·阿博特（Ezra

Abbot），在伍斯特去世几个月后，在美国艺术与科学学院的纪念演讲中，忍不住对韦伯斯特"疯狂的反常和过激行为"给予了影射批评：

> 不妨这样说，在它（伍斯特词典）出版时，尽管其主要竞争对手有很大的优点，但国内外学者的评价普遍将伍斯特词典置于英语词典编纂文献的首位；如果它后来被追平或超越，我们也有理由为这样一个事实而感到自豪：即使是现在唯一能在完整性和准确性方面与它相媲美的英语词典，也不过是美国企业、工业和学术界的产物……
>
> 伍斯特博士的所有作品都证明了他明智的判断力和鉴赏力，他孜孜不倦的勤奋和陈述事实的准确性。他的思想倾向于实际而非推测。作为词典编纂者，他没有承诺要改革英语语言中长期存在的反常现象……在词源学的迷茫道路上，即使他不能自称是一个具有独创性的探索者，他的理智也使他避免了许多人被误导后疯狂的反常和过激行为。[28]

马萨诸塞州历史学会会长在1865年11月的会议上宣布："在英美两个大陆，没有一个英语词典编纂者能像伍斯特那样功成名就。"伍斯特1860年的杰作，他继续说："至少可以说，不比出版过的任何一部英语词典逊色。"他补充说："一个惊人的巧合是，最近一艘来自英国的汽船带来了消息，在同一领域的成就或可与伍斯特博士相提并论的查尔斯·理查森博士几周前先他辞世。"[29]随着这两位巨匠的去世，以及梅里亚姆兄弟在制作下一个足本版本时所推广的大量学者团队采用的编辑方法，主要靠一个词典编纂者单打独斗的词典编纂旧秩序彻底改变了。

第十七章
梅里亚姆兄弟大捷：
"伍斯特到了！伍斯特到了！
接下来换乘前往韦伯斯特！"

1

古德里奇的健康状况每况愈下。妻子朱莉娅一直恳求他放弃词典编纂工作。他情绪低落，1860年1月，他对梅里亚姆兄弟讲："我由衷地希望能找到一个人来接手我的工作。词典编纂耗神费力，而且工作量不断增加，我需要花费所有的工作时间来完成它。因此，我只好搁置自己的研究。除非找到一个能够使各方信任的合适人选，否则我一刻都不敢考虑自己正当的研究。"[1]他想到一个人——他对梅里亚姆兄弟的想法心如明镜，那就是他们更愿意让年轻的诺亚·波特做主编。

波特对古德里奇为改进韦伯斯特词典所做的努力早就表现出了充分的同情，因此梅里亚姆兄弟认为，凭借他在耶鲁大学的关系，波特将顺理成章地成为古德里奇的继任者。在1月收到古德里奇的信几天后，他们要求波特承担词典的编辑工作，也许先从联合编辑做起。但出于个人原因，波特也担心自己会跟梅里亚姆兄弟拴在一起工作而不能脱身。他比以往任何时候都更喜欢在阿迪朗达克远足，更喜欢在耶鲁大学教授哲学、修辞学和语言学课程，而非在无尽的词典编纂的迷宫中埋头苦干。然而，梅里亚姆兄弟一再施加压力，要求他接受他们的提议，最后他同意了。这样，古德里奇终于摆脱了套在他脖子上三十多年的词典编纂的沉重枷锁。

1860年2月3日，作为接受这份工作的一个条件，波特告诉梅里亚姆兄弟，必须与古德里奇达成明确的谅解："我并不反对古德里奇先生将所有独创的贡献带到词典编纂之中，在工作中实施他的判断、研究和经验，等等。但既然是我负责此项工作，我必须要求他在付印之前提供所有实质性的修改和建议……古德里奇先生作为其家族的代表和接受过他岳父（也就是韦伯斯特）亲自训练的行家，当然熟悉他家族的原则，可以随时无拘无束地提出他的意见，反对他的修改意见可能要花些时间。但由于情况复杂，决策必须当机立断，他必须明白最终决策权在我手中而无须冗长辩论。"十九世纪四十年代，古德里奇曾成功地抵制了连襟福勒破坏性地干预编辑工作，因此，尽管他肯定反对韦伯斯特"亲自训练"这一说法，但他能理解波特的担忧。从现在起，严格来说，他的角色将是顾问。[2]

古德里奇已经召集了他的同事威廉·德怀特·惠特尼教授（William Dwight Whitney，耶鲁大学梵文教授，后来成为竞争词典《世纪词典与百科全书》(*The Century Dictionary and Cyclopedia*，1889—1891年）的编辑）和丹尼尔·C.吉尔曼（Daniel C. Gilman，后来成为约翰斯·霍普金斯大学的第一任校长，在那里他建立了美国第一个高等研究生教育项目），让他们联合监管所有非技术性词汇定义的修订。韦伯斯特的定义一直萦绕在古德里奇的脑海中。因为很明显，有了伍斯特词典的对比，许多定义将不得不修订或重写，以免它们稍显逊色。1860年1月26日，他对梅里亚姆兄弟强调，为了使它们与卡尔·奥古斯特·弗里德里希·马恩的新词源保持一致，需要重新组织定义："新的意义不断产生，而我们必须引入它们，为此或多或少需要重新组织定义,让它们以正确的方式出现在正确的地方。有时,定义或定义中的一部分是不得体的,非学术的,并已经被发现存在很多错误,这些都必须加以修改。比如科学词汇,为了精确概念、更新数据、简化词汇等,有必要(对定义)做许多修改……一定程度的重组是必要的。"[3]

古德里奇再也不用承担这些重压了。在漫长而艰苦卓绝的职业生涯中,他不断对韦伯斯特词典进行修订,多次将其从编纂和商业双重失败的耻辱中拯救出来,1860年2月25日,他在纽黑文与世长辞。在耶鲁大学的大部分时间他饱受偏头痛的折磨,他拥有一种神经质的能量,使他能够胜任大量的工作,但同时也损害了自己的身体。他被安葬在纽黑文的格罗夫街公墓,墓碑上写着:"耶鲁大学教牧学教授,于1860年2月25日去世,享年70岁。"

1861年,教务长富兰克林·B. 德克斯特(Franklin B. Dexter)在一份简短的证词中表明,古德里奇在校从事宗教活动长达四十多年,"无疑对耶鲁大学产生了最有效的宗教影响"。1846年至1871年担任耶鲁大学校长的西奥多·德怀特·伍尔西谈到经常有人从四面八方赶到耶鲁来寻求古德里奇的教牧帮助:"也许在纽黑文,没有人在生命的最后二十或二十五年里给予过他人更多的教牧辅导了。"格罗夫街公墓的纪念碑上没有提及古德里奇的学术生涯,也没有提他具有重要历史意义的词典编纂成就。[4]

2

波特现在负责监管这个版本的编辑工作,威廉·韦伯斯特也象征性地参与其中,好让韦伯斯特家族满意知情。波特之前已经为这个版本提供了一些辅助性的帮助。他在德国休假的那一年,顺道拜访了马恩,并在古德里奇的同意下,雇用马恩清除韦伯斯特的词源。如今,在波特的同意和建议下,梅里亚姆兄弟开始组建他们庞大的编辑和助理团队。他们聘请了威廉·阿道普斯·惠勒（William Adolpus Wheeler），一位在正音学方面具有特殊专长的作家兼编辑。惠勒曾花费四年帮助伍斯特，负责词典的发音部分，现在他抓住了为梅里亚姆兄弟工作的机会。此人毫不谦虚。1860年11月29日，惠勒在给梅里亚姆兄弟的求职信中写道："我为伍斯特效力时，除了同义词，我的工作遍及其他各个部门。毫不客气地说，我有理由认为自己对伍斯特1860年足本四开本的顺利出版功不可没。"他含糊却不客气地补充道："当然，对于它尚存的许多瑕疵，我概不负责。"梅里亚姆兄弟雇用他每年引进和修改伍斯特的发音系统，这使波特免于一些普通的编辑劳动。[5]

图19 耶鲁大学道德哲学和形而上学教授诺亚·波特于1860年接替昌西·艾伦·古德里奇担任韦伯斯特词典的主编，并担任了在"词典战争"中大获全胜的1864年版的主编。由阿普尔顿的《美国传记百科全书》提供，詹姆斯·格兰特·威尔逊主编，1888年。

1862年2月20日，也就是伍斯特词典出版两年后，梅里亚姆兄弟在给惠勒的一封信中回顾了他们到目前为止所取得的进展，并列出了组成他们团队的大约30位教授、科学家和一般助理的名单。惠特尼和吉尔曼负责"对广义文学的定义进行了重构和重组……它包括将两个或多个定义并入一个定义中，按需要给出更好的或符合历史顺序的定义……更正、润色、采用说明性的引用等"。他们对发音进行了全面的审查，并提供了一套新的变音符号。引人注目的是，团队的30名研究人员中，大约有一半是来自耶鲁大学的教员，其中有几位是由古德里奇率先招募的，其余的是后来波特招募的，这实际上使词典项目在很大程度上成了耶鲁大学的产物。惠特尼和吉尔曼专注于艺术和文学词汇的定义，其他专家也在修改自然科学和应用科学、工程、军事、法律、数学、医学、天文学和考古学的词汇。古典、圣经、地理和传记的词汇表即将完成，插图的收集和雕刻工作正在进行中——"我们将大大充实我们的部门，"梅里亚姆兄弟问惠勒，"您不觉得我们的团队很棒吗？"[6]

当耶鲁大学的一位研究员、著名的地质学家和动物学家詹姆斯·德怀特·达纳（James Dwight Dana）因病不得不从这个项目中退出时，波特聘请了耶鲁大学一名年轻的医学生来接替他的工作。此人名叫威廉·切斯特·迈纳（William Chester Minor），曾出现在西蒙·温彻斯特的畅销书《教授与疯子：关于谋杀、精神错乱和牛津英语词典制作的故事》（*The Professor and the Madman: A Tale of Murder, Insanity, and the Making of the Oxford English Dictionary*，1998年）中。他后来作为一名被判有罪的杀人犯在英国一家精神病院服刑期间，作为《牛津英语词典》的撰稿人承担了极具轰动性的重要角色。[7]同样，古德里奇的儿子昌西，还有一些帮助写作的文人都出任了助手。梅里亚姆兄弟甚至招募了伍斯特的坚定拥护者乔治·珀金斯·马什。查尔斯·梅里亚姆写信给惠勒："我们还有一篇乔治·珀金斯·马什阁下对词典应该怎样的看法以及需要改进的要点的长篇论述，我们也为此支付了稿酬。"马什的要点之一是强烈要求"阅读古老作家的作品，因为过时的词汇现在又重新使用起来了，他（马什）引经据典，以说明这一观点……波特教授还聘请了几位同气相求的读者"。

在南北战争波及全国、金融恐慌使经济陷入混乱、大规模破产破坏了图书贸易的时代，梅里亚姆兄弟在对最终的成功没有多大把握的情况下，依然奋勇而劲头十足地向在混乱的市场中投入了大量资金。他们也经历了巨大的亏损。正如二十年后，查尔斯·梅里亚姆在回忆中所说："1860年南北战争的爆发，严重影响了图书贸易。拼写书的销量大幅下降。1859年，销售量为1,104,948册。1860年，销售量为958,108册。但在1862年，下降到了308,147册。现在，词典的销售量也一落千丈。"然而，乔治·梅里亚姆下定决心，不管遇到什么阻碍，他都要砥砺前行。比如对图书出版来说，极其重要的纸张和装订随行情变得昂贵，但他仍须确保有足够的纸张供应，以防词典印刷中断。他和哥哥已经启动了一个昂贵的、经过精心调试的工人操控的引擎，等不及经济状况的改善了。他们通常每天都要给排版师三页准备好的稿件，校对工作也刚好能跟上进度。波士顿印版铸造厂（Boston Stereotype Foundry）是一家排版公司，自1859年以来一直在生产高质量的电镀字模，之后它被交与波士顿的亨利·霍顿（Henry Houghton，后来成为霍顿·米夫林出版公司的创始人）印刷。铸造厂向梅里亚姆兄弟抱怨说，由于没有及时、定期地收到付印稿，他们跟不上既定的时间表，公司正在赔钱。问题的根源在于，一些学者的工作中出现了令人恼火的延误，尤其是在表格方面。制作插图印版的工作也进展缓慢。此外，铸造厂对其所收到的校样"糟糕的"质量感到失望，"称其完全像伍斯特的一样糟糕"，他们叫苦不迭（波士顿印版铸造厂为伍斯特的1860年版提供了印版）。尽管如此，到1864年5月，霍顿开始着手印刷词典，到了8月，他每天装订约200本词典。这部伟大的词典有望在年底前出版。[8]

几乎每一位编辑和撰稿人都在办公桌上摆放着一本翻开的伍斯特著名的四开本。在詹姆斯·默里担任《牛津英语词典》（原名为《新英语词典》）编辑的很长一段时间里，他让所有团队成员都在办公桌上放梅里亚姆兄弟当时编写的这本词典。惠勒在信中提到了伍斯特，以及编辑团队如何摘取他作品的胜利果实，并将其作为标准和基准的。鉴于梅里亚姆兄弟对伍斯特及其词典的敌意，以及他们在二十年间精心策划的反对他的活动，他们在现阶段对他的依赖，不得不被视为词典编纂史上最大的讽刺之———不仅是梅里亚姆团队成员的办公桌上摆放着伍斯特的词典，而且他们还大量利用了这部作品，尽管他们和韦伯斯特一直指控伍斯特对他们做了同样的事情。

3

1864年9月下旬，《美国英语词典》皇家四开本（10×12.5英寸，明显比普通四开本大）问世。它包含了11.4万个词条，比韦伯斯特1828年的原版多了约3.5万个。马恩的词源包含了当时最新的大陆语言学研究。编辑们尽了一切努力使发音和拼写（在伍斯特正字法之后）显得更加体面和可靠。这部词典中变音符号的简化甚至超过了伍斯特词典，以便特意引导读者使用当前被广泛运用的美国发音。定义经过了现代化的处理和打磨，肃清了韦氏阐述的残余。尽管古德里奇和梅里亚姆兄弟对伍斯特的同义词极尽诋毁，但其版本仍然遵循伍斯特的模式，为每个单词提供大量同义词及详细的词义辨析。同义词的确占了很大的篇幅，但在这个问题上，他们绝不能向强大的对手示弱。

梅里亚姆兄弟和所有的编著者心知肚明，新版的成功在很大程度上归功于他们有效地利用了伍斯特的词典。"感谢上帝赐予我们伍斯特"，事实确实如此。虽然波特没有具体说明他们应该在多大程度上感谢伍斯特，但在他谈到伍斯特词典和其他词典时也承认伍斯特的影响："由于本词典不仅是单词汇编，而且是独立研究成果的摘要，因此对其他词典和百科全书的参考相对较少。但这类最好的作品是可以免费查阅的，其中有著名的约瑟夫·爱默生·伍斯特博士的词典，作者辛勤耕耘的光荣也是我国学术研究的光荣。"[9]

波特在新四开本的在前言中为其历史渊源和收录范围提供了一些额外的视角。他想让读者明白，除了某些挥之不去的定义，在本版词典中几乎看不到诺亚·韦伯斯特那样的词典编纂。波特写道："修改主要词汇定义的工作，给古德里奇教授和与他商议的人带来了巨大且令人困惑的困难。"根据"当代人的需求",甚至连韦伯斯特对他的几个版本的介绍也被删除了。波特坦言,和其他所有后约翰逊时代的词典编纂者一样,韦伯斯特受到了约翰逊定义的影响,尽管他对这些定义表示反对:"在积累定义方面,他还没能完全摆脱约翰逊这位榜样的影响,尽管这些定义乍一看没有什么区别。"韦伯斯特的"理论……胜过他的实践"。至于正字法,"为避免该词典贻笑大方……现在我们对几乎所有的拼写都提供了另一种正字法,旧的拼写方式被附加到了经过改革或变得崭新的拼写之中"。[10]

4

这本新的大型足本四开本词典实质上结束了十九世纪上半叶的美国词典战争。从波士顿开往边远城镇的火车驶入伍斯特镇时,售票员习惯了大声喊:"伍斯特到了!伍斯特到了!接下来换乘前往韦伯斯特!"也许他们没有意识到这样的叫喊声到底蕴藏了怎样的玄机。[11]

美国的批评意见几乎一夜之间就变得众口一词。长期偏爱伍斯特的主要作者们承认波特团队的研究成果更为优秀,特别是肯定马恩在词源学上的重要贡献。尽管霍姆斯对伍斯特依然忠诚,但他对新的四开本也予以称赞,并承认自己使用过它。8月,拉尔夫·沃尔多·爱默生向梅里亚姆兄弟表示:"几天前我从海边回来的时候,收到了你们的厚礼,我非常高兴。小时候,我父亲曾送给我过一本《约翰逊词典》;很久之后在坎布里奇,我结识了伍斯特先生,并买了一本他的词典。同时,我从优秀的法官那里了解到了韦伯斯特词典的优越性,非常感谢你们送我礼物。"1878年,朗费罗收到了一本新出版的梅里亚姆四开本,并应邀为之代言,尽管出于对老邻居的忠诚他极力推却,但同时他也意识到,梅里亚姆兄弟最终赢得了词典战争:"我有这部珍贵著作的前一版,但你们现在寄给我的这本似乎在很多方面都更完整。"尽管朗费罗仍然拒绝让梅里亚姆在他们的广告中使用自己的名字和他可能对这部词典发表的任何评论,但许多其他人则来者不拒。约翰·格林利夫·惠蒂尔(John Greenleaf Whittier)称赞该词典具有"卓越的文学水平、清晰无误的定义、详尽准确的词源。我已经开始绝对信任其权威性"。[12]

就连拿古德里奇1847年笨重四开本的体积和重量调侃的马克·吐温也大力推荐此版本的词典。1891年3月,在一封感谢信中,他对出版社赠送的新鲜出炉的(第三版)词典表达了异乎寻常的溢美之情:"所有书中最令人敬畏的莫过于词典,它包罗万象:对我来说这一部词典最令人敬畏,因为它显然穷尽了知识。它像太阳一样运转,窥视一切,照亮一切。此书堪称绝妙之作——它是我所知道的最奇妙的词典。想想看这样一个令人印象深刻的事实:如果它是由一个人而不是一百个人编制,那么他将不得不在一千年前开始编制,以便在今天准备好出版。"马克·吐温在这段话中并没有挑明的是,制作了这部神奇词典的豪华团队已完全违背了韦伯斯特的初衷。他当时可能也没有想到这一点,但他的这番话确实提醒了我们,伍斯特和韦伯斯特,以及约翰逊、理查森、贝利和一大批可以追溯到十七世纪甚至更早以前的词典编纂鬼才,确实都是单打独斗地编写了他们的词典。[13]

沃尔特·惠特曼(Walt Whitman)在美国杰出作家中可谓是一言九鼎。他百感交集。他在《美国初级读物》(An American Primer)中收集的关于美国语言的笔记中表达了对该语言的崇敬:"美国对过去、对许多祖先、对许多遗产有着不可估量的尊敬和爱戴——但在美国从过去,从法律、艺术、文学等领域的先祖那里得到的所有东西中,到目前为止最伟大的遗产是英语——它是如此绵延不断——如此合乎时宜。"他一直密切关注着词典战争,因此他觉得美国仍然缺乏"一部完美的英语词典":"约翰逊博士做得很好;谢里丹、沃克、佩里、阿什、贝利、肯里克、斯马特,以及其他人都是锦上添花。"韦伯斯特和伍斯特"可圈可

图20　1864年出版的足本韦伯斯特词典有效地结束了美国的词典战争,该词典的一页如图所示。详情：对apthy（冷漠）的定义包括对发音和词源的注释、一段说明性引语、对其在早期基督教语境中用法的注释,以及几个同义词。由印第安纳州立大学特色馆藏,科尔德尔词典收藏提供。

点";"然而,出于对语言哲学的充分欣赏,以及对英语方言不可言喻的壮美的理解,一部庄严而完整的词典仍然有待编写——仍然有待堪当编写此崇高作品重任的某个未来的美国人来编写。英语语言似乎神奇地流经了历史长河,这条河尤其流向了美国……"[14]

5

梅里亚姆兄弟在其广告中收集了来自全国各地的学校和大学管理人员、政府官员、法院、图书馆和各种机构的支持。在接下来的十三年里,他们作为"韦伯斯特词典"出版商,不断发表这些支持言论,以各种形式出版。他们万万没有想到,在最后一刻,"美国最大的图书批发商"利平科特公司发起的伍斯特复兴运动可能会击败他们。他们仍然像二十多年前那样小心提防着伍斯特,向全国投放了各种促销广告、宣传册,高喊着诸如"旧日升新辉""买最好的""国家标准""英国和美国的最高权威""唯一完整的英语词典""和埃及的金字塔一样注定要屹立千古"等口号。他们接着出版数不清的小册子,里面有来自全国各地城市的大量销售数据报告,在报告中他们通过比较数据支持自己的论点,即伍斯特在各个方面都遭到了重创。甚至连美国总统尤利西

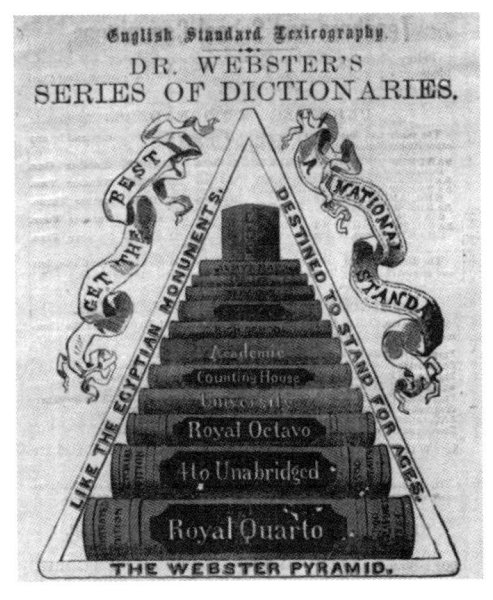

图21 在梅里亚姆的这则广告中,称韦伯斯特词典"和埃及的金字塔一样注定要屹立千古"。由耶鲁大学贝尼克珍本与手稿图书馆,梅里亚姆兄弟出版公司文档提供。

斯·格兰特（Ulysses Grant）也证实了梅里亚姆兄弟的口号，即他们的词典是美国和英国的"国家标准"。他在给梅里亚姆的一封信中说，该词典是"迄今为止全球出版的最好的英语词典"，同时他们宣称，这是市场上销量最大的单卷本词典，而这千真万确。[15]

1870年，在梅里亚姆版韦伯斯特词典足本出版仅六年后，《纽约论坛报》就宣布它已在某种意义上成为国宝："该足本词典通常被认为是英语的最高权威，在整个文明世界都有销售。它定期在伦敦发行，英国和美国法院认为它是确定词义的主要权威。"梅里亚姆兄弟特别热衷于证明他们的词典是国际性的，是一部全球性的标准英语词典。英国的乔治·贝尔父子出版公司通过在十九世纪五十年代获得词典在英国的发行权，并从十九世纪晚期到二十世纪出版不同的版本，来促成这一目标的实现。有趣的是，在1886年版中，他们去掉了词典名称中的"美国"一词，而选用了《韦伯斯特英语大词典》（Webster's Complete Dictionary of the English Language）。他们似乎认为，"美国"一词在英国更有可能会降低而非增加销量。在其后来的英国版本中，他们的标题始终都不加"美国"一词。其中的美式拼写不会像标题中"美国"一词那样让英国读者感到不安，因为随着时间的流逝，他们已经习惯了伍斯特和韦伯斯特的词典中的美式拼写。

梅里亚姆兄弟声称，自从1847年出版古德里奇－梅里亚姆版韦伯斯特词典以来，他们终于不容置疑地主宰了英国词典市场。这一说法得到了被许多人视为文化人类学创始人的英国人爱德华·伯内特·泰勒（Edward Burnett Tylor）的支持。他在1873年10月的《伦敦评论季刊》（London Quarterly Review）上发表过一篇名《英语词典》的长达18页的文章。该文章是针对英语词典编纂史上，英国本土词典如何实质上被美国词典所取代的尴尬甚至蒙羞的地位的最新尝试，但除沃克外，他"严格追随了约翰逊"。泰勒对伍斯特只字未提，他以一种理智而又直截了当的态度陈述了这一情况,这愈加激怒了整个英国语言学界,尤其是伦敦语言学会,该学会此时已开始着手编写后来被称为《牛津英语词典》的词典:

> 约翰逊扬名七十年后,美国作家韦伯斯特追随起他的脚步。他充分理解英语词典的要求,承担起编纂英语词典的重任,营造出更好的实际效果……诺亚·韦伯斯特的《美国英语词典》……在英国一经问世,连续的重编便使其保持着作为一部实用词典的最高地位……
>
> 韦伯斯特词典在风格和内容上都具有良好的商业化品质,这使得它非常适合被其他人扩充和重编,而《约翰逊词典》则明显不适合这样做。古德里奇教授的1847年版只不过是扩充和修正了一些内容,但此后其他修订版却有很多新奇的构思,是当之无愧的独特作品……在美国和英国出版的1864年美国修订版韦伯斯特词典属于高阶词典……总的来说……它是最受人尊敬的,无疑是现存最好的实用英语词典。[16]

如果说典型的商业化品质是韦伯斯特遗产在英国留下的名声,那么梅里亚姆兄弟也心甘情愿为此赞誉付出代价。他们把这篇文章描述为"智慧且最公正的来源",并将其插入了他们的几则广告中。

6

乔治·梅里亚姆和查尔斯·梅里亚姆的创业干劲在商业上取得了超出他们梦想的成功。有时他们是靠杀伐果断取得了胜利。他们心无旁骛,不容忍拖沓——正如乔治·梅里亚姆在1844年所说,当他和弟弟

词典战争

图22 查尔斯·梅里亚姆，绘于约十九世纪七十年代。1844年，他和哥哥乔治购买了韦伯斯特词典版权，并凭借自身的魄力和技巧财运亨通。由耶鲁大学贝尼克珍本与手稿图书馆，梅里亚姆兄弟出版公司文档提供。

开始争取出版韦伯斯特词典时"不要追求进展并为此焦虑，不要为此受困扰，果断总比焦躁要明智……在这个阶段，我们不能，也不应拖延"。[17]正是乔治大胆地决定继续出版最终的主要版本，尽管那时南北战争的爆发使出版工作的经济状况变得复杂。他和查尔斯相得益彰。乔治是战略家，查尔斯更像是一位爱好文学的外交家。乔治出任公司总裁期间，查尔斯的工作一直是与韦伯斯特家族的成员、词典的几位编辑（主要是古德里奇）和报纸、杂志的编辑保持联络沟通，为家族、编辑、法律问题、宣传以及不断出现的来自伍斯特的竞争等诸多尴尬且可能造成损害的复杂问题制定解决方案。

在冲锋陷阵了三十三年后，1877年查尔斯·梅里亚姆将其在该公司的权益卖给了艾维森–布莱克曼–泰勒公司。他十年后去世，享年81岁。乔治·梅里亚姆于1880年去世，享年77岁。他们的弟弟霍默在1880年乔治去世后接任总裁，直到1904年他91岁时才卸任，由此结束了梅里亚姆家族对韦伯斯特词典长达六十年的垄断，在此期间——主要在古德里奇的帮助下，他们把不再使用的韦伯斯特词典推向了世界级的声誉。

结论

"词典战争"中,谁是赢家,谁是输家?在这样一场持续了大约三十五年,旷日持久、错综复杂的全面冲突中,所有主要参战者都各有胜负,都对美国语言和美国国家地位的演进进程产生了巨大影响。

如果我们从个人和历史的角度来探讨结果,那么谁赢谁输的一个答案就是伍斯特和韦伯斯特都未获胜。伍斯特不是赢家,因为毫无疑问,梅里亚姆兄弟打败了他,没过多久,伍斯特词典就被公众置之不理,至少是搁置一旁了。尽管其词典曾引发韦伯斯特以及之后梅里亚姆兄弟对他发起的战争,它给他后半生带来了无尽的痛苦,但得知他那明智和广受尊敬的语言学造诣受到了美国国内大多数著名作家、评论家、教授和主要机构的尊重和认可,这的确让他在词典编纂生涯结束之际感到了慰藉。他还知道,他仰仗古德里奇的努力工作,促进了梅里亚姆家族出版的韦伯斯特词典的进步和质量的提高,反击了韦伯斯特的激进主义,从而影响了美国语言的演进。尽管如此,他莫大的失望并非因为他没有像竞争对手那样在市场上取得成功——他在其他书籍编纂上取得的大量商业成功足以使他满意,他之所以倍感失望是因为如果他获胜的话,他的词典对美国文化产生的长期影响可能远不及它所应该产生的那么大。

韦伯斯特也未获胜,因为他毕生未能实现通过激进的语言学和词典编纂改革引领美国英语发展的梦想。事实上,他为梦想付出的努力使他沦为笑柄,对此他深感痛苦,这种痛苦他似乎永远也无法理解。早在他去世之前,他就放弃了以语言为基础的国家统一的希望。之后,梅里亚姆兄弟主要是出于商业原因,试图保持它的活力,但他们和编辑是通过逐步压制和清除他的词典编纂内容来实现这一目标的。1864年,如果他能在死后二十一年重返人世,亲眼看到那赫赫有名的梅里亚姆1864年版四开本的书名中依然保留着他的名字,内容却被改得如此面目全非,那么他一定会欲哭无泪,就像1829年古德里奇-伍斯特删减版令他痛彻心扉一样。他曾寄希望于在词典编纂上所做的最后一搏,既令他的1841年版词典重获清誉,同时又让大多数批评者三缄其口。事实并非如此。作为一名词典编纂者,他的诸多或大部分主张,除了一些拼写改革和他身为单词定义者的声誉,都在1864年版的发行中消失殆尽。如果说他从古德里奇插手工作当中感受到的是首次背叛的打击,那么这个大获全胜的经数人之手打造的版本则是千倍打击的总和。尽管如此,令他感到慰藉的是,他1828年开创性的《美国英语词典》向英国人展现了美国人有能力在编纂自己的词典时不依赖约翰逊——尽管,正如我们所见,无论他如何自称,他在该版本中都严重依赖了约翰逊;这种依赖持续了很长时间,即使在他1843年去世之后。他的词典也记录下美国人对自己语言的自豪感,他们渴望追随这种自豪感到任何地方。他认为,他个人的"词典战争"同时也是美国的战争。

古德里奇是赢家之一,对他本人、对他所代表的韦伯斯特家族和韦伯斯特品牌来说莫不如此。他用八开本删减版挽救了韦伯斯特词典早期的商业失败。在梅里亚姆兄弟登场后的二十年里,通过其精湛的词典编纂,他比其他任何人都更有效地保护和继承了韦伯斯特的遗产。他的成就为他在那个学术领域赢得了名气,尽管这只是暂时的。然而,旷日持久的争端也给他带来了残留的幻灭感和挫败感。为其岳父效力做词典编纂工作折损并吞噬了他的学术生涯。不然,这位智慧超群、活力四射的学者可以利用自己的资历写出多少更惠及大众并能使其扬名立万的著作呢？倘若他完全远离"词典战争"，他是不是就可以不必焦虑烦恼而惶惶不可终日了呢？他的焦虑同时也是几百年前所有词典编纂者的焦虑。从本质上讲，古德里奇是个文人，他亲身体味到了塞缪尔·约翰逊所抱怨的词典编纂之苦；但约翰逊不必在竞争激烈的出版界耗费数十年应对为争夺词典编纂优先权而展开的人身攻击和斗争。

词典战争的真正终极赢家是梅里亚姆兄弟和报纸。最终摘取胜利果实的是梅里亚姆兄弟，而不是国家科学院，像在法国和意大利那样。当他们接手时，足本的韦伯斯特词典已经"病入膏肓"。他们凭借勤奋、想象力、商业上相当程度的心狠手辣，将词典推向了意想不到的成功，并在这个过程中为自己赚取了巨大财富，创建了美国最强大的出版社之一。

至于报纸，主要发生在十九世纪四五十年代的词典战争，给它们（以及与之齐头并进的宣传册）提供了天降甘露一般的爆炸性新闻。堪称在国际上史无前例的新闻业，成了美国生活中的一个主要因素，"词典战争"正好适逢其时地对之加以利用。全国数百家报纸纷纷参战，垄断了有关这场辩论的舆论。这些报纸不仅反映了美国人对自己语言及其使用方式日益增强的自我意识，还加剧了这些冲突中固有的各种文化碰撞。教育是一个战场。其他战场还有读写能力、语言规范和标准、谈吐风格、民粹主义和传统标准，甚至宗教和道德。人们可能会对这场"笔墨战争"大部分时间里的恶劣性质及其枪林弹雨般的谩骂和强词夺理的歪曲扼腕叹息，但报纸在描写和记录这场战争时，也为公众提供了关于语言和词典等诸多方面的知识。这种意识的提高不是通过其他什么方式就可以随意实现的。报纸对激烈的词典竞争和辩论的传播给蓬勃发展的美国公众带来了更好的产品、更好的词典，以及更清晰的自我意识，因此在这方面上讲，人民也是大赢家。

附录A:"韦伯斯特"品牌

"韦伯斯特"这一商标名涉及另一场词典冲突,该冲突发生在十九世纪末二十世纪初。1889年,梅里亚姆版权到期,梅里亚姆兄弟出版公司因一些非梅里亚姆版韦伯斯特词典的出版而被迫提起诉讼,以防止其他任何出版公司在词典标题中使用该名称。到1909年,该公司在一系列此类诉讼中败诉,该名称被判定为属于公共领域,成为任何美国英语词典的通用商标。同年,一名法官就这个持续进行、错综复杂的法律战场做出裁决:梅里亚姆兄弟出版公司"不可拒绝其他任何与自己词典一样合法的词典使用该商标名的纯粹描述性用法。不断重申所有这些词典都是'假'或非'真'的说法都只是一种幼稚的虚妄"。唯一的限制是非梅里亚姆版韦伯斯特词典必须附有免责声明:"本词典并非由韦伯斯特词典的原始出版商或其继任者出版。"[1]

最早以"韦伯斯特词典"著称的非梅里亚姆版韦伯斯特词典之一,是1937年由世界辛迪加出版公司出版的《韦伯斯特通用词典》(Webster's Universal Dictionary)。此后,此类标题成倍增加。例如《韦伯斯特新通用词典》(Webster's New Universal)是足本的《兰登书屋英语词典》(1966年)的新版本,它与梅里亚姆版本或韦氏谱系词典的文学内容无关。此外,还有诸如世界出版公司的《韦伯斯特新世界美国语言词典》(Webster's New World Dictionary of the American Language,1951年)及其大学规格的《韦伯斯特新世界美国语言词典》(Webster's

New World Dictionary of the American Language，1953年），西蒙和舒斯特的《韦伯斯特新二十世纪词典》(*Webster's New Twentieth Century Dictionary*，1979年)，以及微软的《微软百科全书韦伯斯特词典》（*Encarta Webster's Dictionary*），其原名为《微软百科全书世界英语词典》(*Encarta World English Dictionary*，1999年；第二版，2004年）。

后来的法律之战发生在1991年，当时兰登书屋在其大学词典的标题中增加了韦伯斯特。梅里亚姆-韦伯斯特公司将此解读为对其利润丰厚的韦伯斯特品牌大学词典的一次入侵之举，并将兰登书屋告上了法庭。梅里亚姆-韦伯斯特公司胜诉，但在1994年9月的上诉中，判决被推翻。这次判决使该问题一锤定音。在法律上，"韦伯斯特"之名现在不一定与梅里亚姆或诺亚·韦伯斯特本人有联系。事实上，正如大卫·米克勒斯维特所言："现在美国市场上有太多和梅里亚姆无关的韦伯斯特词典，以至于不能再下以下论断：如果没有免责声明，人们会认为任何韦伯斯特词典都是梅里亚姆版韦伯斯特词典。"由于美国词典出版的现实，梅里亚姆兄弟出版公司现在出版自己的"韦伯斯特词典"也要附带免责声明：

> 韦伯斯特这个名字不是卓越的保证。它被许多出版商使用，可能主要是用来误导不明真相的买家。
>
> 在考虑购买词典或其他优秀参考书时，你要找的名字应该是梅里亚姆-韦伯斯特。它承载着一个自1831年以来一直在出版图书的公司的声誉，是质量和权威的保证。

顺便说一下，在《韦伯斯特新世界美国语言词典·大学版》(*Webster's New World Dictionary of the American Language, College Edition*，1957年）中，世界出版公司指出，其词典与诺亚·韦伯斯特、

梅里亚姆或任何从梅里亚姆版韦伯斯特词典衍生出来的版本都完全无关。尽管它为韦伯斯特词典做足了不实的表面文章——因为这一直是商业杠杆的作用所在——称其为美国词典编纂奠定了基础，却反而把伍斯特1830年的《综合发音和解释性英语词典》称赞为以"新单词、更传统的拼写、简洁性、措辞良好的定义、通过变音符充分显示发音、使用重音符号来划分音节、同义词列表"奠定了"美国词典的广泛基础"。文章继续写，韦伯斯特1828年的词典"并不像人们常说的那样，是现代美国词典之母；它只是养母……第一个触及美国词典的独特模式的美国词典编纂者是韦伯斯特的终身竞争对手约瑟夫·爱默生·伍斯特……因为伍斯特词典结构紧凑，价格低廉，因此一经出版，便立即受到欢迎——事实上，比韦伯斯特本人生前的任何一部词典都要受欢迎——也就是说，在梅里亚姆兄弟登场之前"。[3]

如果把古德里奇八开本视为韦伯斯特词典之一，那么关于受欢迎的论述则不大慎重。尽管如此，人们仍对这一历史观点颇为认可。这不仅仅是以"韦伯斯特"命名的词典是否与梅里亚姆兄弟出版公司有关的问题，更是在文本上它或任何十九世纪五十年代以来的梅里亚姆兄弟出版公司的词典是否（或多少）与韦伯斯特本人有关的问题。

无论如何，感谢昌西·艾伦·古德里奇、乔治·梅里亚姆和查尔斯·梅里亚姆、诺亚·波特以及后来的梅里亚姆版韦伯斯特词典的编辑们，他们使"韦伯斯特"这一有威望的标签在美国仍然具有标志性意义。该名号之所以让词典畅销，是因为历史附加于其上的杰出出版质量——其美国出身、创造性，甚至是道德或基督教基础，以及长期被认定的所谓的美国"标准"——让人们相信，购买书名中含有"韦伯斯特"名字的书，是值得信赖的。

附录B：四个世纪英语词典精选

以下列表仅限于通用的单语词典。

Date 日期（年份）	Author 作者	Dictionary Title / Description 词典名称/说明
17th CENTURY 十七世纪		
1604（1609，1613，1617）	Robert Cawdrey 罗伯特·考德雷	*A Table Alphabeticall…of Hard Usuall English Wordes* 《按字母顺序排列的……英语常见外来词单词表》 Ca. 3,000–3,200 entry words; believed to be the first monolingual English dictionary. London: T. S. for Edmund Weauer. 3000—3200个词条；被认为是第一部单语英语词典。伦敦：T. S. 以埃德蒙·韦厄之名。 (Note: Richard Mulcaster's *Elementarie* in 1582 is an effort to organize the English language with a list of 8,000 words. London: T. Vautroullier.) （注：理查德·马尔卡斯特1582年的《基础》是一部整理英语语言的著作，收录了8000个单词。伦敦：T. 沃特鲁利尔。）
1616	John Bullokar 约翰·布洛卡尔	*An English Expositor: Teaching the Interpretation of the Hardest Words Used in Our Language* 《英语阐释者：教授我们语言中最难词汇的释义》 Ca. 5,000 entry words; the second monolingual English dictionary. London: Printed by John Legatt. 约5000个词条；第二本单语英语词典。伦敦：伊恩·莱加特印刷。

续表

Date 日期（年份）	Author 作者	Dictionary Title / Description 词典名称/说明
1623	Henry Cockeram 亨利·科克雷姆	*The English Dictionarie; or, An Interpreter of Hard English Words* 《英语词典；或，英语外来词释义》 First to use dictionarie in its title; in three parts. London: Printed for Edmund Weauer. 最先在标题中使用"词典"；分三部分。伦敦：以埃德蒙·韦厄之名印刷。
1656	Thomas Blount 托马斯·布朗特	*Glossographia; or, A Dictionary Interpreting the Hard Words...* 《词集；或，难外来词解释性词典……》 Ca. 11,000 entry words. London: Printed by Tho. Newcomb. 约1.1万个词条。伦敦：西奥·纽科姆印刷。
1658（1696）	Edward Phillips 爱德华·菲利普斯	*The New World of English Words* 《英语词汇新世界》 Ca. 4,000 entry words expanded to ca. 17,000 in 1696 5th ed. London: Printed for J. Phillips at the Kings Arms, London. 约4000个词条，1696年第5版中扩充至约1.7万个词条。伦敦：以J. 菲利普斯之名于伦敦金斯阿姆斯印刷。
1673	Thomas Blount 托马斯·布朗特	*A World of Errors Discovered in the New World of Words* 《英语词汇新世界中发现的大量错误》 An attack on Phillips. London: Printed by T. N. for Abel Roper, John Martin, and Henry Herringman. 对菲利普斯的攻击。伦敦：T.N.以阿贝尔·罗珀、约翰·马丁和亨利·赫林曼之名印刷。
1676	Elisha Coles 以利沙·科尔斯	*An English Dictionary Explaining the Difficult Terms That Are Used in Divinity, Husbandry...* 《解释神学、畜牧业……中使用的疑难术语的英语词典》 Ca. 26,000 entry words, including regional dialect words, 330 pp. London: Printed for Samuel Crouch. 约2.6万个词条，包括地区方言词，330页。伦敦：以塞缪尔·克劳奇之名印刷。
18th CENTURY 十八世纪		
1702	John Kersey the Younger 小约翰·柯西	*A New English Dictionary* 《新英语词典》 Ca. 28,000 entry words "commonly used in the language." London: Printed for E. Bell… 约2.8万个"英语中常用的"词条。伦敦：以E.贝尔……之名印刷。

续表

Date 日期（年份）	Author 作者	Dictionary Title / Description 词典名称/说明
1704	John Harris 约翰·哈里斯	*Lexicon Technicum; or, An Universal English Dictionary of Arts and Sciences* 《技术辞典；或，文理通用英语词典》 Emphasizes science. London: Printed for D. Brown [and nine others]. 强调科技。伦敦：以D. 布朗（和其他9人）之名印刷。
1706	John Kersey, ed. 约翰·柯西编辑	Edward Phillips's *The New World of English Words* 爱德华·菲利普斯的《英语词汇新世界》 Ca. 38,000 entry words. London: Printed for J. Phillips, [etc.]. 约3.8万个词条。伦敦：以J. 菲利普斯（等）之名印刷。
1721	Nathan Bailey 内森·贝利	*An Universal Etymological English Dictionary* 《通用词源英语词典》 Ca. 40,000 entry words. London: Printed for E. Bell; vol. 2 in two parts (1727). 约4万个词条。伦敦：以E. 贝尔之名印刷；第2卷，分两部分（1727年）。
1730	Nathan Bailey 内森·贝利	*Dictionarium Britannicum* 《大英词典》 Ca. 48,000 entry words; nearly 30 editions. London: Printed for T. Cox. 约4.8万个词条；近30个版本。伦敦：以T. 考克斯之名印刷。
1747	Samuel Johnson 塞缪尔·约翰逊	*Plan of a Dictionary of the English Language* 《英语语言词典规划》
1749	Benjamin Martin 本杰明·马丁	*Lingua Britannica Reformata or a New English Dictionary* 《大英语言改革或新英语词典》 Ca. 24,500 entry words. London: Printed for J. Hodges. 约2.45万个词条。伦敦：以J. 霍奇斯之名印刷。
1755	Samuel Johnson 塞缪尔·约翰逊	*A Dictionary of the English Language* 《英语语言词典》 Ca. 40,000 entry words, in 2 vols. London: Printed by W. Strahan. 约4万个词条，两卷本。伦敦：W. 斯特拉恩印刷。
1755	Joseph Nicoll Scott, ed. 约瑟夫·尼科尔·斯科特编辑	*A New Universal Etymological English Dictionary* 《新通用词源英语词典》 Edition of Bailey's Dictionarium, known as Scott-Bailey. London: Printed for E. Bell. 贝利词典的版本，被称为斯科特-贝利版本。伦敦：以E. 贝尔之名印刷。

续表

Date 日期（年份）	Author 作者	Dictionary Title / Description 词典名称/说明
1757	James Buchanan 詹姆斯·布坎南	*Linguae Britannicae Vera Pronunciato or, A New English Dictionary...Designed for the Use of Schools, and of Foreigners, as Well as Natives Who Would Speak, Read, and Write English with Propriety and Accuracy* 《大英语言与发音词典或，新英语词典，专为学校、外国人以及希望恰当、准确地说、读、写英语》 Sometimes referred to as the first English pronouncing dictionary. 1 vol., 463 pp. London, Middlesex. 有时被称为第一部英语发音词典。单卷本，463页，伦敦，米德尔塞克斯。
1764	John Entick 约翰·恩蒂克	*The New Spelling Dictionary* 《新拼写词典》 Attaches Buchanan's Scottish pronunciation reform. London: Printed for C. Dilly. 附布坎南的苏格兰发音改革。伦敦：以C. 迪利之名印刷。
1773	William Kenrick 威廉·肯里克	*A New Dictionary of the English Language* 《新英语词典》 Uses diacritical marks to indicate pronunciation; divides words into syllables. London: Printed for John & Francis Rivington [and four others]. 用变音符表示发音；将单词分成音节。伦敦：以约翰·利文顿和弗朗西斯·利文顿（及其他四人）之名印刷。
1775	William Perry 威廉·佩里	*The Royal Standard English Dictionary* 《皇家标准英语词典》 Numbers the sounds of each vowel. Edinburgh: Printed by David Willison; ... London: J. Bell... 对每个元音的发音进行编号。爱丁堡：大卫·威利森印刷；……伦敦：J. 贝尔……
1780	Thomas Sheridan 托马斯·谢里丹	*A General Dictionary of the English Language* 《通用英语词典》 "To establish a plain and permanent standard of pronunciation." London: Printed for J. Dodsley, C. Dilly, and J. Wilkie. "为建立一个简单而永久的发音标准。"伦敦：以J. 多兹利、C. 迪利和J. 威尔基之名印刷。
1791	John Walker 约翰·沃克	*A Critical Pronouncing Dictionary and Expositor of the English Language* 《英语批判性发音词典和阐释者》 London: Sold by J. Robinson... In the Strand. (Worcester thought this was the best edition of Walker.) 伦敦：J. 罗宾逊……在斯特兰德大街出售。（伍斯特认为这是沃克词典最好的版本。）

续表

Date 日期（年份）	Author 作者	Dictionary Title / Description 词典名称/说明
1797–1798	Samuel Johnson Jr. 小塞缪尔·约翰逊	*A School Dictionary, Being a Compendium of the Latest and Most Improved Dictionaries* 《学生用词典，最新和最完善词典汇编》 Ca. 4,500 entry words; thought to be the first English dictionary written in America. New Haven, [CT]: Printed & sold by Edward O'Brien who holds the copyright for the state of Connecticut and New York. 约4500个词条；被认为是第一部在美国编写的英语词典。（康涅狄格州）纽黑文：由爱德华·奥布莱尔印刷和销售，他拥有康涅狄格州和纽约州的版权。
	19th CENTURY 十九世纪	
1800	Caleb Alexander 凯莱布·亚历山大	*The Columbian Dictionary of the English Language* 《哥伦比亚英语词典》 Considered the second English dictionary written in America, with "many new words peculiar to the United States." Boston: Isaiah Thomas & Ebnezer T. Andrews. Mostly recycled material from Johnson. 被认为是第二本在美国编写的英语词典，有"许多美国特有的新词"。波士顿：以赛亚·托马斯和埃布尼泽·T.安德鲁斯。大部分是得新使用约翰逊的内容。
1806	Noah Webster 诺亚·韦伯斯特	*A Compendious Dictionary of the English Language* 《简明英语词典》 Ca. 40,000 entry words; Webster's first dictionary; his abridgment of this for schools followed quickly. New Haven, CT: Sidney Press. 大约4万个词条；韦伯斯特的首部词典；随后很快就出现学生用的删节本。康涅狄格州纽黑文：西德尼出版社。
1818	Charles Richardson 查尔斯·理查森	*A New Dictionary of the English Language* 《新英语词典》 London: William Pickering. 伦敦：威廉·皮克林。
1818	Rev. Henry J. Todd, ed. 亨利·J.托德牧师编辑	*Johnson's Dictionary of the English Language* 《约翰逊英语词典》 Known as Todd-Johnson. With "numerous corrections and the addition of several thousand [head] words." This edition was widely used in America well into the nineteenth century. London: Printed for Longman, Hurst, Rees, Orme, and Brown. 被称为《托德–约翰逊词典》。含有"无数的更正和几千个新增词条"。该版本在美国被广泛使用，直到十九世纪。伦敦：以朗曼、赫斯特、里斯、奥姆和布朗之名印刷。

续表

Date 日期（年份）	Author 作者	Dictionary Title / Description 词典名称/说明
1820	Samuel Johnson; Albert Chalmers, ed. 塞缪尔·约翰逊；阿尔伯特·查默斯编辑	*A Dictionary of the English Language: New Edition, Corrected and Revised* 《英语词典：经更正并修订的新版》 An abridgment of Todd-Johnson, using many new entry words and definitions contributed by Johnson's friend, the Shakespearean Edmond Malone. London: Thomas Tegg. 《托德–约翰逊词典》的删节本，使用了约翰逊的朋友，莎士比亚研究者埃德蒙·马龙贡献的许多新词条和定义。伦敦：托马斯·泰格。
1827	Joseph Emerson Worcester, ed. 约瑟夫·爱默生·伍斯特编辑	*Johnson's English Dictionary, as Improved by Todd and Abridged by Chalmers* 《约翰逊英语词典，由托德改进查默斯删减》 The first edition of an English dictionary (Todd-Johnson) edited by Worcester. Up to 1863, it sold an average of 12,000 copies annually. Boston: Charles Eiver and T. Harrington; an 1830 edition was published in Boston by Perkins and Marvin, and Hilliard, Gray, Little, and Wilkins. 伍斯特编辑的第一版英语词典（《托德–约翰逊词典》）。到1863年，它平均每年售出1.2万本。波士顿：查尔斯·艾弗和T.哈林顿；1830年版由珀金斯和马文、希利亚德、格雷、利特尔和威尔金斯在波士顿出版。
1828	Noah Webster 诺亚·韦伯斯特	*An American Dictionary of the English Language* 《美国英语词典》 Unabridged quarto, ca. 70,000 entry words; ca. 12,000 more than the most recent Todd-Johnson. New York: Sherman Converse. 足本四开本，约7万个词条；比最近的《托德–约翰逊词典》多出1.2万个词条。纽约：谢尔曼·康弗斯。
1829—1831	Noah Webster 诺亚·韦伯斯特	*A Dictionary of the English Language, for the Use of Primary Schools and the Counting-House* 《英语语言词典：供小学和会计室使用》 532 pp. New York: White, Gallaher, and White. 532页。纽约：怀特、加拉赫和怀特。
1829	Noah Webster; Joseph E. Worcester and Chauncey A. Goodrich, eds. 诺亚·韦伯斯特；约瑟夫·爱默生·伍斯特和昌西·艾伦·古德里奇编辑	*An American Dictionary of the English Language* 《美国英语词典》 Octavo abridgment of Webster's 1828 quarto, edited by Joseph E. Worcester, supervised by Chauncey Allen Goodrich; ca. 83,000 entry words, 940 pp. Contains the first appearance of John Walker's *A Key to the Classical Pronunciation of Greek, Latin, and Scripture Proper Names* in a Webster dictionary. New York: Sherman Converse. 韦伯斯特1828年四开本词典的八开本删减版，约瑟夫·爱默生·伍斯特编辑，昌西·艾伦·古德里奇监督；约8.3万个词条，940页。首次在韦伯斯特词典中出现了约翰·沃克的《希腊语、拉丁语和经文专有名词经典发音符号说明》。纽约：谢尔曼·康弗斯。

续表

Date 日期（年份）	Author 作者	Dictionary Title / Description 词典名称/说明
1830（1831，1830，1835）	Joseph Emerson Worcester 约瑟夫·爱默生·伍斯特	*Comprehensive Pronouncing and Explanatory Dictionary of the English Language* 《综合发音和解释性英语词典》 Ca. 43,000 entry words, 343 pp.; small and intended for schools; 57,000 copies printed up to 1863 (Allibone). Boston: Hilliard, Gray, Little & Wilkins. 约4.3万个词条，343页；小开本，学生用；到1863年印刷了5.7万册（阿里博恩）。波士顿：希利亚德、格雷、利特尔和威尔金斯。
1831—1832	Noah Webster 诺亚·韦伯斯特	*A Dictionary of the English Language / to Which Are Prefixed an Introductory Dissertation on the Origin, History, and Connection of the Languages of Western Asia and of Europe, and a Concise Grammar, Philosophical and Practical, of the English Language* 《英语词典——前附关于西亚和欧洲语言起源、历史和联系的介绍性论文，以及简明的英语哲学和实用语法》 2 vols., no pagination. 1st British edition. Reprinted by Edmund H. Barker. London: Black, Young & Young, 1832. 两卷本，无页码。第1版英国版。埃德蒙·H. 巴克重印。伦敦：布莱克、杨和杨，1832年。
1832—1833	Jonathan Boucher, James Odell, and Joseph Hunter, eds. 乔纳森·布歇，詹姆斯·奥德尔，约瑟夫·亨特编辑	*Glossary of Archaic and Provincial Words: A Supplement to the Dictionaries of the English Language, Particularly Those of Dr. Johnson and Dr. Webster* 《古语和地方语词汇表：英语词典补编，特别是约翰逊博士和韦伯斯特博士的词典》 London: Black, Young & Young. 伦敦：布莱克、杨和杨。
1835（第2版，1843）	Joseph Emerson Worcester 约瑟夫·爱默生·伍斯特	*An Elementary Dictionary for Common Schools with Pronouncing Vocabularies of Classical, Scripture, and Modern Geographical Names* 《普通学校基础词典，附古典、经文和现代地名发音词汇表》 324 pp. Boston: G. W. Palmer (both editions). 324页。波士顿：G. W. 帕尔默（两个版本）。
1841	Noah Webster 诺亚·韦伯斯特	*An American Dictionary of the English Language* 《美国英语词典》 A new, abridged, royal octavo edition, 2 vols., 1,008 pp. 新删减版皇家八开本，两卷本，1,008页。 Revised and expanded 2nd ed. of the quarto, edited by Chauncey Allen Goodrich with Webster's assistance; 3,000 copies printed. New York: White and Sheffield. 对原四开本进行修订和扩充的第2版，由昌西·艾伦·古德里奇在韦伯斯特的协助下编辑；印刷了3000册。纽约：怀特和谢菲尔德。

续表

Date 日期（年份）	Author 作者	Dictionary Title / Description 词典名称/说明
1846—1847	Joseph Emerson Worcester 约瑟夫·爱默生·伍斯特	*A Universal and Critical Dictionary of the English Language* 《通用型批判性英语语言词典》 Large octavo, 956 pp., over 80,000 entry words (27,000 more than in his 1830 dictionary); includes Walker's Key. Boston: Wilkins, Carter & Co. 大型八开本，956页，超过8万个词条（比他1830年出版的词典多出2.7万个词条）；包括沃克的《希腊语、拉丁语和经文专有名词经典发音符号说明》。波士顿：威尔金斯–卡特出版公司。
1847	Noah Webster 诺亚·韦伯斯特	*An American Dictionary of the English Language* 《美国英语词典》 Popular new and revised edition, one-volume royal octavo, edited by Chauncey Allen Goodrich. The first Webster dictionary published by Merriam, priced at $6, one-third the cost of the original 1828 quarto; 1,367 pp.; 13,500 copies printed from 1856 to 1863 (Allibone). Springfield, MA: G. & C. Merriam. 流行的新修订版，皇家八开单卷本，昌西·艾伦·古德里奇编辑。梅里亚姆兄弟出版公司出版的第一部韦伯斯特词典，定价为6美元，是1828年四开本原版词典价格的三分之一；1367页；1856年至1863年印刷了1.35万册（阿里博恩）。马萨诸塞州斯普林菲尔德：梅里亚姆兄弟。
1848	Noah Webster 诺亚·韦伯斯特	*An American Dictionary of the English Language* 《美国英语词典》 Octavo abridgment, edited by Chauncey Allen Goodrich. 八开删减本，昌西·艾伦·古德里奇编辑。 New York: Harper & Bros. 纽约：哈珀兄弟出版公司。
1850	Rev. John Ogilvie 约翰·奥格尔维牧师	*The Imperial Dictionary of the English Language* 《帝国英语词典》 2 vols., heavily borrowed from Merriam-Webster. A Supplement in 1855 increased the number of entry words to 100,000; 2,000 woodcut illustrations. London: Blackie & Sons. 两卷本，大量借用了韦伯斯特词典。1855年的补编版将词条数量增加到10万个；2000幅木刻插图。伦敦：布莱基父子。
1855	Joseph Emerson Worcester 约瑟夫·爱默生·伍斯特	*A Pronouncing, Explanatory and Synonymous Dictionary of the English Language* 《英语发音、解释和同义词词典》 Octavo, 565 pp. An extensive enlargement of the Comprehensive Dictionary (1830). Boston: Hickling, Swan, and Brown. 八开本，565页。是对《综合发音和解释性英语词典》（1830年）的广泛扩充。波士顿：希克林、斯旺和布朗。

续表

Date 日期（年份）	Author 作者	Dictionary Title / Description 词典名称/说明
1859	Noah Webster 诺亚·韦伯斯特	*An American Dictionary of the English language, Pictorial Edition* 《美国英语词典·图文版》 Revised and enlarged, quarto, 2 vols. A rush job by Merriam to prevent Worcester's 1860 ed. from being the first illustrated American edition. Springfield, MA: G. & C. Merriam. 有修订和扩充，四开本，两卷本。梅里亚姆为防止伍斯特1860年版被列为美国第一部插图版词典的仓促之举。马萨诸塞州斯普林菲尔德：梅里亚姆兄弟。
1860	Joseph Emerson Worcester 约瑟夫·爱默生·伍斯特	*A Dictionary of the English Language* 《英语词典》 Quarto, 2 vols., 104,000 entry words, 1,800 pp., 1,000 woodcut illustrations; 27,000 copies printed up to 1863 (Allibone). Boston: Hickling, Swan & Brewer. 四开本，两卷本，10.4万个词条，1800页，1000幅木刻插图；至1863年印刷了2.7万册（阿里博恩）。波士顿：希克林、斯旺和布鲁尔。
1864（1878，1884，1886）	Noah Webster, Noah Porter, and Chauncey Allen Goodrich, eds. 诺亚·韦伯斯特，诺亚·波特，昌西·艾伦·古德里奇编辑。	*An American Dictionary of the English Language by Noah Webster, LL.D. / Thoroughly Revised, and Greatly Enlarged and Improved by Chauncey A. Goodrich, D. D., and Noah Porter, D. D.* 《法学博士诺亚·韦伯斯特所著美国英语词典——由神学博士昌西·艾伦·古德里奇和神学博士诺亚·波特进行彻底修订和大量扩充及改进》 Unabridged, royal quarto, 2 vols., 1,766 pp., illustrated; so-called Webster-Mahn edition. Springfield, MA: G. & C. Merriam. 足本，皇家四开本，两卷本，1766页，含插图；所谓的韦伯斯特–马恩版。马萨诸塞州斯普林菲尔德：梅里亚姆兄弟。
1886	Noah Webster, Chauncey A. Goodrich, Noah Porter, and C. A. Mahn, eds. 诺亚·韦伯斯特，昌西·艾伦·古德里奇，诺亚·波特，卡尔·奥古斯特·弗里德里希·马恩编辑	*Webster's Complete Dictionary of the English Language / Thoroughly Revised and Improved by Chauncey A. Goodrich, Noah Porter, Assisted by C. A. Mahn, and Others* 《韦伯斯特英语大词典——昌西·艾伦·古德里奇、诺亚·波特在卡尔·奥古斯特·弗里德里希·马恩等人的协助下进行彻底修订和改进》 "Authorized and Unabridged." London: George Bell & Sons. "经授权且未删节。"伦敦：乔治·贝尔父子出版公司。

续表

Date 日期（年份）	Author 作者	Dictionary Title / Description 词典名称/说明
1889–1891 （1927年出版最后一版）	William Dwight Whitney, ed. 威廉·德怀特·惠特尼编辑	*The Century Dictionary and Cyclopedia* 《世纪词典与百科全书》 Published by the Century Company, New York: 6 vols., ca. 500,000 entry words, 7,046 pp., ca. 10,000 woodcut illustrations. In scope, potential rival to the *Oxford English Dictionary*. New York: Century Co. 世纪公司出版，纽约：六卷本，约50万个词条，7046页，约1万幅木刻插图。在范围方面，是《牛津英语词典》的潜在对手。纽约：世纪公司。
1890	Noah Webster; Noah Porter, ed. 诺亚·韦伯斯特；诺亚·波特编辑	*Webster's International Dictionary of the English Language: Being the Authentic Edition of Webster's Unabridged Dictionary, Comprising the Issues of 1864, 1879 and 1884 / Thoroughly Revised and Much Enlarged under the Supervision of Noah Porter* 《韦伯斯特国际英语词典：韦伯斯特足本词典原版，含1864年、1879年和1884年版本的问题——在诺亚·波特的监督下进行全面修订和大量扩充》 175,000 entry words (56,000 more than the 1864 ed.). Springfield, MA: G. & C. Merriam. 17.5万个词条（比1864年版增加5.6万个词条）。马萨诸塞州斯普林菲尔德：梅里亚姆兄弟。
1893	Funk & Wagnalls 芬克和瓦格纳尔斯	*A Standard Dictionary of the English Language* 《标准英语词典》 Definitions arranged according to order of importance (user convenience) rather than historical order; compiled by a team of 740 people. New York: Funk & Wagnalls. 定义按照重要性（用户方便）的顺序而不是历史顺序排列；由一个740人的团队编撰。纽约：芬克和瓦格纳尔斯
1898	G. and C. Merriam 梅里亚姆兄弟	*Webster's Collegiate Dictionary* 《韦伯斯特大学词典》 Compact edition of Webster's *International Dictionary*. Springfield, MA: G. & C. Merriam; editions followed in 1910, 1916, 1936, 1946, 1963, 1973, 1983, 1993, 2004, 2012 (11th ed.). 《韦伯斯特国际英语词典》精简版。马萨诸塞州斯普林菲尔德：梅里亚姆兄弟；1910年、1916年、1936年、1946年、1963年、1973年、1983年、1993年、2004年、2012年（第11版）连续再版。

续表

Date 日期（年份）	Author 作者	Dictionary Title / Description 词典名称/说明
20th CENTURY 二十世纪		
1900	Noah Porter, ed. 诺亚·波特编辑	*Webster's International Dictionary* 《韦伯斯特国际英语词典》 With supplement adding 25,000 entry words. Springfield, MA: G. & C. Merriam. 补编本增加2.5万个词条。马萨诸塞州斯普林菲尔德：梅里亚姆兄弟。
1909	William Torrey Harris and F. Sturges Allen, eds. 威廉·托里·哈里斯和F.斯特奇斯·艾伦编辑	*Webster's New International Dictionary* 《韦伯斯特新国际英语词典》 More than 400,000 word entries. Springfield, MA: G. & C. Merriam. 超过40万个词条。马萨诸塞州斯普林菲尔德：梅里亚姆兄弟。
1913	Funk & Wagnalls; Isaac K. Funk, chief ed. 芬克和瓦格纳尔斯；艾萨克·K.芬克主编	*New Standard Unabridged Dictionary of the English Language* 《新标准足本英语词典》 450,000 entry words. New York: Funk & Wagnalls. 45万个词条。纽约：芬克和瓦格纳尔斯。
1928（1884年开始出版分册）	James A. H. Murray et al., eds. 詹姆斯·默里等人编辑	*Oxford English Dictionary* 《牛津英语词典》 400,000 entry words and phrases, 10 vols., one-volume supplement, 1933. Oxford: Clarendon Press; London: H. Milford; New York: Oxford University Press. 40万个词条和词组，十卷本，补编本一卷，1933年。牛津：克拉伦登出版社；伦敦：H.米尔福德；纽约：牛津大学出版社。
1934	William Allan Neilson and Thomas A. Knott, eds. 威廉·艾伦·尼尔森和托马斯·A.诺特编辑	*Webster's New International Dictionary* 《韦伯斯特新国际英语词典》 2nd ed., known as "Webster's Second;" 600,000 entry words, 3,214 pp. Springfield, MA: G. & C. Merriam. 第二版，被称为"韦伯斯特第二版"；60万个词条，3214页，马萨诸塞州斯普林菲尔德：梅里亚姆兄弟。
1946	Funk & Wagnalls 芬克和瓦格纳尔斯	*College Standard Dictionary of the English Language* 《大学标准英语词典》 145,000 entry words. New York: Funk & Wagnalls. 14.5万个词条。纽约：芬克和瓦格纳尔斯。

续表

Date 日期(年份)	Author 作者	Dictionary Title / Description 词典名称/说明
1947	Clarence Barnhart, ed. 克拉伦斯·巴恩哈特编辑	*American College Dictionary* 《美国大学英语词典》 132,000 entry words; based on the 1927 *New Century Dictionary*; later expanded to the *Random House Dictionary of the English Language* (1966). New York: Random House. 13.2万个词条；基于1927年的《新世纪英语词典》；后来扩充为《兰登书屋英语词典》（1966年）。纽约：兰登书屋。
1951	World Publishing Company 世界出版公司	*Webster's New World Dictionary of the American Language* 《韦伯斯特新世界美国语言词典》 2 vols.; full etymology; unrelated to the Merriam line of Webster dictionaries. Cleveland, OH: World Publishing Co. 两卷本；完整的词源；与梅里亚姆一派的韦伯斯特词典无关。俄亥俄州克利夫兰：世界出版公司。
1953	World Publishing Company; David Guralnik and Joseph Friend, eds. 世界出版公司；大卫·古拉尔尼克和约瑟夫·佛伦德编辑	*Webster's New World Dictionary of the American Language, College Edition* 《韦伯斯特新世界美国语言词典·大学版》 Ca. 142,000 entry words, considered at the time the largest desktop dictionary. The 1957 ed. mentions that the dictionary is totally unrelated to the Merriam-Webster dictionary series. Cleveland, OH: World Publishing Co. 约14.2万个词条，被认为是当时最大的桌面词典。1957年版提到这本词典与梅里亚姆版韦伯斯特词典系列完全无关。俄亥俄州克利夫兰：世界出版公司。
1961	G. and C. Merriam; Philip Babcock Gove, ed. 梅里亚姆兄弟；菲利普·巴布科克·戈夫编辑	*Webster's Third New International Dictionary, Unabridged* 《韦伯斯特第三版足本新国际英语词典》 Known as "W3;" over 450,000 entry words (ca. 100,000 new). Springfield, MA: G. & C. Merriam. 被称为"韦伯斯特第三版"；超过45万个词条（约10万个新词条）。马萨诸塞州斯普林菲尔德：梅里亚姆兄弟。
1963	G. and C. Merriam Philip Babcock Gove, ed. 梅里亚姆兄弟，菲利普·巴布科克·戈夫编辑	*Webster's Seventh New Collegiate Dictionary* 《韦伯斯特第七版新大学英语词典》 The first Merriam Collegiate Dictionary based on Webster's Third. Springfield, MA: G. & C. Merriam. 第一部基于韦伯斯特第三版的梅里亚姆大学词典。马萨诸塞州斯普林菲尔德：梅里亚姆兄弟。

续表

Date 日期（年份）	Author 作者	Dictionary Title / Description 词典名称/说明
1966	Random House; Jess M. Stein, ed. 兰登书屋；杰西·M. 斯坦因编辑。	*The Random House Dictionary of the English Language: The Unabridged Edition* 《兰登书屋英语词典：未删节版》 Later published with the title *Random House Webster's Dictionary of the English Language*. Computerized by Laurence Urdang. New York: Random House. 后来以《兰登书屋韦氏英语词典》之名出版。劳伦斯·厄当进行了电脑化处理。纽约：兰登书屋。
1968	Random House; Laurence Urdang, ed. 兰登书屋；劳伦斯·厄当编辑	*Random House Dictionary of the English Language, College Edition* 《兰德书屋英语词典·大学版》 155,000 entry words. New York: Random House. 15.5万个词条。纽约：兰登书屋。
1969	Houghton Mifflin; William Morris, ed. 霍顿·米夫林；威廉·莫里斯编辑	*American Heritage Dictionary of the English Language* 《美国传统英语词典》 This dictionary was a response to the controversy raised by *Webster's Third International Dictionary* in 1961. New York: American Heritage Publishing Co.; Boston: Houghton Mifflin; editions have followed in 1980, 1992, 2000, 2011. 该词典是对1961年《韦伯斯特第三版足本新国际英语词典》所提争议的回应。纽约：美国传统出版公司；波士顿：霍顿·米夫林出版公司；1980年、1992年、2000年、2011年相继再版。
1979	Harper Collins; Patrick Hanks, ed. 哈珀·柯林斯；帕特里克·汉克斯编辑	*Collins English Dictionary* 《柯林斯英语词典》 1st ed., unabridged (12th ed., 2014). London: Collins. 第1版，足本（2014年第12版）。伦敦：柯林斯。
从二十世纪九十年代中期开始	electronic dictionaries 电子词典	Print dictionaries available in digital form, with access through download or CD-ROM. 可通过下载或只读光盘访问数字形式的印刷词典。

续表

Date 日期（年份）	Author 作者	Dictionary Title / Description 词典名称/说明
现在	online dictionaries 在线词典	Some of the following are compiled by professional lexicographers, and others are crowd-sourced with no editorial oversight. Among the websites are The Cambridge Dictionary, http://dictionary.cambridge.org; Dictionary.com, http://dictionary.com; Macmillan Dictionary, http://macmillandictionary.com; Dictionary by Merriam-Webster, http://merriam-webster.com; OneLook, http://onelook.com; Oxford Dictionaries, http://oxforddictionaries.com; Urban Dictionary, http://urbandictionary.com; Wiktionary, http://wiktionary.org; Word Spy, http://wordspy.com; Wordnik, http://wordnik.com. The list continues to grow. 以下部分是由专业词典编纂者编写的，其他部分是众包的，无编辑监督。其中包括剑桥英语词典，http://dictionary.cambridge.org；词典网，http://dictionary.com；麦克米伦词典，http://macmillandictionary；韦氏大词典，http://merriam-webster.com；一典通（OneLook），http://onelook.com；牛津词典，http://oxforddictionaries.com；城市词典，http://urbandictionary.com；维基词典，http://wiktionary.org；词精（Word Spy），http://wordspy.com；辞海（Wordnik），http://wordnik.com。这个列表还在继续增长。

附录C：出版术语

节本词典：通过对足本词典进行各种元素的省略或减少，如词条数量（如过时词汇和技术术语）、词的定义、文字说明、同义词和同义词论述、词源、发音符号和缩略语，来缩小规模和范围的词典。其中还包含了对足本"母本"词典的修订，词的新义及新词条的增加。

图书开本

> 对开本：一种图书开本，印刷时将全张纸对折一次，制成两开或四页，形成书的各个部分（集合）。
>
> 四开本：一种图书开本，印刷时将全张纸对折两次，制成四开或八页，每一页的大小是原来纸张的四分之一。这是本书中讨论的最常见的足本词典格式。
>
> 八开本：一种图书开本，印刷时将全张纸对折三次，制成八开或十六页，每一页的大小都是原来纸张的八分之一。这是本书中讨论的最常见的删减本词典格式。这是今天精装图书的平均尺寸。
>
> 皇家八开本：八分之一本书只比普通的八度形稍大，印刷时用皇家纸[①]而不是用制作普通八开本那种稍微小一些的纸张。

---

① 20×25英寸。——译者注

十二开本：一种图书开本，印刷时将全张纸对折四次，制成十二开或二十四页，用于一些小型的删减本词典。是当今很流行的平装图书开本。

变音符号：用来表示一个字母的特殊发音或语音值的符号或标记。

词条或词目：下面有关于该词定义和其他解释的词。

分册：分几个单册或单卷出版的一本书或一套书的单册。

外来词：最早对外来词（主要是拉丁语）进入语言所用的术语。

新词：新单词，用法，短语，或进入语言的表达式。

符号：用来表示发音的符号、字符和数字。

正音法：研究单词的正确发音及其与拼写的关系。

正字法：正确拼写的研究。

刻板印刷：从十八世纪末开始，刻板印刷越来越多地取代了传统印刷方法中使用手工铸字的形式。它涉及从排版的表面制作一个纸模或石膏模，在模具冷却后，将液态金属浇在上面，以制作印版。然后，印刷时使用印版而不再用原始排版形式。这种方法有几个优点，其中包括印版的超强流动性、易于储存以备将来使用和频繁使用，而且寿命较长，因为原始模板磨损得更快。可以购买这些印版，也可以向其他印刷商和出版商出售这些印版。比如说，印刷商或出版商，或任何拥有这些印版的人，都对一部词典的出版拥有巨大的影响力，尤其是当他们也能同时获得版权。

同义词研究和分类：词典中一个词条的同义词列表或集合，尤指含义相互区分的同义词列表或集合。

足本词典：词典的最全面版本，规模不减；词典需给出"全面覆盖语言历史上某一特定时期普遍使用词汇，并覆盖大量专门词汇……提供引文支持其定义，说明上下文，并建议典型用法种类"①。

词数：词典中词条的数量。这些数字在不同的词典中有不同的计算方法，有时会比较复杂。

---

① 兰道，《论词典：词典编纂之工艺美术》，第17—18页。

附录D:《天使酒吧的拼字游戏》
（由诚实的詹姆斯叙述）

孩子们，快来，快来，围在我身旁，
放下书本和笔，听我来把故事讲。
我不愿讲述精灵童话，太过凶猛野蛮，
欺骗单纯的孩童，不是基督徒心所愿。
不过你们正在校念书，我猜你们愿意听听
去年我们在天使酒吧组织的"拼字游戏"。

天使酒吧的人不像你们一样文静漂亮，
而是长大的成人，一人顶两个人那么壮。
那里有麻秆吉姆，数学奇才比尔森，
还有"手枪鲍勃"，那天他佩带了把刀而不是枪。
孩子们啊，你们说这些名字好难听，
我叫诚实的詹姆斯——但各个男儿都了不起。

那里有牌王迪克，还有射手湾的史密斯，
我的挚友——卡拉维拉斯的布朗；

附录D：《天使酒吧的拼字游戏》（由诚实的詹姆斯叙述）

三指杰克——没错，小亲亲，你们五指，他缺俩。
两根被克拉普砍掉了，克拉普也死翘翘了。
没错这是犯罪，克拉普也是罪有应得；
多年后杰克也射杀了别人，落得了同样的下场。

夜色无边无际，雨开始淅淅沥沥。
人们都来到皮特的酒吧，享受平常的乐趣；
围坐在酒吧的炉旁，我们各个神情忧郁，
直到史密斯起身，说出了下面的话语：
"旧金山流行一种新游戏，据我所知，
胜过尤克、扑克和排七，人称'拼字游戏'。"

这时卡拉维拉斯的布朗拉了拉座椅说道：
"扑克对我就是最好的游戏。"
麻秆吉姆表示同意。
鲍勃说他不是傲娇，但"必须说明裁判需要受过严格教育"。
校长兰尼仙童毛遂自荐，
说他了解这个游戏，可裁决高低。

"先拿一个简单的词separate（分离）为例，
谁能拼出三二一？"老天爷，如果那是八里挑一。
小伙子们立刻炸了锅，把椅子排得整整齐齐，
乔排在最后，麻秆吉姆排在第一，
高高的吧台上，校长被举起。
酒吧老板摘下眼镜坐下，静观不语。

第一个词是parallel（平行），七人选择放弃，
直到乔说出两个l的前后是a和e。
因为他曾在圣哈辛托战役训练过墨西哥人，
那天晚上再也没有谁比手枪乔更神气。
直到出现了rhythm（韵律）！
"不是还有他嘛。"他说着，面露笑意。
麻秆吉姆起身大步向前抓住了座椅。

噢，小家伙，可爱的孩子，多么令人感动，
虽然他们已经胡子拉碴，却还像学童嬉戏。
他们兴高采烈，互相助威打气，
用藤条提示，班长鲍勃坐起。
主席给了新词incinerate（焚化），
布朗大呼什么学校才学这样刁难的词语。

当要拼phthisis（肺结核）时，他们纷纷跳起，
发誓谁要再出希腊词就让他死无葬身之地。
当大家纷纷落座时，我看到比尔森目光闪烁，
卡拉维拉斯的布朗捻着他的胡须。
当布朗说出gneiss（片麻岩）时，
比尔森抓起了座椅，随口道出了几句民间的俗语。

主席的脸色变得煞白，提议休息，
但牌王迪克说还要等他解谜；
主席声音发颤，指尖发抖，目光游离，
"那就eider-duck（绒鸭）吧。"主席说，迪克开口，"我……"

附录D:《天使酒吧的拼字游戏》(由诚实的詹姆斯叙述)

比尔森先是微笑,继而尖叫!于是开始大吵大闹,
起因我从来都不知道,因为比尔森退出,迪克晋级。

有人站起来说:"营地里还有活计。"
还有"天黑路滑,他们得——"
此时三指杰克突然站起,锁上门大喊:
"都别走,是爹娘生的,就把这个词拼到底!"
但话到嘴边,他呻吟着,痛苦地倒了下去。
胸有韦伯斯特,心怀伍斯特,可还是痛苦地倒了下去。

牌王迪克躲在吧台下,试图找出权威词典;
布朗藏在炉子后面,烤火取暖,
直到炉子打翻,煤渣滚来滚去在他腿间。
"Order(秩序)!"有人大喊,
可怜的史密斯,刚说出两个字母就被拖走——还没拼完。

噢,小家伙,可爱的孩子,跪下祈祷吧!
在和平的环境中接受教育,要好好珍惜;
要牢记,他们的拼字能力就像抛石机,
但他们朝对方抛掷利器却也毫无顾忌。
亲爱的,你们问结局?这就是结局!
你们看到的我
是活下来讲述拼字游戏的唯一!
***
那诚实的人故事讲罢,也奄奄一息;
孩子们各自散去,无心玩耍,垂头丧气。

晚间灯火燃起,孩子们作业没做,功课没有温习。
他们被罚饿着肚子,上床休息。
无人知晓那激荡他们幼小身体的极度悲伤,
他们梦中诚实的詹姆斯和天使酒吧的拼字游戏。

布雷特·哈特(1878年)

致谢

首先,我要永远感谢我的妻子莫琳(Maureen),她多次娴熟地阅读了我的文稿,组织了整个过程的各个方面,并创造性给予我实际而稳定的支持。她的适应力和准确性弥足珍贵。我将此书献给她。我的儿子安德鲁(Andrew)和女儿克莱尔(Claire)以及他们的家人一如既往地以他们特有的方式鼓励、见证了此书的进展。

我在伦敦的文学经纪人戴维·戈德温(David Godwin)多年来一直鼓励我、帮我出主意、给予我友情和指导;我也要感谢我在纽约的文学经纪人劳拉·马梅洛克(Laura Mamelok),她后期的指导非常精心而明智。

我最幸运的是,有安妮·萨瓦雷斯(Anne Savarese)担任我在普林斯顿大学出版社的编辑,她对出版过程中的许多方面从头到尾的支持和想象力,使整体进展非常顺利。我对她的感激之情不胜言表。本书还极大地受益于我的文案编辑贝丝·詹法格纳(Beth Gianfagna),她那取之不尽用之不竭的洞察力、准确性和敏感性无疑令她首屈一指。普林斯顿大学出版社的阿里·帕灵顿(Ali Parrington)、塔莉亚·利夫(Thalia Leaf)和特蕾莎·刘(Theresa Liu)通力协作,使出版工作相当顺利。

在研究和撰写本书内容的过程中,图书馆、档案馆以及其他一些机构和博物馆的工作人员的帮助令我受益匪浅。感谢英国国家学术院(British Academy)的资助,使我得以在美国耶鲁大学贝内克珍本与手稿图书馆、耶鲁大学手稿与档案馆、斯特林图书馆、纽黑文博物馆和历史学会、哈佛大学霍顿图书馆、哈佛大学档案馆、纽约公共图书馆、印第安纳州立大学图书馆特色馆藏、康涅狄格州哈特福德康涅狄格州历史学会特色馆藏、马萨诸塞州阿默斯特琼斯图书馆、马萨诸塞州坎布里奇的克雷吉–朗费罗庄园、波士顿公共图书馆、马萨诸塞州波士顿历史学会、马萨诸塞州坎布里奇历史学会,以及大英图书馆当中度过宝贵的时光。我还要感谢其中几家图书馆和机构允许我引用资料,并在本书中加入某些图片作为插图。此外,我还要感谢克雷吉–朗费罗庄园的安妮塔·伊斯雷尔(Anita Israel),耶鲁大学贝内克珍本与手稿图书馆的利亚·杰汉(Leah Jehan)、安妮·玛丽·门塔(Anne Marie Menta)和莫伊拉·安·菲茨杰拉德(Moira Ann Fitzgerald),纽黑文博物馆的图书管理员兼手稿策展人詹姆斯·W. 坎贝尔(James W. Campbell)和照片档案馆馆长杰森·比肖夫–伍尔斯特尔(Jason Bischoff-Wurstle),康涅狄格州历史学会的塞拉·迪克森(Sierra Dixon)和凯伦·李·米勒(Karen Li Miller),哈佛大学威德纳图书馆学术图书馆的弗雷德·伯希特德(Fred Burchted),印第安纳州立大学特色馆藏的丹尼斯·维特洛维克(Dennis Vetrovec)和约书亚·斯塔布勒(Joshua Stabler),以及阿默斯特琼斯图书馆特色馆藏的馆长特维斯·金博尔(Tevis Kimball)。我也要感谢约翰·库尔卡(John Kulka)。关于莱曼·科布的大量信息,我要感谢查尔斯·莫纳甘(Charles Monaghan),他给我寄来了几份笔记和一篇关于科布的文章,如果没有这些文章,第七章就会显得苍白无力。当然,在研究中,我还欠下了更多人情,读者可以在正文和注释中找到相应的参考。

缩略语说明

CHS：康涅狄格州历史学会；梅里亚姆兄弟出版公司，档案与通信，1833—1879年，手稿62433。

福特笔记：埃米莉·埃尔斯沃斯·福勒·福特，《诺亚·韦伯斯特生平笔记》，埃米莉·埃尔斯沃斯·福特·斯基尔编辑，两卷本。(纽约：私人印刷，1912年)。

GFP：古德里奇家族文件，手稿和档案部，斯特林纪念图书馆，耶鲁大学，系列1，手稿242。

梅里亚姆文件：梅里亚姆兄弟出版公司档案，常规馆藏，贝内克珍本与手稿图书馆，耶鲁大学，常规手稿370。

韦伯斯特书信集：贝内克珍本与手稿图书馆，耶鲁大学，Uncat.手稿653，10号箱。

韦伯斯特信札：《诺亚·韦伯斯特信札》，哈里·R.沃菲尔编辑(纽约：图书馆出版社，1953年)。

伍斯特信札：特色馆藏，坎宁安纪念图书馆，印第安纳州立大学。

注释

第一章

1. Paine, "A Letter Addressed to the Abbe Raynal, on the Affairs of North-America," 38; Anthony Trollope, *North America*, chap. 15, "Literature," 1:295; Krapp, *The English Language in America*, 1:20.
潘恩,"一封就北美事务致阿贝·雷纳尔的信",第38页;安东尼·特罗洛普,《北美》,第15章,"文学",第1章,第295页;克拉普,《论美国英语》,第1章,第20页。

2. Boswell, *The Life of Samuel Johnson*, 3:290, entry for April 15, 1778; Samuel Johnson, review of Lewis Evans, *Map and Account of the English Colonies in America*.
鲍斯韦尔,《约翰逊传》,第3章,第290页,1778年4月15日条目;塞缪尔·约翰逊,刘易斯·埃文斯评论,《美洲英属殖民地舆图描述》。

3. Jefferson to Waldo, August 16, 1813, in *The Writings of Thomas Jefferson*, ed. Lipscomb and Bergh, 6:188; Simpson, *The Politics of American English, 1776–1850*, 33. See also Basker, "Samuel Johnson and the American Common Reader," *Age of Johnson*, 6:3, from which I draw in this section on Johnson and America. See also Basker, *Samuel Johnson in the Mind of Thomas Jefferson* (Charlottesville, VA: The Johnsonians, 1999).
杰斐逊致函沃尔多,1813年8月16日,见《托马斯·杰斐逊作品选》,利普斯科姆、伯格编辑,第6章,第188页;辛普森,《美国英语的政治》,1776—1850年,第33页。另见巴斯克,"塞缪尔·约翰逊与美国普通读物",《约翰逊时代》,第6章,第3页,本节我对约翰逊和美国的论述引于此。另见巴斯克,

《托马斯·杰斐逊心目中的塞缪尔·约翰逊》(弗吉尼亚州夏洛茨维尔：约翰逊研究者，1999年)。

4. Hawthorne, *Passages from English Note-Books.*
霍桑，《英国笔记》。

5. Melville, *Moby Dick*, chap. 104, "The Fossil Whale;" Fischer, *Abroad with Mark Twain and Eugene Field*, 150–151.
梅尔维尔，《白鲸》，第104章，"鲸鱼化石"；菲舍尔，《与马克·吐温和尤金·菲尔德一起出国》，第150—151页。

6. Jefferson to Waldo, August 16, 1813, *The Writings of Thomas Jefferson*, ed. Lipscomb and Bergh, 6:188. On Jefferson's relationship to American English and dictionaries, see Percy, "Political Perspectives on Linguistic Innovation in Independent America." I have taken a few of Jefferson's remarks from her citations. See also Micklethwait, *Noah Webster and the American Dictionary*, 133–136; and Krapp, *The English Language in America, 1:9. See also Lynch, The Lexicographer's Dilemma*, 116–138.
杰斐逊致函沃尔多，1813年8月16日，《托马斯·杰斐逊作品选》，利普斯科姆、伯格编辑，第6章，第188页。关于杰斐逊与美国英语和词典的关系，见珀西，"独立美国语言创新的政治视角"。我从她的引文中摘录了一些杰斐逊的言论。另见米克勒斯维特，《诺亚·韦伯斯特与美国英语词典》，第133—136页；以及克拉普，《论美国英语》，第1卷，第9页。另见林奇，《词典编纂者的困境》，第116—138页。

7. *European Magazine and London Review* 12 (August 1787): 114.
《欧洲杂志与伦敦评论》第12期（1787年8月）：第114页。

8. Jefferson to Waldo, August 16, 1813, *The Writings of Thomas Jefferson*, ed. Lipscomb and Bergh, 6:188.
杰斐逊致函沃尔多，1813年8月16日，《托马斯·杰斐逊作品选》，利普斯科姆、伯格编辑，第6章，第188页。

9. Jefferson to Adams, August 15, 1820; Jefferson to William S. Cardell, January 27, 1821 (both cited by Percy in "Political Perspectives on Linguistic Innovation in Independent America," 50).
杰斐逊致函亚当斯，1820年8月15日；杰斐逊致函威廉·S. 卡德尔，1821年1

月27日（两者均由珀西引于"独立美国语言创新的政治视角"，第50页）。

10.Adams to Edmund Jenings, September 23, 1780, in *The Works of John Adams*, ed. Charles Francis Adams, 9:510. Also cited in Krapp, *The English Language in America*, 7.
亚当斯致函埃德蒙·杰宁斯，1780年9月23日，见《约翰·亚当斯文选》，查尔斯·弗朗西斯·亚当斯编辑，第9章，第510页。同时引用于克拉普，《论美国英语》，第7页。

11.John Witherspoon, *Pennsylvania Journal and Weekly Advertiser*, nos. 5-7 (May 9, 16, 23, and 30, 1781), under the heading "Druid," reprinted in Mathews, *The Beginnings of American English*, 13-30.
约翰·威瑟斯庞，《宾夕法尼亚期刊与广告周刊》，第5—7期（1781年5月9日、16日、23日和30日），标题为"德鲁伊"，重印于马修斯，《美国英语开端》，第13—30页。

12.Frances Trollope, *Domestic Manners of the Americans*, appendix C.
弗朗西斯·特罗洛普，《美国人的家庭风俗》，附录C。

13.On Walsh's "Appeal," see Eaton, "From Anglophile to Nationalist." Irving, "English Writers on America," in *The Sketch Book of Geoffrey Crayon, Gent*.
关于沃尔什的"呼吁"，见伊顿，"从亲英派到民族主义者"。欧文，"英国作家论美国"，见《见闻札记》。

14.Nevins, *American Social History as Recorded by British Travelers*, 3; Lodge, "Colonialism in the United States;" Mencken, *The American Language* (2nd rev. and enl. ed., 1921), 1921, 24, 285 (see pp. 14-20 in the section, "The English Attack," for a few of the more lurid examples of British condemnations); Hamilton, *Men and Manners in America*, 1:128.
内文斯，《英国游客美国社会见闻录》，第3页；洛奇，"美国的殖民主义"；门肯，《美国语言》（第2次修订版和英文版，1921年），1921年，第24、285页（关于英国谴责更耸人听闻的例子，见"英国人的攻击"一节，第14—20页）；汉密尔顿，《美国人民与风俗》，第1章，第128页。

15.*Edinburgh Review* 15 (October-January 1809-1810): 446; Sydney Smith, review of Adam Sybert, *Statistical Annals of the United States*, *Edinburgh Review* 33 (1820): 80; Martineau, *Society in America*, 2: 206-207.

《爱丁堡评论》第15期（1809年10月至1810年1月）：第446页；悉尼·史密斯，亚当·西伯特评论，《美国统计年鉴》，《爱丁堡评论》第33期（1820年）：第80页；马蒂诺，《美国社会》，第2章，第206—207页。

16.Pickering is cited by Mencken, *The American Language* (1937), 17; Channing, *The Importance and Means of a National Literature*, 2, 15–16. A few of these and other citations that follow are drawn from Mesick's book, *The English Traveller in America*.

门肯引自皮克林，《美国语言》（1937年），第17页；钱宁，《民族文学的重要性与途径》，第2章，第15—16页。其中一些及下文的引文摘自梅西克的《英国游客旅美记》一书。

17.See Matthiesen's landmark study, *American Renaissance*, which examines the first "flowering" of American literature in the 1850s. See also Volo and Volo, *The Antebellum Period*, chap. 8, for a perspective on the efforts of early American authors to define and raise the status of American literature.

参见马蒂森的里程碑式研究，《美国文艺复兴》，该书审视了十九世纪五十年代美国文学的第一次"繁荣"。另见沃洛、沃洛，《战前时期》，第8章，以了解早期美国作家为定义和提升美国文学的地位所做的努力。

18.Emerson, *The American Scholar* and "Nature," in *The Collected Works of Ralph Waldo Emerson*, ed. Spiller and Ferguson, vol. 1.

爱默生，《美国学者》及"论自然"，见《拉尔夫·沃尔多·爱默生文集》，斯皮勒、弗格森编辑，第1卷。

19.Landor, *Charles James Fox: A Commentary on His Life and Character*, ed. Stephen Wheeler (London, 1907), 146ff.; Dwight, *Remarks on the Review of Inchiquin's Letters*, iv.

兰多，《论查尔斯·詹姆斯·福克斯生平与品格》，斯蒂芬·惠勒编辑（伦敦，1907年），第146对开页；德怀特，《论英其坤信札评论》，第4页。

20.John Mactaggart, *Three Years in Canada*, 2:325–326.

约翰·麦塔加特，《旅加三年》，第二章，325—326页。

21.Boucher, *Glossary of Archaic and Provincial Words*, xxiii; Hamilton, *Men and Manners in America*, 127–129. Boucher's *Glossary* was unpublished in his lifetime.

布歇，《古语和地方语词汇表》，第23页；汉密尔顿，《美国人民与风俗》，第

127—129页。布歇的《古语和地方语词汇表》在他有生之年未出版。

22. Read, "Amphi-Atlantic English," 59, 81–82; Martineau, *Society in America*, cited by Mary Orne Pickering, *Life of John Pickering*, 432.
里德,"大西洋两岸英语",第59期,第81—82页;马蒂诺,《美国社会》,引用于玛丽·奥恩·皮克林,《约翰·皮克林传》,第432页。

23. Read, "British Recognition of American Speech in the Eighteenth Century," 43-50; Cresswell, *The Journal of Nicholas Cresswell, 1774–1777*, 271, 80.
里德,"十八世纪英国人对美国人说话方式的认可",第43—50页;克雷斯韦尔,《尼古拉斯·克雷斯韦尔日志》,1774—1777年,第271、80页。

24. Boorstin, *The Americans*, 276, 284–289.
布尔斯廷,《美国人》,第276、284—289页。

25. Willis on Everett, *Pencillings by the Way*, 395; Emerson, *Selected Lectures,* 104; Everett to Lincoln, November 20, 1863, in James W. Matthews, "Fallen Angel."
威利斯论埃弗里特,《海外见闻素描》,第395页;爱默生,《爱默生演讲选集》,第104页;埃弗里特致函林肯,1863年11月20日,见詹姆斯·W. 马修斯,"堕落天使"。

26. Everett, "Mr. Walsh's Appeal," *North American Review* 10 (1820): 363–364, and "England and America," *North American Review* 13 (1821): 35, both cited in Mencken, *The American Language*, 4th ed., chap. 1, sec. 6, "The Views of Writing Men," 67–68.
埃弗里特,"沃尔什先生的恳求",《北美评论》第10期(1820年):第363—364页,及"英国与美国",《北美评论》第13期(1821年):第35页,均引用于门肯,《美国语言》,第4版,第1章,第6节,"文人的观点",第67—68页。

27. Edward Everett Papers, Massachusetts Historical Society, Boston, Ms. N-1201. Everett on American and British spoken and written English: letter to Pickering, April 12, 1817, in the John Pickering correspondence; Everett Ms. Journal, May 20, 1818 (microfilm reel 35), vol. 131; Everett to Pickering August 14, 1818, in Pickering correspondence; Everett, untitled article, *North American Review* 10 (April 1820): 207. See Allen Walker Read, "Edward Everett's Attitude towards American English," 112–129, where these Everett passages are cited; see also Long, *Literary Pioneers*.

爱德华·埃弗里特文件，马萨诸塞州历史学会，马萨诸塞州波士顿，N-1201。埃弗里特论英美的口语和书面英语：致函皮克林，1817年4月12日，见约翰·皮克林通信；埃弗里特麻省日报，1818年5月20日（缩微胶片卷，35），第131卷；埃弗里特致函皮克林，1818年8月14日，见约翰·皮克林通信；埃弗里特，无标题文章，《北美评论》第10期（1820年4月）：第207页。参见艾伦·沃克·里德，"爱德华·埃弗里特对美国英语的态度"，第112—129页，其中引用了埃弗里特的这些段落；也可参见朗，《文学先驱》。

28. Ticknor, *Life, Letters, and Journals of George Ticknor*, ed. Hillard et al., 1:58; White, *England without and Within*, 366 ("my tribe"); Frederick Marryat, *A Diary in America*, 2:222 ("drawl"); *Literary Gazette*, published in London by H. Colburn (2nd ed., 1818-1836), 456-457. See also Paul K. Longmore, "'They ... Speak Better English Than the English Do.'"
蒂克诺，《乔治·蒂克诺的生平、书信和日记》，希拉德等编，第1章，第58页；怀特，《英国内外》，第366页（"我的部落"）；弗雷德里克·马里亚特，《美国日记》，第2章，第222页（"拉长音"）；《文学公报》，亨利·科尔伯恩于伦敦出版（第2版，1818—1836年），第456—457页。另见保罗·K. 朗莫尔，"'他们……英语讲得比英国人好。'"

29. Cooper, *Notions of the Americans*, 2:122-136, 161ff.; Cooper, *Satanstoe; or, The Littlepage Manuscripts,* chap. 14; Cooper, *The American Democrat*, ed. Dekker and Johnston, 167-172.
库珀，《美国人的观念》，第2章，第122—136页，第161对开页。库珀，《萨坦斯托；或，利特佩奇的手稿》，第14章；库珀，《论美国民主》，德克尔、约翰斯顿编辑，第167—172页。

30. Andrew Lang, "Americanisms," *Academy*, March 2, 1895, 193.
安德鲁·朗，"美国英语"，《学术论坛》，1895年3月2日，第193页。

31. John Ruskin, *Fors Clavigera: Letters to the Workmen and Labourers of Great Britain* (1890), 4: 75 (cited by Read in "Amphi-Atlantic English" 64-65); Mencken, *The American Language* (1919 ed.), 23 ("last drops"). See also Simpson, *The Politics of American English, 1776-1850,* 151-153, 183-184.
约翰·罗斯金，《福斯·克拉维格拉：致英国工人和劳工信函》（1890年），第4章，第75页（里德引用于"大西洋两岸英语"第64—65页）；门肯，《美国语言》（1919年版），第23页（"仅存的点滴"）。另见辛普森，《美国英语的政治》，1776—1850年，第151—153页，第183—184页。

32.*Gentleman's Magazine* 57, pt. 2 (November 1787): 978.
《君子杂志》第57卷，第2部分（1787年11月）：第978页。

第二章

1.Noah Webster, *Dissertations on the English Language*, with an appendix, "An Essay on the Necessity, Advantages and Practicability of Reforming the Mode of Spelling, and of Rendering the Orthography of Words Correspondent to the Pronunciation," 20, 398, 406.
诺亚·韦伯斯特，《英语语言论文集》，附附录，"论改革拼写方式并使单词正字法与发音相对应的必要性、优势和实用性"，第20条，第398、406页。

2.John Adams, "On Education," in *The Works of John Adams*, ed. Charles F. Adams, 9: 510.
约翰·亚当斯，"论教育"，见《约翰·亚当斯文选》，查尔斯·F. 亚当斯编辑，第9章，第510页。

3.Brackenridge, *Modern Chivalry, Containing the Adventures of Captain John Farrago and Teague O'Regan, his Servant*, 1: xv; Ladd, *The Literary Remains of Joseph Brown Ladd, M.D.*, 186; Webster, *Dissertations on the English Language*, 171.
布拉肯里奇，《现代骑士：约翰·法拉戈船长及其仆人蒂格·奥里根历险记》，第1章，第15页；拉德，《医学博士约瑟夫·布朗·拉德的文学遗产》，第186页；韦伯斯特，《英语语言论文集》，第171页。

4.Jefferson to Madison, August 12, 1801, cited by Warfel, *Noah Webster: Schoolmaster to America*, 272.
杰斐逊致函麦迪逊，1801年8月12日，沃菲尔引用，《诺亚·韦伯斯特：美国校长》，第272页。

5.See Taylor, *Writing Early American History*, chap. 10, on Jill Lepore's book, *A Is for American*, which cites Pickering's description of Webster here (58) and others in her *The Story of America*, chap. 7, "A Nue Merrykin Dikshunary," 111-129; and her *New Yorker* article, "Noah's Mark," 78–87.

见泰勒，《书写早期美国历史》，第10章，关于吉尔·莱波尔的书，《A代表美国人》，引用了皮克林对韦伯斯特的描述（第58页），以及她在《美国故事》中的其他描述，第7章，"一部新美国词典"，第111—129页；和她在《纽约客》中的文章，"诺亚的标志"，第78—87页。

6.Ford Notes, 1: 10–11.

福特笔记，第1章，第10—11页。

7.Webster, *Instructive and Entertaining Lessons for Youth*, chap. 64 (Dwight quoted on 197).

韦伯斯特，《青少年寓教于乐课程》，第64章（德怀特在第197页引用）。

8.Buckminster to Webster, October 30, 1779, fragment, Noah Webster Papers, Manuscripts and Archives Division, New York Public Library, box 2 (Ford Notes, 1: 20–21). For Webster at Yale, see Ford Notes, 1: 11–21; and Memoirs Nos. 4 and 5, in Rollins, *The Autobiographies of Noah Webster*, 123–133.

巴克明斯特致函韦伯斯特，1779年10月30日，片段，诺亚·韦伯斯特论文、手稿和档案部，纽约公共图书馆，2号箱（福特笔记，第1章，第20—21页）。关于韦伯斯特在耶鲁大学，见福特笔记，第1章，第11—21页；以及回忆录第4号和第5号，罗林斯，《诺亚·韦伯斯特自传》，第123—133页。

9.Memoir No. 5, in Rollins, *Autobiographies*, 133–134; letter to Thomas Dawes, December 20, 1808, Webster Letters, p. 310.

回忆录第5号，罗林斯，《诺亚·韦伯斯特自传》，第133—134页；致函托马斯·道斯，1808年12月20日，韦伯斯特信札，第310页。

10.Memoir No. 6, in Rollins, *Autobiographies*, 134–136; Ford Notes, 1: 23; *Collections of the Huguenot Society of America* 1 (1886): lxvii, 60.

回忆录第6号，罗林斯，《诺亚·韦伯斯特自传》，第134—136页；福特笔记，第1章，第23页；《美国胡格诺派学会藏品》第1期（1886年）：第67、60页。

11.Memoirs Nos. 7 and 8, in Rollins, *Autobiographies*, 136–137; Barlow to Webster, August 1782, Ford Notes, 1: 30 (cited from Todd, *Life and Letters of Joel Barlow, LL.D.*, 42).

回忆录，第7号和第8号，罗林斯，《诺亚·韦伯斯特自传》，第136—137页；

巴洛致函韦伯斯特，1782年8月，福特笔记，第1章，第30页（引自托德，《法学博士乔尔·巴洛的生平与信札》，第42页）。

12. Webster, Introduction to "Blue-Back Speller," in Rollins, *Autobiographies*, 70–71. The best study of the speller is by E. Jennifer Monaghan, *A Common Heritage: Noah Webster's Blue-Back Speller*.
    韦伯斯特，"蓝皮拼写书"导言，罗林斯，《诺亚·韦伯斯特自传》，第70—71页。对拼写书研究最好的是E. 詹妮弗·莫纳汉，《共同遗产：诺亚·韦伯斯特的蓝皮拼写书》。

13. Webster, *The American Spelling Book*, lesson 5, p. 19.
    韦伯斯特，《美国拼写书》，第5课，第19页。

14. Webster cited by Horace E. Scudder, *Noah Webster*, 20–21; Webster, A *Collection of Essays and Fugitiv Writings*, 96.
    韦伯斯特引用于霍勒斯·E. 斯卡德尔，《诺亚·韦伯斯特》，第20—21页；韦伯斯特，《散文与随笔集》，第96页。

15. For background on British and American grammar schoolbooks, see Cmiel, *Democratic Eloquence*, 31–34, 74–77; and Schweiger, "A Social History of English Grammar in the Early United States." Cmiel mentions several other American grammars that had their day in the sun in the first half of the nineteenth century.
    有关英国和美国语法教科书的背景，请参阅卡米尔，《民主雄辩》，第31—34，74—77页；和施威格，"美国早期英语语法社会史"。卡米尔提到了其他几个在十九世纪上半叶曾风靡一时的美国语法书。

16. Kirkman, *English Grammar in Familiar Lessons*, lecture 1, p.13. See Schweiger, "A Social History of English Grammar," 533.
    柯卡姆，《普通课程中的英语语法》，第1讲，第13页。参见施威格，"美国早期英语语法社会史"，第533页。

17. Lindley Murray has been the subject of a book-length study by Charles Monaghan, *The Murrays of Murray Hill*.
    林德利·默里是查尔斯·莫纳汉巨幅长篇研究的主题，《默里山的默里家族》。

18. Webster, *A Grammatical Institute of the English Language*, pt. 1, p. 14 (included in Rollins, *Autobiographies*, 69–79).

    韦伯斯特,《英语语法学院》,第1部,第14页(收录于罗林斯的《诺亚·韦伯斯特自传》中,第69—79页)。

19. *Papers of the Continental Congress, 1774–1789* (no. 78), 4: 369–371. For some additional legal background on the American search for copyright, see Buinicki, *Negotiating Copyright*; and Bracha, "The Ideology of Authorship Revisited."

    《大陆会议文件》,1774—1789年(第78号),第4章,第369—371页。有关美国版权搜索的其他法律背景,请参见布伊尼基,《版权协商》;布拉查,"重新审视原创作者的意识形态。"

20. Webster, "To the General Assembly of Connecticut," Webster Letters, 1–3; Memoir No. 8, in Rollins, *Autobiographies*, 137; William Stanhope Smith to Webster, September 27, 1782, cited in Warfel, *Noah Webster: Schoolmaster to America*, 56, 58–59. See also Pelanda, "Declarations of Cultural Independence."

    韦伯斯特,"致康涅狄格州大会书",韦伯斯特信札,第1—3页;回忆录第8号,罗林斯,《诺亚·韦伯斯特自传》,第137页;威廉·斯坦霍普·史密斯致函韦伯斯特,1782年9月27日,引用于沃菲尔,《诺亚·韦伯斯特:美国校长》,第56、58—59页。另见佩兰达,"文化独立宣言"。

21. Micklethwait, *Noah Webster and the American Dictionary*, chap. 5, "Origin of the Copy Right Laws in the United States," 74–80; Warfel, *Noah Webster: Schoolmaster to America*, 58.

    米克勒斯维特,《诺亚·韦伯斯特与美国英语词典》,第5章,"美国版权法的起源",第74—80页;沃菲尔,《诺亚·韦伯斯特:美国校长》,第58页。

22. See "Memorial to the Legislature of New York" and Webster to John Canfield, January 6, 1783, Webster Letters, 5–7 and 4.

    见"纽约立法纪念"和韦伯斯特致函约翰·坎菲尔德,1783年1月6日,韦伯斯特信札,第5—7页和第4页。

23. Webster, "*American Selection of Lessons of Reading and Speaking... Being the Third Part of A GRAMMATICAL INSTITUTE of the English Language*" (New York, 1802), preface; Webster to Timothy Pickering, October 28, 1785, Webster

Letters, 39. See Cmiel *Democratic Eloquence*, chap. 1, "The Best Speech of the Best Soul," 31-49, to which I am indebted for some of this discussion of British and American grammar and rhetoric.

韦伯斯特,《美国阅读和口语课程精选……英语语法学院第三部》(纽约,1802年),序言;韦伯斯特致函蒂莫西·皮克林,1785年10月28日,韦伯斯特信札,第39页。见卡米尔《民主雄辩》,第1章,"最佳心灵的最佳演讲",第31—49页,我对这本书中关于英美语法和修辞学的讨论感激不尽。

24. Webster, "Essay on the Necessity... ," *Grammatical Institute* (1783), pt. 1, pp. 393-398. See also Mencken, *The American Language*, chap. 8, "The Influence of Webster."

韦伯斯特,"论必要性……",《英语语法学院》(1783年),第一部,第393—398页。另见门肯,《美国语言》,第8章,"韦伯斯特的影响"。

25. E. Jennifer Monaghan, *A Common Heritage*, 31-33.

E.詹妮弗·莫纳汉,《共同遗产》,第31—33页。

26. See Rollins, *The Long Journey of Noah Webster*, 50-53, on Webster's months in Philadelphia.

关于韦伯斯特在费城的几个月,参见罗林斯,《诺亚·韦伯斯特的漫长旅程》,第50—53页。

27. Webster to Rebecca Greenleaf, January 27 and February 10, 1788, Webster Letters, pp. 73-74, 76.

韦伯斯特致函丽贝卡·格林利夫,1788年1月27日和2月10日,韦伯斯特信札,第73—74、76页。

28. Pickering to his nephew John Gardner, July 4, 1786, in *The Life of Timothy Pickering* by his son Octavius Pickering, 1:535; Hazard to Belknap, March 5, 1788, *Correspondence between Jeremy Belknap and Ebenezer Hazard*, vol. 3, pt. 2, p. 23.

皮克林致函其侄子约翰·加德纳,1786年7月4日,见《蒂莫西·皮克林传》,其子奥克塔维·皮克林著,第1章,第535页;哈扎德致函贝尔纳普,1788年3月5日,《杰里米·贝尔纳普与埃比尼泽·哈扎德通信往来》,第3卷,第2部分,第23页。

29. See Rollins, *The Long Journey of Noah Webster*, 58-60, for Webster's mental state

when he returned to Hartford.

关于韦伯斯特返回哈特福德时的精神状态,参见罗林斯,《诺亚·韦伯斯特的漫长旅程》,第58—60页。

30. Webster, *Dissertations on the English Language*, appendix (406); preface (ix).

韦伯斯特,《英语语言论文集》,附录(第406页);前言(第9页)。

31. Webster, *Dissertations*, 25, 26, 28, 171, 179.

韦伯斯特,《英语语言论文集》,第25、26、28、171、179页。

32. Webster, *A Collection of Essays and Fugitiv Writings*, ix–xi.

韦伯斯特,《散文与随笔集》,第9—11页。

33. Cobbett on Webster, cited in Warfel, *Noah Webster: Schoolmaster to America*, 224. For a selection of Webster's writing in the *Minerva*, see Rollins, *The Long Journey of Noah Webster*, 76–83; also Warfel, *Noah Webster: Schoolmaster to America*, 223–241.

科贝特论韦伯斯特,引用于沃菲尔,《诺亚·韦伯斯特:美国校长》,第224页。有关韦伯斯特在《智慧女神报》中的文选,见罗林斯,《诺亚·韦伯斯特的漫长旅程》,第76—83页;另见沃菲尔,《诺亚·韦伯斯特:美国校长》,第223—241页。

34. Webster, *American Minerva*, July 12, 1797.

韦伯斯特,《智慧女神报》,1797年7月12日。

35. Ford Notes, 1:479; Webster, "Revolution in France" (1794), reprinted in *A Collection of Papers on Political, Literary, and Moral Subjects*, 35.

福特笔记,第1章,第479页;韦伯斯特,"法国大革命"(1794年),重印于《关于政治、文学和道德主题的论文集》,第35页。

36. Bynack, "Noah Webster's Linguistic Thought and the Idea of a National Culture," 102–104. Among German linguistic philosophers, Webster appears to have been influenced chiefly by Pierre Louis Moreau de Maupertius, Johann David Michaelis, and Johann Gottfried Herder. Herder's essay "On the Origin of Language" was particularly influential, with its focus on the role that national rather than universal factors play in the evolution of language. See Vincent P.

Bynack, "Noah Webster's Linguistic Thought and the Idea of a National Culture," 104–107.

拜纳克,"诺亚·韦伯斯特的语言学思想和民族文化思想",第102—104页。在德国语言哲学家中,韦伯斯特似乎主要受到皮埃尔·路易·莫罗·德·莫佩尔蒂乌斯、约翰·大卫·米凯利斯和约翰·戈特弗里德·赫尔德的影响。赫尔德的文章"论语言的起源"特别有影响力,其重点是民族因素而非普遍因素在语言演变中所起的作用。见文森特·拜纳克,"诺亚·韦伯斯特的语言学思想和民族文化思想",第104—107页。

第三章

1. Webster to Dennie, September 30, 1796, Webster Letters, 141–142.
   韦伯斯特致函丹尼,1796年9月30日,韦伯斯特信札,第141—142页。

2. Webster, preface to *An American Dictionary of the English Language* (New York, 1828); Rollins, *The Long Journey of Noah Webster*, 95.
   韦伯斯特,《美国英语词典》序言(纽约,1828年);罗林斯,《诺亚·韦伯斯特的漫长旅程》,第95页。

3. Lepore, *The Story of America*, 111–112.
   莱波尔,《美国故事》,第111—112页。

4. "To the Governors, Instructors, and Trustees of the Universities, and Other Seminaries of Learning, in the United States," January 1798, Webster Letters, 173-177.
   "致函美国各大学及其他神学院的董事、讲师和理事",1798年1月,韦伯斯特信札,第173—177页。

5. "A Letter to Dr. Ramsay, of Charleston, S. C., Respecting the Errors in Johnson's Dictionary, and Other Lexicons," October 1807, Webster Letters, 282-292. See also Webster to Dawes, August 5, 1809, Webster Letters, 330. See also Lynch, *The Lexicographer's Dilemma*.
   "致函南卡罗来纳州查尔斯顿拉姆齐博士,关于约翰逊的词典和其他词典中的错误",1807年10月,韦伯斯特信札,第282—292页。另见韦伯斯特致函道斯,1809年8月5日,韦伯斯特信札,第330页。另见林奇,《词典编纂者的困境》。

6.Webster to Timothy Pickering, July 17, 1798, Webster Letters, 183–184; *Connecticut Herald*, June 4, 1800.

韦伯斯特致函蒂莫西·皮克林，1798年7月17日，韦伯斯特信札，第183—184页；《康涅狄格先驱报》，1800年6月4日。

7.Warren Dutton, articles in the *New England Palladium*, October 2 and November 6, 1801, cited in Wells, *Dictionaries and the Authoritarian Tradition*, 64–65, and Warfel, *Noah Webster: Schoolmaster to America*, 293-297.

沃伦·达顿，刊登于《新英格兰守护神》杂志的文章，1801年10月2日和11月6日，引用于威尔斯，《词典与威权传统》，第64—65页，以及沃菲尔，《诺亚·韦伯斯特：美国校长》，第293—297页。

8.Webster, "To the *New England Palladium*," November 10, 1801, Webster Letters, 246.

韦伯斯特，"致函《新英格兰守护神》"，1801年11月10日，韦伯斯特信札，第246页。

9.*The Philadelphia Aurora* (1800), quoted by E. Jennifer Monaghan, *A Common Heritage*, 119; *Port Folio*, November 28, 1801, quoted in Andresen, *Linguistics in America 1769–1924*, 67; and see Warfel, *Noah Webster: Schoolmaster to America*, 291–294 for other pertinent citations.

《费城极光报》（1800年），E. 詹妮弗·莫纳汉所引，《共同遗产》，第119页；《作品集》，1801年11月28日，引用于安德烈森，《1769—1924年美国语言学》，第67页；其他相关引文参见沃菲尔，《诺亚·韦伯斯特：美国校长》，第291—294页。

10.*Papers of Benjamin Franklin*, 4:102–108. See Allen Walker Read, "Dictionaries," *The New Encyclopedia Britannica*, 2007 ed. The first version of this article was published in the 15th edition (1974), 5:713–722. Passages cited here are from both editions. See Micklethwait, *Noah Webster and the American Dictionary*, 133, on the pre-Webster American dictionaries; and Percy, "Political Perspectives on Linguistic Innovation in Independent America," 43, 45 (from which I have borrowed examples).

《本杰明·富兰克林文集》，第4章，第102—108页。参见艾伦·沃克·里德，"词典"，《新大英百科全书》，2007年版。本文的第一个版本发表在第15版（1974年），第5章，第713—722页。这里引用的段落来自两个版本。参见米克勒斯维特,《诺亚·韦伯斯特与美国英语词典》,第133页,韦伯斯特之前的美国词典;珀西,"独立美国语言创新的政治视角",第43、45页(我从中借用了一些例子)。

11.Joshua Kendall discusses Johnson Jr.'s and John Elliott's dictionaries in *The Forgotten Founding Father*, 229–231. There is a quaint article on Samuel Johnson Jr. of New Haven, Connecticut, in the *Connecticut Magazine: An Illustrated Monthly* (Hartford, CT) 5 (December 1899), in which Webster's letter is quoted. I am not aware that any evidence has turned up of a meeting between this Johnson and Webster.

约书亚·肯德尔在《被遗忘的开国元勋》(第229—231页)中讨论了小约翰逊和约翰·埃利奥特的词典。有一篇关于康涅狄格州纽黑文的小塞缪尔·约翰逊的精美文章发表在《康涅狄格杂志:插图月刊》(哈特福德,康涅狄格州)第5期(1899年12月),其中引用了韦伯斯特的信。我不确定有任何证据表明小约翰逊和韦伯斯特之间曾见过面。

12.Webster to Carey and John West, June 14 and August 18, 1805, Webster Letters, 262–264.

韦伯斯特致函凯里和约翰·韦斯特,1805年6月14日和8月18日,韦伯斯特信札,第262—264页。

13.See the following studies on Webster's early lexicography: Burkett, *American Dictionaries of the English Language before 1861*, 124–132; Friend, *The Development of American Lexicography, 1798–1864*, 14–24; Sidney Landau, *Dictionaries: The Art and Craft of Lexicography*, 59–64; Green, *Chasing the Sun*, 256–259; and Micklethwait, *Noah Webster and the American Dictionary*, 142–149.

参见以下关于韦伯斯特早期词典编纂的研究:伯克特,《1861年之前的美国英语词典》,第124—132页;佛伦德,《美国词典编纂的发展,1798—1864年》,第14—24页;西德尼·兰道,《论词典:词典编纂之工艺美术》,第59—64页;格林,《追逐太阳》,第256—259页;米克勒斯维特,《诺亚·韦伯斯特与美国英语词典》,第142—149页。

14.Preface, *Compendious Dictionary*, section on orthography, vi–x.

前言,《简明英语词典》,正字法章节,第6—10页。

15. See Krapp, *The English Language in America*, 1: 341–343. I have drawn several of my spelling examples from these pages.
参见克拉普,《论美国英语》,第1章,第341—343页。我从这几页中选用了几个拼写示例。

16. Webster to John Pickering, December 1816, Webster Letters, 372–373; Krapp, *The English Language in America*, 1:332–333.
韦伯斯特致函约翰·皮克林,1816年12月,韦伯斯特信札,第372—373页;克拉普,《论美国英语》,第1章,第332—333页。

17. Preface, *Compendious Dictionary*, xi, xiv.
前言,《简明英语词典》,第11、14页。

18. Letters from Quincy, Dawes, and Adams, June 30, August 14, and November 5, 1806, Ford Notes, 2:6, 8–9, 9–12.
昆西、道斯和亚当斯的来信,1806年6月30日、8月14日和11月5日,福特笔记,第2章,第6、8—9、9—12页。

19. Webster to Barlow, November 12, 1807, Webster Letters, 299; *Monthly Anthology and Boston Review* 7 (1809): 247–264.
韦伯斯特致函巴洛,1807年11月12日,韦伯斯特信札,第299页;《文学月刊与波士顿评论》第7期(1809年):第247—264页。

20. Webster to Samuel Latham Mitchill, June 15, 1807, Webster Letters, 276.
韦伯斯特致函塞缪尔·莱瑟姆·米奇尔,1807年6月15日,韦伯斯特信札,第276页。

第四章

1. Webster to Barlow, November 12, 1807, Webster Letters, 294–300.
韦伯斯特致函巴洛,1807年11月12日,韦伯斯特信札,第294—300页。

2. Dawes to Webster, August 5, 1807, Noah Webster Papers, Manuscripts and Archives Division, New York Public Library (bracketed phrase is in the original); Krapp, *The English Language in America*, 2:365. Webster described at length his religious conversion in a letter to Dawes, December 20, 1808, Webster Letters, 309–315.

道斯致函韦伯斯特,1807年8月5日,纽约公共图书馆诺亚·韦伯斯特论文、手稿和档案部(括号中的短语为原文);克拉普,《论美国英语》,第2章,第365页。韦伯斯特在写给道斯的信中详细描述了他的宗教皈依,1808年12月20日,韦伯斯特信札,第309—315页。

3.Webster to Ramsay, October 1807, Webster Letters, 282, 291, 286, 287; Webster to Dawes, August 5, 1807, Webster Letters, 330; Madison to Webster, May 31, 1813, Ford Notes, 2:119–120; John Jay to Webster, May 31, 1813, Ford Notes, 2:120.

韦伯斯特致函拉姆齐,1807年10月,韦伯斯特信札,第282、291、286、287页;韦伯斯特致函道斯,1807年8月5日,韦伯斯特信札,第330页;麦迪逊致函韦伯斯特,1813年5月31日,福特笔记,第2章,第119—120页;约翰·杰伊致函韦伯斯特,1813年5月31日,福特笔记,第2章,第120页。

4.Dawes to Webster, January 12, 1811, Ford Notes, 2:82; Wolcott to Webster, September 19, 1807, Ford Notes, 2:26–27; "To the Friends of Literature in the United States," February 25, 1807, Webster Letters, 279–281; Noah Webster Sr. to Webster, June 9, 1807, Ford Notes, 2:20; Webster to Madison, February 20, 1809, Webster Letters, 315.

道斯致函韦伯斯特,1811年1月12日,福特笔记,第2章,第82页;沃尔科特致函韦伯斯特,1807年9月19日,福特笔记,第2章,第26—27页;"致函美国文学之友",1807年2月25日,韦伯斯特信札,第279—281页;老诺亚·韦伯斯特致函韦伯斯特,1807年6月9日,福特笔记,第2章,第20页;韦伯斯特致函麦迪逊,1809年2月20日,韦伯斯特信札,第315页。

5.Webster to Dawes, July 25, 1809, Ford Notes, 2:323.

韦伯斯特致函道斯,1809年7月25日,福特笔记,第2章,第323页。

6.Webster to Quincy, February 12, 1811, Ford Notes, 2:102.

韦伯斯特致函昆西,1811年2月12日,福特笔记,第2章,第102页。

7.Eliza Webster reminiscence, Ford Notes, 2:116.

伊丽莎·韦伯斯特回忆录,福特笔记,第2章,第116页。

8.Webster to Jay, June 9, 1813, Ford Notes, 2:121. See also Webster to Quincy, February 12, 1811, Ford Notes, 2:102.

韦伯斯特致函杰伊,1813年6月9日,福特笔记,第2章,第121页。另见韦伯斯特致函昆西，1811年2月12日，福特笔记，第2章，第102页。

9. On Jones, Schlegel, Bopp, and the Grimm brothers, see Béjoint, *The Lexicography of English*, 97; and Green, *Chasing the Sun*, 277–285.

关于琼斯、施莱格尔、波普和格林姆兄弟，见比匠，《英语词典编纂》，第97页；及格林，《追逐太阳》，第277—285页。

10. Webster, *An American Dictionary of the English Language* (1841), introduction, xx; Jones, The *Works of Sir William Jones*, 3:199-200; Webster, *Observations on Language, Addressed to the Members of the Mercantile Library Association*, 5–6. See also Read, "The Spread of German Linguistic Learning in New England during the Lifetime of Noah Webster." For Webster's etymological principle of radicals and roots, see Krapp, *The English Language in America*, 1:363–365. On Webster's etymology, see also Laird, "Etymology, Anglo-Saxon, and Noah Webster;" and Bivens, "Noah Webster's Etymological Principles."

韦伯斯特，《美国英语词典》（1841年），引言，第20页；琼斯，《威廉·琼斯爵士文集》，第3章，第199—200页；韦伯斯特，《语言观察，致商业图书馆协会成员》，第5—6页。另见里德，"诺亚·韦伯斯特在世时德语语言知识在新英格兰的传播"。韦伯斯特关于根词和词根的词源学原理，参见克拉普，《论美国英语》，第1卷，第363—365页。关于韦伯斯特的词源学，另见莱尔德，"词源学、盎格鲁-撒克逊语和诺亚·韦伯斯特"；和比文斯，"诺亚·韦伯斯特的词源学原理"。

11. Sledd and Kolb, *Dr. Johnson's Dictionary*, 183; Webster, *Dissertations on the English Language*, 287; Butler, *John Horne Tooke, Burke, Paine, Godwin, and the Revolution Controversy*, 18–19. See also Simpson, *The Politics of American English, 1776–1850*, 81–90.

斯莱德、科尔布，《约翰逊词典》，第183页；韦伯斯特，《英语语言论文集》，第287页；巴特勒，《约翰·霍恩·图克、伯克、潘恩、戈德温与法国大革命之争议》，第18—19页。另见辛普森，《美国英语的政治》，1776—1850年，第81—90页。

12. Pickering to Horace Binney, July 1816, cited in Mary Orne Pickering, *Life of John Pickering*, 258–260.

皮克林致函霍勒斯·宾尼，1816年7月，引用于玛丽·奥恩·皮克林，《约翰·皮克林传》，第258—260页。

13. Webster's attack in his Letter to Pickering, December 1816, is included in Webster Letters, 341–394; citations are listed here in the order they appear: 367, 383, 382, 372, 367.
韦伯斯特在致皮克林的信中的攻击，1816年12月，收录于韦伯斯特信札，第341—394页；引文按出现顺序排列如下：第367、383、382、372、367页。

14. Webster, Letter to the Honorable John Pickering, in Webster Letters, 382, 393, 394. On Pickering, see also Burkett, *American Dictionaries of the English Language before 1861*, 84–94; and Micklethwait, *Noah Webster and the American Dictionary*, 172–173.
韦伯斯特，致函尊敬的约翰·皮克林，见韦伯斯特信札，第382、393、394页。关于皮克林，另见伯克特，《1861年之前的美国英语词典》，第84—94页；米克勒斯维特，《诺亚·韦伯斯特与美国英语词典》，第172—173页。

15. Webster to Stephen Van Rensselaer, November 5, 1821, Webster Letters, 405–406.
韦伯斯特致函斯蒂芬·范·伦斯勒，1821年11月5日，韦伯斯特信札，第405—406页。

16. Ford Notes, appendix 32, 506.
福特笔记，附录32，第506页。

17. From Dawes (February 14, 1824) and Cranch (March 1, 1824) to Webster, cited in Ford Notes, 2:195, 196.
从道斯（1824年2月14日）和克兰奇（1824年3月1日）到韦伯斯特，引用于福特笔记，第2章，第195、196页。

18. Goodrich, *Recollections of a Lifetime*, 2:18–19.
古德里奇，《生平回忆录》，第2章，第18—19页。

19. William Webster to Rebecca Webster, September 24, 1824, Ford Notes, 2:246–247.
威廉·韦伯斯特致函丽贝卡·韦伯斯特，1824年9月24日，福特笔记，第2章，第246—247页。

20. Ford Notes, 2:292n1; Webster to Samuel Lee, December 20, 1824, Webster Letters, 413, cited by Webster himself in the preface to his 1828 *American*

Dictionary; Webster to Rebecca Webster, December 6, 1824, Ford Notes, 2:267.
福特笔记，第2章，292n1；韦伯斯特致函塞缪尔·李，1824年12月20日，韦伯斯特信札，第413页，韦伯斯特本人在其1828年《美国英语词典》序言中引用；韦伯斯特致函丽贝卡·韦伯斯特，1824年12月6日，福特笔记，第2章，第267页。

21. Webster to Rebecca, December 26, 1824, Ford Notes, 2:275.
韦伯斯特致函丽贝卡，1824年12月26日，福特笔记，第2章，第275页。

22. Ford Notes, 2: 293; Webster to Madison, March 17, 1826, Ford Notes, 2: 294–295.
福特笔记，第2章，第293页；韦伯斯特致函麦迪逊，1826年3月17日，福特笔记，第2章，第294—295页。

23. Report of the Case of Joshua Stowe vs. Sherman Converse, for a Libel... (County of New Haven: S. Converse, 1822), 13.
约书亚·斯托与谢尔曼·康弗斯诽谤案的报告……（纽黑文：谢尔曼·康弗斯，1822年），第13页。

24. Converse to Jefferson, February 6, 1826, and Jefferson to Converse, February 20, 1826, *Thomas Jefferson Papers*, Library of Congress, Manuscript Division, series 1, General Correspondence, 1751–1827 (cited in Micklethwait, *Noah Webster and the American Dictionary*, 194, 195).
康弗斯致函杰斐逊，1826年2月6日，杰斐逊致函康弗斯，1826年2月20日，《托马斯·杰斐逊文集》，国会图书馆，手稿部，系列1，一般通信类，1751—1827年（引用于米克勒斯维特，《诺亚·韦伯斯特与美国英语词典》，第194、195页）。

25. Julius H. Ward, *The Life and Letters of James Gates Percival*, 80, 36, 80. Eulogies of Percival in 1856, ed. Draper, were published in *Collections of the Historical Society of Wisconsin* 3 (1904): 66–80.
朱利叶斯·H. 沃德，《詹姆斯·盖茨·珀西瓦尔的生平与信札》，第80、36、80页。1856年珀西瓦尔的颂词，德雷珀编辑，发表于《威斯康星历史学会藏书》第3期（1904年）：第66—80页。

26. Webster to Daniel Webster, September 30, 1826, Webster Letters, 417–420; Noah Webster to William Chauncey Fowler, January 29, 1831, Webster Letters, 424–

425. For an account of Webster's new copyright initiatives, I am indebted to Micklethwait, *Noah Webster and the American Dictionary*, 211–221.
韦伯斯特致函丹尼尔·韦伯斯特，1826年9月30日，韦伯斯特信札，第417—420页；诺亚·韦伯斯特致函威廉·昌西·福勒，1831年1月29日，韦伯斯特信札，第424—425页。关于韦伯斯特的新版权举措，我要感谢米克勒斯维特，《诺亚·韦伯斯特和美国英语词典》，第211—221页。

27. Ward, *The Life and Letters of James Gates Percival*, 475.
沃德，《詹姆斯·盖茨·珀西瓦尔的生平与信札》，第475页。

28. Ward, *The Life and Letters of James Gates Percival*, 286–287, 475.
沃德，《詹姆斯·盖茨·珀西瓦尔的生平与信札》，第286—287、475页。

29. Ward, *The Life and Letters of James Gates Percival*, 286.
沃德，《詹姆斯·盖茨·珀西瓦尔的生平与信札》，第286页。

30. Webster to Converse, May 23, 1828. Nate D. Sanders, Inc., in Los Angeles put up Webster's letter to Converse for auction in 2010, but it remains a mystery who purchased it and where it is now.
韦伯斯特致函康弗斯，1828年5月23日。洛杉矶内特·D. 桑德斯公司于2010年将韦伯斯特写给康弗斯的信进行了拍卖，但究竟谁是买主以及它现在何处仍然是个谜团。

31. *American Quarterly Review* 4 (1828): 204; letter to editor, *Albany Argus*, December 1827, Webster Letters, 422; Richardson, "An American Dictionary of the English Language," 82; Green, *Chasing the Sun*, 264.
《美国季度评论》第4期（1828年）：第204页；致编辑的信，《奥尔巴尼观察报》，1827年12月，韦伯斯特信札，第422页；理查森，"美国英语词典"，第82页；格林，《追逐太阳》，第264页。

32. Everett to Webster, June 19, 1827, Noah Webster Papers, Manuscripts and Archives Division, New York Public Library, cited by Read, "Edward Everett's Attitude towards American English," 124–127; Everett, review in the *North American Review* 29 (October 1829): 536.
埃弗里特致函韦伯斯特，1827年6月19日，纽约公共图书馆诺亚·韦伯斯特论文、手稿和档案部，里德引，"爱德华·埃弗里特对美国英语的态度"，第

124—127页；埃弗里特，《北美评论》第29期（1829年10月）：第536页。

33.Samuel Johnson, *Rambler,* no. 51, September 7, 1751. A full and most carefully researched examination (much of it among archives in the New York Public Library) of the 1828 edition is by Micklethwait, *Noah Webster and the American Dictionary,* 171–198. See also Friend, *The Development of American Lexicography, 1798–1864,* chap. 2; Burkett, *American Dictionaries of the English Language before 1861,* 153–160; Krapp, *The English Language in America,* 1: 362–369; and Scudder, *Noah Webster,* 82–93.

塞缪尔·约翰逊，《漫步者》，第51期，1751年9月7日。对1828年版词典的全面和最仔细的研究（大部分是在纽约公共图书馆的档案中）是米克勒斯维特所做，《诺亚·韦伯斯特与美国英语词典》，第171—198页。另见佛伦德，《美国词典编纂的发展，1798—1864年》，第2章；伯克特，《1861年之前的美国英语词典》，第153—160页；克拉普，《论美国英语》，第1章，第362—369页；斯卡德尔，《诺亚·韦伯斯特》，第82—93页。

34.Webster, preface to 1828 quarto, viii. Miyoshi has interesting things to say about the American character of the 1828 edition in *Johnson and Webster's Verbal Examples,* 60.

韦伯斯特，1828年四开本序言，第8页。三好在《约翰逊和韦伯斯特的言语范例》中，对1828年版的词典中的美国性格有一些有趣的说法。

35.Sledd and Kolb, *Dr. Johnson's Dictionary,* 155, 191–192, quote Richardson's "original prospectus" from "The Address to the Public, from the American Publisher," p. 2 ("elders of English lexicography"); Burkett, *American Dictionaries of the English Language before 1861, 153* ("oriental readings"), quotes from Richardson in the *Westminster Review* (1828); Webster, *Mistakes and Corrections* (1837). On Horne Tooke's influence on Webster, see Simpson, *The Politics of American English,* 81–90.

斯莱德和科尔布，《约翰逊词典》，第155、191—192页，引用了理查森的"原始招股说明书"，摘自"美国出版商致公众书"，第2页（"英语词典编纂元老"）；伯克特，《1861年之前的美国英语词典》，第153页（"东方读物"），引自理查森，《威斯敏斯特评论》（1828年）；韦伯斯特，《错误与更正》（1837年）。关于约翰·霍恩·图克对韦伯斯特的影响，见辛普森，《美国英语的政治》，第81—90页。

36. For a quick assessment of Webster's influence on American spelling, see Conrad T. Logan, "Noah Webster's Influence on American Spelling;" and Percy, "*Plane English; or, The Orthography of Opposition in Mid-Eighteenth-Century Britain.*"
要快速评估韦伯斯特对美国拼写的影响，请参阅康拉德·T. 洛根，"诺亚·韦伯斯特对美国拼写的影响"；及珀西，"平面英语；或，十八世纪中叶英国的对立正字法。"

37. Murray, "The Evolution of English Lexicography," the Romanes Lecture, delivered in the Sheldonian Theatre, Oxford, June 22, 1900, cited by Krapp, *The English Language in America*, 1: 367.
默里，"英语词典编纂的演变"，罗曼尼丝讲坛，于1900年6月22日在牛津谢尔登剧院发表，由克拉普引用，《论美国英语》，第1章，第367页。

38. Joseph W. Reed, "Noah Webster's Debt to Samuel Johnson," *American Speech*, vol. 37（May 1962）, 95–105.
约瑟夫·里德，"诺亚·韦伯斯特对塞缪尔·约翰逊的亏欠"，《美国演讲》，第37卷（1962年5月），第95—105页。

39. Micklethwait, *Noah Webster and the American Dictionary*, 188. See Cynthia L. Hallen and Tracy B. Spackman, "Biblical Citations as a Stylistic Standard in Johnson's and Webster's Dictionaries," *Lexis*, vol. 5 (2010). See also Reed, "Noah Webster's Debt to Samuel Johnson."
米克勒斯维特，《诺亚·韦伯斯特与美国英语词典》，第188页。参见辛西娅·L. 哈伦和特雷西·B. 斯帕克曼，"约翰逊和韦伯斯特词典中作为文体标准的《圣经》引文"，《词汇》，第5卷（2010年）。另见里德，"诺亚·韦伯斯特对塞缪尔·约翰逊的亏欠"。

40. Kent, "Anniversary Address to the Phi Beta Kappa Society Chapter of Connecticut," 2.
肯特，"美国大学优等生荣誉学会康涅狄格州分会周年纪念演讲"，第2页。

41. Richard Garnett, "English Lexicography," *Quarterly Review* 54 (July–September 1835): 304–305 (later published in *The Philological Essays of the Late Rev. Richard Garnett*); Micklethwait, *Noah Webster and the American Dictionary,* 276.

理查德·加内特,"英语词典编纂",《季度评论》第54期(1835年7月至9月):第304—305页(后来发表在《已故牧师理查德·加内特的语言学论文》中);米克勒斯维特,《诺亚·韦伯斯特和美国英语词典》,第276页。

第五章

1. Jefferson to Yancey, January 6, 1816, *The Papers of Thomas Jefferson*, Retirement Series, 19: 328. For a historical account of eighteenth- and nineteenth-century magazines, see Frank Luther Mott, *A History of American Magazines: 1741–1850*, vol. 1.
杰斐逊致函扬西,1816年1月6日,《托马斯·杰斐逊文集》,退休系列,第19章,第328页。有关十八世纪和十九世纪杂志的历史记录,请参阅弗兰克·路德·莫特,《美国杂志史:1741—1850年》,第1卷。

2. See Grubb, "Growth of Literacy in Colonial America;" and *Columbian Phenix and the Boston Review*, both cited by Jack Lynch in his essay, "Every Man Able to Read: Literacy in Early America." On the factors responsible for the increase in literacy, see Stevens Jr., "Mass Literacy in Nineteenth-Century United States."
参见格拉布的"美国殖民地时期识字率的增长"和《哥伦比亚凤凰与波士顿评论》,两个都引用于杰克·林奇的文章,"人人都能阅读:美国早期的识字率"。关于导致识字率提高的因素,见小史蒂文斯,"十九世纪美国的大众识字率"。

3. Webster to Converse, May 23, 1828 (see Collectible Auctions, http://icollector.com, for the letter put up by Nate D. Sanders, Inc.); Converse to Goodrich, November 11, 1830, GFP, box 1, folder 9.
韦伯斯特致函康弗斯,1828年5月23日(见收藏品拍卖,http://icollector.com,这封信由内特·D. 桑德斯公司提供);康弗斯致函古德里奇,1830年11月11日,GFP,1号箱,9号文件夹。

4. Webster to Howe, Kingsley, and Woodward, December 8, 1829, and Converse to Goodrich, November 11, 1830, GFP, box 1, folder 9.
韦伯斯特致函豪、金斯利、伍德沃德,1829年12月8日,及康弗斯致函古德里奇,1830年11月11日,GFP,1号箱,9号文件夹。

5. *Phillips Bulletin* 19 (July 8, 1918). For a sketch of Worcester's years in Salem, Massachusetts, see Margaret B. Moore, *The Salem World of Nathaniel Hawthorne*,

79-84.

《菲利普斯校刊》第19期（1918年7月8日）。关于伍斯特在马萨诸塞州塞勒姆的生活概况，请参见玛格丽特·摩尔，《纳撒尼尔·霍桑的塞勒姆世界》，第79—84页。

6.Moore, *The Salem World of Nathaniel Hawthorne*, chap. 4, "A Salem Education."
摩尔，《纳撒尼尔·霍桑的塞勒姆世界》，第4章，"塞勒姆教育"。

7.See Higgins, *A Distinguished and Gracious New England Lexicographer*, chap. 1.
见希金斯，《温文尔雅的新英格兰词典编纂者》，第1章。

8.Newell, "Memoir of J. E. Worcester, LL. D;" Higginson, *Old Cambridge*, 51-52. On Higginson's friendship with Dickinson, see Wineapple, *White Heat*; and Cristanne Miller on Webster's influence on Dickinson, in *Emily Dickinson: A Poet's Grammar* (reprinted as a chapter in Farr, ed., *New Century Views of Emily Dickinson*; and in Miller, Reading in Time).
纽厄尔，"法学博士约瑟夫·爱默生·伍斯特回忆录"；希金森，《老坎布里奇》，第51—52页。关于希金森与狄金森的友谊，请参见布兰达·瓦恩安普，《白热》；以及克里斯蒂安·米勒关于韦伯斯特对狄金森的影响，《艾米莉·狄金森：一位诗人的文法》（在法尔编辑的《艾米莉·狄金森的新世纪观》和米勒的《适时阅读》中作为一章再版）。

9.*American Monthly Review* 1 (January–June 1832): 95–96.
《美国每月评论》第1期（1832年1月—6月）：第95—96页。

10.Worcester edition of *Todd-Johnson*（London, 1827）, preface, ix-x.
伍斯特版的《托德-约翰逊词典》（伦敦，1827年），前言，第9—10页。

11.Webster to William Fowler, September 29, 1830, Webster Letter-Book.
韦伯斯特致函威廉·福勒，1830年9月29日，韦伯斯特书信集。

12.Converse's much later account is taken from Worcester, *A Gross Literary Fraud Exposed, Relating to the Publication of Worcester's Dictionary*, 13.
康弗斯后来的很多叙述来自伍斯特，《严重文学骗局曝光——与在伦敦出版的伍斯特词典有关》，第13页。

13.Worcester, *A Gross Literary Fraud Exposed, Relating to the Publication of*

Worcester's Dictionary, 13.

伍斯特,《严重文学骗局曝光——与在伦敦出版的伍斯特词典有关》,第13页

14. Woolsey, "A Discourse in Commemoration of the Life and Service of Chauncey Allen Goodrich."

伍尔西,"纪念昌西·艾伦·古德里奇生平与侍奉的演讲"。

15. Webster to Worcester, July 27, 1828, Webster Letter-Book; Goodrich to Worcester, July 28, 1828, GFP, box 1, folder 7. Both references are included in Worcester, *A Gross Literary Fraud Exposed, Relating to the Publication of Worcester's Dictionary*, 13.

韦伯斯特致函伍斯特,1828年7月27日,韦伯斯特书信集;古德里奇致函伍斯特,1828年7月28日,GFP,1号箱,7号文件夹。两个参考皆收录于伍斯特,《严重文学骗局曝光——与在伦敦出版的伍斯特词典有关》,第13页。

16. *An American Dictionary of the English Language* (revised octavo, 3rd ed., 1830), preface, iii.

《美国英语词典》(修订版的八开本,第三版,1830年),前言,第3页。

17. "Webster's Octavo Dictionary," *Methodist Quarterly Review* 30 (January 1848): 106 (quoted by Cmiel, *Democratic Eloquence*, 88; see also 84–85); Woolsey, "A Discourse in Commemoration of the Life and Service of Chauncey Allen Goodrich," 22–23.

"韦伯斯特八开本英语词典",《卫理公会季度评论》第30期(1848年1月):第106页(卡米尔引,《民主雄辩》,第88页;另见第84—85页);伍尔西,"纪念昌西·艾伦·古德里奇生平与侍奉的演讲",第22—23页。

18. Worcester, *A Gross Literary Fraud Exposed, Relating to the Publication of Worcester's Dictionary*, 13.

伍斯特,《严重文学骗局曝光——与在伦敦出版的伍斯特词典有关》,第13页。

19. Goodrich to George and Charles Merriam, October 27, 1853, Merriam Papers, box 10, folder 127.

古德里奇致函乔治·梅里亚姆和查尔斯·梅里亚姆,1853年10月27日,梅里亚姆文件,10号箱,127号文件夹。

20. Worcester to Goodrich, October 28, 1828, GFP, box 1, folder 7.

    伍斯特致函古德里奇，1828年10月28日，GFP，1号箱，7号文件夹。

21. Worcester to Goodrich, October 28 and 31, 1828, GFP, box 1, folder 7.

    伍斯特致函古德里奇，1828年10月28日和31日，GFP，1号箱，7号文件夹。

22. Worcester to Goodrich, December 9, 1828, GFP, box 1, folder 7; preface, 1830 octavo abridgment of the quarto, iii.

    伍斯特致函古德里奇，1828年12月9日，GFP，1号箱，7号文件夹；前言，四开本的1830年八开本删减版，第3页。

23. On Worcester's methods in the revisions, see Burkett, *American Dictionaries of the English Language before 1861*, 174–175; and on aspects of Goodrich's strategy, see Micklethwait, *Noah Webster and the American Dictionary*, 201–202.

    关于修订版中伍斯特的方法，见伯克特，《1861年之前的美国英语词典》，第174—175；关于古德里奇策略，见米克勒斯维特，《诺亚·韦伯斯特与美国英语词典》，第201—202页。

24. Worcester to Goodrich, April 9, 1829, GFP, box 1, folder 8.

    伍斯特致函古德里奇，1829年4月9日，GFP，1号箱，8号文件夹。

第六章

1. Webster to Fowler, April 11, 1843, Webster Letter-Book.

    韦伯斯特致函福勒，1843年4月11日，韦伯斯特书信集。

2. Converse to Webster, May 20, 1828, Ellsworth Letters, CHS. See also E. Jennifer Monaghan, *A Common Heritage*, 140–141, on the rift between Webster and Converse.

    康弗斯致函韦伯斯特，1828年5月20日，埃尔斯沃斯信札，CHS。关于韦伯斯特和康弗斯之间的分歧，另见E. 詹妮弗·莫纳汉，《共同遗产》，第140—141页。

3. *A Dictionary of the English Language, for the Use of Primary Schools and the Counting House* (1829), ii.

    《英语语言词典：供小学和会计室使用》（1829年），第2页。

4. Webster to Fowler, December 28, 1829, Webster Letter-Book.

韦伯斯特致函福勒，1829年12月28日，韦伯斯特书信集。

5.Webster to Fowler, December 28, 1829, Webster Letter-Book; Goodrich to Fowler, April 11, 1843, Webster Letter-Book; and Fowler's recollections, *Printed, but Not Published*, 6–7.

韦伯斯特致函福勒，1829年12月28日，韦伯斯特书信集；古德里奇致函福勒，1843年4月11日，韦伯斯特书信集；以及福勒回忆录，《已印刷但未出版》，第6—7页。

6.Goodrich to Ellsworth, October 18, 1843, GFP, box 2, folder 17.

古德里奇致函埃尔斯沃斯，1828年10月28日，GFP，1号箱，17号文件夹。

7.Webster affidavit, May 7, 1833, GFP, box 1, folder 11.

韦伯斯特宣誓书，1833年5月7日，GFP，1号箱，11号文件夹。

8.Webster signed his second agreement on July 12, 1833 (GFP, box 1, folder 11).

韦伯斯特于1833年7月12日签署了第二份协议（GFP，1号箱，11号文件夹）。

9.Webster to J. L. Kingsley, Hezekiah Howe, and Thomas G. Woodward, December 28, 1829, GFP, box 1, folder 9; to Fowler, September 29, 1830, Webster Letter-Book; to Rebecca Webster, January 26, 1831, Ford Notes, 2:324.

韦伯斯特致函詹姆斯·卢斯·金斯利、希西家·豪和托马斯·G. 伍德沃德，1829年12月28日，GFP，1号箱，9号文件夹；韦伯斯特致函福勒，1830年9月29日，韦伯斯特书信集；韦伯斯特致函丽贝卡·韦伯斯特，1831年1月26日，福特笔记，第2章，第324页。

10.Converse to Goodrich, November 11, 1830, GFP, box 1, folder 9.

康弗斯致函古德里奇，1830年11月11日，GFP，1号箱，9号文件夹。

11.Goodrich to Ellsworth, October 18, 1843, GFP, box 2, folder 17; Goodrich to the Merriams, December 19, 1844, Merriam Papers, box 19, folder 119.

古德里奇致函埃尔斯沃斯，1843年10月18日，GFP，2号箱，17号文件夹；古德里奇致函梅里亚姆，1844年12月19日，梅里亚姆文件，19号箱，119号文件夹。

12.Goodrich to Converse, May 29, 1833, GFP, box 1, folder 11.

古德里奇致函康弗斯，1833年5月29日，GFP，1号箱，11号文件夹。

第七章

1. The most exhaustive study on Lyman Cobb and the spelling wars, on which this chapter draws heavily, is by Charles Monaghan, "Lyman Cobb and the British Elocutionary Tradition." I am indebted to him for background information on Cobb that he has shared with me. On spellers, see E. Jennifer Monaghan, *A Common Heritage*, 31–34.
关于本章大量借鉴的莱曼·科布和拼写战争的最详尽的研究为查尔斯·莫纳汉的"莱曼·科布与英国演讲传统"。我感谢他与我分享关于科布的背景资料。关于拼写书，见E. 詹妮弗·莫纳汉，《共同遗产》，第31—34页。

2. E. Jennifer Monaghan, *A Common Heritage*, 152–157.
E. 詹妮弗·莫纳汉，《共同遗产》，第152—157页。

3. Cobb, *To the Teachers, School Committees or Inspectors, Clergymen, and to the Friends of Correct Elementary Instruction*. Reprinted in Burkett, *American Dictionaries of the English Language before 1861*, 165–166.
科布，《致教师、学校委员会或督学、牧师及正确基础教程之友》。在伯克特的《1861年之前的美国英语词典》中重印，第165—166页。

4. "To the Editor of the *Albany Argus*," December 1827, Webster Letters, 421–423.
"致《奥尔巴尼观察报》编辑"，1827年12月，韦伯斯特信札，第421—423页。

5. *New York Evening Post*, June 27, 1829; Cobb's lists in the July 4, 1829, *Morning Herald* are summarized by Burkett, *American Dictionaries of the English Language before 1861*, 167–173, from which I have taken examples.
《纽约晚间邮报》，1829年6月27日；科布在1829年7月4日的《先驱晨报》中发表的单词列表由伯克特总结，《1861年之前的美国英语词典》，第167—173页，我从中挑选了几个例子。

6. Barnes is cited by Burkett, *American Dictionaries of the English Language before 1861*, 169–170; and Read, "The Development of Faith in the Dictionary in America," 7.
巴恩斯由伯克特引用，《1861年之前的美国英语词典》，第169—170页；以及里德，"信仰在美国词典中的发展"，第7页。

7. Cobb cites Converse's involvement in this dispute in his *Critical Review of the*

Orthography of Dr. Webster's Series of Books for Systematick Instruction in the English Language Including His Former Spelling-Book and the Elementary Spelling-Book, iii note. See Charles Monaghan, "Lyman Cobb and the British Elocutionary Tradition;" and Burkett, *American Dictionaries of the English Language before 1861*, 170–171, on the Cobb-Converse squabble.
科布在其《对韦伯斯特博士的英语语言系统教程系列丛书包括他以前的拼写书和初级拼写书的正字法的评述》中引用了康弗斯在这场争论中的参与，第三条注释。参见查尔斯·莫纳汉，"莱曼·科布与英国演讲传统"；关于科布与康弗斯的争论，参见伯克特，《1861年之前的美国英语词典》，第170—171页。

8.Cobb, *A Critical Review*.
科布，《对韦伯斯特博士的英语语言系统教程系列丛书包括他以前的拼写书和初级拼写书的正字法的评述》。

9.Webster, "To the Public," November 15, 1831, Webster Letters, 428–431.
韦伯斯特，"致公众"，1831年11月15日，韦伯斯特信札，第428—431页。

10.Webster's letter to Henrick has been for sale by the New York City bookseller James Cummings, inventory no. 26005. Its present location is unknown.
韦伯斯特写给亨里克的信已由纽约市书商詹姆斯·卡明斯出售，库存号26005。此信目前在何处不详。

11.Webster to McGuffey, March 3, 1837, Merriam Papers, box 14, folder 311. It is cited by Micklethwait, *Noah Webster and the American Dictionary*, 222.
韦伯斯特致函麦格菲，1837年3月3日，梅里亚姆文件，14号箱，311号文件夹。由米克勒斯维特引用，《诺亚·韦伯斯特和美国英语词典》，第222页。

12.Webster to Harriet Fowler, December 29, 1830, Webster Letter-Book.
韦伯斯特致函哈里特·福勒，1830年12月29日，韦伯斯特书信集。

13.Webster to Fowler, January 29, 1831,Webster Letters, 425; the self-advertisement is cited later in the 1839 edition, *The Elementary Spelling Book, Being an Improvement of the American Spelling Book*, advertisement, 4.
韦伯斯特致函福勒，1831年1月29日，韦伯斯特信札，第425页；自我宣传引用于后来的1839年版，《初级拼写书，美国拼写书进阶版》，广告，第4页。

14.Harte, The Works of Bret Harte, Argonaut ed., vol. 8.
哈特,《布雷特·哈特的作品集》,阿尔戈纳特编辑,第8卷。

第八章

1.Dunglison, *American Monthly Review* 1 (1832): 101-102; "Words Often Mispronounced," *Common School Journal* 1 (1839): 361; Webster to Fowler, November 24, 1830, Webster Letter-Book.
邓格利森,《美国每月评论》第1期(1832年):第101—102页;"经常发错音的单词",《公立学校期刊》第1期(1839年):第361页;韦伯斯特致函福勒,1830年11月24日,韦伯斯特书信集。

2.Webster to Fowler, April 20, 1831, Webster Letter-Book. For a detailed account of Worcester's *Comprehensive Dictionary*, see Higgins, *A Distinguished and Gracious New England Lexicographer*, 18–25. Higgins's book is a close study of how Worcester navigated through these tempestuous lexicographical waters. See also Burkett, *Dictionaries of the English Language before 1861*, 203–207.
韦伯斯特致函福勒,1831年4月20日,韦伯斯特书信集。有关伍斯特的《综合发音和解释性英语词典》的详细介绍,请参见希金斯,《温文尔雅的新英格兰词典编纂者》,第18—25页。希金斯的书仔细研究了伍斯特是如何在这片狂风暴雨的词典编纂水域中航行的。另见伯克特,《1861年之前的美国英语词典》,第203—207页。

3.Webster to Fowler, April 20, 1831, Webster Letter-Book; Higgins, *A Distinguished and Gracious New England Lexicographer*, 20–23; Worcester, *A Comprehensive Pronouncing and Explanatory Dictionary of the English Language* (Boston, 1830), xiii.
韦伯斯特致函福勒,1831年4月20日,韦伯斯特书信集;希金斯,《温文尔雅的新英格兰词典编纂者》,第20—23页;伍斯特,《综合发音和解释性英语词典》(波士顿,1830年),第13页。

4.The word was coined by John Algeo, "Dictionaries as Seen by the Educated Public in Great Britain and the U.S.A.," 1: 29.
这个词是由约翰·阿尔及奥创造的,"英国和美国受过教育的公众眼中的字典",第1章,第29页。

5.Mugglestone, *Lost for Words*, xvi; McArthur, *Living Words*, 91. See also Béjoint, *The Lexicography of English*, 232.
马格尔斯通,《无言以对》,第16页;麦克阿瑟,《活词》,第91页。另见比匠,《英语词典编纂》,第232页。

6.Webster to Fowler, November 24, 1830, Webster Letter-Book. See also Joseph W. Reed, "Webster's Debt to Samuel Johnson."
韦伯斯特致函福勒,1830年11月24日,韦伯斯特书信集。另见约瑟夫·里德,"诺亚·韦伯斯特对塞缪尔·约翰逊的亏欠"。

7.Webster to Fowler, April 20, 1831, Webster Letter-Book.
韦伯斯特致函福勒,1831年4月20日,韦伯斯特书信集。

8.*Worcester Palladium*, November 26, 1834; Burkett, *Dictionaries of the English Language before* 1861, 223.
《伍斯特守护神》,1834年11月26日;伯克特,《1861年之前的美国英语词典》,第223页。

9.*Worcester Palladium*, November 26, 1834.
《伍斯特守护神》,1834年11月26日。

10.Johnson's remark is in *Rambler*, no. 68, quoted in Warfel, *Noah Webster: Schoolmaster to America*, 35.
约翰逊在《漫步者》第68期中的语录,沃菲尔在《诺亚·韦伯斯特:美国校长》中引用,第35页。

11.Willard, *North American Review* 64 (1817): 190. Worcester's remark on Willard's defense is quoted by Swan, "Worcester's Dictionaries," 10.
威拉德,《北美评论》第64期(1817年):第190页。伍斯特对威拉德辩护的谈论由斯旺引用,"伍斯特词典",第10页。

12.Worcester, *Worcester Palladium*, December 10, 1834. Worcester had been collecting dictionary editions for many years and continued to do so on his trip to Europe in 1831, where he bought many philological works.
伍斯特,《伍斯特守护神》,1834年12月10日。伍斯特多年来一直在收集词典版本,

1831年他去欧洲旅行时继续收集词典版本，在那里他买了许多语言学著作。

13. Webster, *Worcester Palladium*, December 17, 1834.
韦伯斯特，《伍斯特守护神》，1834年12月17日。

14. *Worcester Palladium*, December 24, 1834.
《伍斯特守护神》，1834年12月24日。

15. Worcester, *Worcester Palladium*, February 6, 1835.
伍斯特，《伍斯特守护神》，1835年2月6日。

16. Webster, *Worcester Palladium*, February 13, 1835.
韦伯斯特，《伍斯特守护神》，1835年2月13日。

17. Worcester, *Worcester Palladium*, March 11, 1835.
伍斯特，《伍斯特守护神》，1835年3月11日。

18. Webster, *Worcester Palladium*, March 14, 1835. See Micklethwait, *Noah Webster and the American Dictionary*, 231–233, and Higgins, *A Distinguished and Gracious New England Lexicographer*, 36–41.
韦伯斯特，《伍斯特守护神》，1835年3月14日。参见米克勒斯维特，《诺亚·韦伯斯特和美国英语词典》，第231—233页，以及希金斯，《温文尔雅的新英格兰词典编纂者》，第36—41页。

19. Prior, *A Life of the Right Honourable Edmund Burke*, 191.
普廖尔，《埃德蒙·伯克阁下传》，第191页。

20. Worcester, *Elementary Dictionary for the Common Schools with Pronouncing Vocabularies of Classical, Scripture, and Modern Geographical Names* (Boston, 1835), preface, 3.
伍斯特，《学生用基础词典：含古典、经文和现代地名的发音词汇表》（波士顿，1835年），前言，第3页。

21. Longfellow, "Craigie House," 23–26 (handwritten booklet, Craigie-Longfellow House, Cambridge, MA); Longfellow, "Dame Craigie," in Higginson, *Outdoor Studies Poems*, 355–356. For a history of the house, see Catherine Evans, *Cultural Landscape Report for Longfellow National Historic Site*, vol. 1 (Boston: National Park Service, 1993); and *New England Historical and Genealogical Register*

25 (July 1871): 237–238. I am grateful to Anita Israel, archives specialist at the house, for her help with the history of the Craigie house.

朗费罗,"克雷吉庄园",第23—26页(手写小册子,克雷吉-朗费罗庄园,马萨诸塞州坎布里奇);朗费罗,"克雷吉夫人",见希金森,《户外研究诗篇》,第355—356页。关于这座房子的历史,见凯瑟琳·埃文斯,《朗费罗国家历史遗址文化景观报告》,第1卷(波士顿:国家公园管理局,1993年);《新英格兰历史和家谱登记册》第25期(1871年7月):第237—238页。我很感谢该庄园的档案专家安妮塔·伊斯雷尔,她帮助我了解了克雷吉庄园的历史。

22.Longfellow to Stephen Longfellow, April 1, 1841, *The Letters of Henry Wadsworth Longfellow*, ed. Hilen, 293–294.

朗费罗致函斯蒂芬·朗费罗,1841年4月1日,《亨利·沃兹沃斯·朗费罗书信集》,希伦编辑,第293—294页。

23.Tharp, *The Appletons of Beacon Hill*, 244.

萨普,《比肯山的阿普尔顿家庭》,第244页。

第九章

1.Webster to Harriet Fowler, November 5, 1835, Webster Letter-Book; Ford Notes, 1:375–376 [for the family friend (from an article on Noah Webster in *Mother's Magazine* by Mrs. Whitlesey, one of the Goodrich family, which was knit to him by friendship for years, and later by marriage) and for Webster's statement]; Joshua Kendall, "Noah Webster: The Definition of Yankee Know-How," *Los Angeles Times*, October 15, 2008.

韦伯斯特致函哈里特·福勒,1835年11月5日,韦伯斯特书信集;福特笔记,第1章,第375—376页[写给家庭朋友(摘自惠特西夫人在《母亲杂志》上发表的一篇关于诺亚·韦伯斯特的文章,她是古德里奇家族的一员,与韦伯斯特有着多年的友谊,后来又结为姻亲)以及韦伯斯特的声明];约书亚·肯德尔,"诺亚·韦伯斯特:新英格兰人技能的定义",《洛杉矶时报》,2008年10月15日。

2.Webster to Fowler, August 31, 1835, Webster Letter-Book; Webster to Fowler, September 10, 1836, "Reasons for Adopting One Dictionary as a Standard of

English Orthography, September 1836," Webster Letter-Book.
韦伯斯特致函福勒，1835年8月31日，韦伯斯特书信集；韦伯斯特致函福勒，1836年9月10日，"采用一部词典作为英语正字法标准的原因，1836年9月"，韦伯斯特书信集。

3. Webster to Dawes, August 5, 1809, Webster Letters, 330. On attitudes toward Johnson's style, see Ley, *The Critic in the Modern World*, 21–23.
另见韦伯斯特致函道斯，1809年8月5日，韦伯斯特信札，第330页。关于对约翰逊文风的态度，见莱伊，《现代世界的批评家》，第21—23页。

4. "Reasons for Adopting One Dictionary as a Standard of English Orthography, September 1836," Webster Letter-Book.
"采用一部词典作为英语正字法标准的原因，1836年9月"，韦伯斯特书信集。

5. *The Panoplist; Or, the Christian's Armory* 3, no. 3 (August 1807): 125; Elisa Tamarkin, *Anglophilia*, 290–292. Everett is cited in Andresen, *Linguistics in America, 1769–1924*. See also Lynch, *The Lexicographer's Dilemma*, for a comprehensive study of this tangled subject of prescriptiveness.
《盛装卫士；或，基督徒的军械库 3》第3期（1807年8月）：第125页；伊丽莎·塔马金，《英国崇拜》，第290—292页。埃弗里特由安德烈森，《1769—1924年美国语言学》中引用。关于这一错综复杂的规范性问题的全面研究另请参见林奇，《词典编纂者的困境》。

6. Webster to Fowler, July 9, 1836, Webster Letter-Book.
韦伯斯特致函福勒，1836年7月9日，韦伯斯特书信集。

7. Webster to Fowler, July 9, 1836, December 8, 1837, January 9, 1838, March 10, 1838, Webster Letter-Book.
韦伯斯特致函福勒，1836年7月9日，1837年12月8日，1838年1月9日，1838年3月10日，韦伯斯特书信集。

8. White to Goodrich, September 11, 1837, GFP, box 2, folder 14.
怀特致函古德里奇，1837年9月11日，GFP，2号箱，14号文件夹。

9. Webster to Fowler, February 27 and March 14, 1839, Webster Letter-Book.
韦伯斯特致函福勒，1839年2月27日和3月14日，韦伯斯特书信集。

注释

10. Webster to Fowler, July 4, 1839, Webster Letter-Book.
    韦伯斯特致函福勒，1839年7月4日，韦伯斯特书信集。

11. Webster to Fowler, February 25, 1841, Webster Letter-Book.
    韦伯斯特致函福勒，1841年2月25日，韦伯斯特书信集。

12. Webster to Fowler, July 9, 1840, Webster Letter-Book.
    韦伯斯特致函福勒，1840年7月9日，韦伯斯特书信集。

13. See Mencken, "The Influence of Webster," *The American Language* (1937 ed.), 379–388, for several examples of Webster's orthographical retrenchment that I have cited.
    参见门肯，"韦伯斯特的影响"，《美国语言》（1937年版），第379—388页，关于我从中所引用的韦伯斯特拼写缩减的几个例子。

14. Webster, *An American Dictionary of the English Language* (1841), appendix, 941–1008.
    韦伯斯特，《美国英语词典》（1841年），附录，第941—1008页。

15. Webster to Fowler, July 7 and December 3, 1841, Webster Letter-Book. See Green, *Chasing the Sun*, 329. Fowler recorded his last conversation with Webster in his pamphlet, *Printed, but Not Published*. See Burkett, *American Dictionaries of the English Language before 1861*, 179–80, for additional details regarding the 1841 royal octavo.
    韦伯斯特致函福勒，1841年7月7日和12月3日，韦伯斯特书信集。见格林，《追逐太阳》，第329页。福勒在他的小册子《已印刷但未出版》中记录了他与韦伯斯特的最后一次谈话。有关1841年皇家八开本的更多细节，请参见伯克特，《1861年之前的美国英语词典》，第179—180页。

16. "Account by Eliza Webster Jones 'For my Little Boy,'" in Ford Notes, 2:362–371.
    "伊丽莎·韦伯斯特·琼斯'为我的小儿子'所做的叙述"，福特笔记，第2章，第362—371页。

17. Unger, *Noah Webster: The Life and Times of An American Patriot*, 338–340; Silliman is cited in Warfel, *Noah Webster: Schoolmaster to America*, 436–437.
    昂格尔，《诺亚·韦伯斯特——美国爱国者的生平岁月》，第338—340页；西利曼由沃菲尔引用，《诺亚·韦伯斯特：美国校长》，第436—437页。

第十章

1. Harriet Fowler to Noah Webster, February 13, 1837, Noah Webster Papers, Manuscripts and Archives Division, New York Public Library, box 6.
哈里特·福勒致函诺亚·韦伯斯特，1837年2月13日，诺亚·韦伯斯特论文、手稿和档案部，纽约公共图书馆，6号箱。

2. Goodrich to Ellsworth, October 18, 1843, GFP, box 2, folder 17.
古德里奇致函埃尔斯沃斯，1843年10月18日，GFP，2号箱，17号文件夹。

3. Webster to William Webster, November 9, 1835, Noah Webster Papers, Manuscripts and Archives Division, New York Public Library, box 1.
韦伯斯特致函威廉·韦伯斯特，1835年11月9日，诺亚·韦伯斯特论文、手稿和档案部，纽约公共图书馆，1号箱。

4. Ellsworth to William Webster, July 6, 1843, cited in Micklethwait, *Noah Webster and the American Dictionary*, 258. Micklethwait, a London lawyer, has unraveled the legal contractual complexity involving the Webster family and the several Webster editions, 256–271.
埃尔斯沃斯致函威廉·韦伯斯特，1843年7月6日，引用于米克勒斯维特，《诺亚·韦伯斯特与美国英语词典》，第258页。伦敦律师米克勒斯维特已经阐明了涉及韦伯斯特家族和韦伯斯特词典数个版本的法律合同的复杂性，第256—271页。

5. Ellsworth to William Webster, December 10, 1844, cited in Micklethwait, *Noah Webster and the American Dictionary*, 263; Ellsworth to J. S. and C. Adams, May 21, 1845, Merriam Papers, box 9, folder 95.
埃尔斯沃斯致函威廉·韦伯斯特，1844年12月10日，引用于米克勒斯维特，《诺亚·韦伯斯特与美国英语词典》，第263页；埃尔斯沃斯致函J. S. & C. 亚当斯，1845年5月21日，梅里亚姆文件，9号箱，95号文件夹。

6. Ellsworth to Merriams, March 4, 1844, GFP, box 2, folder 17.
埃尔斯沃斯致函梅里亚姆兄弟，1844年3月4日，GFP，2号箱，17号文件夹。

7. Merriams to Ellsworth, December 3, 1847, Merriam Papers, box 9, folder 122. For histories of the G. & C. Merriam Company, see Leavitt, *Noah's Ark, New England Yankees and The Endless Quest*, 41–53; and Leavitt, *100th Anniversary of the*

Establishment of the G. and C. Merriam Company, 1831–1931.
梅里亚姆兄弟致函埃尔斯沃斯，1847年12月3日，梅里亚姆文件，9号箱，122号文件夹。有关梅里亚姆兄弟出版公司的历史，请参见莱维特，《挪亚方舟、新英格兰人和无尽的探索》，第41—53页；莱维特，《梅里亚姆兄弟出版公司成立百年庆典，1831—1931年》。

8.Goodrich to Fowler, January 16, 1854, GFP, box 3, folder 28.
古德里奇致函福勒，1854年1月16日，GFP，3号箱，28号文件夹。

9.Goodrich to Ellsworth, January 1844, Merriam Papers, box 9, folder 119; and Goodrich to Ellsworth, January 20 and 21, 1845, GFP, box 2, folder 18.
古德里奇致函埃尔斯沃斯，1844年1月，梅里亚姆文件，9号箱，119号文件夹；古德里奇致函埃尔斯沃斯，1845年1月20日和21日，GFP，2号箱，18号文件夹。

10.Goodrich to Merriams, December 19, 1844, Merriam Papers, box 9, folder 119; Merriams to Goodrich, December 26, 1844, Merriam Papers, box 9, folder 119.
古德里奇致函梅里亚姆兄弟，1844年12月19日，梅里亚姆文件，9号箱，119号文件夹；梅里亚姆兄弟致函古德里奇，1844年12月26日，梅里亚姆文件，9号箱，119号文件夹。

11.Goodrich to Merriams, December 19, 1844, Merriam Papers, box 9, folder 119
古德里奇致函梅里亚姆兄弟，1844年12月19日，梅里亚姆文件，9号箱，119号文件夹。

12.Goodrich to Merriams, December 19, 1844, Merriam Papers, box 9, folder 119.
古德里奇致函梅里亚姆兄弟，1844年12月19日，梅里亚姆文件，9号箱，119号文件夹。

13.Goodrich contract with the Merriams, January 30, 1845, GFP, box 2, folder 18.
古德里奇和梅里亚姆兄弟的合同，1845年1月30日，GFP，2号箱，18号文件夹。

14.Webster to William Webster, July 7, 1836, cited by Micklethwait, *Noah Webster and the American Dictionary*, 241; Fowler, *Printed, but Not Published*, cited by Micklethwait, *Noah Webster and the American Dictionary*, 242.
韦伯斯特致函威廉·韦伯斯特，1836年7月7日，引用于米克勒斯维特，《诺亚·韦伯斯特与美国英语词典》，第241页；福勒，《已印刷但未出版》，引用于米克勒斯维特,《诺亚·韦伯斯特与美国英语词典》,第242页。

15.Huntington also owned the publishing rights to the High School, Primary, and Pocket school dictionaries.
亨廷顿还拥有高中、小学和袖珍学生用词典的出版权。

16.Warfel, *Noah Webster: Schoolmaster to America*, 418; Fowler, *Printed, but Not Published*, quoted in Micklethwait, *Noah Webster and the American Dictionary*, 265-266.
沃菲尔,《诺亚·韦伯斯特:美国校长》,第418页;福勒,《已印刷但未出版》,引用于米克勒斯维特,《诺亚·韦伯斯特与美国英语词典》,第265—266页。

17.Goodrich diary, October 1845, GFP, box 8, folder 90.
古德里奇日记,1845年10月,GFP,8号箱,90号文件夹。

18.Fowler, *Printed, but Not Published*, quoted in Micklethwait, *Noah Webster and the American Dictionary*, 242.
福勒,《已印刷但未出版》,引用于米克勒斯维特,《诺亚·韦伯斯特与美国英语词典》,第242页。

19.Fowler, *Printed, but Not Published*, quoted in Micklethwait, *Noah Webster and the American Dictionary*, 264. Goodrich to Fowler, January 16, 1854, GFP, box 3, folder 28. Goodrich's January 1854 letter to Fowler was precipitated by a sour letter of Fowler's to Goodrich in January 1854 (GFP, box 3, folder 29) in which he told Goodrich that years earlier he had received deep injuries from him and that the latter had never repaired their personal relations, but that if Goodrich were to agree to new financial agreements in the family, he would take that as a movement toward improving their relationship. Goodrich replied promptly that it was he who had been injured, not Fowler. Fowler's recollections are extensively quoted in Micklethwait, *Noah Webster and the American Dictionary*, 264-266.
福勒,《已印刷但未出版》,引用于米克勒斯维特,《诺亚·韦伯斯特与美国英语词典》,第264页。古德里奇致函福勒,1854年1月16日,GFP,3号箱,28号文件夹。古德里奇在1854年1月写给福勒的信是福勒在1854年1月写给古德里奇的一封酸溜溜的信(GFP,3号箱,29号文件夹)促成的。在这封信中，福勒说，他因为古德里奇而深受伤害，而他从未修复过他们的私人关系，但是，如果古德里奇同意在家庭中达成新的财务协议，他将把这视为改善他们关系的一个举动。古德里奇迅即回答说受伤的是他，不是福勒。福勒的回忆被广泛引用于米克勒斯维特，《诺亚·韦伯斯特与美国英语词典》，第264—266页。

20. Ellsworth to Goodrich, January 14, 1845, GFP, box 2, folder 18; Goodrich to Ellsworth, February 6, 1845, GFP, box 2, folder 18. See Burkett, *American Dictionaries of the English Language before 1861*, 182–186, for details of the innovations in the 1847 edition.
    埃尔斯沃斯致函古德里奇，1845年1月14日，GFP，2号箱，18号文件夹；古德里奇致函埃尔斯沃斯，1845年2月6日，GFP，2号箱，18号文件夹。有关1847年版创新的细节，请参见伯克特，《1861年之前的美国英语词典》，第182—186页。

21. Goodrich to Merriams, June 9, 1845, Merriam Papers, box 9, folder 120.
    韦伯斯特致函梅里亚姆兄弟，1845年6月9日，梅里亚姆文件，9号箱，120号文件夹。

22. Goodrich to Merriams, September 1845, Merriam Papers, box 9, folder 120.
    古德里奇致函梅里亚姆兄弟，1845年9月，梅里亚姆文件，9号箱，120号文件夹。

23. Goodrich to Fowler, GFP, box 3, folder 28.
    古德里奇致函福勒，GFP，3号箱，28号文件夹。

24. Fowler cited in Micklethwait, *Noah Webster and the American Dictionary*, 266; Goodrich to Fowler, January 16, 1854, GFP, box 3, folder 28.
    福勒引用于米克勒斯维特，《诺亚·韦伯斯特与美国英语词典》，第266页；古德里奇致函福勒，1854年1月16日，GFP，3号箱，28号文件夹。

25. Goodrich to Fowler, January 16, 1854, GFP, box 3, folder 28; Fowler to Goodrich, January 18, 1854, GFP, box 3, folder 28; Goodrich to Fowler, January 1854, GFP, box 3, folder 28.
    古德里奇致函福勒，1854年1月16日，GFP，3号箱，28号文件夹；福勒致函古德里奇，1854年1月18日，GFP，3号箱，28号文件夹；古德里奇致函福勒，1854年1月，GFP，3号箱，28号文件夹。

26.Ellsworth to William Webster, February 1847, GFP, box 3, folder 28. See Micklethwait, *Noah Webster and the American Dictionary*, 268–269 on Fowler's last gasps of protest.

埃尔斯沃斯致函威廉·韦伯斯特，1847年2月，GFP，3号箱，28号文件夹。关于福勒最后的抗议，见米克勒斯维特，《诺亚·韦伯斯特与美国英语词典》，第268—269页。

第十一章

1.Charles Merriam, "Recollections of Various Particulars in the History of Webster's Dictionaries," 1883, Merriam Papers, box 101, folder 696.

查尔斯·梅里亚姆，"韦伯斯特词典历史细节回忆"，1883年，梅里亚姆文件，101号箱，696号文件夹。

2.Charles Merriam to Ellsworth, March 2, 1846, Merriam Papers, box 9, folder 98.

查尔斯·梅里亚姆致函埃尔斯沃斯，1846年3月2日，梅里亚姆文件，9号箱，98号文件夹。

3.Charles Merriam to Ellsworth, March 2, 1846, Merriam Papers, box 9, folder 98.

查尔斯·梅里亚姆致函埃尔斯沃斯，1846年3月2日，梅里亚姆文件，9号箱，98号文件夹。

4.Charles Merriam to Ellsworth, March 2, 1846, Merriam Papers, box 9, folder 98; Goodrich to Merriams, June 9, 1845, Merriam Papers, box 9, folder 120.

查尔斯·梅里亚姆致函埃尔斯沃斯，1846年3月2日，梅里亚姆文件，9号箱，98号文件夹；古德里奇致函梅里亚姆兄弟，1845年6月9日，梅里亚姆文件，9号箱，120号文件夹。

5.Charles Merriam to Ellsworth, March 2, 1846, Merriam Papers, box 9, folder 98.

查尔斯·梅里亚姆致函埃尔斯沃斯，1846年3月2日，梅里亚姆文件，9号箱，98号文件夹。

6.Worcester, *A Universal and Critical Dictionary of the English Language* (Boston: Wilkins, Carter and Co., 1846), iv-v; Charles Merriam, "Recollections," Merriam

Papers, box 101, folder 696.

伍斯特,《通用型批判性英语语言词典》(波士顿:威尔金斯-卡特出版公司,1846年),第4—5页;查尔斯·梅里亚姆,"韦伯斯特词典历史细节回忆",梅里亚姆文件,101号箱,696号文件夹。

7. On the transformation of the English language in the nineteenth century, see a fascinating book by Richard W. Bailey, *Nineteenth-Century English*; also Cmiel, *Democratic Eloquence*.

关于十九世纪英语的转变,请参阅一本引人入胜的书,理查德·W.贝利,《十九世纪英语》;及卡米尔,《民主雄辩》。

8. *North American Review* 64 (1847): 194–195.

《北美评论》第64期(1847年):第194—195页。

9. Worcester, *A Universal and Critical Dictionary*, v, lxv; *North American Review* 64, no. 134 (January 1847): 191 (for "judicious moderation").

伍斯特,《通用型批判性英语语言词典》,第5、65页;《北美评论》第64期,第134号(1847年1月):第191页(见"中庸之道")。

10. Worcester, *A Universal and Critical Dictionary*, lxv; Cmiel, *Democratic Eloquence*, 88. For a detailed description of Worcester's dictionary, see Joseph Harold Friend, *The Development of American Lexicography 1798-1864*, 90–95.

伍斯特,《通用型批判性英语语言词典》,第65页;卡米尔,《民主雄辩》,第88页。有关伍斯特词典的详细描述,请参见约瑟夫·哈罗德·佛伦德,《美国词典编纂的发展,1798—1864年》,第90—95页。

11. Worcester, *A Universal and Critical Dictionary*, iii–v.

伍斯特,《通用型批判性英语语言词典》,第3—5页。

12. Worcester, *A Universal and Critical Dictionary*, v–vi.

伍斯特,《通用型批判性英语语言词典》,第5—6页。

13. Worcester, *A Universal and Critical Dictionary*, iv.

伍斯特,《通用型批判性英语语言词典》,第4页。

14. Merriams to William Webstcr, September 15, 1846, GFP, box 1, folder 20.

梅里亚姆兄弟致函威廉·韦伯斯特,1846年9月15日,GFP,1号箱,20号文件夹。

15. Worcester, *A Universal and Critical Dictionary*, 512.
伍斯特，《通用型批判性英语语言词典》，第512页。

16. Noah Porter, review of Worcester's *A Universal and Critical Dictionary of the English Language*, *North American Review* 5 (May 1847): 508–513.
诺亚·波特，伍斯特之《通用型批判性英语语言词典》书评，《北美评论》第5期（1847年5月）：第508—513页。

17. *The American Dictionary of the English Language*, ed. Chauncey Allen Goodrich (Springfield, MA: G. and C. Merriam, 1847), iii. See Burkett, *American Dictionaries of the English Language before 1861*, 176–177, for a summary of the characteristics of the 1847 royal octavo.
《美国英语词典》，昌西·艾伦·古德里奇编辑（马萨诸塞州斯普林菲尔德：梅里亚姆兄弟出版公司，1847年），第3页。有关1847年皇家八开本特点的概述，请参见伯克特，《1861年之前的美国英语词典》，第176—177页。

18. *The American Dictionary of the English Language*, preface, v.
《美国英语词典》，前言，第5页。

19. *The American Dictionary of the English Language*, preface, iii–iv.
《美国英语词典》，前言，第3—4页。

20. *The American Dictionary of the English Language*, preface, vii.
《美国英语词典》，前言，第7页。

21. Goodrich, *Morning Courier and New York Enquirer* (1849); *The American Dictionary of the English Language*, preface, v-vi. On Webster's role in determining much of American spelling, see Micklethwait's summary, *Noah Webster and the American Dictionary*, 295 (Goodrich is cited here); Mencken, *The American Language*, 1937 ed., chap. 8, 379–388; and Logan, "Noah Webster's Influence on American Spelling."
古德里奇，《信使晨报和纽约问询报》（1849年）；《美国英语词典》，前言，第5—6页。关于韦伯斯特在很大程度上决定了美国拼写的作用，请参见米克勒斯维特的总结，《诺亚·韦伯斯特与美国英语字典》，第295页（古德里奇引用于此处）；门肯，《美国语言》，1937年版，第8章，第379—388页；及洛根，"诺亚·韦伯斯特对美国拼写的影响"。

22. "Webster's International Dictionary–Especially Its Pronunciation," *New Englander* 53 (1890): 423, cited in Burkett, *American Dictionaries of the English Language before 1861*, 177.

"韦伯斯特国际词典——特别是其发音"，《新英格兰人》第53期（1890年）：第423页，引用于伯克特，《1861年之前的美国英语词典》，第177页。

23. The memoir, which Webster himself wrote, appeared originally in 1834 in *The National Portrait Gallery of Distinguished Americans*, ed. Longacre and Herring, 2:10; it appears in the 1847 Merriam edition with Goodrich's additions on xv–xxii.

韦伯斯特自己撰写的回忆录最初于1834年发表在《美国杰出人物国家肖像馆》中，朗埃克、赫林编辑，第2章，第10页；该回忆录发表在1847年的梅里亚姆版词典中，古德里奇在第15—22页上添加了内容。

24. Twain, *Roughing It* (1872), *The Complete Works of Mark Twain* (New York: Harper and Brothers, 1913), 5, 19, 20. See also Twain's letter to the Merriam Company, March 1891, Merriam Papers, box 8, folder 70.

马克·吐温，《艰苦岁月》（1872年），《马克·吐温全集》（纽约：哈珀兄弟出版公司，1913年），第5、19、20页。另见吐温写给梅里亚姆兄弟出版公司的信，1891年3月，梅里亚姆文件，8号箱，70号文件夹。

25. Goodrich to Merriams, December 1, 1847, Merriam Papers, box 9, folder 122; Worcester, *A Gross Literary Fraud Exposed* (1853), 15.

古德里奇致函梅里亚姆兄弟，1847年12月1日，梅里亚姆文件，9号箱，122号文件夹；伍斯特，《严重文学骗局曝光——与在伦敦出版的伍斯特词典有关》（1853年），第15页。

26. Worcester, *A Gross Literary Fraud Exposed*, 16–17.

伍斯特，《严重文学骗局曝光——与在伦敦出版的伍斯特词典有关》，第16—17页。

27. Charles Merriam to Ellsworth, March 2, 1846, Merriam Papers, box 9, folder 98.

查尔斯·梅里亚姆致函埃尔斯沃斯，1846年3月2日，梅里亚姆文件，9号箱，98号文件夹。

第十二章

1.Merriam, advertisement in the *Boston Daily Advertiser*, August 5, 1853, cited in Worcester, *A Gross Literary Fraud Exposed*, 5; Worcester to Wilkins, August 23, 1853, cited in Worcester, *A Gross Literary Fraud Exposed*, 6. For accounts of the London fraud and the subsequent turmoil that erupted, see Higgins, *A Distinguished and Gracious New England Lexicographer*, 94–96; and Micklethwait, *Noah Webster and the American Dictionary*, 283-285.

梅里亚姆，1853年8月5日在《波士顿每日广告报》上刊登的广告，引用于伍斯特，《严重文学骗局曝光——与在伦敦出版的伍斯特词典有关》，第5页；伍斯特致函威尔金斯，1853年8月23日，引用于伍斯特，《严重文学骗局曝光——与在伦敦出版的伍斯特词典有关》，第6页。关于伦敦骗局和随后爆发的骚乱，见希金斯，《温文尔雅的新英格兰词典编纂者》，第94—96页；米克勒斯维特，《诺亚·韦伯斯特与美国英语词典》，第283—285页。

2.Micklethwait, *Noah Webster and the American Dictionary*, 284, surmises that Bohn's motivation for the fraudulent edition could be traced to his frustrated desire to publish an edition of the Goodrich/Worcester abridgment. Since Goodrich had his own London publisher for the abridgment (Ingram, Cooke, and Co.), the next best thing for Bohn was to publish Worcester's book in what looked like a pretty good facsimile of that abridgment, the same size but stamped "Webster's Dictionary" in gold on the spine. That way he could pass it off as the abridgment and claim it had been made from Webster's materials.

米克勒斯维特，《诺亚·韦伯斯特与美国英语词典》，第284页，推测博恩出版伪造版本的动机可以追溯到他对出版古德里奇–伍斯特删减本的失望。由于古德里奇在伦敦有其删减本的出版商（英格拉姆–库克出版公司），博恩只能退而求其次出版伍斯特的词典，并做成颇似删减本的复制品，大小相同，但书脊上印有金色的"韦伯斯特词典"字样。这样，他就可以冒充删减本，并声称它是用韦伯斯特的素材制作的。

3.Worcester to Wilkins, August 24, 1853, cited in Worcester, *A Gross Literary Fraud Exposed*, 7.

伍斯特致函威尔金斯，1853年8月24日，引用于伍斯特，《严重文学骗局曝光——与在伦敦出版的伍斯特词典有关》，第7页。

4.Wilkins to Worcester, August 31, 1853, cited in *A Gross Literary Fraud Exposed*, 8-9.

威尔金斯致函伍斯特，1853年8月31日，引用于《严重文学骗局曝光——与在伦敦出版的伍斯特词典有关》，第8—9页。

5.*Illustrated London News*, February 12, 1853.

《伦敦新闻画报》，1853年2月12日。

6.Lowndes, *The Bibliographer's Manual of English Literature*.

朗兹，《英国文学书目手册》。

7.Micklethwait, *Noah Webster and the American Dictionary*, 283.

米克勒斯维特，《诺亚·韦伯斯特与美国英语词典》，第283页。

8.Merriam, *The English Dictionaries of Webster and Worcester*; Worcester to Wilkins, August 23, 1853, cited in Worcester, *A Gross Literary Fraud Exposed*, 7; Worcester to Jenks, Hickling, and Swan, September 30, 1853, cited in Worcester, *A Gross Literary Fraud Exposed*, 3.

梅里亚姆，《韦伯斯特与伍斯特的英语词典》；伍斯特致函威尔金斯，1853年8月23日，引用于伍斯特，《严重文学骗局曝光——与在伦敦出版的伍斯特词典有关》，第7页；伍斯特致函詹克斯、希克林和斯旺，1853年9月30日，引用于伍斯特，《严重文学骗局曝光——与在伦敦出版的伍斯特词典有关》，第3页。

9.For a good account of the publishers' interaction with Worcester, see Leach, "A Stabilizing Influence" 41–48. His summary sheds light on the Merriams' aggressive strategy for capitalizing on the Bohn scandal.

有关出版商与伍斯特互动的详细说明，请参见利奇，"稳定的影响：'词典之战'，1848—1861"，第41—48页。他的总结揭示了梅里亚姆兄弟利用博恩丑闻的进攻性策略。

10.Worcester, *A Gross Literary Fraud Exposed*, 10.

伍斯特，《严重文学骗局曝光——与在伦敦出版的伍斯特词典有关》，第10页。

11.Charles and George Merriam, *The English Dictionaries of Webster and Worcester*, 12; Charles and George Merriam, *Worcester's Dictionary Published in England under the Guise of Webster's Dictionary*, 3, 5. In order to take advantage of their marketing advantage in the western parts of the country, the Merriams decided to do their advertising there first and only later in New England.

查尔斯·梅里亚姆和乔治·梅里亚姆,《韦伯斯特与伍斯特的英语词典》,第12页;查尔斯·梅里亚姆和乔治·梅里亚姆,《以韦伯斯特词典为幌子在英国出版的伍斯特词典》,第3、5页。为了利用他们在美国西部的营销优势,梅里亚姆兄弟决定先在那里做广告,然后才在新英格兰做广告。

12. Worcester, *A Gross Literary Fraud Exposed*, 11.
伍斯特,《严重文学骗局曝光——与在伦敦出版的伍斯特词典有关》,第11页。

13. Worcester, *A Gross Literary Fraud Exposed*, 13.
伍斯特,《严重文学骗局曝光——与在伦敦出版的伍斯特词典有关》,第13页。

14. Worcester to Goodrich, October 26, 1853, cited in *A Gross Literary Fraud Exposed*, 25.
伍斯特致函古德里奇,1853年10月26日,引用于《严重文学骗局曝光——与在伦敦出版的伍斯特词典有关》,第25页。

15. Goodrich to Worcester, November 2, 1853, Merriam Papers, box 10, folder 127.
古德里奇致函伍斯特,1853年11月2日,梅里亚姆文件,10号箱,127号文件夹。

16. Worcester to Goodrich, November 21, 1853, cited in Worcester, *A Gross Literary Fraud Exposed*, 26.
伍斯特致函古德里奇,1853年11月21日,引用于伍斯特,《严重文学骗局曝光——与在伦敦出版的伍斯特词典有关》,第26页。

17. Merriam pamphlet, early December, *A Gross Literary Fraud Exposed*, 26; Worcester on the pamphlet, Worcester, *A Gross Literary Fraud Exposed*, 26.
梅里亚姆宣传册,12月初,《严重文学骗局曝光——与在伦敦出版的以韦伯斯特词典为名的伍斯特词典有关》,第26页;伍斯特在该宣传册上,伍斯特,《严重文学骗局曝光——与在伦敦出版的伍斯特词典有关》,第26页。

18. Worcester to Converse, December 13, 1853, and Converse to Worcester, December 19, 1853: Merriam and both of them cited in Worcester, *A Gross Literary Fraud Exposed*, 26–27.
伍斯特致函康弗斯,1853年12月13日,以及康弗斯致函伍斯特,1853年12月

19日：梅里亚姆和他们两人都引用于伍斯特，《严重文学骗局曝光——与在伦敦出版的伍斯特词典有关》，第26—27页。

19.Merriams quoted in Worcester, *A Gross Literary Fraud Exposed*, 14.
梅里亚姆引用于伍斯特，《严重文学骗局曝光——与在伦敦出版的伍斯特词典有关》，第14页。

20.Worcester, *A Gross Literary Fraud Exposed*, 14–15, 28, 30.
伍斯特，《严重文学骗局曝光——与在伦敦出版的伍斯特词典有关》，第14—15、28、30页。

21.Worcester to Goodrich, January 31, 1854, appendix 2, *A Gross Literary Fraud Exposed*, 30.
伍斯特致函古德里奇，1854年1月31日，附录2，《严重文学骗局曝光——与在伦敦出版的伍斯特词典有关》，第30页。

22.Goodrich to Merriams, October 27, 1853, Merriam Papers, box 10, folder 127; Goodrich to Merriams, November 4, 1853, Merriam Papers, box 10, folder 127.
古德里奇致函梅里亚姆兄弟，1853年10月27日，梅里亚姆文件，10号箱，127号文件夹；古德里奇致函梅里亚姆兄弟，1853年11月4日，梅里亚姆文件，10号箱，127号文件夹。

23.Goodrich to Merriams, February 17, 1854, Merriam Papers, box 10, folder 129. See Charles and George Merriam, *Worcester's Dictionary Published in England under the Guise of Webster's Dictionary*, 6.
古德里奇致函梅里亚姆兄弟，1854年2月17日，梅里亚姆文件，10号箱，129号文件夹。参见查尔斯·梅里亚姆和乔治·梅里亚姆，《以韦伯斯特词典为幌子在英国出版的伍斯特词典》，第6页。

24.Goodrich to Merriams, February 4, 1854, Merriam Papers, box 10, folder 129.
古德里奇致函梅里亚姆兄弟，1854年2月4日，梅里亚姆文件，10号箱，129号文件夹。

25.Goodrich to Merriams, February 4, 1854, Merriam Papers, box 10, folder 129.
古德里奇致函梅里亚姆兄弟，1854年2月4日，梅里亚姆文件，10号箱，129号文件夹。

26.Goodrich to Merriams, March 31, 1854, Merriam Papers, box 10, folder 129.

古德里奇致函梅里亚姆兄弟，1854年3月31日，梅里亚姆文件，10号箱，129号文件夹。

27.Goodrich to Merriams, May 3, 1854, Merriam Papers, box 10, folder 129; Worcester, *A Gross Literary Fraud Exposed*, "Postscript," 34.

古德里奇致函梅里亚姆兄弟，1854年5月3日，梅里亚姆文件，10号箱，129号文件夹；伍斯特，《严重文学骗局曝光——与在伦敦出版的伍斯特词典有关》，"后记"，第34页。

28.Worcester to Goodrich, April 14, 1854, in *A Gross Literary Fraud Exposed*, appendix 3, 31-33.

伍斯特致函古德里奇，1854年4月14日，《严重文学骗局曝光——与在伦敦出版的伍斯特词典有关》，附录3，第31—33页。

29.Worcester, *A Gross Literary Fraud Exposed*, 34.

伍斯特，《严重文学骗局曝光——与在伦敦出版的伍斯特词典有关》，第34页。

30. In the preceding three years, Worcester had also come out with *An Elementary Dictionary for Common Schools, with Pronouncing Vocabularies of Classical, Scripture, and Modern Geographical Names* (1850) and his "little manual" *A Primary Pronouncing Dictionary of the English Language* (1851). Both sold well.

在先前的3年里，伍斯特还出版了《普通学校基础词典，附古典、经文和现代地名发音词汇表》（1850年）以及"小手册"《英语初级发音词典》（1851年）。两本词典都很畅销。

第十三章

1.Sherman Converse to his son George, March 3, 1851 (found at a blog, Spared and Shared, belonging to "Griff," who bought the letter at an unidentified auction, http://sparedshared4 .wordpress.com/1851).

谢尔曼·康弗斯致函其子乔治，1851年3月3日（在一个名为"幸免与分享"的博客中找到的，属于"格里夫"，他在一次不明的拍卖会上买下了这封信，http://sparedshared4 .wordpress.com/1851）。

2.Converse to Worcester, December 19, 1853, in *A Gross Literary Fraud Exposed*, appendix 3, 3-4. (Worcester tacked on Converse's "Answer" at the end of appendix 3, with its own separate pagination.)

康弗斯致函伍斯特,1853年12月19日,见《严重文学骗局曝光——与在伦敦出版的伍斯特词典有关》,附录3,第3—4页。(伍斯特在附录3末尾附加了康弗斯的"回函",并设置了独立页码。)

3.*A Gross Literary Fraud Exposed*, appendix 3, 33-34.

《严重文学骗局曝光——与在伦敦出版的伍斯特词典有关》,附录3,第33—34页。

4.Converse, "Answer," 4-5.

康弗斯,"回函",第4—5页。

5.For an idea of the scale of public censure of Webster up through the publication of his *Compendious Dictionary*, see Cassedy, "'A Dictionary Which We Do Not Want.'"

关于公众对韦伯斯特极其《简明英语词典》的谴责程度,请参见卡塞迪,"一部我们不想要的词典"。

6.Converse, "Answer," 5-6.

康弗斯,"回函",第5—6页。

7.Converse, "Answer," 6-7.

康弗斯,"回函",第6—7页。

8.Converse, "Answer," 10.

康弗斯,"回函",第10页。

9.Converse, "Answer," 10.

康弗斯,"回函",第10页。

10.Converse to Worcester, August 30, 1854, postscript to the "Answer," *A Gross Literary Fraud Exposed*, appendix 3, 11-12. Converse's allusion to the Merriams' "dark insinuations" is in "Answer," 11.

康弗斯致函伍斯特,1854年8月30日,"回函"附言,《严重文学骗局曝光——与在伦敦出版的伍斯特词典有关》,附录3,第11—12页。康弗斯对梅里亚姆兄弟的"暗讽"在"回函"第11页。

11. Converse to Worcester, August 30, 1854, postscript to the "Answer," *A Gross Literary Fraud Exposed*, appendix 3, 12.

   康弗斯致函伍斯特，1854年8月30日，"回函"附言，《严重文学骗局曝光——与在伦敦出版的伍斯特词典有关》，附录3，第12页。

12. Converse to Goodrich, April 3, 1854, GFP, box 1, folder 29.

   康弗斯致函古德里奇，1854年4月3日，GFP，1号箱，29号文件夹。

13. Goodrich to the Merriams, May 3, 1854, Merriam Papers, Box 10, folder 129.

   古德里奇致函梅里亚姆兄弟，1854年5月3日，梅里亚姆文件，10号箱，129号文件夹。

14. G. and C. Merriam, *A Summary summing of the Charges with Their Refutations in Attacks upon Noah Webster, LL.D., His Dictionaries, or His Publishers, Made by Mr. Joseph Worcester, Mr. Sherman Converse, and Messrs. Jenks, Hickling, and Swan* (1854), 20. Converse to Worcester, August 30, 1854, "Answer," 12.

   乔治·梅里亚姆和查尔斯·梅里亚姆，《对指责的总结与反驳：约瑟夫·爱默生·伍斯特先生、谢尔曼·康弗斯先生，以及詹克斯、希克林和斯旺三位先生对法学博士诺亚·韦伯斯特及其词典或其出版商之攻击》（1854年），第20页。康弗斯致函伍斯特，1854年8月30日，"回函"，第12页。

第十四章

1. Swan, *A Reply to Messrs. G. and C. Merriam's Attack on the Character of Dr. Worcester and His Dictionaries*, 14.

   斯旺，《驳梅里亚姆兄弟两位先生对伍斯特博士品格及其词典的攻击》，第14页。

2. A vast amount of scholarship has been published on child development in America, but especially useful here has been Smith, *Theories of Education in Early America, 1655–1819*, chap. 13; and Volo and Volo, *Family Life in 19th-Century America*.

   美国已经出版了大量关于儿童培养的学术著作，但这方面特别有用的作品当属史密斯，《美国早期教育理论——1655—1819年》，第13章；及沃洛、沃洛，《十九世纪美国家庭生活》。

3. Swan, *A Reply to Messrs. G. and C. Merriam's Attack*, 16–19, 25.

斯旺，《驳梅里亚姆兄弟两位先生对伍斯特博士品格及其词典的攻击》，第16—19、25页。

4.These sales figures are drawn from tables prepared by Burkett, *American Dictionaries of the English Language before 1861*, 263–69; she compiled her figures from an appendix to the Merriams' advertising volume, *Have We a National Standard of English Lexicography?*, 17–20. The sales figures reported by seventy-four book dealers across the country from March to May 1854, the same year in which Swan published his pamphlet, was bad news for Worcester and his supporters. It showed that the overwhelming majority of sales were of Webster: 2,422 to 425 in New York City (a ratio of almost six-to-one); in Philadelphia, 123 to 4 (a ratio of thirty-to-one); in Chicago, 1,650 to zero (reported); in Vicksburg, Mississippi, 55 to 1.

这些销售数据源自伯克特，《1861年之前的美国英语词典》编制的表格，第263-269页；她根据梅里亚姆兄弟的广告册，《我们有英语词典编纂的国家标准吗？》的附录汇编了自己的数据，第17—20页。1854年3月—5月，即斯旺出版其宣传册的同一年，全国74家书商公布的销售数据对伍斯特及其支持者来说是个不利的消息。该数据表明绝大多数的销售量来自韦伯斯特：纽约市为2422册比425册（几乎为6比1）；费城为123册比4册（约为30比1）；芝加哥为1650册比0册（据报道）；密西西比州维克斯堡为55册比1册。

5.In his *Reply* to the Merriams in 1854, Swan cited their remark, "In the Empire State of New York, and at the West, Worcester is almost wholly unknown" (32).

1854年，斯旺在《驳梅里亚姆兄弟两位先生对伍斯特博士品格及其词典的攻击》中引用了他们的话："在纽约和美国西部，伍斯特几乎完全不为人所知。"（第32页）

6.Charles Merriam to Goodrich, September 5, 1853, Merriam Papers, box 10, folder 125. See Bhaskar, *The Content Machine*, 27.

查尔斯·梅里亚姆致函古德里奇，1853年9月5日，梅里亚姆文件，10号箱，125号文件夹。参见巴斯卡尔，《内容机器》，第27页。

7.Charles Merriam to Goodrich, September 5, 1853, Merriam Papers, box 10, folder 125.

查尔斯·梅里亚姆致函古德里奇，1853年9月5日，梅里亚姆文件，10号箱，125号文件夹。

8.Charles Merriam to Goodrich, September 5, 1853, Merriam Papers, box 10, folder 125.

查尔斯·梅里亚姆致函古德里奇，1853年9月5日，梅里亚姆文件，10号箱，125号文件夹。

9.Charles Merriam to Goodrich, September 5, 1853, Merriam Papers, box 10, folder 125.

查尔斯·梅里亚姆致函古德里奇，1853年9月5日，梅里亚姆文件，10号箱，125号文件夹。

10.See Cmiel, *Democratic Eloquence*, 86–87.

见卡米尔，《民主雄辩》，第86—87页。

11.Swan, *A Reply to Messrs. G. and C. Merriam's Attack*, 21; Swan cited Irving's comment in this *Reply*, 30.

斯旺，《驳梅里亚姆兄弟两位先生对伍斯特博士品格及其词典的攻击》，第21页；斯旺在该宣传册中引用了欧文的评论，第30页。

12.Irving to Beekman, reprinted in *A Reply to Messrs. G. and C. Merriam's Attack*, 30. See Kime, Pierre M. Irving and Washington Irving, 152.

欧文致函比克曼，转载于《驳梅里亚姆兄弟两位先生对伍斯特博士品格及其词典的攻击》，第30页。参见凯姆，《皮埃尔·M.欧文与华盛顿·欧文》，第152页。

13.*Boston Daily Advertiser*, July 29 and August 5, 1853 (cited in Burkett, *American Dictionaries of the English Language before 1861*, 228–229 and 229–231, respectively).

《波士顿每日广告报》，1853年7月29日和8月5日（分别引用于伯克特，《1861年之前的美国英语词典》第228—229页和第229—231页）。

14.*Boston Daily Advertiser*, August 5, 1853.

《波士顿每日广告报》，1853年8月5日。

15.Beekman, cited in Swan, *A Reply to Messrs. G. and C. Merriam's Attack*, 29–30.

比克曼，引用于斯旺，《驳梅里亚姆兄弟两位先生对伍斯特博士品格及其词典的攻击》,第29—30页。

16.Swan, *A Reply to Messrs. G. and C. Merriam's Attack*, 32.
斯旺,《驳梅里亚姆兄弟两位先生对伍斯特博士品格及其词典的攻击》,第32页。

17.Holmes, *The Professor at the Breakfast-Table*, 45.
霍姆斯,《早餐桌上的教授》,第45页。

18.Holmes, *The Autocrat of the Breakfast-Table*, 145.
霍姆斯,《早餐桌上的独裁者》,第145页。

19.Holmes, *The Autocrat of the Breakfast-Table*, 145; Holmes to Worcester, July 5, 1852, Massachusetts Historical Society, microfilm P-347, reel 52, p. 134.
霍姆斯,《早餐桌上的独裁者》,第145页;霍姆斯致函伍斯特,1852年7月5日,马萨诸塞州历史学会,缩微胶片P-347,第52卷,第134页。

20.Holmes, *The Professor at the Breakfast-Table*, 40–44.
霍姆斯,《早餐桌上的教授》,第40—44页。

21.Holmes, *The Poet at the Breakfast-Table* (reprint, Boston, 1887), 9.
霍姆斯,《早餐桌上的诗人》(再版,波士顿,1887年),第9页。

22.Holmes, "To George Peabody," in *Parnassus*, ed. Ralph Waldo Emerson (Boston: Houghton, Osgood, and Co., 1880).
霍姆斯,"致函乔治·皮博迪",《诗坛》,拉尔夫·沃尔多·爱默生编辑(波士顿:霍顿–奥斯古德出版公司,1880年)。

第十五章

1.Tocqueville, *Democracy in America*, 2:296. For some of the information regarding newspapers, see "American Newspapers, 1800–1860: City Newspapers," University of Illinois Library (Urbana-Champaign), video (2015).
托克维尔,《论美国的民主》,第2章,第296页。有关报纸的一些信息,请参阅"美国报纸,1800—1860年:城市报纸",伊利诺伊大学图书馆(厄巴纳–香槟分校),视频(2015年)。

2.*New York Times*, April 15, 1868; Gould, *Good English*; "Mr. Beecher on

Newspapers," *New York Tribune*, May 19, 1879. Cmiel provides an excellent account of the social trends affecting language in mid-nineteenth-century America in *Democratic Eloquence*, chaps. 2 and 4.

《纽约时报》,1868年4月15日;古尔德,《好英语;或常见语言错误》;"报纸上的比彻先生",《纽约论坛报》,1879年5月19日。卡米尔在《民主雄辩》一书中精彩地描述了影响十九世纪中期美国语言的社会趋势,第2、4章。

3. Reprinted in Swan, *A Reply to Messrs. G. and C. Merriam's Attack*, 31.

转载于斯旺,《驳梅里亚姆兄弟两位先生对伍斯特博士品格及其词典的攻击》,第31页。

4. Worcester, "Introduction," *A Universal and Critical Dictionary of the English Language*, lvii.

伍斯特,"导论",《通用型批判性英语语言词典》,第57页。

5. G. and C. Merriam, *Have We a National Standard of English Lexicography?*, 5–16; about this pamphlet, see Higgins, *A Distinguished and Gracious New England Lexicographer*, 99–101, on which I have drawn. Friend has an account of the 1846 and 1860 Worcester editions in *The Development of American Lexicography*, 90–95, 95–103. I have referred to several examples mentioned in those pages.

乔治·梅里亚姆和查尔斯·梅里亚姆,《我们有英语词典编纂的国家标准吗?》,第5—16页;关于这本宣传册,请参阅希金斯,《温文尔雅的新英格兰词典编纂者》,第99—101页,我的引用源于此。佛伦德在《美国词典编纂的发展,1798—1864年》中描述了伍斯特词典1846年和1860年两个版本,第90—95、95—103页。我参考了这些页中提到的几个例子。

6. On Stowe and the Merriams' defense of him, see Higgins, *A Distinguished and Gracious New England Lexicographer*, 101–102.

关于斯托和梅里亚姆兄弟对其的辩护,见希金斯,《温文尔雅的新英格兰词典编纂者》,第101—102页。

7. *Boston Post,* March 22, 1855.

《波士顿邮报》,1855年3月22日。

8. Poole, "Battle of the Dictionaries." See also Burkett, *American Dictionaries of the English Language before 1861*, 245; and especially Higgins's summary in *A*

Distinguished and Gracious New England Lexicographer, 103ff. On the growth of mercantile libraries, see Augst, "The Business of Reading in Nineteenth-Century America."

普尔,"词典之战"。另见伯克特,《1861年之前的美国英语词典》,第245页;尤其是希金斯在《温文尔雅的新英格兰词典编纂者》中的总结,第103全幅页。关于商业图书馆的发展,见奥格斯特,"十九世纪美国的阅读事业"。

9. G. and C. Merriam, *A Summary Summing of the Charges, with Their Refutations*; *Glances at the Metropolis: A Hundred Illustrated Gems* (New York, 1854), 1–printed as a foreword to *Dictionaries in the Boston Mercantile Library and Boston Athenaeum*, reprinted with that new title from the *Mercantile Library Reporter*. The Abigail Adams citation is taken from Jill Lepore, *The Story of America*, 132. See also Williamson, William Frederick Poole and the *Modern Library Movement*; and Poole, Dictionaries in the *Boston Mercantile Library Association and Boston Athenaeum*.

乔治·梅里亚姆和查尔斯·梅里亚姆,《对指责的总结与反驳》;《大都市概览:百部图文并茂的瑰宝》(纽约,1854年),第1页——作为《波士顿商业图书馆和波士顿雅典娜图书馆之馆藏词典》前言刊载,在《商业图书馆通讯》中以上述新标题复刊。阿比盖尔·亚当斯的引文摘自吉尔·莱波尔,《美国故事》,第132页。另见威廉姆森、威廉·弗雷德里克·普尔及《现代图书馆运动》;及普尔,《波士顿商业图书馆协会和波士顿雅典娜图书馆之馆藏词典》。

10. Worcester, *A Pronouncing, Explanatory and Synonymous Dictionary of the English Language*, 3.

伍斯特,《英语发音、解释和同义词典》,第3页。

11. Worcester, *A Pronouncing, Explanatory and Synonymous Dictionary of the English Language*, 4.

伍斯特,《英语发音、解释和同义词典》,第4页。

12. Worcester, *A Pronouncing, Explanatory and Synonymous Dictionary of the English Language*, 4.

伍斯特,《英语发音、解释和同义词典》,第4页。

13. Landau, *Dictionaries: The Art and Craft of Lexicography*, 104, 105–106. Landau

notes that synonym discriminations are more difficult to prepare than thesauruses, which is why they have not been as popular as the latter. Two important books on synonyms that followed Worcester's in the late nineteenth century were Charles John Smith's *Synonyms Discriminated* and James C. Fernald's *English Synonyms and Antonyms*. Worcester's new dictionary was published just two years before—and may even have influenced—Dean Richard Chevenix Trench's game-changing call to the London Philological Society in 1857 for a dictionary (eventually named the *Oxford English Dictionary*) that paid far more attention than even Worcester's to "the distinguishing of synonymous words." For sales statistics of Worcester's dictionary, see Allibone, *A Critical Dictionary of English Literature and British and American Authors*, vol. 1.

兰道，《论词典：词典编纂之工艺美术》，第104，105—106页。兰道指出，同义词辨析比同义词词典更难编写，这就是为什么同义词辨析不如同义词词典更普遍的原因。十九世纪末，紧随伍斯特之后的两本关于同义词的重要著作是查尔斯·约翰·史密斯的《同义词辨析》和詹姆斯·C. 费纳尔德的《英语同义词和反义词》。伍斯特的新词典仅仅在两年前出版——甚至可能影响了理查德·切维尼克斯·特伦奇院长在1857年向伦敦语言学学会发出的对一部词典改变游戏规则的呼吁（最终命名为《牛津英语词典》），它比伍斯特的词典更关注"同义词的辨析"。有关伍斯特词典的销售统计，请参阅阿里博恩，《英国文学与英美作家批判性词典》，第1卷。

14. Worcester, *A Pronouncing, Explanatory and Synonymous Dictionary of the English Language*, 2, 23, 5. See also Higgins, *A Distinguished and Gracious New England Lexicographer*, 105.

伍斯特，《英语发音、解释和同义词典》，第2、23、5页。另见希金斯，《温文尔雅的新英格兰词典编纂者》，第105页。

15. Worcester, *A Pronouncing, Explanatory and Synonymous Dictionary of the English Language*, 5.

伍斯特，《英语发音、解释和同义词典》，第5页。

16. Worcester, *A Pronouncing, Explanatory and Synonymous Dictionary of the English Language*, 21.

伍斯特，《英语发音、解释和同义词典》，第21页。

17. Smart to Worcester, December 26, 1856 (letter headed, Athenaeum Club, Pall-Mall, London), Worcester Letters.
斯马特致函伍斯特，1856年12月26日（带有信头，蓓尔美尔街雅典娜俱乐部），伍斯特信札。

18. Gould, *Good English; or Popular Errors in Language*; Swan, *A Reply to Messrs. G. and C. Merriam's Attack on the Character of Dr. Worcester and His Dictionaries*, 30-31.
古尔德，《好英语；或常见语言错误》；斯旺，《驳梅里亚姆兄弟两位先生对伍斯特博士品格及其词典的攻击》，第30—31页。

19. Gould, "A Review of Webster's Orthography," reprinted in Swan, *Recommendations of Worcester's Dictionaries; to which is Prefixed a Review of Webster's System of Orthography from the United States Democratic Review, for March* 1856, 2.
古尔德，"韦伯斯特的正字法评述"，转载于斯旺，《关于伍斯特词典的建议；前文含1856年3月，美国〈民主评论〉中的一篇对韦伯斯特正字法体系的评述》，第2页。

20. Cobb to the Merriams, September 11 and 30, 1856, Merriam Papers, box 8, folder 72.
科布致函梅里亚姆兄弟，1856年9月11日和30日，梅里亚姆文件，8号箱，72号文件夹。

21. Higgins provides the best detailed account of Gould's attacks on Webster and Sargent's counterattacks in *A Distinguished and Gracious New England Lexicographer*, 107–116. See also Swan, *The Critic Criticized*.
希金斯在《温文尔雅的新英格兰词典编纂者》中对古尔德对攻击韦伯斯特和萨金特的反击进行了最详尽的描述，第107—116页。另见斯旺，《批评家的批评：对韦伯斯特体系评述之答复》。

22. *Vanity Fair*, March 24, 1860, 210; *Old Guard* 7 (November 1869): 876; *Knickerbocker* 60 (August 1862): 185; Bryant, *New York Evening Post*, March 22, 1856.
《名利场》，1860年3月24日，第210页；《老守卫》第7期（1869年11月）：第876页；《尼克博克》第60期（1862年8月）：第185页；布莱恩特，《纽约晚间邮报》,1856年3月22日。

23.Worcester to Samuel T. Worcester, January 24, May 1, and October 17, 1859, Worcester Letters.
伍斯特致函塞缪尔·T. 伍斯特，1859年1月24日、5月1日和10月17日，伍斯特信札。

24.Goodrich to the Merriams, March 18, 1857, Merriam Papers, box 10, folder 131.
古德里奇特致函梅里亚姆兄弟，1857年3月18日，梅里亚姆文件，10号箱，131号文件夹。

25.Goodrich to the Merriams, March 18, 1857, Merriam Papers, box 10, folder 131.
古德里奇特致函梅里亚姆兄弟，1857年3月18日，梅里亚姆文件，10号箱，131号文件夹。

26.Goodrich to Charles Merriam, May 6, 1857, Merriam Papers, box 10, folder 13.
古德里奇致函查尔斯·梅里亚姆，1857年5月6日，梅里亚姆文件，10号箱，13号文件夹。

27.Charles Merriam to Goodrich, October 27, 1858, Merriam Papers, box 10, folder 132.
查尔斯·梅里亚姆致函古德里奇，1858年10月27日，梅里亚姆文件，10号箱，132号文件夹。

第十六章

1.Goodrich to William Webster, December 17, 1858, GFP, box 9, folder 34.
古德里奇致函威廉·韦伯斯特，1858年12月17日，GFP，9号箱，34号文件夹。

2.Gould, "Webster's Dictionary," *Home Journal* (March 1859), cited in Micklethwait, *Noah Webster and the American Dictionary*, 291–292 (also cited in Higgins, *A Distinguished and Gracious New England Lexicographer*, 121–123). "Jonathan's" letter in the *Home Journal* commending Gould's article is cited by Micklethwait, *Noah Webster and the American Dictionary*, 293.
古尔德，"韦伯斯特词典"，《家庭杂志》（1859年3月），引用于米克勒斯维特，《诺亚·韦伯斯特与美国英语词典》，第291—292页（还引用于希金斯，《温文尔雅的新英格兰词典编纂者》，第121—123页）。《家庭杂志》中"乔纳森"

推荐古尔德文章的信引用于米克勒斯维特,《诺亚·韦伯斯特与美国英语词典》,第293页。

3.Poole, *The Orthographical Hobgoblin*, 5, 4.
普尔,《正字法精灵》,第5、4页。

4.Poole, *The Orthographical Hobgoblin*, 7–14.
普尔,《正字法精灵》,第7—14页。

5.*Atlantic Monthly* (1859), cited by Burkett, *American Dictionaries of the English Language before 1861*, 250; Swan, *A Comparison of Worcester's and Webster's Quarto Dictionaries*, quoted by Burkett, 250; Charles Merriam, "Recollections," Merriam Papers, box 1, folder 696; B. H. Smart, August 1860, and Herbert Coleridge August 7, 1860, in "The Rival Dictionaries," *New York Times*, September 5, 1860.
《大西洋月刊》(1859年),引用于伯克特,《1861年之前的美国英语词典》,第250页;斯旺,《伍斯特和韦伯斯特四开本词典比较》,引用于伯克特,第250页;查尔斯·梅里亚姆,"韦伯斯特词典历史细节回忆",梅里亚姆文件,1号箱,696号文件夹;本杰明·汉弗莱·斯马特,1860年8月,和赫伯特·柯勒律治,1860年8月7日,"敌对词典",《纽约时报》,1860年9月5日。

6.Bosworth to Worcester, March 27, 1860, Massachusetts Historical Society, microfilm P347, reel 55. For analyses of Worcester's 1860 edition, see especially Higgins, *A Distinguished and Gracious New England Lexicographer*, 123-130; Friend, *The Development of American Lexicography 1798–1864*, 95-102; and Burkett, *American Dictionaries of the English Language before 1861*, 212-218.
博斯沃思致函伍斯特,1860年3月27日,马萨诸塞州历史学会,缩微胶卷P347,第55卷。关于伍斯特1860年版的分析,请特别参阅希金斯,《温文尔雅的新英格兰词典编纂者》,第123—130页;佛伦德,《美国词典编纂的发展,1798—1864年》,第95—102页;伯克特,《1861年之前的美国英语词典》,第212—218页。

7.Worcester, *A Dictionary of the English Language* (1860), preface, 3; "Principles of Pronunciation," xi–xxiv.
伍斯特,《英语词典》(1860年),前言,第3页;"发音原则",第11—24页。

8. *New York Times*, May 26, 1860, 9.
《纽约时报》，1860年5月26日，第9期。

9. *New York Times*, May 26, 1860, 9.
《纽约时报》，1860年5月26日，第9期。

10. *North American Review* 90, no. 187 (April 1860): 305, 565–566; Worcester, *A Dictionary of the English Language* (1860), preface, vii.
《北美评论》第90卷，第187期（1860年4月）：第305、565—566页；伍斯特，《英语词典》（1860年），前言，第7页。

11. Holmes to Worcester, January 10, 1860, Massachusetts Historical Society, microfilm P347, reel 55, p. 524; Quincy to Worcester, cited in Newell, "Memoir of J. E. Worcester, LL.D." Horace says of his own poetry, "I have reared (for myself) a monument (or memorial) more enduring than bronze."
霍姆斯致函伍斯特，1860年1月10日，马萨诸塞州历史学会，缩微胶卷P347，第55卷，第524页；昆西致函伍斯特，引用于纽厄尔，"法学博士约瑟夫·爱默生·伍斯特回忆录"。霍勒斯在自己的诗中写道："我建成一座纪念碑，比青铜更坚固。"

12. Hawthorne to Worcester, April 14, 1861, *Select Letters of Nathaniel Hawthorne*, ed. Myerson, 236–237.
霍桑致函伍斯特，1861年4月14日，《纳撒尼尔·霍桑书信选集》，迈尔森编辑，第236—237页。

13. Carlyle, Dickens, and Thackeray to Worcester, all cited in Newell, "Memoir of J. E. Worcester, LL.D.," 173.
卡莱尔、狄更斯和萨克雷致函伍斯特，都引用于纽厄尔，"法学博士约瑟夫·爱默生·伍斯特回忆录"，第173页。

14. Worcester to his brother Samuel, January 24 and 28, 1859, Worcester Letters.
伍斯特致函其弟塞缪尔，1859年1月24日和28日，伍斯特信札。

15. Worcester to Samuel T. Worcester, February 16 and June 26, 1862, Worcester Letters.
伍斯特致函塞缪尔·T. 伍斯特，1862年2月16日和6月26日，伍斯特信札。

16. For a detailed account of this new round of attacks and counterattacks following Worcester's 1860 edition, see Higgins, *A Distinguished and Gracious New England Lexicographer*, 132–144, on which I have drawn for portions of my own briefer account.

   关于这一轮对1860年版伍斯特词典攻击和反击的详细描述,请参见希金斯,《温文尔雅的新英格兰词典编纂者》,第132—144页,我在我自己的简短描述中引用了部分。

17. Marsh, "The Two Dictionaries," *New York World*, June 15, 1860.

   马什,"两本词典",《纽约世界报》,1860年6月15日。

18. "Equal Justice" responded to Marsh in the *New York World*, September 1860; the article was reprinted by the Merriams in *Two Dictionaries: or The Reviewer Reviewed* and quoted by them, 3–4, 5–6, 7, 13, 15.

   "平等正义"对马什的回应刊登在《纽约世界报》,1860年9月;这篇文章由梅里亚姆兄弟在《两本词典:或评论家的评论》转载和引用,第3—4、5—6、7、13、15页。

19. Worcester to Samuel T. Worcester, August 6, 1860, Worcester Letters.

   伍斯特致函塞缪尔·T. 伍斯特,1860年8月6日,伍斯特信札。

20. Swan, *The Critic Criticized and Worcester Vindicated*. Swan's essay is discussed in Higgins, *A Distinguished and Gracious New England Lexicographer*, 133–141.

   斯旺,《批评家的批评与伍斯特的辩护》。对斯旺的文章的讨论,见希金斯,《温文尔雅的新英格兰词典编纂者》,第133—141页。

21. Agassiz quoted in Swan, *A Comparison of Worcester's and Webster's Quarto Dictionaries*, 22.

   阿加西引用于斯旺,《伍斯特和韦伯斯特四开本词典比较》,第22页。

22. *Atlantic Monthly* 5 (May 1860): 631; Wheatley, "Chronological Notices of Dictionaries of the English Language;" *Athenaeum*, October 1873, 48.

   《大西洋月刊》第5期(1860年5月):第631页;惠特利,"英语词典编年表";《雅典娜神殿》,1873年10月,第48页。

23. Green, *Chasing the Sun*, 275.

   格林,《追逐太阳》,第275页。

24. For sales figures, see Burkett, *American Dictionaries of the English Language before 1861*, 263-272.

有关销售数字,请参见伯克特,《1861年之前的美国英语词典》,第263—272页。

25. Worcester to Samuel T. Worcester, April 16, 1865, Worcester Letters. See also Faust, *The Republic of Suffering*.

伍斯特致函塞缪尔·T.伍斯特,1865年4月16日,伍斯特信札。另见福斯特,《这受难的国度》。

26. Worcester's dictionaries, largely unrevised, were left to make their lonely way in the world and pretty well disappeared except for editions of his *Comprehensive Dictionary* in 1871; *The Universal and Critical Dictionary* in 1874; his magnum opus, *A Dictionary of the English Language*, in 1881, 1886, 1908; more recently (with supplement) his *Academic Dictionary: A New Etymological Dictionary of the English Language* in 1888 and 1910; and his *New School Dictionary* in 1926.

伍斯特词典大多未经修订,除了1871年的《综合发音和解释性英语词典》,1874年出版的《通用型批判性英语语言词典》,1881年、1886年、1908年出版的鸿篇巨制《英语词典》;更近期出版的1888年和1910年《学术词典:新英语词源词典》(补编);以及1926年的《新学生用词典》以外,其他几乎均被世人遗忘,自生自灭了。

27. Lippincott to Stewart Archer Steger, quoted in Steger's book, *American Dictionaries*, 82.

利平科特致函斯图尔特·阿彻·斯泰格,引用于斯泰格的书《美国词典》,第82页。

28. Abbot, "Joseph Emerson Worcester," 114–115.

阿博特,"约瑟夫·爱默生·伍斯特",第114—115页。

29. "President's Remarks on Dr. Worcester," *Proceedings of the Massachusetts Historical Society* 8 (November 1864–1865): 467–468.

"会长对伍斯特博士的评论",《马萨诸塞州历史学会会刊》第8期(1864—1865年11月):第467—468页。

第十七章

1. Goodrich to the Merriams, January 1860, Merriam Papers, box 10, folder 134.
   古德里奇致函梅里亚姆兄弟，1860年1月，梅里亚姆报纸，10号箱，134号文件夹。

2. Porter to the Merriams, February 3, 1860, Merriam Papers, box 13, folder 249.
   波特致函梅里亚姆兄弟，1860年2月3日，梅里亚姆文件，13号箱，249号文件夹。

3. Goodrich to the Merriams, January 26, 1860, Merriam Papers, box 10, folder 133.
   古德里奇致函梅里亚姆兄弟，1860年1月26日，梅里亚姆文件，10号箱，133号文件夹。

4. Dexter is quoted in "Chauncey Allen Goodrich: Yale's Professor of Compassion and Revival," *Yale Standard*, February 26, 2012, 7; Woolsey, "A Discourse Commemorative of the Life and Service of the Rev. Chauncey Allen Goodrich."
   德克斯特之言引用于"昌西·艾伦·古德里奇：耶鲁大学充满悲悯致力于基督教复兴的教授"，《耶鲁标准》，2012年2月26日，第7期；伍尔西，"纪念昌西·艾伦·古德里奇生平与侍奉的演讲"。

5. William Adolpus Wheeler to the Merriams, November 29, 1860, Merriam Papers, box 17, folder 349.
   威廉·阿道普斯·惠勒致函梅里亚姆兄弟，1860年11月29日，梅里亚姆文件，17号箱，349号文件夹。

6. Merriams to Wheeler, February 20, 1862, Merriam Papers, box 17, folder 357.
   梅里亚姆兄弟致函惠勒，1862年2月20日，梅里亚姆文件，17号箱，357号文件夹。

7. See Winchester, *The Professor and the Madman*; Kendall, "A Minor Exception;" and Kendall, "Redefining Webster's" (mainly on Gilbert).
   参见温彻斯特，《教授与疯子》；肯德尔，"小小的例外"；肯德尔，"重新定义韦伯斯特词典"（主要关于吉尔伯特）。

8. Charles Merriam, "Recollections," Merriam Papers, box 101, folder 696. For details regarding the stereotyping and publication process of the 1864 edition, see Madeline Kripke, "Guest Post: 'Get the Best': Bringing a Dictionary to Market

in 1864," Merriam-Webster Unabridged, November 20, 2014, http://unabridged.merriam-webster.com/blog/2014/11/guest-post-get-the-best-bringing-a-dictionary-to-market-in-1864. Madeline Kripke owns a vast personal collection of nineteenth-century archives and private papers of the G. & C. Merriam Company, as well as one of the largest collections of dictionaries of English in the world.

查尔斯·梅里亚姆,"韦伯斯特词典历史细节回忆",梅里亚姆文件,101号箱,696号文件夹。有关1864年版的刻板印刷和出版过程详情,请参见玛德琳·克里普克,"特邀文章:'买最好的':1864年将词典推向市场",梅里亚姆版韦伯斯特词典足本,2014年11月20日,http://unabridged.merriam-webster.com/blog/2014/11/guest-post-get-best-Bring-a-dictionary-to-market-in-1864。玛德琳·克里普克收藏了大量的梅里亚姆兄弟出版公司十九世纪档案和私人信件,也是世界上最大的英语词典收藏家之一。

9. "Thank God for Worcester": see Merriam Papers, box 95, folder 681; Porter, preface, *An American Dictionary of the English Language* (1864; rev. and enlarged ed., 1874), v.

"感谢上帝,我们有伍斯特":参见梅里亚姆文件,95号箱,681号文件夹;波特,前言,《美国英语词典》(1864年;修订扩充版,1874年),第5页。

10. Porter, preface, *An American Dictionary of the English Language*, iii, v, iii, viii.

波特,前言,《美国英语词典》,第3、5、3、8页。

11. Leavitt, Noah's Ark, *New England Yankees, and the Endless Quest*, 54. See also Deppman, *Trying to Think with Emily Dickinson*, 113. Deppman's book is an insightful look at how the definitions of words were at the center of much of Dickinson's poetry, and (more specifically) how the 1844 edition of Webster's dictionary, like the *King James Bible*, is "an important source for reading Emily Dickinson's life and work."

莱维特,《挪亚方舟、新英格兰人和无尽的探索》,第54页。另见德普曼,《艾米莉·狄金森思想历程》,第113页。德普曼的书深刻地审视了词的定义是如何成为狄金森大部分诗歌的中心,以及(更具体地说)1844年版的韦伯斯特词典,如基于詹姆士国王钦定版的《对含旧约和新约的通用版本〈圣经〉的语言修正》,是如何"解读艾米莉·狄金森的生平和作品的重要来源"。

12. Emerson to the Merriams, August 21, 1864, Merriam Papers, box 9, folder 102; Longfellow to the Merriams, August 17, 1878, Merriam Papers, box 12, folder 202; Whittier to the Merriams, November 10, 1878 (quoted in Leavitt, *Noah's Ark, New England Yankees, and the Endless Quest*, 66).

    艾默生致函梅里亚姆兄弟,1864年8月21日,梅里亚姆文件,9号箱,102号文件夹;朗费罗致函梅里亚姆兄弟,1878年8月17日,梅里亚姆文件,12号箱,202号文件夹;惠蒂尔致函梅里亚姆兄弟,1878年11月10日(引用于莱维特,《挪亚方舟、新英格兰人和无尽的探索》,第66页)。

13. Twain (Samuel Clemens) to the Merriams, March 1891, Merriam Papers, box 8, folder 70, 14. Whitman, *An American Primer*, 30.

    马克·吐温(塞缪尔·克莱门斯)致函梅里亚姆兄弟,1891年3月,梅里亚姆文件,8号箱,70号文件夹,第14页。惠特曼,《美国初级读物》,第30页。

15. Grant, quoted in Leavitt, *Noah's Ark, New England Yankees, and the Endless Quest*, 65.

    格兰特,引用于莱维特,《挪亚方舟、新英格兰人和无尽的探索》,第65页。

16. "English Dictionaries," *London Quarterly Review*, October 1873, quoted in *Noah's Ark, New England Yankees, and the Endless Quest*, 69.

    "英语词典",《伦敦评论季刊》,1873年10月,引用于《挪亚方舟、新英格兰人和无尽的探索》,第69页。

17. George Merriam to Charles Merriam, November 19, 1844, Merriam Papers, box 12, folder 219.

    乔治·梅里亚姆致函查尔斯·梅里亚姆,1844年11月19日,梅里亚姆文件,12号箱,219号文件夹。

附录A

1. Quoted by Micklethwait, *Noah Webster and the American Dictionary*, 305. For a brief but clear account of the complicated legislation relating to the Merriam brand, see 307.

    引用丁米克勒斯维特,《诺亚·韦伯斯特与美国英语词典》,第305页。关于与梅里亚姆品牌有关的复杂立法的简明扼要的说明,见第307页。

2.On the Webster name, see Micklethwait, *Noah Webster and the American Dictionary*, 299-308.
  关于韦伯斯特的名字,参见米克勒斯维特,《诺亚·韦伯斯特与美国英语词典》,第299—308页。

3.Foreword, *Webster's New World Dictionary of the American Language*, vii.
  前言,《韦伯斯特新世界美国语言词典》,第7页。

参考书目

一、引用和参考的作品

Abbot, Ezra. "Joseph Emerson Worcester." *Proceedings of the American Academy of Arts and Sciences* 7 (May 1865–May 1868): 112–116.

Adams, John. *The Works of John Adams*. 10 vols. Edited by Charles F. Adams. Vol. 9, *Letters and State Papers*, 1799–1811. Boston: Little, Brown and Co., 1856.

Andresen, Julie Tetel. *Linguistics in America 1769–1924: A Critical History*. London: Routledge, 2006.

Bailey, Richard W. *Nineteenth-Century English*. Ann Arbor: University of Michigan Press, 1997.

Basker, James. "Samuel Johnson and the American Common Reader." *Age of Johnson: A Scholarly Annual* 6 (1994): 3–30.

———. *Samuel Johnson in the Mind of Thomas Jefferson*. Charlottesville: University of Virginia Press, 1999.

Béjoint, Henri. *The Lexicography of English: From Origins to Present.* Oxford: Oxford University Press, 2010.

Belknap, Jeremy. *Correspondence between Jeremy Belknap and Ebenezer Hazard*. Massachusetts Historical Society Collections: Jeremy Belknap Papers. Boston: The Society, 1877.

Boorstin, Daniel J. *The Americans: The National Experience*. New York: Random House, 1965. Reprint, New York: History Book Club, 2002.

Boswell, James. *The Life of Samuel Johnson* (1791). Edited by George Birkbell Hill. Revised and enlarged by L. F. Powell. Vol. 3, 1776–1780. Oxford: Oxford

University Press, 1979.

Boucher, Jonathan. *Boucher's Glossary of Archaic and Provincial Words: A Supplement to the Dictionaries of the English Language, Particularly Those of Dr. Johnson and Dr. White*. Edited by Joseph Hunter and Joseph Stevens. London: Black, Young, and Young, 1832-1833.

Bracha, Oren. "The Ideology of Authorship Revisited: Authors, Markets, and Liberal Values in Early American Copyright." *Yale Law Review* 118, no. 2 (November 2008): 186–271.

Brackenridge, Hugh Henry. *Modern Chivalry, Containing the Adventures of Captain John Farrago and Teague O'Regan, his Servant*. Pittsburgh, PA, 1819.

Bristed, John. *The Resources of the United States of America; or, A View of the Agricultural, Commercial, Financial, Political, Literary, Moral and Religious Capacity and Character of the American People*. New York: James Eastburn and Co., 1818.

Buinicki, Martin T. *Negotiating Copyright: Authorship and the Discourse of Literary Rights in Nineteenth-Century America*. New York: Routledge, 2003.

Burkett, Eva Mae. *American Dictionaries of the English Language before 1861*. Metuchen, NJ: Scarecrow Press, 1979.

Butler, Marilyn. *John Horne Tooke, Burke, Paine, Godwin, and the Revolution Controversy*. Cambridge: Cambridge University Press, 1984.

Bynack, Vincent P. "Noah Webster's Linguistic Thought and the Idea of an American National Culture." *Journal of the History of Ideas* 45 (1984): 99–114.

Cassedy, Tim. "'A Dictionary Which We Do Not Want': Defining America against Noah Webster, 1783-1810." *William and Mary Quarterly*, 3rd ser., 71, no. 2 (April 2014): 229–254.

Channing, William Ellery. *The Importance and Means of a National Literature*. London: Edward Rainford, 1830.

Cheever, Susan. *American Bloomsbury: Louisa May Alcott, Ralph Waldo Emerson, Margaret Fuller, Nathaniel Hawthorne, and Henry David Thoreau: Their Lives, Their Loves, Their Work*. Detroit, MI: Thorndike Press, 2006.

Cmiel, Kenneth. "'A Broad Fluid Language of Democracy': Discovering the American Idiom." *Journal of American History* 79, no. 3 (December 1992): 913–936.

———. *Democratic Eloquence: The Fight over Popular Speech in Nineteenth-*

Century America. New York: William Morrow, 1990.

Cobb, Lyman. *A Critical Review of the Orthography of Dr. Webster's Series of Books for Systematick Instruction in the English Language Including His Former Spelling-Book and the Elementary Spelling-Book*. New York: Collins and Hannay, 1831.

Cooper, James Fenimore. *The American Democrat* (1838). Edited by George Dekker and Larry D. Johnston. Baltimore, MD: Penguin Books, 1969.

——. *Notions of the Americans, Picked up by a Travelling Bachelor* (1828). 2 vols. Philadelphia: Carey, Lea, and Blanchard, 1835.

——. *Satanstoe; or, The Littlepage Manuscripts: A Tale of the Colony*. Albany: State University of New York Press, 1990.

Cresswell, Nicholas. *The Journal of Nicholas Cresswell 1774–1777, with a Preface by S. Thornely*. New York: Dial Press, 1924.

DeMaria, Robert, Jr., and Gwin Kolb, eds. *Johnson on the English Language*. Vol. 18 of *The Yale Edition of the Works of Samuel Johnson*. New Haven, CT: Yale University Press, 2005.

Dexter, Franklin B. "Chauncey Allen Goodrich: Yale's Professor of Compassion and Revival." *Yale Standard*, February 26, 2012.

Dexter, Henry M. Editorial. *Congregationalist*, January 27, 1860.

Draper, L. C., ed. "Eulogies on James Gates Percival." *Collections of the Historical Society of Wisconsin* 3 (1904): 66–80.

Dwight, Timothy. *Remarks on the Review of Inchiquin's Letters*. Boston: Samuel T. Armstrong, 1815.

Eaton, Joseph. *The Anglo-American Paper War: Debates about the New Republic*. New York: Palgrave Macmillan, 2012.

——. "From Anglophile to Nationalist: Robert Walsh's An Appeal from the Judgments of Great Britain." *Pennsylvania Magazine of History and Biography* 132, no. 2 (April 2008): 141–171.

Edwards, Lester C. *Glances at the Metropolis: A Hundred Illustrated Gems*. New York: Isaac D. Guyer, 1854.

Emerson, Ralph Waldo. *The Collected Works of Ralph Waldo Emerson: Nature, Addresses, and Lectures*. Edited by Robert E. Spiller and Alfred R. Ferguson.

Cambridge, MA: Harvard University Press, 1971.

"Equal Justice." *Two Dictionaries: or, The Reviewer Reviewed; A Reply to a Correspondent of the New York World*. Springfield, MA: G. and C. Merriam, 1860.

Everett, Edward. "England and America." *North American Review* 13 (1821).

——. "Mr. Walsh's Appeal." *North American Review* 10（April 1820）.

Fischer, Henry W. *Abroad with Mark Twain and Eugene Field: Tales They Told to a Fellow Correspondent*. New York: N. L. Brown, 1922.

Ford, Emily Ellsworth Fowler. *Notes on the Life of Noah Webster*. Edited by Emily Ellsworth Ford Skeel. 2 vols. New York: privately printed, 1912.

Fowler, William C. "American Dialects." In *The English Language in Its Elements and Forms*. New York: Harper and Bros., 1850.

——. *Printed, but Not Published*. Noah Webster Papers, New York Public Library, Mss Col. 3250, vol. 13, no. 7.

Franklin, Benjamin. *Papers of Benjamin Franklin*. Vol. 4. New Haven, CT: Yale University Press, 1961.

Friend, Joseph H. *The Development of American Lexicography, 1798-1864*. The Hague: Mouton, 1967.

Garnett, Richard. "English Lexicography." In *The Philological Essays of the Late Rev. Richard Garnett*, edited by his son. London: Williams and Norgate, 1859.

Goodrich, S. G. *Recollections of a Lifetime*. New York: Miller, Orton and Mulligan, 1856.

Gordon, Lord Adam. *Journal of an Officer Who Travelled in America and the West Indies in 1764 and 1765*. In *Travels in the American Colonies,* edited by Newton D. Mereness. New York: Macmillan, 1916.

Gould, Edward. *Good English; or Popular Errors in Language*. New York: W. J. Widdleton, 1867.

——. "A Review of Webster's Orthography." *Democratic Review* 39 (March 1856). Reprinted in Swan, *Recommendations of Worcester's Dictionaries; to Which Is Prefixed a Review of Webster's System of Orthography from the United States Democratic Review, for March 1856*. Boston: Hickling, Swan, and Brown, 1856.

——. "Webster's Dictionary," *Home Journal*, March 19, 1859.

———. "Worcester's Dictionaries." In *A Reply to Messrs. G. and C. Merriam's Attack on the Character of Dr. Worcester and His Dictionaries*. Boston: Jenks, Hickling, and Swan, 1854.

Green, Jonathon. *Chasing the Sun: Dictionary-Makers and the Dictionaries They Made*. London: Jonathan Cape, 1996. Reprint, London: Random House, 1997.

Grugg, F. W. "Growth of Literacy in Colonial America: Longitudinal Patterns, Economic Models, and the Direction of Future Research." *Social Science History* 14, no. 4 (1990): 451–482.

Hall, Basil. *Travels in North America in the Years 1827 and 1828*. 3 vols. 2nd ed. Edinburgh: Cadell and Co.; London: Simkin and Marshall, 1830.

Hallen, Cynthia L., and Tracy B. Spackman. "Biblical Citations as a Stylistic Standard in Johnson's and Webster's Dictionaries" *Lexis* 5 (2010): 1–56.

Hamilton, Thomas. *Men and Manners in America*. Philadelphia: Carey, Lea, and Blanchard, 1833.

Harte, Bret. *The Works of Bret Harte*. Argonaut ed., vol. 8. New York: P. F. Collier, 1914, by special arrangement with Houghton Mifflin.

Hawthorne, Nathaniel. *Passages from English Note-Books*. 2 vols. London: James R. Osgood and Co., 1876.

Hayashi, Tetsuro. *The Theory of English Lexicography 1530–1791*. Amsterdam: John Benjamins, 1978.

Higgins, Matthew. *A Distinguished and Gracious New England Lexicographer*. Concord, NH: Duncross Books, 2007.

Higginson, Thomas Wentworth. *Old Cambridge*. New York: Macmillan, 1899.

———. *Outdoor Studies Poems*. Cambridge, MA: Riverside Press, 1888, 1900.

Holmes, Oliver Wendell. *The Autocrat of the Breakfast-Table*. Boston: Phillips, Sampson and Co., 1858.

———. *The Poet at the Breakfast-Table*. Boston: James R. Osgood and Co., 1872. Reprint, Boston: Houghton-Mifflin, 1887.

———. *The Professor at the Breakfast-Table*. Boston: Ticknor and Fields, 1860.

Horne Tooke, John. *Diversions of Purley*. London: Thomas Tegg, 1786 (part 1), 1805 (part 2); first American ed., Philadelphia: William Duane, 1806–1807.

Irving, Washington. *The Sketch Book of Geoffrey Crayon, Gent.* New York: C. S. Van Winkle, 1819–1820.

Jefferson, Thomas. *The Adams-Jefferson Letters: The Complete Correspondence between Jefferson and Abigail and John Adams.* Edited by Lester J. Cappon. Chapel Hill: University of North Carolina Press, 1959（later ed., 1988）.

——. *The Papers of Thomas Jefferson.* Retirement Series. Edited by J. Jefferson Looney. Princeton, NJ: Princeton University Press, 2012.

——. *The Writings of Thomas Jefferson.* Vol. 6. Edited by Andrew A. Lipscomb and Albert Ellery Bergh. Washington, DC: Thomas Jefferson Memorial Association of the United States, 1903.

Johnson, Samuel. *A Dictionary of the English Language.* 2 vols. London: J. and P. Knapton et al., 1755.

——. "Review of Lewis Evans, *Analysis of a General Map of the Middle British Colonies in America.*" *Literary Magazine* 1, no. 6（September 15–October 15, 1756）. Reprinted in Donald J. Greene, ed., *Political Writings*, vol. 10 of The Yale Edition of the Works of Samuel Johnson. New Haven, CT: Yale University Press, 1977.

Jones, Sir William. *The Works of Sir William Jones.* London: G. G. and J. Robinson, 1799.

Katula, Richard. *The Eloquence of Edward Everett: America's Greatest Orator.* New York: Peter Lang, 2010.

Kendall, Joshua. *The Forgotten Founding Father: Noah Webster's Obsession and the Creation of an American Culture.* New York: G. P. Putnam's Sons, 2011.

——. "A Minor Exception：On W. C. Minor and Noah Webster." *Nation*, April 4, 2011.

——. "Redefining Webster's." *Johns Hopkins Magazine*, March 2011.

Kent, James. "Anniversary Address to the Phi Beta Kappa Society Chapter of Connecticut," in *Dictionaries in the Boston Mercantile Library and Boston Athenaeum*, 1856.

Kime, Wayne R. *Pierre M. Irving and Washington Irving: A Collaboration in Life and Letters.* Waterloo, ON: Wilfred Laurier University Press, 1977.

Kirkman, Samuel. *English Grammar in Familiar Lessons.* Lecture 1. New York: Robert B. Collins, 1829.

Krapp, George Philip. *The English Language in America.* 2 vols. New York:

Frederick Ungar, 1925.

Landau, Sidney. *Dictionaries: The Art and Craft of Lexicography*. Cambridge: Cambridge University Press, 1989.

———. "Johnson's Influence on Webster and Worcester in Early American Lexicography." *International Journal of Lexicography* 18, no. 2 (June 2005): 217–229.

Lang, Andrew. "Americanisms." Letter (February 23, 1895) to *Academy*, March 2, 1895, 193.

Leach, James F. "A Stabilizing Influence: The 'War of the Dictionaries,' 1848–1861" Master's thesis, University of Massachusetts, 1996.

Leavitt, Robert Keith. *Noah's Ark, New England Yankees, and the Endless Quest: A Short History of the Original Webster Dictionaries, with Particular Reference to Their First Hundred Years as Publications of G. and C. Merriam Co.* Springfield, MA: G. and C. Merriam Co., 1947.

100th Anniversary of the Establishment of the G. and C. Merriam Company, 1831–1931. Springfield, MA: G. and C. Merriam, 1931.

Lepore, Jill. *A Is for American: Letters and Other Characters in the Newly United States*. New York: Alfred A. Knopf, 2002.

———. "Introduction." In *Arthur Schulman, Websterisms: A Collection of Words and Definitions Set Forth by the Founding Father of American English*. New York: Free Press, 2008.

———. "Noah's Mark: Webster and the Original Dictionary Wars." *New Yorker*, November 6, 2006.

———. *The Story of America*. Princeton, NJ: Princeton University Press, 2012.

Lodge, Henry Cabot. "Colonialism in the United States." In *Studies in History*. Boston: Houghton, Mifflin and Co., 1884.

Logan, Conrad T. "Noah Webster's Influence on American Spelling." *Elementary English Review* 14, no. 1 (January 1937): 18–21.

Long, Orie William. *Literary Pioneers: Early American Explorers of European Culture*. Cambridge, MA: Harvard University Press, 1935.

Long, Percy W. "English Dictionaries before Webster." *Bibliographical Society of America*, Papers 4 (1909): 25–43.

Longfellow, Henry Wadsworth. *The Letters of Henry Wadsworth Longfellow*.

Edited by Andrew Hilen. Cambridge, MA: Harvard University Press, 1982.

Longmore, Paul K. "'They⋯Speak Better English Than the English Do': Colonialism and the Origins of National Linguistic Standardization in America." *Early American Literature* 40, no. 2 (2005): 279–314.

Lowndes, W. T. *The Bibliographer's Manual of English Literature*. Revised by Henry G. Bohn. London, 1864.

Lynch, Jack. "Every Man Able to Read: Literacy in Early America." *Colonial Williamsburg Foundation Journal* (Winter 2011): 24–29.

——. *The Lexicographer's Dilemma: The Evolution of "Proper" English from Shakespeare to South Park*. New York: Walker, 2009.

Mactaggart, John. *Three Years in Canada*. 2 vols. London: Henry Colburn, 1829.

Marryat, Frederick. *A Diary in America: With Remarks on Its Institutions*. New York: William H. Colyer, 1839.

Martineau, Harriet. *Society in America*. 2 vols. London: Saunders and Otley, 1837.

Mathews, M. M., ed. *The Beginnings of American English: Essays and Comments* (1931). Chicago: University of Chicago Press, 1963.

Matthews, James W. "Fallen Angel: Emerson and the Apostasy of Edward Everett." *Studies in the American Renaissance* (1990): 23–32.

McArthur, Tom. *Living Words: Language, Lexicography and the Knowledge Revolution*. Exeter, UK: University of Exeter Press, 1998.

Mencken, H. L. *The American Language: An Inquiry into the Development of English in the United States* (1919). 4th ed. New York: Alfred A. Knopf, 1937.

Merriam, G. and C. *The English Dictionaries of Webster and Worcester*, May 1853. Springfield, MA: G. and C. Merriam Co., 1853.

——. *A Gross Literary Fraud Exposed; Relating to the Publication of Worcester's Dictionary in London, as Webster's Dictionary*. Springfield, MA: G. and C. Merriam Co., 1854.

——. *Have We a National Standard of English Lexicography? Or, Some Comparisons of the Claims of Webster's Dictionaries, and Worcester's Dictionaries*. Springfield, MA: G. and C. Merriam Co., 1854.

——. *A Summary Summing of the Charges, with Their Refutations, in Attacks *upon Noah Webster, LL.D., His Dictionaries, or His Publishers, Made by Mr. Joseph Worcester, Mr. Sherman Converse, and Messrs. Jenks, Hickling, and Swan.* Springfield, MA: G. and C. Merriam Co., 1854.

——. *Worcester's Dictionary Published in England under the Guise of Webster's Dictionary.* Springfield, MA: G. and C. Merriam, 1853.

Merriam, Homer. "My Father's History and Family." Annals of the Merriam Family, Merriam Papers, Beinecke Rare Book and Manuscript Library, Yale University.

Mesick, Jane Louise. *The English Traveller in America 1785-1835.* New York: Columbia University Press, 1922.

Micklethwait, David. *Noah Webster and the American Dictionary.* Jefferson, NC: McFarland, 2000.

Miles, Edwin A. "William Allen and the Webster-Worcester Dictionary Wars." *Dictionaries: Journal of the Dictionary Society of North America* 13 (1991): 1–15.

Miyoshi, Kusujiro. *Johnson and Webster's Verbal Examples: With Special Reference to Exemplifying Usage in Dictionary Entries.* Tubingen: Max Niemeyer Verlag, 2007.

Monaghan, Charles. "Lyman Cobb and the British Elocutionary Tradition." *Paradigm: Journal of the British Text Book Colloquium* 2, no. 7 (December 2003).

——. *The Murrays of Murray Hill.* Brooklyn, NY: Urban History Press, 1998.

Monaghan, E. Jennifer. *A Common Heritage: Noah Webster's Blue-Back Speller.* Hamden, CT: Archon Books, 1983.

——. *Learning to Read and Write in Colonial America.* Amherst: University of Massachusetts Press, 2005.

Moore, Margaret B. *The Salem World of Nathaniel Hawthorne.* Columbia: University of Missouri Press, 1998.

Mott, Frank Luther. *A History of American Magazines: 1741–1850.* Vol. 1. Cambridge, MA: Harvard University Press, 1930.

Mugglestone, Lynda. *Lost for Words: The Hidden History of the Oxford English Dictionary.* New Haven, CT: Yale University Press, 2005.

Murray, K. M. Elisabeth. *Caught in the Web of Words: James Murray and the Oxford English Dictionary.* New Haven, CT: Yale University Press, 1977.

Myerson, Joel, ed. *Select Letters of Nathaniel Hawthorne*. Columbus: Ohio State University Press, 2002.

National Portrait Gallery of Distinguished Americans. Vol. 2 (containing "Noah Webster"). Edited by James B. Longacre and James Herring. Philadelphia: Henry Perkins, 1835.

Nevins, Allan. *American Social History as Recorded by British Travelers*. New York: Holt and Co., 1923.

Newell, William. "Memoir of J. E. Worcester, LL.D." *Proceedings of the Massachusetts Historical Society* 14 (1880–1881): 173.

Paine, Thomas. "A Letter Addressed to the Abbe Raynal, on the Affairs of North-America." London: J. Ridgwauy, 1791.

Papers of the Continental Congress, 1774–1789. Washington, DC: National Archives.

Pelanda, Brian. "Declarations of Cultural Independence: The Nationalistic Imperative behind the Passage of Early American Copyright Laws, 1783–1787." *Journal of the Copyright Society of the U.S.A.* 58 (2011): 431–454.

Percy, Carol. "Plane English; or, The Orthography of Opposition in Mid-Eighteenth-Century Britain." *Age of Johnson: A Scholarly Annual* 15 (2004): 223–268.

——. "Political Perspectives on Linguistic Innovation in Independent America: Learning from the Libraries of Thomas Jefferson (1743–1826)." In *Transatlantic Perspectives on Late Modern English*, edited by Marina Dossena, 37–53. Amsterdam: John Benjamins, 2015.

Pickering, John. *Vocabulary: or, Collection of Words and Phrases, Which Have Been Supposed to Be Peculiar to the United States of America*. Boston: Cummings and Hilliard, 1816.

Pickering, Mary Orne. *Life of John Pickering*. Boston: privately printed, 1887.

Pickering, Octavius. *The Life of Timothy Pickering*. Boston: Little, Brown, and Co., 1867.

Poole, William F. "Battle of the Dictionaries," *Mercantile Library Reporter* (1855): 69–72.

——. *Dictionaries in the Boston Mercantile Library Association and Boston Athenaeum*. Boston: Damrell and Moore, 1850.

———. *The Orthographical Hobgoblin*. Springfield, MA: G. and C. Merriam, 1859.

Porter, Noah. "Lexicography." *Bibliotheca Sacra* 20, no. 77 (January 1863): 78-123.

Prior, Matthew. *A Life of the Right Honourable Edmund Burke*. 5th ed. London: H. G. Bohn, 1854.

Read, Allen Walker. "Amphi-Atlantic English." In *Milestones in the History of English in America*, edited by Richard W. Bailey, 55–82. Durham, NC: Duke University Press for the American Dialect Society, 2002.

———. "British Recognition of American Speech in the Eighteenth Century." In *Perspectives on American English*, edited by Joey Lee Dillard. The Hague: Mouton, 1980. Reprinted in Bailey, Milestones in the History of English in America, 37–54.

———. "The Development of Faith in the Dictionary in America." *Publications of the Modern Language Association of America* 49 (1934): 1295–1336.

———. "Dictionaries." In *The New Encyclopedia Britannica*. 15th ed. Chicago: Encyclopaedia Britannica, Inc., 1974. Updated for the 2007 ed.

———. "Edward Everett's Attitude towards American English," *New England Quarterly* 12, no. 1 (March 1939): 112–129.

———. "Milestones in the Branching of British and American English." In *Bailey, Milestones in the History of English in America*, 4–21.

———. "The Spread of German Linguistic Learning in New England during the Lifetime of Noah Webster." *American Speech* 41 (1967): 163–181.

———. "Suggestions for an Academy in England in the Latter Half of the Eighteenth Century." *Modern Philology* 36, no. 2 (November 1938): 145–156.

———. "The War of the Dictionaries in the Middle West." In *Papers on Lexicography*, in Honor of Warren N. Cordell, edited by J. E. Congleton, J. Edward Gates, and Donald Hobar, 3–16. Terre Haute, IN: Dictionary Society of North America, 1979.

Reed, Joseph W. "Noah Webster's Debt to Samuel Johnson." *American Speech* 37, no. 2 (May 1962): 95–105.

Reef, Catherine. *Education and Learning in America*. New York: Facts on File, 2009.

———. *Noah Webster: Man of Many Words*. New York: Houghton Mifflin

Harcourt/Clarion Books, 2015.

Reid, Ronald. *Edward Everett: Unionist Orator*. New York: Greenwood Press, 1990.

Richardson, Charles. *A New Dictionary of the English Language*. London: William Pickering, 1837.

———. Review, "An American Dictionary of the English Language." *Westminster Review* 27 (1831): 82.

Robinson, Fred C. "Noah Webster as Etymologist." *Neuphilologische Mitteilungen* 111, no. 2 (January 2010): 167–174.

Rollins, Richard M., ed. *The Autobiographies of Noah Webster: From the Letters and Essays, Memoir, and Diary*. Columbia: University of South Carolina Press, 1989.

———. *The Long Journey of Noah Webster*. Philadelphia: University of Pennsylvania Press, 1980.

Sargent, Epes. *The Critic Criticized: A Reply to a Review of Webster's System in the Democratic Review for March*, 1856. *Democratic Review*, June 1856.

Schulman, Arthur. *Websterisms: A Collection of Words and Definitions Set Forth by the Founding Father of American English. Introduction by Jill Lepore*. New York: Simon and Schuster/ Free Press, 2008.

Schweiger, Beth Barton. "A Social History of English Grammar in the Early United States." *Journal of the Early Republic* 30, no. 4 (Winter 2010): 533–555.

Scudder, Horace E. *Noah Webster* (1881). 2nd ed. Cambridge, MA: Houghton, Mifflin, and Co., 1890.

Sheldon, Esther K. "Walker's Influence on the Pronunciation of English." *Publications of the Modern Language Association* 62, no. 1 (March 1947): 130–146.

Shoemaker, Ervin C. *Noah Webster: Pioneer of Learning*. New York: Columbia University Press, 1936.

Simpson, David. *The Politics of American English, 1776-1850*. New York: Oxford University Press, 1986.

Sledd, James H., and Gwin J. Kolb. *Dr. Johnson's Dictionary: Essays in the Biography of a Book*. Chicago: University of Chicago Press, 1955.

Smith, Wilson. *Theories of Education in Early America, 1655–1819*. New York: Bobbs-Merrill, 1973.

Snyder, Alan I. *Defining Noah Webster: A Spiritual Biography*. Washington DC: Allegiance Press, 2002.

Soltow, Lee, and Edward Stevens. *The Rise of Literacy and the Common School in the United States: A Socio-Economic Analysis to 1870*. Chicago: University of Chicago Press, 1991.

Starnes, De Witt T., and Gertrude E. Noyes. *The English Dictionary from Cawdrey to Johnson 1604–1755*. Chapel Hill: University of North Carolina Press, 1946. Republished in the series *Studies in the History of the Language Sciences*, no. 57. Amsterdam: John Benjamins, 1991.

Steger, Stewart Archer. *American Dictionaries*. Baltimore, MD: J. H. Furst Co., 1913.

Swan, William Draper. *A Comparison of Worcester's and Webster's Quarto Dictionaries, also Specimen Pages of Worcester's Quarto Dictionary, Recommendations from Eminent Scholars, and Reviews from Leading Periodicals, American and Foreign*. Boston: Swan, Brewer, and Tileson, n.d. [1860?] .

——. *The Critic Criticized and Worcester Vindicated: Consisting of a Review in the "Congregationalist," upon the Comparative Merits of Worcester's and Webster's Quarto Dictionaries, Together with a Reply to the Attacks of Messrs. G. & C. Merriam upon the Character of Dr. Worcester and His Dictionaries*. Boston: Swan, Brewer, and Tileson, 1860.

——. *Recommendations of Worcester's Dictionaries; to Which Is Prefixed a Review of Webster's System of Orthography from the United States Democratic Review, for March 1856*. Boston: Hickling, Swan, and Brown, 1856.

——. *A Reply to Messrs. G. and C. Merriam's Attack on the Character of Dr. Worcester and His Dictionaries*. Boston: Jenks, Hickling, and Swan, 1854.

——. "Worcester's Dictionaries." In *A Reply to Messrs. G. and C. Merriam's Attack on the Character of Dr. Worcester and His Dictionaries*. Boston: Jenks, Hickling, and Swan, 1854.

Tamarkin, Elisa. *Anglophilia: Deference, Devotion, and Antebellum America*. Chicago: University of Chicago Press, 2008.

Taylor, Alan. *Writing Early American History*. Philadelphia: University of Pennsylvania Press, 2005.

Tharp, Louise Hall. *The Appletons of Beacon Hill*. Boston: Little Brown, 1973.

Ticknor, George. *Life, Letters, and Journals of George Ticknor.* Edited by George Stillman Hillard and Anna Eliot Ticknor. 2 vols. London: Samson, Low, Marston, Searle, and Rivington, 1876; Boston, 1881.

Tocqueville, Alexis de. *Democracy in America* (1840). Edited by Eduardo Nolla. Translated by James T. Schleifer. Vol. 2 of 4 vols. Indianapolis, IN: Liberty Fund, 2010.

Trench, Richard Chevenix. "On Some Deficiencies in Our English Dictionaries." Two lectures delivered to the London Philological Society, November 5 and 19, 1857, published as *Transactions of the Philological Society* (London, 1857; 2nd edition, 1860).

Trollope, Anthony. *North America* (1862). Reprint, New York: Harper and Brothers, 1962.

Trollope, Frances. *Domestic Manners of the Americans.* 2 vols. London: Whittaker, Treacher, and Co., 1832; 5th ed., 1839.

Unger, Harlow Giles. *Family Life in 19th-Century America.* Westport, CT: Greenwood Press, 2007.

——. *Noah Webster: The Life and Times of an American Patriot.* New York: John Wiley and Sons, 1998.

Ward, Julius H., *The Life and Letters of James Gates Percival.* Boston: Ticknor and Fields, 1866.

Warfel, Harry R., ed. *Letters of Noah Webster.* New York: Library Publishers, 1953; new ed., 1966.

——. *Noah Webster: Schoolmaster to America.* New York: Macmillan, 1936.

Webster, Noah. *The American Spelling Book.* Hartford, CT: Hudson and Goodwin, 1789.

——. *A Collection of Essays and Fugitiv Writings.* Boston: I. Thomas and E. T. Andrews, 1790.

——. *Dissertations on the English Language.* Boston: printed for author, 1789.

——. *The Elementary Spelling Book, Being an Improvement on the American Spelling Book.* Wells River, VT: White and Wilcox, 1831. Another ed., Portland, ME: Sanborn and Carter, ca. 1843.

——. *A Grammatical Institute of the English Language: ... in Three Parts.*

Parts 1 and 2: Hartford, CT: Hudson and Goodwin 1783, 1784; part 3: Hartford, CT: Barlow and Babcock, 1785.

———, ed. *The Holy Bible, Containing the Old and New Testaments, in the Common Version with Amendments of the Language*. New Haven, CT: Durrie & Peck, sold by Hezekiah Howe & Co., and by N. & J. White, 1833.

———. *Instructive and Entertaining Lessons for Youth*. New Haven, CT: Babcock and Durrie and Peck, 1835.

———. A Letter to the Honorable John Pickering, on the Subject of His Vocabulary; or, Collection of Words and Phrases, Supposed to be Peculiar to the United States of America. Privately circulated. Printed in Warfel, *Letters of Noah Webster*, 341–94.

———. *Mistakes and Corrections*. New Haven, CT: B. L. Hamlin, 1837.

———. *Observations on Language, Addressed to the Members of the Mercantile Library Association*. New Haven, CT: Babcock and Durrie and Peck, 1839.

———. "Revolution in France" (1794). Reprinted in *A Collection of Papers on Political, Literary, and Moral Subjects*. New York: Webster and Clark, 1843.

Wells, Ronald A. *Dictionaries and the Authoritarian Tradition: A Study in English Usage and Lexicography*. The Hague: Mouton, 1973.

White, Richard Grant. *England without and Within*. London: Samson, Low, Marston, Searle, and Rivington; Boston: Houghton Mifflin, 1881.

———. *Words and Their Uses, Past and Present: A Study of the English Language*. New York: Sheldon and Co., 1871.

Whitman, Walt. *An American Primer*. Edited by Horace Traubel. Boston: The University Press, 1904.

———. "American Slang." *North American Review*, November 1885.

———. *New York Dissected*. Edited by Emory Holloway and Ralph Adimari. New York: Rufus Rockwell Wilson, 1936.

———. *November Boughs*. Philadelphia: David Mackay, 1888.

Williamson, John H. *Casualties of War*. Master's thesis, Harvard University, 1999.

Williamson, William Landram. *William Frederick Poole and the Modern Library Movement*. Columbia University Studies in Library Service, no. 13. New York: Columbia University Press, 1963.

Willis, N. P. *Pencillings by the Way*. London: John Macrone, 1835.

Winchester, Simon. *The Professor and the Madman: A Tale of Murder, Insanity, and the Making of the Oxford English Dictionary*. New York: Harper Collins, 1998.

Witherspoon, John. "Druid." *Pennsylvania Journal and Weekly Advertiser, nos.* 5–7 (May 9, 16, 23, and 30, 1781). Reprinted in *The Beginnings of American English*, edited by Mitford M. Mathews, 13–30. Chicago: University of Chicago Press, 1963.

Woolsey, Theodore Dwight. "A Discourse Commemorative of the Life and Service of the Rev. Chauncey Allen Goodrich" (1860). Funeral sermon, Yale Archives, New Haven, CT. Printed in the *New Englander*, May 5, 1860.

Worcester, Joseph Emerson. *A Gross Literary Fraud Exposed, Relating to the Publication of Worcester's Dictionary in London*. Boston: Jenks, Hickling, and Swan, 1853.

——. *A Gross Literary Fraud Exposed, Relating to the Publication of Worcester's Dictionary in London, Together with Three Appendixes Including the Answer of S. Converse to an Attack on Him by Messrs G. & C*. Merriam. Boston: Jenks, Hickling, and Swan, 1854.

Worcester, Samuel T. "Joseph Emerson Worcester, LL.D." *Granite Monthly* 3, no. 7 (April 1880): 245–272.

Zgusta, L. *Lexicography Then and Now*. Tübingen: Neimeyer, 2000.

二、深入阅读

Allen, Frederick Sturges. *Noah Webster's Place among English Lexicographers*. Springfield, MA: G. and C. Merriam Co., 1909.

Allibone, Samuel Austin. *A Critical Dictionary of English Literature and British and American Authors*. Vol. 1, 1854. Vols. 2–3, 1871. Reprint, Philadelphia: J. B. Lippincott, 1965.

Alston, R. C., ed. *Bibliography of the English Language*. Farnham, UK: Ashgate, 1965–1973.

Arnove, Robert F., and Harvey J. Graff, eds. National Literacy Campaigns and Historical Comparative Perspectives. New York: Plenum Press, 1987.

Augst, Thomas. "American Libraries and Agencies of Culture." *Introduction to Print Culture History in Modern America*, edited by Thomas Augst and Wayne Wiegand. *American Studies* 42, no. 3 (Fall 2001): 5–22.

———. "The Business of Reading in Nineteenth-Century America: The New York Mercantile Library." *American Quarterly* 50, no. 2 (June 1998): 267–305.

Augst, Thomas, and Wayne Wiegand. *The Library as the Agency of Culture*. Madison: University of Wisconsin Press, 2003.

Baldasty, Gerald J. *The Commercialization of News in the Nineteenth Century*. Madison: University of Wisconsin Press, 1992.

Baron, Dennis E. *Grammar and Good Taste: Reforming the American Language*. New Haven, CT: Yale University Press, 1982.

Bartlett, John Russell. *Dictionary of Americanisms: A Glossary of Words and Phrases Usually Regarded as Peculiar to the United States*. Boston: Little, Brown, 1848; 2nd ed., 1859.

Bhaskar, Michael. *The Content Machine: Towards a Theory of Publishing from the Printing Press*. London: Anthem Press, 2013.

Bivens, Leslie. "Noah Webster's Etymological Principles." *Dictionaries: Journal of the Dictionary Society of North America* 4 (1982): 1–13.

Blakemore, Stephen. *Joel Barlow's "Columbiad": A Bicentennial Reading*. Knoxville: University of Tennessee Press, 2007.

Bragg, Melvyn. *The Adventure of English: The Biography of a Language*. London: Hodder and Stoughton, 2003.

Brown, Goold. *The Grammar of English Grammars*. 10th ed. New York: William Wood and Co., 1851.

Bryson, Bill. *The Mother Tongue: English and How It Got That Way*. New York: William Morrow, 1990. Published in England as *Mother Tongue: The Story of the English Language*. London: Penguin, 1990.

Burchfield, Robert W. *The English Language*. Oxford: Oxford University Press, 1985.

Bushman, Richard L. "The Genteel Republic." *Wilson Quarterly* 20, no. 4 (Autumn 1996): 13–23.

Cairns, William B. *British Criticisms of American Writings 1783–1815*.

University of Wisconsin Studies in Language and Literature, no. 1. Madison: University of Wisconsin Press, 1918.

Chapman, Robert L. "A Working Lexicographer Appraises Webster's Third New International Dictionary." *American Speech* 42 (1967): 202–210.

Cmiel, Kenneth. "A Broad Fluid Language of Democracy: Discovering the American Idiom." In "Discovering America." Special issue, *Journal of American History* 79, no. 3 (December 1992): 913–936.

Cooper, Thomas. *Some Information Respecting America*. London: J. Johnson, 1794.

Cowie, A. P., ed. *The Oxford History of English Lexicography*. Oxford: Oxford University Press, 2008.

Crystal, David, ed. *Dr. Johnson's Dictionary: A Singularly Energetick Potpourri of some 4000 of the Most Entertaining and Historically Stimulating English Words and Definitions from Abactor to Zootomy Extracted from the World's Foremost Feat of Lexicography*. London: Penguin Classics, 2005.

——. *Spell It Out: The Singular Story of English Spelling*. London: Profile Books, 2012.

——. *The Stories of English*. London: Allen Lane, 2004.

DeMaria, Robert, Jr. *Johnson's Dictionary and the Language of Learning*. Chapel Hill: University of North Carolina Press, 1986.

Deppman, Jed. *Trying to Think with Emily Dickinson*. Amherst, MA: University of Massachusetts Press, 2008.

Dressman, Michael Rowan. "Walt Whitman's Plans for the Perfect Dictionary." In *Studies in the American Renaissance*, edited by Joel Myerson, 457–474. Boston: Twayne Publishers, 1980.

Edgerton, Franklin. "Notes on Early American Work in Linguistics." *Proceedings of the American Philosophical Society* 87, no. 1 (July 1943): 25–34.

Ellis, Joseph J. *After the Revolution: Profiles in Early American Culture*. New York: W. W. Norton, 1979.

Emerson, Ralph Waldo. *Selected Lectures*. Edited by Ronald A. Bosco and Joel Myerson. Athens: University of Georgia Press, 2005.

Farr, Judith, ed. *New Century Views of Emily Dickinson: A Collection of Critical Essays, 1830-1886*. Upper Saddle River, NJ: Prentice Hall, 1996.

Faust, Drew Gilpin. *The Republic of Suffering: Death and the American Civil War*. New York: Alfred A. Knopf, 2002.

Fernald, James C. *English Synonyms and Antonyms*. New York: Funk and Wagnalls, 1896.

Free, William J. "William Cullen Bryant on Nationalism, Imitation, and Originality." *Studies in Philology* 66, no. 4 (July 1969): 672–687.

Frothingham, Paul Revere. *Edward Everett: Orator and Statesman*. Boston: Houghton Mifflin, 1925.

Galtung, Johann. *Literacy and Social Development in the West*. Cambridge: Cambridge University Press, 1981.

Gove, Philip B. "Notes on Serialization and Competitive Publishing: Johnson and Bailey's Dictionaries, 1755" Oxford Bibliographical Society, *Proceedings and Papers* 5 (1940): 314–322.

———, ed. *Webster's Third New International Dictionary*. Springfield, MA: Merriam and Co., 1961.

Graff, Harvey J. *The Literacy Myth: Literacy and Social Structure in the Nineteenth-Century City*. New York: Academic Press, 1979. Reprint, New Brunswick, NJ: Transaction Publications, 1991.

Grubb, F. W. "Growth of Literacy in Colonial America." *Social Science History* 14, no. 4 (Winter 1990): 451–482.

Gura, Phillip F. "The Village Enlightenment in New England, 1760–1820" *William and Mary Quarterly*, 3rd ser., 47 (1990): 327–346.

Hartmann, R. R. K. *Lexicography: Reference Works across Time, Space, and Languages*. London: Taylor and Francis, 2003.

Hitchings, Henry. *Dr. Johnson's Dictionary: The Extraordinary Story of the Book That Defined the World*. London: John Murray, 2005.

———. *The Secret Life of Words: How English Became English*. New York: Farrar, Straus and Giroux, 2008.

Hodson, Jane. *Language and Revolution in Burke, Wollstonecraft, Paine, and Godwin*. Aldershot, UK: Ashgate, 2007.

Hudson, Frederic. *Journalism in the United States, from 1690 to 1872*. Vol. 1. London: Routledge/Thoemmes Press, 2000.

Huntzicker, William. *The Popular Press, 1833–1865*. Westport, CT: Greenwood Press, 1999.

Ikeda, Makoto. *Competing Grammars: Noah Webster's Vain Efforts to Defeat Lindley Murray*. Tokyo: Shinozaki Shorin, 1994.

Kennedy, J. Edgar, and Jerome McGann, eds. *Poe and the Remapping of Antebellum Print Culture*. Baton Rouge: Louisiana State University Press, 2012.

Kilbride, Daniel. *Being American in Europe 1750–1860*. Baltimore, MD: Johns Hopkins University Press, 2013.

Korshin, Paul. "Johnson and the Renaissance Dictionary." *Journal of the History of Ideas* 35 (1974): 300–312.

Ladd, Joseph Brown. *The Literary Remains of Joseph Brown Ladd, M.D.* New York: H. C. Sleight, 1832.

Laird, Charlton. "Etymology, Anglo-Saxon, and Noah Webster." *American Speech* 21, no. 1 (February 1946): 3–15.

Larkin, Jack. "The Merriams of Brookfield: Printing in the Economy and Culture of Rural Massachusetts in the Early Nineteenth Century." *Proceedings of the American Antiquarian Society* 96, pt. 1 (April 1986): 39–73.

Ley, James. *The Critic in the Modern World: Public Criticism from Samuel Johnson to James Wood*. London: Bloomsbury, 2014.

Littlejohn, David. *Dr. Johnson and Noah Webster: Two Men and Their Dictionaries*. San Francisco: Book Club of California, 1971.

Lockridge, Kenneth. *Literacy in Colonial New England*. Rev. ed. New York: W. W. Norton, 1974.

Longfellow, Henry Wadsworth. *Random Memories*. Boston: Houghton Mifflin, 1922.

Lynch, Jack, ed. *Dr. Johnson's Dictionary*. Delray Beach, FL: Levenger Press, 2002; New York: Walker, 2003; London: Atlantic, 2004.

Lynch, Jack, and Anne McDermott, eds. *Anniversary Essays on Johnson's Dictionary*. Cambridge: Cambridge University Press, 2005.

Matthiesen, F. O. *American Renaissance: Art and Expression in the Age of Emerson and Whitman*. London: Oxford University Press, 1941.

McArthur, Tom, ed. *The Oxford Companion to the English Language*. Oxford: Oxford University Press, 1992.

McGill, Meredith. *American Literature and the Culture of Reprinting*. Philadelphia: University of Pennsylvania Press, 2003.

Miller, Cristanne. *Emily Dickinson: A Poet's Grammar*. Cambridge, MA: Harvard University Press, 1987.

———. *Reading in Time: Emily Dickinson and the Nineteenth Century*. Amherst: University of Massachusetts Press, 2012.

Mitchell, Linda. *Grammar Wars: Language as Cultural Battlefield in Seventeenth and Eighteenth Century England*. Aldershot, UK: Ashgate, 2001.

Morton, Herbert C. *The Story of Webster's Third: Phillip Gove's Controversial Dictionary and Its Critics*. Cambridge: Cambridge University Press, 1994.

Myers, Gustavus. *America Strikes Back: A Record of Contrasts*. New York: Ives, Washburn, 1935.

Nerone, John. *The Culture of the Press in the Early Republic: Cincinnati, 1793–1848*. New York: Garland, 1989.

Noyes, Gertrude. "The Critical Reception of Dr. Johnson's Dictionary." *Modern Philology* 52 (February 1955): 175–191.

Ostler, Rosemarie. *Founding Grammars: How Early America's War over Words Shaped Today's Language*. New York: St. Martin's Press, 2015.

Pachter, Mark, and Francis Wein, eds. *Abroad in America: Visitors to the New Nation 1776–1914*. Reading, MA: Addison-Wesley, 1976.

Pyles, Thomas. *Words and Ways of American English: An Authoritative Account of the Origins, Growth and Present State of the English Language in America*. London: Andrew Melrose, 1954.

Reddick, Allen. *The Making of Johnson's Dictionary 1746–1773. Cambridge Studies in Publishing and Printing History*. Cambridge: Cambridge University Press, 1990; rev. ed., 1996.

Roznicki, Michal Jan. "Between Private and Public Spheres: Liberty as Cultural Property in Eighteenth-Century British America." In *Cultures and Identities in Colonial British America*, edited by Robert Olwell and Alan Tully, 270–318.

Baltimore, MD: Johns Hopkins University Press, 2006.

Rudolph, Frederick. *Essays on Education in the Early Republic*. Cambridge, MA: Harvard University Press, 1965.

Schele de Vere, Maximilian. *Americanisms: The English of the New World*. New York: Charles Scribner and Co., 1872.

——. *Studies in English*. New York: Charles Scribner and Co., 1867.

Schudson, Michael. *Discovering the News: A Social History of American Newspapers*. New York: Basic Books, 1998.

Smith, Charles John. *Synonyms Discriminated*. London: Bell and Daldy, 1871. 2nd ed., 1890.

Smith, Olivia. *The Politics of Language, 1791–1819*. Oxford: Oxford University Press, 1984.

Stevens, Edward, Jr. "Mass Literacy in Nineteenth-Century United States." In *National Literacy Campaigns: Historical and Comparative Perspectives*, edited by Robert F. Arnove and Harvey J. Graff, 99–122. New York: Plenum Press, 1987.

Todd, Charles Burr. *Life and Letters of Joel Barlow, LL.D*. New York: G. P. Putnam's Sons, 1886.

Venetsky, Richard L. "Spelling." In *The Cambridge History of the English Language*. Vol. 6, English in *North America*, edited by John Algeo, 340–357. Cambridge: Cambridge University Press, 2001.

Volo, James M., and Dorothy Denneen Volo. *The Antebellum Period*. Westport, CT: Greenwood Press, 2004.

——. *Family Life in 19th-Century America*. Westport, CT: Greenwood, 2007.

Weekley, Ernest. "On Dictionaries." *Atlantic Monthly*, June 1924, 782–791.

Wheatley, Henry B. "Chronological Notices of Dictionaries of the English Language." *Transactions of the Philological Society* 10, no. 1 (November 1865): 218–293.

Wineapple, Brenda, ed. *19th Century American Writers on Writing*. San Antonio, TX: Trinity University Press, 2010.

——. *White Heat: The Friendship of Emily Dickinson and Thomas Wentworth Higginson*. New York: Knopf, 2008.